KB204242

禪佛敎의 깨달음 연구

良志 著

生 남청

서(序)

이 책은 본인의 박사학위청구논문과 『금강반야바라밀경 역주』를 다시 편집한 책이다. 선불교라고 하면 거창해서 먼저 회피부터하려는 것이 현대이다. 그러나 조금만 잘 생각하면 불교를 선(禪)과 교(敎)로 나누어 놓은 것이 오히려 화(禍)를 자초한 것이 된다. 왜냐하면 분리하면 불교가 절름발이가 되어 철학으로 전락하게 된다. 그러므로 선불교라는 억지를 부린다고 할지라도 선교(禪敎)는 일치가 되어야 바른 수행을 할 수 있다. 공가중이나 지관쌍수가 되어야 수행의 기초를 이루었다고 할 수 있다. 이 말은 소승은 사견(四見)때문에 '불능청수독송위인해설'이라고 『금강경』의 15단에 설하고 있다. 소승(성문·연각·보살)은 수행을 갓 시작한 비구이기 때문에 돈오점수의 수행을 해야 한다. 이 말은 성문은 사성제 팔정도에 맞게 수행하는지를 자신이 항상 점검하여 한 걸음 한 걸음 옮길 때마다 확인하고 점검하는 철저한 성자를 말한다. 연각은 지금의 생활과 생각이 12인연법에 맞는지 틀린지를 항상 사유하여 조금도 인연법에 어긋나지 않게 살아가는 성자인 사람을 말한다. 보살은 육바라밀(六波羅蜜)을 실천하는 사람으로 즉 보시를 하되 보시한다는 생각 없이 육바라밀을 실천하는 사람으로 자신의 행동이 육바라밀과 조금도 어긋남이 없는지를 항상 조고각하(照顧脚下)하면서 살아가는 성자(聖者)를 말한다.

이처럼 소승의 수행을 체득한 이후에 대승이 되어야 『금강경』도 독송할 수 있으므로 『금강경』을 소의경전으로 하는 이유이다. 그런데 불교의 최고 종단(宗團)이라고 하면서도 소승(小乘)

을 극복하지 못하고 영혼의 존재를 인정하고 있으니 대승경전을 소승경전으로 전락시키는 운동에 동참하고 있는 것이 안타깝다.

소승은 돈오점수의 수행을해야 하므로 돈오돈수하는 대승의 경전결집에도 들어오지 못하게 아난을 막은 것이다. 소승(小乘)으로 아무리 많은 지식과 학식이 높아도 올바른 수행이 아니라고 영가현각과 천태의 8조인 좌계존자의 서신문답이나 우두법융(牛頭法融, 594~657)이 사조도신(四祖道信, 580~651)을 친견하고 나니 새와 짐승들이 꽃을 공양하러 오지 않았다고 하는 것은 소승(小乘)의 한계를 정확하게 지적하고 있는 내용이다.

소승으로는 엄밀하게 말하면 대승인 선불교(禪佛敎)에 대하여는 아무것도 할 수 없는 것이다. 그러므로 견성(見性)도 하지 못하고 성자(聖者)인 것처럼 하면 기어(綺語)의 중죄(重罪)를 범하게 된다. 불교의 가장 기본인 『마하반야바라밀다심경』에서 설하고 있는 "행심반야바라밀다시 조견오온개공 도일체고액"에서 오온(五蘊)이 공(空)이라는 사실을 정확하게 이해하지 못하고 수행자인 것처럼 행세하는 것이 문제인 것이다. 오온(五蘊)이 공(空)이면 아상(我相)이 공(空)이라는 말이다. 아공(我空)과 법공(法空)이 되면 일체의 고액(苦厄)을 자신이 뛰어 넘어가게 되는 것이다. 그런데도 공(空)을 석공(析空)으로 보고 성공(性空)만 주장하다가 현대의 과학으로 원자 미립자 등으로 파고들어가 영혼의 윤회를 주장하면 아상(我相)이 다시 살아나게 되는 우(愚)를 범하게 되는 것이다. 이것을 석공(析空)이라고 한다. 그러므로 대승의 체공(體空)으로 수행해야 지금 있는 그 자리에서 다시 여래로 탄생할 수 있는 것이다. 이것 때문에 원효대사를 "<ruby>海東<rt>해동</rt></ruby><ruby>元曉<rt>원효</rt></ruby> <ruby>擲板<rt>척판</rt></ruby>(<ruby>盤<rt>반</rt></ruby>)<ruby>救衆<rt>구중</rt></ruby>(해동의 원효가 판자를 던져 대중을 구하다.)"했다고 설화로 만든 것은 소승(小乘)들의 억지인 것이다. 원효는 이런 소승들의 고정관념인 판자(板子)를 버리게 하여 대승(大乘)으로 이끌어 제도(濟度)한 것이다. 그러므로 소승을 버리게 하여 대승으로 나아가게 한 원효대사를 설화의 주인공이나 우상화하는 소승들의 번역은 원효를 오히려 욕되게 하는 것이 된다.

그래서 『금강반야바라밀경』에서 소승(小乘)은 사견(四見)이 있어 '불능청수독송위인해설'[1]이라고 하고 있는 것이다. 이처럼 소승들은 사상(四相)에서 사견(四見)때문에 듣고 수지(受持)하여 독송할 줄도 모르므로 남에게 해설을 할 수도 없다고 불능(不能)이라고 강조하고 있다. 이런데도 해설한다고 하고 있으면 불교의 '기어중죄(綺語重罪)'라는 기본도 모르는 이들이 부처를 팔아 자신들의 잇속을 챙기고 있는 것이다. 그러므로 선불교(禪佛敎)는 꿈도 못 꾸는 것이다. 선불교의 근원은 조사선의 완성자인 마조(709~788)의 '평상심시도'라는 말이 선불교의 사상이고 실천인 것이다. 좌선을 몸과 마음을 움직이지 않는 장좌불와(長坐不臥)의 사상(思想)이 아닌 조사선의 실천을 말하는 대승불교를 선불교라고 말하는 것이다.

『육조단경』에서 좌선이라고 하는 것은 "자신의 일체법에 장애가 없어야 하는 것으로 밖으로는 일체의 대상경계를 대하더라도 망념이 일어나지 않아야 하는 것을 좌(坐)라고 하며, 안으로는 자신의 본성(本性)이 불성(佛性)이라는 사실을 친견하여

---

1) 『金剛般若波羅蜜經』(T08, p.750c18~20), "若樂小法者, 著我見 人見 衆生見 壽者見, 則於此經, 不能聽受讀誦 爲人解說."

여시(如是)한 생활을 하는 것을 선(禪)"이라고 하는 것도 대승
불교의 실천을 해야 하는 것을 말한다.

조사선(祖師禪)의 선불교(禪佛教)는 복잡할 필요도 없으므로
불법무다자(佛法無多子)2)라고하고 있듯이 자신을 바르게 돌아
보는 지혜의 안목을 구족하여 실천하면 여래가 된다. 그래서
불법(佛法)에 맞게 수행하는 출가한 소승비구들이 있고 그 다
음에 대비구와 여래가 탄생하게 된다. 그래서 『금강반야바라밀
경』에서는 대승과 최상승을 위하여 경(經)을 설한다고 하고 있
다. 이렇게 선불교의 수행을 하려고 하면 여러 방법이 있겠지
만 출가하여 먼저 『선종영가집』의 수행법에 따라 석가모니의
수행법을 익히고 나서 돈오돈수의 수행을 하여 대승으로 나아
가야한다. 대승의 수행자가 되면 여러 대비구(아라한)가 출현하
게 되어 당대의 조사들과 원효나 무학이나 서산이 부활하게 되
는 것이다. 이런 것이 내가 꿈꾸는 환상의 세계가 되지 않기를
바라며…

불기2568년 9월 초 양지 합장

---

2) 『鎮州臨濟慧照禪師語錄』(T47, p.504c16~24), "師云. 某甲三度問佛法的
的大意, 三度被打. 不知某甲有過, 無過. 大愚云. 黃蘗與麼老婆爲汝得徹
困, 更來這裏問有過, 無過. 師於言下大悟, 云. 元來黃蘗**佛法無多子**. 大愚
搊住云. 這尿床鬼子, 適來道有過, 無過, 如今却道黃蘗佛法無多子. 爾見箇
什麼道理, 速道, 速道. 師於大愚脅下築三拳, 大愚托開, 云. 汝師黃蘗, 非
干我事. 師辭大愚, 却回黃蘗."; 견성과 부처에 대하여 단경에는 다음과
같이 기록하고 있다. 『六祖壇經』(T48, p.338a4~5), "不識本心, 學法無
益, **識心見性**, 即悟大意."; 『六祖大師法寶壇經』(T48, p.349a21~23),
"不識本心, 學法無益. **若識自本心, 見自本性, 即名丈夫, 天人師, 佛.**"

6

차 례

I. 서론

1. 연구의 목적

이 연구는 선불교(禪佛敎)의 깨달음과 실천이 무엇인지를 알아내어 선(禪)과 교(敎)가 통합되어 있어 분리되면 어긋난다는 것을 해결하고자 한 연구이다.

그러기 위해서는 먼저 선교(禪敎)와 대소승(大小乘)의 명확한 의미를 알아야 한다. 경(經)에 의하면 "禪是佛心 敎是佛語", "經是佛語 禪是佛意", "敎是佛眼, 禪是佛心"3)이라고 기록 되어 있는데 해석을 하면 "선(禪)은 부처의 마음(뜻)으로 생활하는 것이고, 교(敎)는 부처의 말씀(안목)으로 실천하는 것"이라는 뜻이다. 그런데 선(禪)은 부처님의 마음이고 교(敎)나 경(經)은 부처님의 말씀이라고 하며 선을 분리하여 불안(佛眼)이라고도 하며 부처님의 안목이라고 하기도 한다. 그렇지만 부처의 안목이나 마음으로 생활이나 실천하는 것이 빠지면 안 되는 것이다.

대소승에 대하여는 『금강경』에 설하고 있는데도 소승(小乘)을 남방불교라고 하여 사마타와 위빠사나의 수행이후에 명상법

---

3) 『禪源諸詮集都序』卷1(T48, p.400b10), "初言師有本末者, 謂諸宗始祖卽是釋迦. **經是佛語, 禪是佛意, 諸佛心口**, 必不相違. 諸祖相承, 根本是佛. 親付菩薩, 造論始末, 唯弘佛經.";『緇門警訓』卷7(T48, p.1080b8), "**經是佛言, 禪是佛心**.";『廬山蓮宗寶鑑』卷2(T47, p.315c1), "**敎是佛眼, 禪是佛心**. 心若無眼, 心無所依. 眼若無心, 眼無所見. 心眼和合, 方辨東西. 禪敎和融, 善知通塞. 當知機有利鈍, 法有開遮.";『圓覺經類解』卷3(X10, p.205c15), "**禪是佛心, 敎是佛語**.";『禪家龜鑑』(X63, p.737c18), "**禪是佛心, 敎是佛語**."

12

으로 수행하는 것은 공가중이나 정혜쌍수의 논리에 맞지 않는 것이다. 그래서 학위청구논문에서 삭제 당했던 『선종영가집 해설』부분을 다시 첨가하고자 한다. 그리고 선어록4)을 선사나 조사들의 선문답 등이라고 하지만 선사나 조사라는 말이 있기 전의 경전이지만 『금강경』도 역시 부처님과 수보리가 대화한 경(經)이므로 선어록이라고 주장해도 될 것이다.

현대에서 『금강경』은 소의경전(所依經典)으로 불교의 여러 종파에서도 사용하고 있다. 이것은 『금강경』이 대승경전이기 때문이다. 대승이라고 하면 대비구나 보살마하살, 아라한을 말한다. 『금강경』에서 깨달음에 대하여는 북방불교에서도 육조혜능이 독송소리를 듣고 출가하여 "자기 마음의 근원을 자세히 보아 자성의 근원을 친견하여 불법(佛法)의 대의(大意)를 깨닫게 된 것[識心見性 卽悟大意]"5)이라고 하고 있다. 그리하여 7세기 무렵에서 선가(禪家)의 소의경전이 『능가경』에서 『금강경』으로 바뀌게 되었다. 본 책에서는 선어록과 구마라집의 『금강반야바라밀경』6)을 저본(底本)으로 하여 소명태자(昭明太子, 501~531)가 나눈 32분을 그대로 사용하여 역주하고 깨달음에 대하여 설명하고자 한다. 특히 『금강경』에서 소승(小乘)에게는 왜 불능(不能)이라고 하면서 대승(大乘)과 최상승(最上乘)에게 설하였는지7) 알아보고자 한다.

---

4) 김호귀(2018), p.44.에 의하면 "선어록은 선이나 선종의 어록으로 禪典·禪籍·禪書·禪文獻등인데 선의 전적이라고 하며 내용에는 禪理나 思想類·語錄類·傳燈史書類·淸規類·公案集類·隨筆類·雜類 및 선사의 言行錄"등이 있다 라고 하고 있다. 즉 선어록은 선사나 조사의 대화나 시중설법과 집필한 다양한 것들을 말한다.
5) 『六祖壇經』(T48, p.338a5), "識心見性, 卽悟大意."
6) 이후에는 이 '경'의 鳩摩羅什 譯은 생략하고 『金剛般若波羅蜜經』이나 『금강경』으로 약하여 사용함.

『금강경』도 선어록과 마찬가지로 수보리가 묻고 석가모니가 대답하는 형식으로 이루어진 경전이다. 그리고 공(空)이란 말을 사용하지 않았지만, 수보리는 십대제자[8] 가운데 해공제일(解空第一)이라고 잘 알려져 있다. 그래서 공(空)이란 말 대신 아상(我相)이 없어야 보살이라고 하고 무상(無相), 무주(無住), 즉비(卽非)의 논리를 펴고 있다.

『금강경』에서 깨달음은 '발아뇩다라삼먁삼보리심'하면 보살이라고 하며 '무상정등정각'이라는 깨달음에 대하여 정확하게 설하고 있다. 즉 이 말은 '초발심시변성정각(初發心時便成正覺)'에서 바로 정각(正覺)이라는 바른 깨달음을 성취하였다는 뜻이다. 깨달았다는 말은 견성(見性)했다는 육조 혜능의 깨달음과 상통한다. 견성하면 소승의 성자가 되는 것으로 자성(自性)을 공(空)으로 불성(佛性)이라고 견성하는 것을 말한다.[9] 이 말은 『금강경』을 수보리에게 설한 이유가 여기에 있다는 말이 된다. 그리고 여래의 명호에 십호(十號)가 있듯이 『금강경』에서 여래

7) 『金剛般若波羅蜜經』(T08, p.750c13~20), "如來爲發大乘者說, 爲發最上乘者說 若有人能 受持讀誦, 廣爲人說, 如來悉知是人, 悉見是人, 皆得成就不可量 不可稱 無有邊 不可思議功德. 如是人等, 則爲荷擔 如來阿耨多羅三藐三菩提. 何以故, 須菩提, 若樂小法者, 著我見人見衆生見壽者見, 則於此經, 不能聽受讀誦爲人解說."

8) 지혜제일(知慧第一)의 사리불(舍利弗, Śā'ri-putra)존자, 신통(神通)제일의 목련(目連)·마하목건련(摩訶目揵連, Mahāmaudgalyāyana)존자, 두타(頭陀)제일의 마하가섭(摩訶迦葉, Mahā'-kāśyapa)존자, 천안(天眼)제일의 아나율(阿那律, Aniruddha)존자, 해공(解空)제일의 수보리(須菩提, Subhūti)존자, 설법(說法)제일의 부루나(富樓那)·분욕문다니불(分耨文陀尼弗, Pūrṇá-maitrāyaṇī-putra)존자, 논의(論議)제일의 마하가전연(摩訶迦旃延, Mahā-kātyāyana)존자, 지계(持戒)제일의 우파리·우발리(優婆離, Upāli)존자, 밀행(密行)제일의 라운(羅雲)·라후라(羅睺羅, Rāhula)존자, 다문(多聞)제일의 아난(阿難, Ā-nandá)존자.

9) 김호귀(2012a), p.65.에 의하면 "불성은 개개인의 본래적이고 청정한 자성이므로 선종의 수행과 깨침은 그 자성에 대한 자각"이라고 하고 있듯이 자성이 불성이라고 자각하는 것을 견성이라고 한다.

를 다양하게 사용하고 있다. 즉 『금강경』 29단[10]에 보면 "如來 者 無所從來 亦無所去 故名如來"[11]라고 몰종적의 최상승이 생활하는 여래라고 하고 있다. 그리고 제상(諸相)만 여의면 부처[離一切諸相, 則名諸佛][12]라고 14단 이외에도 다양하게 상(相)만 여의면 모두가 부처라고 설하고 있다. 『금강경』은 수보리라는 공사상(空思想)을 근저에 두고 있으므로 무아(無我)가 공(空)이라는 아공(我空)을 근본으로 설하는 반야부의 경전이다. 이것은 이 경(經)의 제목에서부터 반야를 중요시한다고 '금강'이라는 말을 사용하였고, 또한 13단에서 '금강반야바라밀(경)'에 대해 즉비반야바라밀(則非般若波羅蜜)[13]을 설하고 있다. 이처럼 다양하게 '금강반야'의 주체인 아상(我相)의 근본을 '공'이라고 주장하고 있다. 다시 말해 『금강경』의 핵심은 반야사상으로 상(相)을 벗어나는 것이다.

『금강경』은 이처럼 '소의경전'으로 할 만큼 중요하지만, 선행연구에서는 정작 구체적인 깨달음의 과정을 밝히지 않는 경우가 많이 존재한다. 이것은 깨달음을 『금강경』에서 분명하게 상(相)만 초월하면 부처라고 하고 있는데도 우리말로 번역하는 과정에서 이런 것이 명백히 드러나지 않는 것이 문제라고 생각된다. 그에 따라 본 연구에서는 이를 다시 역주하여 밝혀내고 『금강경』, 『육조단경』, 『선종영가집』, 『돈오입도요문론』, 『임제어록』에서 깨달음에 대하여 알아보고 역주하여 이것을 논하고자 한다. 이렇게 깨달음에 대하여 논하고자 하는 것은 많은 이

---

10) 이 논에서는 소명태자의 '32分'을 그대로 사용하며 분(分)을 '단'으로 사용하겠다.
11) 『金剛般若波羅蜜經』(T08, p.752b4~5).
12) 『金剛般若波羅蜜經』(T08, p.750b9).
13) 『金剛般若波羅蜜經』(T08, p.750a14~15).

들이 깨달음에 대한 욕망이 너무 강하여 오히려 간단한 것을 놓쳤기 때문이라고 생각한다. 즉 『금강경』에 나오는 일반적인 깨달음은 '발아뇩다라삼먁삼보리심'하여 성자의 지위가 되는 수다원·사다함·아나함이 되는 것이다.

일반적으로 깨달음이라는 것은 '초발심시변성정각'으로 『대방광불화엄경』에도 나오는 것이며 '초발심'하여 일체법의 진실한 자성[본성]을 견성하는 것14)이라고 말할 수 있다. 그리고 견성한 후에 삼승(三乘)15)이 점수(漸修)하는 것은 깨닫고 나서 공(空)으로 수행하는 것이며 수행자인 비구(比丘)의 일이다. 이것은 깨달은 '비구'16)가 수행하여 '대비구'가 되는 법17)이다. 그

---

14) 『妙法蓮華經玄義』卷5(T33, p.734b14~16), "初發心時便成正覺, 了達諸法眞實之性, 所有聞法不由他悟."; 『大方廣佛華嚴經疏』卷19(T35, p.643a24~26), "旣言知一切法, 卽心自性, 則知此心卽一切法性, 今理現自心, 卽心之性已備無邊之德矣."; 『大方廣佛華嚴經疏』卷19(T35, p.643b1~5), "又不由他悟是自覺也. 知一切法是覺他也. 成就慧身爲覺滿也. 成就慧身必資理發, 見夫心性豈更有他. 若見有他安稱爲悟, 旣曰心性自亦不存, 寂而能知名爲正覺."; 『大方廣佛華嚴經疏』卷17(T35, p.630a18~19), "謂了一切法卽心自性."; 『大方廣佛華嚴經隨疏演義鈔』卷3(T36, p.21b19~21), "初發心時, 卽得阿耨多羅三藐三菩提, 知一切法卽心自性, 成就慧身不由他悟."; 『大方廣佛華嚴經隨疏演義鈔』卷16(T36, p.123c13~19), "初取兩鏡及燈合之, 一鏡喩境一鏡喩心, 燈喩本智. 但取明了之義. 言本智雙入者, 智性色性本無二故, 智知一切法. 卽心自性故, 故此智性入心入境. 言心境重重者, 合兩面鏡互照, 智照斯在, 卽合一燈雙入, 是則以本智爲能照. 心境二法皆爲所照, 由斯本智令心境互融."; 『華嚴一乘成佛妙義』(T45, p.776c1~2), "初發心時便成正覺(卽得阿耨菩提), 知一切法眞實之性(卽心自性), 具足慧身(成就慧身)不由他悟."; 『宗鏡錄』卷1(T48, p.415a18~19), "擧一心爲宗, 照萬法爲鑑矣."

15) 『光讚經』卷3(T08, p.166c28~29), "廣普具足致于三乘者, 謂菩薩 聲聞 辟支佛, 菩薩悉學, 了無所罣礙也."; 『菩薩瓔珞經』卷10(T16, p.91a25~b4), "菩薩三乘各有三品, 辟支三乘亦有三品, 聲聞三乘亦有三品. 於是, 舍利弗, 欲知菩薩三乘者, 與汝說. 有菩薩大乘, 有菩薩辟支佛乘, 有菩薩聲聞乘, 是謂菩薩三乘. 又, 舍利弗, 辟支佛三乘者, 有辟支佛菩薩大乘, 有辟支佛菩薩緣覺乘, 有辟支佛菩薩聲聞乘, 是謂辟支三乘. 又, 舍利弗, 聲聞三乘, 有聲聞大乘, 有聲聞辟支佛乘, 有聲聞無著乘, 是謂聲聞三乘."

16) 『佛說阿闍世王經』卷1(T15, p.393b23~24), "其有凡比丘者得須陀洹."

러므로 정각(正覺)한 후에 대승과 최상승으로 수행해야 하므로 『금강경』에서는 "소법자(小法者, 小乘)는 사견(四見)때문에 이경(經)을 듣고 받아들여 독송하며 다른 사람들에게 해설하는 것도 불가능하다."18)라고 하고 있다. 그리고 어떻게 '발아뇩다라삼먁삼보리심'을 수지해야 하는가하는 것을 "如來 善護念諸菩薩 善付囑諸菩薩"19)이라한다고 하고 있다. 즉 여래가 잘 호념(護念)하게 하는 것은 자성을 수지하는 것이고 전법을 부촉한다고 할 수 있으며 견성하는 법20)을 호념이라고 할 수 있다. 그리고 견성이후에 대승의 보살마하살이나 아라한21)[應供]이 여래가 되는 것으로 마음속에 수행이라는 마음조차도 없이 제법여의(諸法如義)한 몰종적(沒蹤跡)을 실천하는 최상승을 여래라고 하는 것을 알아보고자한다.

---

17) 대비구(大比丘)는 『金剛經解義』卷1(X24, p.518a16), "大比丘者, 是大阿羅漢"이라고 하고 있듯이 수다원이 아라한이 되는 것을 말하므로 돈오하고 수행하는 것이다. 그러나 점오(漸悟)는 점차적으로 공가중이 되려는 것으로 깨달으려는 범부나 초보의 수행자를 말한다. 여기에서는 '삼승'은 '비구'로 견성한 것이므로 돈오라고 하는 것이 맞다. 그래서 '삼승'이 '점수'하여 아라한이 되는 것이므로 '점오'가 아니고 돈오점수이다.

18) 『金剛般若波羅蜜經』(T08, p.750c18~20). "若樂小法者, 著我見人見衆生見壽者見, 則於此經, 不能聽受讀誦爲人解說."; 소법자가 소승이라는 것은 각주26)참조요.

19) 『金剛般若波羅蜜經』(T08, pp.748c29~749a1).

20) 임성순(2022), p.113.에 의하면 "불성을 자성이라고 확신하는 것을 견성"이라고 하고 있다.

21) 『大方廣十輪經』卷7(T13, p.711a6~14), "世尊, 云何菩薩摩訶薩 於聲聞乘, 辟支佛乘 不生譏嫌. 於諸菩薩亦無譏嫌. 云何於如來, 聲聞衆中, 成器不成器得無譏嫌, 於大乘道常善修行. … 云何得昇進 不退轉法, 云何常得善知識. 云何常得不離佛法, 供養衆僧及諸菩薩. 云何於善根不生厭足. 云何於菩薩行願得無厭足.";『金剛經演古』(X25, p.553b21~22), "阿羅漢者, 祇是三界見思淨盡, 證我空眞如.";『圓覺經夾頌集解講義』卷1(X10, p.251c12~16), "若能覺此四大, 五陰皆空, 根塵識三皆無我相, 可謂四病出體, 小乘悟此成阿羅漢, 大乘菩薩造境卽中破無明證三德, 成初住佛, 法華三周授記作佛, 卽初住佛也.";『中觀論頌講記』卷2(Y05, p.450a8~9), "聲聞行者得阿羅漢, 大乘行者登八地以上."

깨달으면 모두가 해결되는 것이라는 아견(我見)을 가진 사상(思想)으로 수행하면 문제가 있는 것이다.[22] 왜냐하면, 언어에는 각자의 사상(思想)이 있기 때문에 이것을 이해하지 않고 번역하면 이해하는데 혼란을 가져올 수 있다. 즉 경전의 결집에서도 아난이 신통을 체득한 후에 성불하여 경전결집에 참석할 수 있었던 것[23]이다. 이것은 아난의 입을 통하여 경전이 구술되지만 깨닫기 이전의 아난의 수행정도가 어느 단계였는지를 추측할 수 있다. 경전의 결집에서 아난을 『경덕전등록』에서는 아라한이라고 하였고 다른 경(經)에서는 성불을 말하고 있다. 즉 경전을 편집하는 과정에서 보는 관점에 따라 아라한[응공]이라고도 하고 부처라고도 하였던 것으로 추측할 수 있다. 그러므로 이 경(經)은 아난이 아라한이 되기 전에 들은 것을 대승(大乘)[24]과 최상승(最上乘)[25]의 입장에서 '여시아문'하고 있

---

22) 깨닫는다고 하는 것은 정각이라는 뜻이며 '卽心自性'이나 '識心見性'이므로 구경에는 성공(性空)을 주장하는 것이므로 소승이라고 한 것이다. ※각주26)참조요.

23) 『正法華經』卷5(T09, p.98a19~20), "阿難成佛爲大聖時." ; 『大乘法苑義林章』卷7(T45, p.368c16~17), "法花經等說阿難成佛國土之量." ; 『法華經知音』卷1(X31, p.364b9), "如後文多寶佛, 爲過去世佛, 舍利弗成佛, 名華光佛, 乃至阿難成佛." ; 『景德傳燈錄』卷1(T51, p.206a16~18), "於是得神通者, 悉集王舍 耆闍堀山 賓鉢羅窟. 時阿難爲漏未盡 不得入會, 後證阿羅漢果, 由是得入." ; 『楞嚴經正脉疏』卷1(X12, p.192a5~6), "此緣結集時, 阿難感變相好同佛, 衆疑阿難成佛 釋迦再來 諸佛降附 唱此四字. 三疑頓息故必首標."

24) 『大般涅槃經』卷6(T12, p.638a18~22), "學大乘者亦復如是, 得聞種種深密經典, 其心欣樂, 不生驚怖. 何以故, 如是修學大乘之人, 已曾供養 恭敬禮拜過去無量萬億佛故. 雖有無量億千魔衆欲來侵嬈, 於是事中終不驚畏." ; 『妙法蓮華經玄贊』卷4(T34, p.713b2~3), "一乘者卽大乘, 大乘者卽佛乘, 佛乘者卽涅槃界." ; 『妙法蓮華經玄贊』卷4(T34, p.722c2~3), "護大乘者受持九部, 彼除因緣 譬喻 論議, 不遮小乘有十二分." ; 『大般涅槃經集解』卷27(T37, p.478c10), "大乘者, 離小心也." ; 『維摩經玄疏』卷2(T38, p.531b16~17), "五分證眞實卽大乘者, 卽是初發心住乃至等覺也. 六明究竟卽大乘者, 卽是妙覺地." ; 『六祖壇經』(T48, p.340b4~5), "若大乘者, 聞說金剛

18

지만 소승(小乘)[26]들은 아난이 부처가 될 수 없다고 의심하고

經, 心開悟解. 故知本性自有般若之智, 自用智惠觀照, 不假文字.";『宗鏡
錄』卷99(T48, p.950c2~3), "夫言大乘者, 卽是一心之乘.";『金剛經註講』
卷1(X25, p.706a19~20), "是經爲大乘者說, 非教小乘者, 住大乘.";『金剛
經直說』(X25, pp.579c24~580a2), "若是大乘菩薩, 旣悟之後, 發無上菩
提心者, 一切知見, 卽一切法, 如是知, 便是眞知.";『金剛經破空論』(X25,
p.143a6~8), "此經如來爲發大乘, 最上乘者說, 不是三乘共, 般若教名爲
大乘. 於大乘中, 惟爲圓頓菩薩, 名發最上乘者.";『般若心經略疏小鈔』卷
1(X26, p.771b21~22), "大乘者, 菩薩所行深般若也.";『般若心經事觀解』
(X26, p.894b12~14), "金剛云. 爲發大乘者說, 爲發最上乘者說. 則知度
三乘人, 三空觀, 度一乘人, 俱空觀入矣.";『神會和尚語錄的第三個敦煌寫
本』(B25, p.227a2~3), "言大乘者, 如菩薩行 檀波羅密, 觀三事體空, 乃
至六波羅蜜亦復如是, 故名大乘."; 대승은 『금강경』의 내용상으로도 아라
한과 보살마하살이다.

25) 『金剛經直說』(X25, p.574b22~23), "發最上乘心者, 卽同如來.";『神會
和尚語錄的第三個敦煌寫本』(B25, p.227a3~6), "最上乘者, 但見本自性空
寂, 卽知三事本來自性空, 更不復起觀, 乃至六度亦然, (六度卽六波羅蜜,
此本與石井本作亦度, 胡本作六塵.)是名最上乘."

26) 『金剛般若波羅蜜經』(T08, p.750c18~19), "若樂小法者, 著我見人見衆生
見壽者見.";『佛說能斷金剛般若波羅蜜多經』(T08, p.773c25~26), "若樂
小法者, 則著我見衆生見壽者見且更求趣見.";『金剛般若波羅蜜經論』卷2(T2
5, pp.788c29~789a2), "不妄說小乘者, 說小乘苦諦等唯是諦故. 不妄說大
乘者, 說法無我眞如故.";『金剛般若疏』卷4(T33, p.117b7~11), "樂小法
者 此是小乘, 著我見者 此是外道. 此二人不能聽受, 小乘之人所以不能聽
受者, 以是有所得故不信無得. 又此經明如來法身常住, 小乘人謂佛無常畢
竟滅故不信.";『金剛經註釋』(X25, p.532a16~21), "此爲小乘者, 說般若
法. 若大乘之賢聖, 如諸菩薩等, 則此般若之性, 本來具足, 有何侵損, 到底
堅剛, 其登彼岸, 猶入熟徑, 前後不迷, 永無退步. 登彼岸者, 爲大乘解. 則
爲登峯造極, 爲小乘解. 則爲出此入彼, 所到不同, 而彼岸一也.";『金剛經
闡說』卷1(X25, p.874a15~18), "云若樂小法者云云. 卽中人以下不可語上
也. 此段是明善, 聲乘, 緣覺乘, 菩薩乘, 爲三乘. 大乘, 謂菩薩乘也. 最上
來, 謂佛乘也.";『金剛經直說』(X25, p.579c10~12), "前說小法, 乃爲樂小
乘者說, 見有五蘊色相之我, 見有對我之人, 見有無明煩惱之衆生.";『四分
律行事鈔簡正記』卷15(X43, p.382a20~22), "性空卽小乘人, 作性空觀, 亦
名拆色明空觀. 謂蘊處界而成此身, 妄執爲性, 今小乘觀.";『止觀輔行搜要
記』卷10(X55, p.857c10~11), "學小乘者則墮有無, 學大乘者邪火所燒.";
여기에서 보살을 소승이라고 한 것은 '바라밀'을 실천한다는 생각이 남아
있는 것이므로 보살마하살이전을 말한 것이다. 『금강경』15단의 樂小法者
(Hīnā-dhimuktika)를 소승이라고 하는 것에서 소승(Hīnayāna)과 대승
(Mahāyāna)을 구분한 것이지만 이 '경'은 대승과 최상승의 입장에서 설
하고 있다.

있는 것27)이다.

　그래서 대승의 입장에서 이 연구를 구마라집의 『금강경』을 저본으로 하여 선어록과 비교하면서 내용들을 설명하고자 한다. 선불교라고 하면서 왜 『금강경』에 집착하느냐고 소승의 학자들은 말할 수도 있겠지만 이 경(經)이 대승불교의 근원이고 선불교의 근본이기 때문이다.

　즉 "Vajracchedikā Prajñāpāramitā Sūtra(바즈라체티까 쁘라쥬나빠라미타 수뜨라)"에서 경(經)의 제목에 구마라집은 능단(能斷)이라는 말을 뺏기에 소승의 소단(所斷)28)으로 『금강경』을 이해할 수도 있는 것이다. 그러므로 현장이 비판한 것29)이 지금까지도 번역하여 이해하는데 문제가 있었다고 볼 수 있다. 즉 공(空, śūnyatā)의 지혜로 깨달음을 이루어 고해를 벗어나게 하여 여래로 살아가게 하는 경전이라는 것을 제시하고 있다. 그런데도 이 책을 아상(我相)이 없는 대승의 깨달음30)에

---

27) 『金剛經采微餘釋』(X24, p.632c17), "小乘無作佛之分, 如何疑阿難成佛耶." ; 이후에 번역의 1단에서 다시 논함. 소승들은 간혹 깨달으면 부처된다고 착각하는 경우도 있다.

28) 『大般涅槃經』卷18(T12, p.469a12~14), "無所斷者, 名無上士, 諸佛世尊無有煩惱, 故無所斷, 是故號佛爲無上士." ; 『阿毘達磨發智論』卷20(T26, p.1031b15~16), "見所斷者, 名魔花. 修所斷者, 名小花." ; 소단으로 수행이나 번역을 하면 석공(析空)으로 궁극적으로는 소화나 마화가 되는 것이다. 석공과 체공은 각주33) 참조요.

29) 『大唐大慈恩寺三藏法師傳』卷7(T50, p.259a18~25), "今觀舊經, 亦微有遺漏. 據梵本具云, 『能斷金剛般若』, 舊經直云, 『金剛般若』. 欲明菩薩以分別爲煩惱, 而分別之惑, 堅類金剛, 唯此經所詮無分別慧, 乃能除斷, 故曰『能斷金剛般若』, 故知舊經失上二字. 又如下文, 三問闕一, 二頌闕一, 九喻闕三, 如是等. 什法師所翻舍衛國也, 留支所翻婆伽婆者, 少可." ; 성본(2012), pp.382~384.참조요. ; 역주 2·26·32단 참조요.

30) 깨달음[정각(正覺), 오(悟), 붓다(buddha), 여래, 열반(涅槃), 보리(bodhi), 무상정등정각, 진여의 지혜]을 성불의 의미로 이해하는데 이것은 자신의 본성을 깨닫는 것이고 그 이후에 성불하는 것이다. 깨닫는 법은 자각(自覺)하는 것으로 『禪源諸詮集都序』卷1(T48, p.403a4~6)에 "覺諸相空 心

20

대하여 쓰는 것은 『금강경』을 설한 사상과 다른 소승의 불요의
경31)으로 현재까지 번역하고 있기 때문이다.

능단(能斷)과 소단(所斷)이나 지혜와 지식·부처·공·불성·
깨달음·즉비(卽非) 등에 대한 잘못된 이해로 인하여 소승들은
전지전능한 일불(一佛)만 있다고 주장하고 있다.32) 그래서 기
도를 하면 영험이 있다고 믿고 부처가 와서 자신을 구제하여줄

自無念, 念起卽覺, 覺之卽無, 修行妙門, 唯在此也."라고 설명하고 있다.
즉 "염기즉각 각지즉무"에서 마음을 무념이라고 자각하는 것이다. 그리고
『六祖壇經』(T48, p.340c2)에 '識心見性'이라고 식심의 자성을 불성이라고
확신하는 것이 견성이고 깨달음이다. 이렇게 깨달은 이후에 불법에 맞게
'점수'하는 것은 삼승이고 대승은 삼승을 초월한 보살마하살과 아라한이며
최상승은 여래이다. 소승·대승·최상승은 뒤에 설명하겠다. 깨달음을 선
(禪)이라고 김호귀(2011b), p.77.에도 논하고 있듯이 선어록이 깨달음으로
가는 것은 맞지만 소승이 아닌 대승이나 최상승이 되는 것을 말한다. 『금
강경』과 선어록에서 깨달음에 대하여 알아보면 혜능은 무념을 종지로 하
여 "『금강경』을 설하는 소리를 듣자마자 깨달음을 얻었다"라고 인순 저·
정유진 역(2012), p.613.에 『육조단경』을 인용하고 있는 것도 '識心見性'
에서 일 것이다. 즉 "응무소주 이생기심"은 진여의 지혜를 실천하는 것이
므로 깨달음이 무엇인지를 알고 실천하는 것이기 때문이다. ; 『大方廣佛華
嚴經』卷8(T9, p.448c14~15), "初發心時便成正覺, 知一切法眞實之性, 具
足慧身不由他悟."라고 하는 것처럼 『금강경』의 '발아뇩다라삼먁삼보리심'
에서 자신의 본성을 견성하는 것을 정각이라 하고 있다. 그러므로 견성하
고 점수하여 대승으로 나아가는 것으로 대승과 최상승에서는 깨달음과 여
래나 진여는 동일한 의미이지만 소승에서는 불가능한 것이다. ; 진여가 여
래라는 것에 대하여 김호귀(2015), p.368.에 의하면 "여래의 범어는
'Tathāga ta'인데 의역하면 如來·如去로서 진여에서 오고 진여로 돌아
간다는 뜻이다. ⋯."이라고 하고 있다. 진여와 여래에 대하여는 각주참조
요.

31) 『大般涅槃經』卷6(T12, p.402a7~10), "不了義經者, 謂聲聞乘, 聞佛如來
深密藏處, 悉生疑怪, 不知是藏出大智海, 猶如嬰兒無所別知, 是則名爲不
了義也."; 『大般涅槃經』卷6(T12, p.401b28~29), "依法不依人, 依義不依
語, 依智不依識, 依了義經不依不了義經."; 『大般涅槃經』卷6(T12, p.40
2c7~10), "法者卽是法性, 義者卽是如來常住不變, 智者了知一切衆生悉有
佛性, 了義者了達一切大乘經典."
32) 『金剛經采微餘釋』(X24, p.632c22), "且小乘亦知有他方佛, 但謂一佛各化
一方, 而不知十方諸佛."; '일불'을 주장하는 것과 '아상'을 인정하는 것이
소승이다.

것이라고 하고 있다. 즉 과학을 중요시한다고 하면서도 잘못된 신앙에 떨어져 있는 것이다. 공(空)을 석공(析空)33)만 주장하여 불성(佛性)이 특별한 것이 있는 것이라고 하여 다른 종교의 주장을 옹호하는 듯하다. 이와 같은 이유는 경(經)을 아상(我相)을 가진 소승의 입장에서 번역하기 때문이라고 생각된다. 즉 이 경(經)의 내용에서 실지실견(悉知悉見)이나 무실무허(無實無虛)에 대해서는 뒤에 설명하고 논하겠지만 기도를 하면 실제로 구원을 받게 될 것이라는 아상(我相, ātmasaṃjñā)을 가지고 번역하여 "진실도 없고 거짓도 없다."34)라고 번역하고 있다. 이와 같은 일이 벌어진 이유가 현장의 오종불번35)이나 신앙36)

---

33) 석공(析空)과 체공(體空): 석공은 분석하여 오온을 '공'이라고 다음과 같이 기록하고 있다. 『毗尼作持續釋』卷4(X41, p.393c2~3), "因緣生法者, 六根爲因, 六塵爲緣, 根塵相對所起之心, 名爲生法. 析空者, 析卽分析, 謂分析五蘊等法, 皆空也."; 체공은 다음과 같이 기록하고 있다. 『大方廣佛華嚴經隨疏演義鈔』卷68(T36, p.543c20~21), "亦當體空者, 釋經是是非是是是名空空義."; 『勝鬘寶窟』卷3(T37, p.77b25~26), "法體空者, 說爲無我. 如維摩中, 衆生空者, 說爲無我."; 『起信論疏筆削記』卷8(T44, p.340a23~24), "體空者, 遍計之法情有理無故."; 『金剛三昧經通宗記』卷2(X35, p.269b18~19), "言心性體空者, 卽衆生之本覺也."; 대승에 대하여 『금강경』의 중생제도를 체공이라고 하고 있다. 『禪家龜鑑』(X63, p.740b15~17), "菩薩度衆生入滅度, 又實無衆生得滅度. 菩薩只以念念爲衆生也, 了念體空者度衆生也, 念旣空寂者實無衆生得滅度也."

34) 대한불교조계종 교육원(2009), p.53·64.

35) 『翻譯名義集』卷1(T54, p.1055a13~22), "唐奘法師論五種不翻. 一祕密故, 如陀羅尼. 二含多義故, 如薄伽梵具六義. 三此無故, 如閻浮樹, 中夏實無此木. 四順古故, 如阿耨菩提, 非不可翻, 而摩騰以來常存梵音. 五生善故, 如般若尊重智慧輕淺. 而七迷之作, 乃謂釋迦牟尼此名能仁, 能仁之義位卑周孔. 阿耨菩提, 名正遍知, 此土老子之教先有, 無上正眞之道 無以爲異. 菩提薩埵, 名大道心衆生, 其名下劣, 皆掩而不翻."; 『觀無量壽佛經疏妙宗鈔』卷3(T37, p.213b27~29), "新云薄伽梵, 具六義. 一自在, 二熾盛, 三端嚴, 四名稱, 五吉祥, 六尊貴. 以多含故不翻, 舊云婆伽婆訛也."

36) 신앙: 신앙으로 천상이나 절대신의 지위에 오르려고 숭배하지만 불교는 각자의 불타관을 정립하게 하려는 것이다. ; 『廣弘明集』卷28(T52, p.321cc4~6), "敬則識佛法之難遇, 弘信仰而登神, 緣境乃涉事情, 據理惟心爲本, 故虛懷不繫, 則其福不迴於自他."; 『金剛錍顯性錄』卷4(X56, p.551b18~

22

에 의하여 생긴 것도 있다고 생각된다. 현장에 의하면 범어를 한자로 잘못 번역하면 오해하여 다른 뜻이 되기 때문에 없는 글자는 번역하지 말라고 하고 있다. 그리고 중요한 것은 반야를 지혜라고 번역하면 누구나 너무 쉽게 이해하여 천시할 것을 염려하여 번역하지 않고 반야를 그대로 사용한 것이라고 하고 있다. 또 현장은 주공(周孔)이나 노자(老子)보다 부처가 낮아 보인다고 능인(能仁)이라고 번역하지 말아야 한다고 하고 있다.

　여기에서 반야는 대승이나 최상승의 지혜이므로 진여의 지혜나 반야의 지혜로 번역하겠다. 그것은 영원히 변하지 않는 자아[我相, ātmasaṃjñā]가 존재한다는 번역으로 인하여 '수자상[영원히 변하지 않는 영혼]'[37]이 있어서 지금 자신을 구제하지 않아도 다음 생(生)에 환생(還生)한다는 마음으로 인하여 지금 수행하지 않아도 되는 마음이 생길 수 있기 때문이다. 이것 때문에 영원히 변하지 않는 영혼이 실재한다고 주장하며 번역하는 것은 불교를 파괴하는 요인이므로 "무사상(無四相)부분에서 오온(五蘊)이 아상(我相)이라는 것을 설명하겠다. 또 번역의 문제는 이런 소승의 사상과 '아상'을 가지고 번역하면 깨달음과 여래가 되는 것은 불가능한 것이므로 대승의 입장에서 번역하여 깨닫고 수행하여 대승에서 최상승의 여래로 살아가는 것을 드러내고자 한다.

　그리고 선어록에서 대승의 깨달음을 『육조단경』, 『선종영가

---

20), "初間 於中先領解其理者 卽指心具三千三諦之理也. 決定如是故云必然 此爲憑教者謂信仰 此說以作永劫依憑之教法也.";『佛在人間』卷1(Y14, p.15a3～5), "人間佛教的信仰者, 不是人間, 就是天上, 此外沒有你模稜兩可的餘地. 請熟誦佛陀的聖教, 樹立你正確的佛陀觀. 諸佛世尊皆出人間, 不在天上成佛也."

37) 대한불교조계종 교육원(2009), p.21.

집』, 『돈오입도요문론』, 『임제어록』에서 선택한 이유는 홍인이 『금강경』으로 혜능에게 전법을 한 것38)과 혜능이 깨달음39)을 성취한 것의 근원이기 때문이다. 그리고 『선종영가집』에서의 깨달음을 넣은 이유는 깨닫는 방법을 자세하게 설명하고 있기 때문이다. 왜냐하면 무엇이 깨달음이고 어떻게 깨달을 수 있는지를 모르면 깨달을 수 없는데 이 책은 깨닫는 법을 자세하게 설명한 선수행의 지침서40)이기 때문이다. 그리고 『돈오입도요문론』, 『임제어록』은 깨달음을 현신(現身)으로 '衆生自度'41)를 실천할 수 있는 책들이므로 참고하였다.

그러나 현재의 수행법은 고행을 수행이라고 하는 것처럼42)

---

38) 『南宗頓教最上大乘摩訶般若波羅蜜經六祖惠能大師於韶州大梵寺施法壇經一卷』(T48, p.338a14~17), "五祖夜至三更, 喚惠能堂內, 說金剛經. 惠能一聞, 言下便悟. 其夜受法, 人盡不知, 便傳頓教法及衣, 以爲六代祖." ※ 이 책에는 『六祖壇經』이나 『육조단경』으로 약하여 사용함. ; 인순 저·정유진 역(2012), p.364~365.에 의하면 "『금강경』을 듣고 법을 부촉 받았다."라고 하고 있다.

39) 『六祖大師法寶壇經』(T48, p.350c6~9), "若無塵勞, 智慧常現, 不離自性. 悟此法者, 卽是無念, 無憶無著, 不起誑妄. 用自眞如性, 以智慧觀照, 於一切法 不取不捨, 卽是見性成佛道."; 견성하는 방법으로 일체법은 취사가 아니라는 것을 지혜로 관조하여 자성을 깨닫는 것이며 이 내용을 무념·무억·무착이라고 하고 있다.

40) 서인성(2022), p.369.

41) 『頓悟入道要門論』卷1(X63, p.23.a11), "當知衆生自度, 佛不能度."

42) [네이버 지식백과] 『종교학대사전』, 고행: https://terms.naver.com/entry.naver?docId=628602&cid=50766&categoryId=50794[검색일자: 2023.12.1.]에 의하면 "넓은 의미로는 자기통일과 정신성의 개발을 목적으로 하는 자기 수련을 … 정신적 '지복'을 얻기 위해서 자발적으로 신체에 고통을 주는 종교적 수단을 말한다. … 종교에서 고행이 가장 성행한 것은 힌두교이다. 인도는 고행의 기원지이며, 그것이 페르시아, 그리스, 이집트를 거쳐서 유럽사회에 도입되었다고 보는 학자도 있다. … 미래에서 즐거움의 과보(果報)를 얻고자 하면, 현세에서 고통을 계속해야 하기 때문에 행하여지는 것으로, 인도에서는 걸식에 의해서만 생활을 지속하는 고행자가 현재에도 500만명에 이른다고 한다. 인도의 고행 방법에는 굶는 방법, 연못에 몸을 던지는 방법, 불을 향하여가는 방법, 스스로 높은 바위에서 떨어지는 방법, 항상 한쪽 다리를 들고 있는 방법, 오열에 몸을 튀기

보인다. 왜냐하면 아(我)의 정(情)을 인정하는 번역들로 인하여 수행도 소승의 정(情)을 가진 입장에서 수행만 하면 부처가 될 수 있다는 생각이 있는 것이다. 그런데『금강경』의 내용은 선 남자 선여인이 '발심'하여 깨달아 보살이 되고 여래가 되는 마음의 상(相)을 버려야 하는 것이다. 그리고 '반야바라밀'을 '아 상'없이 '능단'하여 자신이 번뇌 망념을 끊고 자각하여[43] 실천 한다는 마음 없이 실천하는 대승이 되어 최상승의 여래로 탄생 하게 되는 것을 설하고 있다. 그래서 이 '경'을 대승으로 번역 하고 선어록의 깨달음도 대승의 입장에서 수행하여 최상승의 여래로 살아가는 것을 알아보고자 한다.

는 방법, 항상 재, 가시, 소똥 위에 눕는 방법, 재를 몸에 바르는 방법, 장 발로 머리를 자르지 않는 방법, 손톱을 자르지 않는 방법 등이 기록되어 있다. 현재에도 고행 금욕을 함으로써 하늘에서 태어난다고 생각하고, 그 로서 생명을 끊는 고행자도 적지 않다고 한다." 이처럼 고행을 하는 경우 는 아니지만 내용을 정확하게 알지도 못하는『금강경』을 하루 종일 독송 하는 것을 두고 한 말이다.

43) 김호귀(2018), p.29.에 의하면 "깨침의 성격에 대해서 선문헌에 보이는 것으로 대체적인 모습은 번뇌는 본래 '공'을 자각하고 그대로 지혜가 터득 된 모습, 분별심과 집착심을 초월한 자기의 본래성을 자각한다."라고 하는 것은 자신의 깨달음이기 때문이다.

2. 선행연구

이 책에서는 선불교의 깨달음과 수행법을 연구하고자 하는 것이고 『금강경』의 서지학적인 연구를 하고자 하는 것이 아니므로 『금강경』의 성립연대나 범본이나 한역본의 진위여부를 자세하게 논(論)하지는 않겠다.44) 『금강경』과 『육조단경』, 『선종영가집』, 『돈오입도요문론』, 『임제어록』에서 깨달음과 성불하는 수행법만 역주하여 논하고자 한다. 그리고 『금강경』에서 여래 멸후(滅後)나 내세(來世)에 후오백세라고 하는 것을 예기(豫期)로 보는 것45)은 문제가 있다. 왜냐하면 지금은 여래가 입적한 지 이천 오백년 이상이나 지났으므로 오백년이라는 언어로 판단하는 것은 모순이다. 방사성탄소동위원소 반감기로 계산하는 것도 여래가 입적한 이후에 경전이 결집된 것이므로 여러 문제가 있다. 그래서 아난이 깨닫고 나서 경전의 결집에 참여하게 한 것이라고 말하고 있다. 그러므로 선불교의 입장에서 이 경전의 의미를 역주하여 깨달음과 성불하는 수행법에 대하여 알아보고자 한다.

『금강경』의 연구가 많이 되어 있지만 언어에서 무실무허(無

---

44) 범본과 한역본과 인도본에 관하여 간략하게 보면 인도의 주석서와 중국의 주석서만 참고하겠다. 그리고 경의 해석과 이해를 위해서 인도의 무착은 18단, 천친은 27단, 양나라의 소명태자는 32단으로 나누고 있다. 그리고 『金剛經註』, 『銷釋金剛經科儀會要註解』, 『金剛經註解』, 『金剛經註正訛』, 『金剛經正解』, 『金剛經註講』, 『金剛經易解』, 『金剛仙論』, 『金剛般若經疏論纂要』, 『金剛經解義』등을 참조하겠다.
45) 『金剛般若波羅蜜經』(T08, p.749a28~29), "如來滅後, 後五百歲, 有持戒修福者, 於此章句能生信心." ; 『金剛般若波羅蜜經』(T08, p.750b5~6), "若當來世, 後五百歲, 其有衆生, 得聞是經, 信解受持, 是人則爲第一希有." ※ 6단참조요.

實無虛)나 즉비(卽非)46) 등을 여러 가지로 번역하는데 이것은
공(空)을 속제(俗諦)와 진제(眞諦)의 입장에서 보는 차이가 있
지만 대승의 체공으로 파악하고자한다. 이 경(經)을 오해하는
부분이 있어서 이 경(經)에서도 대승이나 최상승을 위해 설법
한다고 하였다. 그래서 범부나 소승의 입장으로 알고 있는 것
을 대승과 최상승의 관점으로 역주하고 살펴보겠다. 왜냐하면
비유로 범부의 입장에서 보는 산은 일반적인 산이지만 대승의
입장에서 보는 산은 깨달음의 산이 되기 때문이다. 즉 즉비(卽
非)는 깨달음47)을 초월하여 대승이나 최상승의 입장에서 번역
하면 초월이라는 뜻만 이해하면 되기 때문이다. 그리고 지금까
지 영혼 사상(思想)을 가진 사상(四相)48)의 문제도 여러 가지

---

46) 卽非:『金剛般若經疏論纂要』卷2(T33, p.165a27~29), "一切法者, 皆眞
如體故皆佛法. 卽非者由色等法卽眞如故, 卽非色等法眞如, 常無色等諸相
故. 是名者卽是眞如法自性矣.";『金剛般若經旨贊』卷2(T85, p.92b1), "言
卽非者破取相心";『金剛經疏記科會』卷5(X25, p.432c2), "卽非者約勝義
空";『金剛經疏記科會』卷8(X25, p.459c5~7), "疏, 卽非者, 由色等法卽
眞如故, 卽非色等法, 眞如常無色等諸相故. 記, 由色等者, 謂色等卽空.";
『金剛經正解』卷2(X25, p.624b2), "言卽非者, 謂無實也."; '공'과 같은 뜻
으로 즉(卽)은 깨달음으로 전환하는 뜻이고 비(非)는 초월의 의미이며 진
여이고 '무실'이다. 그러므로 진여의 지혜로 전환하여 번뇌 망념을 초월하
기 때문에 '勝義空'이라고 하였다. 뒤에 다시 대승으로 현재의 번역에 대
하여 논하겠다.

47) 김준호(2018), p.6.에 의하면 "해오를 불법의 가르침이 논리적으로 이해
하는 과정이 있기에 교이고 증오는 특정의 명상 수행의 결과로 얻어지는
체험이 포함되어 있기에 선이라 할 수 있다."라고 하고 있다. ; 이해와 증
득을 교와 선으로 구분하였으나 둘 다가 이해의 범주를 벗어나지 않는데
바른 수행자가 되려면 해오와 증오가 모두 이루어져야 할 것이다. 즉 '선'
은 '교'를 바탕으로 실천할 수 있어야 하는 것인데 명상수행으로 얻는 것
이 증오이고 '선'이라고 하면 일반지식을 몸으로 체험하여 얻는 것이 된
다. 이렇게 하면 불법을 모르는 수행자도 명상을 하여 깨닫게 되는 것이
므로 불교와는 거리가 있게 된다. '선'은 교학을 기반으로 깨달아 실천하
는 불법이 훈습이 되어야 한다.

48) 강경구(2010), pp.89~90.에서 '사상'에 대하여 자세하게 논하고 있다.
"인도와 중국의 전통주석을 계승한 해석의 경향인데, … 대표적인 예로

로 논쟁이 있지만 아래에 설명한 무사상(無四相)으로 번역하여 아상(我想, 我相)의 문제를 해결하고자 한다.

그리고 여기에서 '반야바라밀'의 문제는 '반야바라밀'에 의하여 부처가 탄생하기 때문에 『금강경』에서 이 경(經)의 제목을 13단에 구마라집은 범본의 "Vajracchedikā prajñāpāramitā"를 '금강반야바라밀(金剛般若波羅蜜)'로 번역하고 있다. 그런데 현장이 '능단금강반야바라밀경'이라고 한 것은 그 다음의 내용인 'apāramitā'를 '비(非)반야바라밀'이라고 한 것에서 시작하여 구마라집을 비판한 것이 오히려 자신이 주장한 '오종불번'에 의하여 생긴 것이 된다. 그리고 '비'나 '즉비'는 자신이 하지 않으면 해결할 수 없는 능단의 초월이라는 대승의 문제이기 때문에 지금까지도 논쟁이나 번역의 중심에 있는 것이다. 『육조단경』, 『선종영가집』, 『돈오입도요문론』, 『임제어록』의 번역을 참고한 것은 견성과 수행의 방법과 실천에 대하여 소승이 아닌 대승과 최상승(最上乘)으로 '중생자도(衆生自度)'를 설명하기 위함이다.

『금강경』의 판본(板本)은 범본과 한역본, 티벳본, 몽고역본, 만주역본 등이 있고 주석서로는 인도의 무착, 천친, 세친, 공덕

백용성, 김월운, 해안, 이제열, 석진오, 김용옥, 김윤수 등이 있다. 수행 및 생활 체험을 반영한 해석의 경향이 있는데 … 문자를 떠난 차원에서 경전의 뜻을 해석하고자 한 경우로 김태완의 예를 들고 있다. 서구의 철학, 종교, 과학 등의 관점을 적용한 해석의 경향 … 여러 가지 문제점에도 불구하고 그것은 종교 상호간의 소통을 모색하고 있다는 점에서 귀중한 시도라 할 수 있다. 복원된 범어 원전과 인도 철학에 대한 연구를 바탕으로 한 해석의 경향을 살펴보았다. 이기영의 소개로 시작된 범어 원전에 대한 관심은 이후 김용옥 등의 작업에 의해 심화되었고, 각묵과 전재성에 이르러 구체성과 충실성을 갖춘 범어 원전의 번역과 해석이 나타나게 되었다."라고 설명하고 있다. ※ 참고로 이 책에서 이후에는 "아상·인상·중생·수자상"을 '사상'이나 '四相'으로 요약하여 사용함

시의 주석본인 한역본과 중국이나 한국 일본 등의 주석서가 있다. 그리고 번역에서 '如是', '卽非佛法', '無有定法', '無實無虛', '悉知悉見'에 대한 번역을 단순하게 소승으로 이해한 현대의 논문이나 번역에 대하여 세세하게 논하지는 않겠다. 왜냐하면 선불교에서 이 경(經)의 내용을 대승이나 최상승으로 이해하면 단순하지만 소승적으로 이해하면 공(空)과 무념·무상·무주와 사상(四相)49) 등에 걸리고 깨달음이나 여래와 보살과 중생이라는 언어문자에 장애를 받게 된다.

현대에도 『금강경』이나 『금강반야바라밀경』이라는 제목과 관련된 책들이 한글로 많이 출판되고 있고 『금강경』관련 학위논문은 1968년도부터 2022년까지 박사 10여 편 이상, 석사 30여 편 이상이 있고 학술 논문은 300여 편 이상이 있다. 이 가운데 사상이나 어휘·선·번역 등에 관한 학위논문50)이고 학술지 논

---

49) 사상: 김도공(2016), pp.292~297에 의하면 "범본 (ātmasaṃjñā sattva saṃjñā jivasaṃjñā pudgalasaṃjñā), (자아라는 산냐, 중생이라는 산냐, 영혼이라는 산냐, 개아라는 산냐), (구마라집은 我相 人相 衆生相 壽者相), (현장은 我想 有情想 命者想 士夫想 補特伽羅想 意生想 摩納婆想 作者想 受者想)"비교 나열함. ; 여기에서 saṃjñā는 prajñā와 상반되는 뜻으로 지식과 지혜이다. saṃjñā를 구마라집은 상(相)으로 현장은 상(想)으로 사용한 것은 능소의 차이이고 형상(形相, nimitta)의 상은 아니다. ; 이후의 『금강경』 범어는 이기영(1978), 『반야심경·금강경』에서 각 단에 따라 인용 '쪽'은 생략함.

50) 김호성(1996), 「선관의 대승적 연원 연구」, 동국대 박사학위논문. ; 정경숙(2010), 「대한불교조계종 표준본『금강경』연구」, 동국대 박사학위논문. ; 진철문(2009), 「불교의 조형관 연구」, 동국대 박사학위논문. ; 한승주(2011), 『『금강경삼가해』의 국어학적 연구」, 공주대 박사학위논문. ; 권양혁(2011), 『『금강경』에 나타난 선사상 연구」, 위덕대 석사학위논문. ; 김경중(2021), 『『금강경』한글 번역의 비교연구」, 동명대 석사학위논문. ; 김영일(2003), 『『금강경』구조에 관한 연구: 3주7절의 문답구조」, 동국대 석사학위논문 ; 김정옥(2012), 『『금강경주해』의 선사상 연구」, 동국대 석사학위논문. ; 김혜련(2001), 『『금강경』에 나타난 空사상 연구」, 원광대 석사학위논문. ; 신호순(1998), 「초기 선종사의 『능가경』과 『금강경』의 위상」, 동국대 석사학위논문. ; 이경화(2005), 『『금강경삼가해』언해 연구: 국어 표기법과 어휘를 중

문51)들이 많이 있다. 이들의 내용을 보면 법(法)·비법(非法)·
비비법(非非法)·즉비(卽非)와 상(相, 想)과 삼무(三無) 등의 번
역52)을 대승과 최상승으로 논하지 않은 것들이다. 법을 대상의
법으로만 이해하여 자신의 법을 놓쳤고 대승으로 이해하지 않
으면서 『금강경』에서 주장하는 대승과 최상승을 위하여 설한다
고 하는 문제가 있는 것을 소승은 들을 수도 해설할 수도 없다
고 한 것과 배치되기 때문이다.

　그런데도 한역본의 한글번역에서 범어본의 한글번역을 하여
석가모니의 진음에만 접근하고자 하고 있다. 범어본 번역으로
는 이기영의 『반야심경·금강경』을 시작으로 전재성, 각묵, 권
중혁, 박지명, 이중표, 장의균 등이 번역하고 있다. 그렇지만
몇 가지 대소승의 문제점만 지적하여 깨달음에 접근하도록 논
하고자 한다. 또 번역을 하려면 여러 검증을 거쳐야만 하지만
현대에는 국가에서 관장하는 기관53)이 없다보니 각자의 지식과

　　심으로」, 동국대 석사학위논문. ; 정호영(1981), 「『금강반야경』의 四想에 관
　　한 연구」, 동국대 석사학위논문. ; 차차석(1987), 「반야실천의 사회적 성격
　　고찰: 『금강경』을 중심으로」, 동국대 석사학위논문. ; 황종국(2004), 「『금강
　　경』의 虛辭 연구」, 동국대 석사학위논문. 등.
51) 김호귀(2021), 『대각사상』35. ; 김호귀(2017b), 『대각사상』27. ; 김호귀
　　(2016), 『대각사상』26. ; 김호귀(2015), 『韓國佛敎學』76. ; 김호귀(2015), 『불
　　교문화연구』15. ; 김호귀(2008), 『한국선학』19. ; 박윤철(2014), 『통번역교육연
　　구』12. ; 이언의(2015), 『유학연구』32. 등.
52) "즉 법도 아니고 법아님도 아니기 때문이다." 그리고 "곧 아니다."라고
　　해야 하는 경우도 있지만 다른 번역된 단행본으로는 각묵(1991), 『금강경
　　역해』. ; 백성욱 강설(2021), 『백성욱 박사의 금강경 강화』. ; 성본(2012),
　　『깨지지 않는 법 금강경』. ; 이기영(1978), 『반야심경·금강경』. ; 지안
　　(2010), 『조계종표준 금강경바로읽기』. ; 현진(2021), 『산스끄리뜨 금강경
　　역해』. 등이 있다.
53) 『佛祖統紀』卷43(T49, p.398b8~19), "以殄魔障 第一譯主, 正坐面外 宣
　　傳梵文. 第二證義坐其左, 與譯主評量梵文. 第三證文坐其右, 聽譯主高讀
　　梵文, 以驗差誤. 第四書字梵學僧, 審聽梵文書成華字(猶是梵音, 初翻爲紇
　　哩第野, 爲素怛覽). 五筆受, 翻梵音成華言(紇哩那野, 再翻爲心, 素怛覽,

철학으로 번역하는 문제가 있다. 이렇게 주장하는 것은 현장의 오종불번에 대한 논문54)으로 이런 사상이 어느 정도 깨어졌다고 할 수도 있겠지만 이 경(經)을 '아상'을 가지고 있으면서 능단(能斷)으로 대승의 번역을 하지 않으므로 인하여 아직도 깨닫지 못하는 문제가 있다. 그러나 앞으로 많은 이들이 이렇게 선불교의 대승으로 번역하고 논하지 않으면 깨닫고 수행하는 것이나 번역의 문제는 소승이 되어 계속 반복되리라 생각한다.

『금강경』의 범본으로는 "동투르키스탄 단단 오이리크유적지에서 발견된 것과 길깃(Gilgit)사본을 그레고리 쇼펜이 재검토하여 차크라바르티와 더트본에 대한 자세하고 엄격한 논평을 첨부하여 온전한 길깃본55)이 출판되어 있다. 그리고 바미얀 사본으로 스코엔 컬렉션에서 사본 2385에 「Vajracchedikā Prajñāpāramitā」가 있고 중앙아시아(Central Asia) 사본과 기타의 단편적인 사본이 있다."56)라고 하고 있다.

그리고 『금강경』의 범본에 관련된 저술들에 대하여 연구한 것57)들은 모두가 『금강경』의 이해와 깨달음에 대한 갈망 때문에 원전으로 알고 싶기 때문일 것이다. 즉 『금강경』의 한자본만 가지고 보아도 무리가 없겠지만 불법(佛法)을 대상으로 알

翻爲經). 第六綴文, 回綴文字使成句義(如筆受云照見五蘊彼自性空見此, 今云照見五蘊皆空, 大率梵音多先能後所, 如念佛爲佛念打鐘爲鐘打, 故須回綴字句以順此土之文). 第七參譯, 參考兩土文字使無誤. 第八刊定, 刊削冗長定取句義(如無無明無明, 剩兩字, 如上正遍知, 上闕一無字). 第九潤文官, 於僧衆南向設位, 參詳潤色(如心經度一切苦厄一句, 元無梵本, 又是故空中一句, 是故兩字元無梵本)."

54) 김태관(2005), 『중국어문학논집』33, pp.537~538. ; 문을식(2009), 『불교연구』31, pp.15 2~155. ; 정승석(2011), 『보조사상』36, pp.267~269.
55) G. Schopen(1989), pp.89~139.
56) 정경숙(2010), pp.11~36.
57) 『불광미디어』(2020.09.08.)(http://www.bulkwang.co.kr), 전순환 [검색일자:22.3.4.]참조.

고 있으면 아무리 소승의 수행을 하여도 자신의 보배창고는 두고 남의 보고(寶庫)만 탐내게 된다. 이제까지 "한역본으로는 구마라집, 『금강반야바라밀경』(402) ; 보리유지, 『금강반야바라밀경』(509) ; 진제, 『금강반야바라밀경』(526) ; 달마급다, 『금강능단반야바라밀경』(590, 613) ; 현장, 『능단금강반야바라밀다경』(660~663) ; 의정, 『불설능단금강반야바라밀다경』(703)"[58]이 있고, 오조홍인이 혜능에게 이 경(經)으로 전법하였다고 한 육조혜능이 저작한 『금강경해의』도 있다.

"인도의 주석서는 무착의 『금강반야론』2권 ; 천친의 『금강반야바라밀경론』3권 보리유지가 한역 ; 세친의 『금강선론』10권 금강선이 해석 ; 공덕시의 『금강반야바라밀경파취착불괴가명론』2권 ; 무착의 『능단반야바라밀다경론송』1권 ; 무착의 『능단반야바라밀경론석』3권 의정이 번역한 책"[59]이 있다고 기록하고 있다.

"중국의 주석서는 구마라집역(鳩摩羅什譯) 승조(僧肇)가 주(注)한 『금강경주』1권 ; "지의(智顗)가 설한 『금강반야경소』1권 ; 길장법사(吉藏法師)가 찬(撰)한 『금강반야소』4권 ; 지엄의 『금강반야바라밀경약소』2권 ; 규기(窺基)가 '찬'한 『금강반야경찬술』2권, 『금강반야론회석』3권, 『금강반야견현기』10권(현존하지 않음) ; 의정(義淨)이 술(述)한 『약명반야말후일송찬술』1권 ; 대감진공보각(大鑒眞空普覺)이 해의(解義)한 『금강경해의』2권 ; 종밀(宗密)의 『금강반야경소론찬요』 ; 자선(子璿)의 『금강경찬요간정기』7권 ; 백정선월(栢庭善月)의 『금강반야바라밀경회해』1권 ; 종륵(宗泐)과 여기(如玘)가 동주(同註)한 『금강반야바라밀경주해』1권 ; 원현(元賢)의 『금강경약소』1권 등이 있는데 주석한 사람

---

58) 성본(2012), p.381. ; 이기영(1978), pp.139~140.
59) 이기영(1978), pp.149~150.

32

이 800여 명이나 된다."60)라고 하고 있다. 『금강반야바라밀경』
은 "우리나라에서는 50여종이 역간(譯刊)되었고 1945년 이후에
100여 종의 한역서와 해설서가 간행되었다."61)라고 하고 있다.

선불교의 깨달음을 말하면서 많은 어록을 설명하지 않고 『금
강경』을 설명하느냐하면 이것이 근원이기 때문이다. 그리고 『금
강경』은 공(空)의 지혜로 '일체법무아'를 설명하면서 공(空)이라
는 말을 사용하지 않고 설하였으며 소승과 대승과 최상승을 구
분하여 설하며 소승은 '不能聽受讀誦'이라고 설하고 있다. 경
(經)의 해석과 이해를 위해서 인도의 무착(無着)은 18단, 천친
(天親)은 27단, 원위(元魏)의 보리유지(菩提流支)는 12단, 양나
라의 소명태자(昭明太子)는 32단으로 나누고 있다. 그리고 『금
강경』을 풀이한 것으로 『금강경삼가해』권5는 구마라집(鳩摩羅
什)이 한역하고 당의 야보의 송·종경의 제강·득통의 설의를
정음(正音)으로 번역한 책이다. 또 『금강경오가해』62)를 풀이한
『금강경오가해설의』는 조선의 기화가 1417년에 간행한 주석서
이다. 그리고 『금강경』으로 인하여 탄생한 『육조단경』, 『선종영
가집』, 『돈오입도요문론』, 『임제어록』 등은 현대에 이미 출간된
번역본들이 많아 참조하였다.

---

60) 이기영(1978), pp.150~151.
61) 이지관(1998), 『가산불교대사림』권2, pp.836~837.
62) 오가해는 규봉 종밀의 찬요와 부흡의 협송, 혜능의 해의, 야부(冶父)의
협주, 종경의 제강을 한권으로 만든 책이다.

3. 연구의 범위와 방법

『금강경』은 고래(古來)로 많은 연구가 되어온 경(經)이다. 현재에도 많은 번역서와 학위논문과 학술논문이 발표되고 있다. 이 모든 것을 다 보는 것은 많은 시간과 노력이 필요하므로 필요한 부분만 인용하고 여기에서는 구마라집의 『금강경』을 저본으로 하여 아상(我相) 없이 대승(大乘)으로 번역하고 설명하고자 한다.

왜냐하면, 깨달음을 대승의 능단(能斷)이 아닌 소승으로 알고 현대에서 번역하였기 때문에 깨달음에 문제가 있는 것이다. 큰일도 아주 사소하고 작은 것에서 발단이 되어 벌어지듯이 이 사소한 것에 문제가 있기 때문이다. 역주의 방법으로는 아상(我相)의 문제는 앞에서 제기하였지만63) '아상'을 제거하고 깨달음[正覺]이나 수행법을 정확하게 파악하고자 한다.

정각은 견성이고 삼승이므로 소승이라고 하였으며 『금강경』에서는 대승이나 최상승을 위하여 이 경(經)을 설한다고 하고 있다. 소승은 듣지도 독송도 사람들에게 해설하지도 못한다고 하고 있다. 그래서 '아상'없이 대승의 입장에서 역주하려고 한다. 그리고 깨달음을 이루고 나서 성불하는 것이 소승이 아닌 대승과 최상승의 입장에서 중생이 부처가 되는 것이 가능한 것[眾生自度]이다. 즉 『금강경』의 수다원·사다함·아나함은 삼승의 성문·연각·보살64)이고 보살마하살과 아라한은 대승이다.

---

63) '아상'이 오온이라는 것은 "네 가지 상을 없애는 법" 부분에서 논하였다.
64) 『大乘本生心地觀經』卷2(T03, p.299a22~26), "隨宜爲說三乘妙法, 爲諸菩薩說應六波羅蜜, 令得阿耨多羅三藐三菩提究竟佛慧. 爲求辟支佛者, 說應十二因緣法. 爲求聲聞者, 說應四諦法, 度生老病死究竟涅槃." ; 『悲華經』

보살을 구분한 것은 아라한과 부처의 구분을 대승과 최상승으로 구분하면 되듯이 대소승으로 보살과 보살마하살을 구분한 것65)이다. 한글번역은 많이 출간되어 있지만 앞에 제기하였던 사상(思想)과 사상(四相)의 견해가 다르기 때문에 대승으로 이해하여 실천할 수 있게 역주하고 논하였다.

그리고 선불교의 연구범위를 『금강경』, 『육조단경』, 『선종영가집』, 『돈오입도요문론』, 『임제어록』에서 깨달음과 수행으로 한정한 것은 소승이 아닌 대승과 최상승으로 이해하고 역주하여야 하기 때문이다. 역주에서는 『금강경주』, 『소석금강경과의회요주해』, 『금강경주해』, 『금강경주정와』, 『금강경정해』, 『금강경주강』, 『금강경역해』, 『금강선론』, 『금강반야경소론찬요』, 『금강경해의』 등을 참조하였다. 그리고 별도로 번역의 문제가 있는 즉비불법(卽非佛法), 무유정법(無有定法), 무실무허(無實無虛), 실지실견(悉知悉見)을 대승으로 기존의 번역들과 비교하여 역주하겠다. 또 『금강경』의 여래, 보살, 비법상, 무사상(無

卷10(T03, p.231a23~25), "衆中或有學聲聞者聞聲聞法, 卽有九十九億衆生得須陀洹果.";『三法度論』卷2(T25, p.20b11~16), "辟支佛者, 爲自覺, 不爲他而自覺, 故說辟支佛. 聲聞者, 由他說. 復次解脫具有二種, 一者悲, 二者厭. 若從悲具得道者是佛. 厭具有二種, 一者由自得, 二由他得. 若自得者是辟支佛, 若由他得是聲聞.";『景德傳燈錄』卷9(T51, p.271c1~2), "聲聞者, 因聲得悟謂之聲聞."

65) 『금강경』에서는 보살을 보살과 보살마하살로 구분하고 있는 것은 선남자 선여인이 '發阿耨多羅三藐三菩提心'을 내어 보살이 되는 것과 대승의 보살을 보살마하살이라고 하며 구분하고 있다. 즉 『金剛般若波羅蜜經』(T08, p.749a1), "善護念 諸菩薩 善付囑 諸菩薩"과 『金剛般若波羅蜜經』(T08, p.749a5~11), "諸菩薩摩訶薩應如是降伏其心. … "이라고 구분하고 있다. 그리고 보살이 '무사상'이어야 한다고 주장하는 것은 "… 若菩薩有我相 人相 衆生相 壽者相 卽非菩薩"이고 보살과 대승의 보살을 구분하여 대승은 보살마하살이다. ;『金剛經註正訛』(X25, p.348b4~7), "大乘者, 諸菩薩是也. 爲大乘說者, 說此六塵四相之應空而入於法也. … 說此空相之心, 皆歸於空而并無所謂法也."

四相)에 대하여 별도로 설명하고 소명태자의 분류에 따라 32단을 모두 역주하였으며 분류한 내용에 대한 견해를 한역본으로 각주하겠다. 그리고 범어본의 한글번역으로는 이기영(1978), 『반야심경·금강경』을 시작으로 각묵(1991), 『금강경역해』; 전재성(2003), 『금강경』; 박지명(2019), 『범어 금강경 원전 주해』; 현진(2021), 『산스끄리뜨 금강경역해』 등을 참고하였다. 한자본의 한글번역으로는 박희선(1987), 『금강경』; 무비(1992), 『금강경오가해』; 무비(1994), 『금강경 강의』; 김월운(1994), 『금강경강화』; 김호귀(2007), 『금강경주해』; 대한불교조계종(2009), 『금강반야바라밀경』; 지안(2010), 『조계종표준 금강경바로읽기』; 김호귀(2011), 『금강경과해』; 성본(2012), 『깨지지 않는 법 금강경』; 김호귀(2017), 『선어록으로 읽는 금강경』; 김진무·류화송(2018), 『도해 금강경』; 백용성 저·김호귀 풀이(2019), 『백용성의 금강경 강의』; 전광진(2020), 『우리말 속뜻 금강경』; 김강유 외2명(2021), 『백성욱 박사의 금강경 강화』(연대별로 나열) 등의 번역을 참고하여 비교하고 논하였다.

　이 책은 소승의 깨달음이 아니라 아견(我見)이 없는 대승과 최상승의 깨달음에 관한 선불교의 연구이다. 소승은 성문·연각·보살로서 견성[本覺]하고 성불[始覺]66)하는 돈오점수이므로 대승(大乘)과 최상승(最上乘)의 '衆生自度'나 '衆生卽佛'67)의 입장에서 논하겠다.

---

66)『金光明經玄義拾遺記』卷1(T39, p.15b7), "性是本覺修是始覺.";『宗鏡錄』卷10(T48, p.472a19~20), "性淨本覺者, 以空及鏡喩.";『起信論註』(T85, p.1174c19~20), "本覺者根本眞如, 在凡時則是本覺, 若知後成佛則名始覺."
67)『金剛經音釋直解』(X25, p.177b6~7), "衆生雖妄, 亦依眞有, 乃生佛同原惟隔迷悟. 但去執情, 衆生卽佛矣."

선불교(禪佛敎)라고 하는 것은 불법(佛法)에 맞게 여래(如來)로서 살아가는 실천이나 생활을 말하는 것이므로 많은 경전(經典)이나 선어록을 가지고 설명하는 것보다는 아주 기본적인 소의경전(所依經典)을 정확하게 아는 것이 좋겠다고 생각하여 이렇게 한 것이다.

II. 선불교에서 깨달음

1. 『금강경』에서 깨달음

　깨달음을 보리(菩提)·해오(解悟)·증오(證悟)·돈오(頓悟)·정각(正覺) 등으로 다양하게 표현하는데 아뇩다라삼먁삼보리(anuttarā samyak saṃbodhi)[68]인 무상정등정각(無上正等正覺)을 대상으로 이해하면 많은 것을 알아야 하는 것이다. 그러나 깨

---

68) 『金剛仙論』卷2(T25, p.805a15～21), "阿之言無, 耨多羅言上, 名爲無上. 亦云最勝, 最上. 三之言正, 藐言遍知, 正者眞如智, 卽一切智也. 遍智者有中一切種智也. 又言三者亦是正也, 菩提言道. 此是如來果頭無上最勝正遍知, 離斷常二邊, 知中道正理, 初地菩薩證會此道, 故言發阿耨三菩提心也."; 『妙法蓮華經憂波提舍』卷2(T26, p.10a3～6), "此言阿耨多羅三藐三菩提者, 以離三界分段生死, 隨分能見眞如法性名得菩提, 非謂究竟滿足如來方便涅槃也.";『金剛般若波羅蜜經註解』(T33, p.228c18～19), "阿耨多羅三藐三菩提者, 華言無上正等正覺也.";『般若波羅蜜多心經註解』(T33, pp.570c27～571a1), "阿耨多羅三藐三菩提者, 華言無上正等正覺. 此言非惟菩薩, 如是修證, 而一切諸佛 莫不皆修般若得成正覺也.";『金剛三昧經論』卷2(T34, p.975b19～25), "八生乃至一生得阿耨多羅三藐三菩提者, 謂證初地菩提故. 以離三界中分段生死, 隨分能見眞如佛性名得菩提, 非謂究竟滿足如來方便涅槃故. 案云. 是約眞如佛性說名菩提, 能證見故名得菩提, 如經言諸法性空卽是菩提.";『宗鏡錄』卷11(T48, p.476b25～27), "欲求阿耨多羅三藐三菩提者, 應當一心, 修習如是心地觀法.";『金剛經疏』(T85, p.124b26～28), "發阿耨多羅三藐三菩提者, 是發大心, 此爲依也. 發心有四, 一發信心, 二發解心, 三發行心, 四發證心.";『金剛般若經挾註』(T85, p.135c17～20), "發阿耨多羅三藐三菩提者, 當生如是心, 我應滅度一切衆生(衆因緣生, 本非有法. 妄心執著. 起衆生相, 今悟性空則衆緣自滅. 菩提中道, 應發是心也)滅度一切衆生已, 而無有一衆生, 實滅度者.";『金剛經註解』卷1(X24, p.763c14～22), "梵語阿, 此云無. 梵語耨多羅, 此云上. 梵語三, 此云正. 梵語藐此云等. 梵語菩提, 此云覺. 然則阿耨多羅三藐三菩提者, 乃無上正等正覺也. 謂眞性也, 眞性卽佛也. 梵語佛, 此云覺. 故略言之則謂之覺. 詳言之則謂之無上正等正覺也. 以眞性無得而上之, 故云無上. 然上自諸佛, 下至蠢動, 此性正相平等, 故云正等. 其覺圓明普照, 無偏無虧, 故云正覺. 得此性者, 所以爲佛. 所以超脫三界, 不復輪迴."; 보살이 진성을 공(空)으로 진여의 지혜를 체득하는 것이 『금강경』의 정각이다.

달음[보리(bodhi)]은 자신의 반야로 사성제나 12연기법 등으로 견성(見性)하는 것으로 말하고 있다. 이것은 성문이나 연각이 되는 법이며 보살이 되는 법은 육바라밀(六波羅蜜)을 실천해야 한다. 그러므로 깨달음은 성문·연각·보살이 되는 것으로 삼승을 말한다. 성문·연각·보살이 견성하고 실천하는 것을 소승이라고 하는 것이고 여래라는 것과는 약간의 차이가 있기에 선불교(禪佛敎)의 견성성불을 주장하는 것이다. 그리고 돈오도 자신이 견성하고 대상경계를 경계지성(境界之性)으로 전환하여 자각(自覺)하는 것이고 수행법으로 소승의 돈오점수(頓悟漸修)와 대승의 돈오돈수(頓悟頓修)를 주장한다. 삼승이 되는 것을 견성[깨달음·정각]이라고 하는 것인데 여래가 되는 것을 깨달음이라는 것은 관점의 차이가 약간 있다. 그리고 돈오라는 말도 바로 자신의 중생심(衆生心)을 불심(佛心)으로 전환한다는 것이며 자신이 견성했다는 뜻이다. 그래서 깨달음은 삼승이 되는 것을 일반적으로 깨닫는다고 할 수 있다. 그리고 부처의 깨달음은 아라한이나 보살마하살이 훈습된 대승의 상태를 말하므로 돈오돈수의 훈습이라고 할 수 있다. 여기에서 부처의 깨달음이라고 하였지만 최상승의 부처는 몰종적(沒蹤跡)을 실천하는 사람을 말한다.

『금강경』은 범어로 "Vajracchedikā Prajñāpāramitā Sūtra"라고 하며 영어로는 "The Diamond Sūtra"나 "The Diamond Cutter Sūtra"라고 하고 있다. 한자로 구마라집(350~409, 413?)은 『금강반야바라밀경』, 급다(?~619)는 『금강능단반야바라밀경』, 의정(635~713)은 『불설능단금강반야바라밀다경』, 현장(602?~664)은 『대반야바라밀다경』577에 '능단금강반야바라밀다(能斷金剛般若波羅蜜多)'라고 하였다.

'Vajracchedikā'의 뜻을 보면 'Vajra'는 "Indra's thunder bolt"라는 뜻으로 강력한[제석천] 벼락이나 번개라는 뜻이다. 그리고 'chedikā'는 자르는 것이나 파괴하는 것이라는 뜻으로 이것을 합치면 한자로 '霹靂能斷'이라는 뜻이다. 그리고 이 말은 구마라집의 『금강경』에서는 '금강'[69]이라고 하였고 이것을 '다이아몬드'라고 표현한 영어의 뜻은 강하다는 의미이며 또한 강한 것을 절단할 수 있다는 것이다. 그렇지만 이 말이 '반야'를 수식하는 단어라고 하면 '금강'이나 '마하'라고 하여도 중요한 것은 능단(能斷)하는 반야(般若, Prajñā ; Pra(before, forward, fulfilling), √jñā(to know, understand) ; Wisdom, True or transcendental wisdom)[70]가 된다. '반야'가 '금강'이고 '마하'이므로 '능단'하는 '반야'를 반야의 지혜[71]나 진여의 지혜라

---

69) 금강(金剛)이나 금강저(金剛杵)의 유래는 『金剛般若經疏』卷1(T33, p.75a 27~b1), "甚堅甚銳名曰金剛. 智名決斷, 慧曰解知. 萬像雖繁物我無相, 有爲斯絶 寂其機照 故假名般若. 西云跋闍羅亦云斫迦羅, 此翻金剛." ; 『翻梵語』卷10(T54, p.1053c14), "越闍(應云跋闍羅 譯曰金剛)" ; 'Vajra'에서 시작된 것이지만 김호귀(2011a) p.80.에 의하면 '跋闍羅'를 진나라 때에 '금강'으로 하였다고 『현우경』의 기록을 들어 설명하고 있다.

70) 『Sanskrit English DIC.』(1988), p.659. ; 지혜, 지식, 참된 지혜 혹은 초월적 지혜, 알다, 이해하다, 잘 이해하다 등으로 설명하지만 지식과 지혜의 구분이 모호하다고 할 수도 있지만 Prajñā와 saṁjnā(相, 想)의 차이라고 생각한다. ; 『金剛經直說』(X25, p.575c11~12), "蓋此菩薩, 已離五蘊. 但習氣未忘, 故於眞如智中, 亦求安住." ; 『法華經玄贊要集』卷10(X34, p.401c15), "言證眞如智者, 意道此智是證眞如之智." ; 『大乘起信論裂網疏』卷4(T44, p.447b20~21), "卽了達一切生佛 唯一眞如之智慧也."

71) 『金剛般若波羅蜜經論』卷1(T25, p.767b18~22), "金剛能斷者, 此名有二義相應知, 如說入正見行, 入邪見行故. 金剛者, 細牢故. 細者, 智因故. 牢者, 不可壞故. 能斷者, 般若波羅蜜中, 聞思修所斷, 如金剛斷處而斷故, 是名金剛能斷." ; 『金剛經會解』卷1(X24, p.567a15~17), "無著曰. 名金剛能斷者有二義, 謂金剛者細牢故, 細者智因, 牢者不可壞故. 能斷, 謂般若聞思修所斷, 如金剛斷處而斷故." ; 『銷釋金剛經科儀會要註解』卷2(X24, p.674b3~8), "金剛是喻, 般若是法也. 金剛者, 金中精堅者也. 剛生金中, 百

고 하여 불교의 근간이 된다. 그러므로 번역하면 (자신이) 반야의 지혜로 번뇌 망념의 육도윤회를 뛰어넘어 여래가 되는 바른 방법이나 길이다. 이것은 『금강경』의 깨달음이 다른데 있는 것이 아니고 바로 자신이 '발아뇩다라삼먁삼보리심'하면 바른 보살이 되는 것72)이라고 하는데 있다. 즉 진여(眞如)라는 것을 능단(能斷)으로 이해할 때에 자신이 현신(現身)으로 삼승이 되는 것이고 바른 깨달음이 되는 것73)이다. 이렇게 하여 최고의

煉不銷, 取此堅利, 能斷壞萬物也. <u>梵語般若, 唐言智慧, 性體虛融, 照用自在</u>, 能斷絶貪嗔痴煩惱, 一切顚倒之見也. 梵語波羅蜜, 唐言到彼岸, 不著諸相, 得證涅槃, 卽到彼岸.";『銷釋金剛經科儀會要註解』卷2(X24, p.675a22~23), "金剛者, 標喩也. 以自性堅固萬劫不壞, 故比況金性堅剛.";『金剛經註解鐵鋑錎』卷1(X24, p.847a15~16), "金剛者, 自性堅固, 永劫不壞, 況金性堅剛也. 此金剛本性, 無形無相, 世間希少, 天上難尋.";『金剛經觀心釋』(X25, p.149a11~12), "金剛者, 喩現前一念心也. 譬如金剛, 體則無上至寶, 相則純淨無雜, 用則廣能利益, <u>現前一念, 亦復如是</u>.";『金剛經如是解』(X25, p.184c8), "金剛者, 性喩也. 性無形似.";『十地經論』卷1(T26, p.129a2~3), "如金剛者, 堅如金剛. 堅有二種, 一決定信堅, 二證得堅."

72) 『大般若波羅蜜多經』卷170(T05, p.915a8~9), "從初發心至得無上正等菩提";『大智度論』卷37(T25, p.335c18~20), "如菩薩空, 佛亦如是. 如行者空, 得阿耨多羅三藐三菩提者亦空.";『小品般若波羅蜜經』卷7(T08, p.567a17~23), "阿耨多羅三藐三菩提者, 卽是如如無增減. 若菩薩常行, 應如念, 卽近阿耨多羅三藐三菩提, 如是. 須菩提, 不可說義, 雖無增減, 而不退諸念, 不退諸波羅蜜, 菩薩以是行, 則近阿耨多羅三藐三菩提, 而亦不退菩薩之行. 作是念者, 得近阿耨多羅三藐三菩提.";『금강경』에서 깨달아 보살이 되고자 하면 '발아뇩다라삼먁삼보리심'인 '공'을 체득하는 것을 말하고 있다. '아뇩다라삼먁삼보리'가 보살이 되는 깨달음이고 대승의 보살마하살은 이 마음을 '應如是降伏其心' 여시하게 마음을 다스리고 또 그 마음을 어떻게 해야 하는지를 "如是滅度 無量無數 無邊衆生 實無衆生, 得滅度者"라고 하며 "내가 제도했다고 한 중생이 없다."라고 하는 마음에서 보살마하살이 대승이고 구경에는 '공'을 체득하는 것이다. 즉 '發阿耨多羅三藐三菩提心'을 한자로 번역하면 '무상정등정각'의 마음을 발심한 것이고 무상(無上)이라는 최고라는 말과 바른 깨달음이라는 올바른 정각의 마음을 낸 것이 된다. 그러므로 정각은 제법을 자신의 본성인 '공'으로 견성한 것을 말하는 지혜이므로 모두를 합하면 진여의 지혜로 살아가고자 하는 마음을 낸 바른 보살을 말한다.

73) 자신이 진여를 '능단'으로 알고 깨달음을 전지전능한 대상의 깨달음으로 이해하지 말고 '공가중'으로 정확하게 아는 것이 깨달음이다. 그러므로 깨

자리에서 군림하고자하는 사상(四相)없이 '금강반야바라밀'만 실천하면 대승과 최상승의 자유와 해탈을 이루게 된다.

『금강반야바라밀경』이라는 이 말을 모든 여래가 마음을 깨달아 들어가는 문(門)이라고 하는 것은 이 말에 모두가 다 들어있는 것이므로 바로 이 자리에서 고정관념의 의심과 집착을 버리고 진여의 지혜로 깨달으면 바로 피안(彼岸)에 도달하기 때문이며 그래서 이 경(經)이 있는 곳을 부처가 있는 곳이라고 하고 있다.74) 그러므로 모든 여래는 이 마음을 깨달아 무명(無

닫고 나서 수행하여 여래가 되는 것인데 깨달음을 여래라 하는 것은 구경각을 여래라고 하는 것에서 기인한 것일 것이다. 진여나 여래에 대하여는 다음과 같이 기록하고 있다. ;『金剛仙論』卷10(T25, p.871c29), "明見眞如者皆遠離細障, 名爲得道.";『金剛般若波羅蜜經破取著不壞假名論』卷2(T25, p.894a4~5), "言如來者, 以眞如故. 眞如者, 無所得義.";『攝大乘論釋』卷5(T31, p.406b26~28), "謂眞如者, 性無變故, 是一切法平等共相. 卽由此故, 聖敎中說一切有情有如來藏.";『起信論疏』卷1(T44, p.209a19~20), "總明不異本覺, 總標中言覺心源故 名究竟覺者, 在於佛地.";『起信論疏筆削記』卷5(T44, p.321c17~18), "眞諦名如, 正覺名來, 正覺眞諦, 名曰如來.";『起信論疏筆削記』卷6(T44, p.327a12), "心眞如者, 卽是一法界.";『金剛經註解』卷1(X24, p.763b1~12), "如來者, 佛號也. 佛所以謂之如來者, 以眞性謂之眞如. 然則如者, 眞性之謂也. 眞性所以謂之如者, 以其明則照無量世界而無所蔽, 慧則通無量劫事而無所礙, 能變現爲一切衆生而無所不可, 是誠能自如者也. 其謂之來者, 以眞性能隨所而來現, 故謂之如來, 眞如本無去來, 而謂之來者, 蓋謂應現於此, 而謂之來也. 若人至誠禱告, 則有感應. 若欲爲一切衆生設化, 則現色身, 皆其來者也. 此佛所以謂之如來, 然則言如如者, 乃眞性之本體也. 言來者, 乃眞性之應用也. 是則如來二字, 兼佛之體用而言之矣. 此經所以常言如來也.";『起信論疏記會閱』卷3(X45, p.581b22~23), "究竟覺者, 卽如與來合, 無始本異, 名曰如來."

74) 『金剛般若波羅蜜經』(T08, p.750a9~10), "若是經典所在之處, 則爲有佛.";『金剛般若疏』卷1(T33, p.84a26~28), "若具存梵本應云 跋闍羅般若波羅蜜修多羅. 此土翻譯 金剛智慧彼岸到經.";『金剛般若經旨贊』卷1(T85, p.67a3~7), "以關玄關, 題言金剛般若波羅蜜經者, 卽到彼岸. 能斷慧敎, 融理事於行位, 故稱智慧. 碎堅積之疑執, 假喩金剛. 出生死而至涅槃, 云到彼岸. 貫法義而攝群品, 目以爲經. 故言金剛般若波羅蜜經.";『宗鏡錄』卷25(T48, p.557c22~28), "云金剛般若波羅蜜經者, 卽是本心不動, 喩若金剛, 般若眞智, 乃靈臺妙性, 達此而卽到涅槃彼岸, 昧此而住生死迷津. 文中所說應無所住而生其心者, 起念卽是住著, 心若不起, 萬法無生, 卽心遍一切處, 一切處遍心, 如是了達, 頓入自宗. 故云若是經典所在之處, 則爲有

42

明)이 삼세(三世)의 망심이라는 것을 요달하여 이 지혜가 진심(眞心)이라고 깨닫는 것을 마음을 깨달았다[75]라고 하고 있다. 제목에 '능단'이라는 말을 하여야 한다고 하는 것처럼 수행은 자신이 자신의 진심을 자각하여야 생사윤회를 쉬고 이 지혜로 피안에 도달하게 되는 것을 범성(凡聖)이 동일하다고 하고 있다.[76] 이렇게 깨닫는 것이 정확하므로 경(經)[77]이라고 하는 것이다. 이렇게 하여 『금강경』에서 깨달음이 시작되어 경전이나 선어록으로 깨달음을 성취한 것이 선불교이기에 이 책에서 자세하게 살펴보고자 하는 것이다.

『금강경』에서 '금강'을 '다이아몬드'라고 하는 것은 가장 강하기에 무엇이나 파괴할 수 있고 또 무엇으로도 파괴할 수 없는 진여의 지혜이므로 망념을 제거할 수 있는 것[78]이다. 즉 진

佛."; 인순 저・정유진 역(2012), p.613. "대승의 소질이 있으면 『금강경』을 듣기만 해도 깨달음…"

75) 『宗鏡錄』卷25(T48, p.558a14~18), "金剛般若波羅蜜經者, 一切如來悟心之門也. 了無明之妄心, 卽妙慧之眞心, 故曰悟心. 經云. 過去心不可得, 現在心不可得, 未來心不可得, 悟三世之妄心不可得而有眞心 故曰悟心."

76) 『金剛經音釋直解』(X25, pp.167c21~168a1), "則金剛般若波羅蜜經者, 卽是人之自己一個眞心也. 迷之則生死始, 悟之則輪迴息. 今修行人知此自心智, 此自性知眞無妄, 以智慧燈照破塵緣, 了此妄法, 立萬行而不著於心, 遇諸緣而心常湛寂, 如此修行疾登彼岸矣."; 『金剛經法眼註疏』卷1(X25, p.657c19~21), "金剛般若波羅蜜經者, 乃斷疑生信, 絕相超宗之妙諦也. 誠所謂言思道斷, 心智路絕, 本來具足之理, 聖凡平等."

77) 『釋氏要覽』卷2(T54, p.284c17~23), "經. 梵音素怛嚩, 或蘇怛囉者, 華言線, 蓋取貫穿攝持義也. 又梵云. 修多羅, 或云修妬路者, 秦言契 謂上契理 下契根故. 今言經者, 具三義謂久通由也. 肇云. 經, 常也. 謝靈運云, 經 由也, 津也, 通也. 謂言由理生, 理由言顯. 學者神悟, 從理教而通矣. 典, 經也 常也 法也."; 『金剛經音釋直解』卷1(X25, p.167c20), "經者, 心之路也."; 『一切經音義』卷25(T54, p.463b16), "經者(梵云修多羅 此具五義論 偈云 經緯與涌泉 繩墨線貫穿 是謂修多羅 甚深微妙義 今言經者唯初一分義)."

78) 『金剛般若疏』卷1(T33, p.84a26~28), "若具存梵本應云 跋闍羅般若波羅蜜修多羅. 此土翻譯 金剛智慧彼岸到經."; 『金剛經解義』卷1(X24, p.517b3~8), "如來所說金剛般若波羅蜜, 與法爲名. 其意謂何, 以金剛世界之寶,

여의 지혜로 보살도를 실천하여 여래가 되는 가르침을 설한 경전이다. 그리고 "『금강경』은 여섯 번 한역되었는데 가장 많이 유포되고 독송되는 경(經)이 구마라집의 『금강반야바라밀경』이다."79) 또 『금강경』은 대승불교의 반야경전으로 혜능(慧能)이 구도(求道)하여 정각(正覺)을 얻게 되는 것이 『금강경』의 "應無所住 而生其心"80)이라고 하고 있다. 이것은 보살이 집착과 분별심을 버리고 상대적인 유무(有無)를 벗어나 여래를 친견하여 무소주(無所住)의 마음인 대승과 최상승으로 살아가야 하는 것을 설하고 있는 것이다.

『금강경』은 오랜 세월동안 많은 이들이 아주 소중하게 여기고 현재까지 수행하여 온 것이 사실이다. 이 내용은 궁극적으로 반야(般若)라는 뜻을 전하고 실천하여 살아가기를 바라는 것이다. 즉 '반야'에 대하여는 지혜라고 많은 설명이 이제까지

其性猛利, 能壞諸物. 金雖至堅, 羚羊角能壞. 金剛喻佛性, 羚羊角喻煩惱. 金雖堅剛, 羚羊角能碎. 佛性雖堅, 煩惱能亂. 煩惱雖堅, 般若智能破. 羚羊角雖堅, 賓鐵能壞. 悟此理者, 了然見性.";『金剛經音釋直解』卷1(X25, pp.167c20~168a1), "經者, 心之路也. 若人依此金剛般若而行, 則直到無爲之岸也. 以此觀之. 則金剛般若波羅蜜經者, 卽是人之自己一個眞心也. 迷之則生死始, 悟之則輪迴息. 今修行人知此自心智, 此自性知眞無妄. 以智慧燈照破塵緣, 了此妄法, 立萬行而不著於心, 遇諸緣而心常湛寂, 如此修行疾登彼岸矣.";『金剛經疏記科會』卷2(X25, p.392b2~9), "金剛般若波羅蜜經. 二釋義二, 初釋所詮, 二釋能詮. 初釋所詮三, 初釋金剛, 二釋般若, 三釋波羅蜜. 初釋金剛二, 初翻名示相, 二約法辨義. 初翻名示相. 疏, 金剛者, 梵云跋折羅, 力士所執之杵, 是此寶也. 金中最剛, 故名金剛, 帝釋有之, 薄福者難見. 記, 疏釋通文義二, 初題目二. 初釋所詮三, 初釋金剛二初翻名示相."

79) 성본(2012), p.381.
80)『六祖大師法寶壇經』(T48, p.349a16~18), "祖以袈裟遮圍, 不令人見, 爲說『金剛經』, 至 應無所住 而生其心, 惠能言下大悟, 一切萬法, 不離自性." ; 이지관(1998), 『가산불교대사림』권2, p.836. ; 인순 저·정유진 역(2012), p.728.에는 혜능이 이 "말을 듣고 깨달았다고 중시하는 것은 신회의 주장"이라고 하고 있다.

충분하게 된 것이나 실천하는 것은 아직까지 미흡한 점이 있다. 왜냐하면, 현재 많은 이들이 독송하고 외우는데 빠져 많은 시간을 낭비하고 있기 때문이다. 이것은 이 경(經)에서 중요한 능단(能斷)을 놓쳤기 때문에 이 경(經)에서 시작된 깨달음을 알지 못하는 것이다. 즉 이 경(經)에 의하여 깨달음을 성취하였다고 선어록에서도 전하고 있듯이 이 경(經)에 모든 답이 능단(能斷)에 있는 것이다.

1) 여래는 자신이 친견 하는 것

『금강경』에서 바른 깨달음[正覺]은 '삼보리(saṃbodhi)'라는 범어를 번역한 것이다. 이 소승(小乘)의 깨달음[bodhi, 覺]을 체득한 이후에 어떻게 하여야 대승에서 여래로 살아 갈 수 있는지를 설법하고 있는 경(經)인 것이다. 이것은 자신이 능단(能斷)해야 하는 것으로 구마라집의 『금강경』에서 여래81)라는 명칭을 사용하는데 이것은 여래의 십호82) 모두가 부처를 의미한다. 여래를 친견하려고 하면 부처는 육신의 모습을 초월해야 친견하게 된다고 하고 있다. 이것은 "알고 있는 육진경계는 의식의 대상이기에 허망하다고 알고 청정하게 볼 줄 알면 바로 여래를 직접 친견하게 된다."83)라고 하고 있다. 즉 이것은 허망하지 않은 진실한 상(相)이 있다는 것을 말하고 있다. 모든

---

81) 여래는 '반야바라밀'에서 반야의 지혜에 의하여 탄생하는 것으로 십호가 있고 또 조사·선사·진인·도인·부처·불타 등이 있다.

82) 여래십호: 여래(如來, tathāgata), 응공(應供, arhat)·정등각자(正等覺者, 正遍知, samyaksambuddha)·명행족(明行足)·선서(善逝, sugata)·세간해(世間解, lokavid)·무상사(無上士, anuttara)·조어장부(調御丈夫, puruṣa-damya-sārathi)·천인사(天人師, śāstā devamanuṣyānām)·불(佛, buddha)·세존(世尊, bhagavat, 婆伽婆·薄伽梵·薄阿梵·婆伽梵·婆伽伴). 이 이외에도 부처나 여래를 말하는 것으로는 대사(大師)·도사(導師)·대선(大仙)·일체지·태양·목우·사자·진인·조사무의도인 등으로 비유하여 설명한다. 그리고 석가는 Śākya와 muni라는 샤카족의 성자라는 석가모니를 말한다. 성은 고타마(Gautama, 瞿曇)이고 이름은 싯다르타(Siddhārtha, 悉達多)로 바른 깨달음을 이룬 후에 붓다(buddha)라고 하고 여래라 하며 십호로 불렸다.

83) 『金剛般若波羅蜜經』(T08, p.749a24~25), "凡所有相 皆是虛妄 若見諸相非相 則見如來."; 菩提流支 譯, 『金剛般若波羅蜜經』(T08, p.753a22~23), "凡所有相, 皆是妄語. 若見諸相非相, 則非妄語, 如是諸相非相, 則見如來."; 留支 詔譯, 『金剛般若波羅蜜經』(T08, p.757c11~13), "凡所有相皆是虛妄, 無所有相卽是眞實, 由相無相應見如來."; 『金剛般若波羅蜜經破取著不壞假名論』卷1(T25, p.888b9~11), "凡所有相皆是虛妄, 諸相非相卽非虛妄, 非虛妄者所謂眞實. 以眞實故名曰如來. 諸相若存, 是虛誑矣."

상(相)이 허망하다고 알아야한다는 것은 망념만 없으면 허망하지 않다는 것을 알려주기 위한 것이다. 그러므로 여래가 지금 여기에 있다는 것을 강조하기 위하여 게송을 설한 것이다. 『금강경』에서 말하는 대승의 깨달음이라는 것은 이와 같은 것이다. 여래가 되는 법에 대하여 『금강경』에서는 다양하게 설명하고 있는데 즉 상(相)에 대한 집착이 없어야 하며 자신의 번뇌 망념을 모두 알아야 하는 대승의 실지실견(悉知悉見)을 주장하고 있다. 그리고 여래는 무사상(無四相)이어야 하고 아뇩다라삼먁삼보리(anuttarā samyak saṃbodhi, 阿耨多羅三藐三菩提, 無上正等正覺)를 얻어야 하지만 설법을 하여도 법을 설한다는 생각을 하지 않는 보살마하살로서 항상 자비심으로 법을 설하는 무소설(無所說)을 강조하고 있다. 그러므로 여래는 항상 진실한 말을 하는 사람으로 거짓말이나 이간질을 하지 않으면서[84] 깨달은 법이 무실(無實, 空)이고 무허(無虛, 不空)라고 하는 것이며 지혜로 모든 것을 아는 사람이고 모든 여래를 친견한 사람[悉知是人, 悉見是人]이라고 설하고 있다. 여래가 되면 모든 법을 여의(如義)하게 알아야 일체법(一切法)이 불법(佛法)이 되는 것[85]이다. 그리고 여래는 오안(五眼)[86]을 구족해야 하며 색(色)이나 소리로 판단하는 것이 아니고 청정(淸淨)하게 불법(佛法)을 실천하며 살아가는 사람이다. 그러므로 최상승(最上乘)의 여래(如來)는 오고 가는 것이 아니고 자신을 바로 알고 살아가는

---

84) 『金剛般若波羅蜜經』(T08, p.750b27~28), "如來是眞語者, 實語者, 如語者, 不誑語者, 不異語者."
85) 『金剛經鎞』卷2(X25, p.92b2~3), "諸法如義, 卽一切法皆是佛法."
86) 오안: 육안(肉眼, 범부의 안목), 천안(天眼, 본성은 보지 못하는 색계의 천인의 안목) , 혜안(慧眼, 지혜는 있지만 중생을 구제하지 못하는 성문·연각의 안목), 법안(法眼, 보살도를 실천하는 보살의 안목), 불안(佛眼, 진여의 지혜를 구족한 부처의 안목)으로 김호귀(2011a), pp.246~247 참조.

사람이라고 하는 것이다. 그러므로 여래라는 이름만 들어도 깨닫게 되는 것이 이것이다. 이것의 근원은 진여의 지혜인 것이다.

2) 무주를 행하면 보살이 부처

『금강경』을 보면 아뇩다라삼먁삼보리(阿耨多羅三藐三菩提)라는 말이 자주 등장하는데 이것은 범어(梵語)의 'anuttarā samyak saṃbodhi'를 그대로 음사한 것이다. 이 말은 위없는 바른 깨달음이라는 뜻으로 한자로 '無上正等正覺'이나 '無上正遍知'라고 번역한다. 보살이 가져야할 마음으로 '발아뇩다라삼먁삼보리심'하여 불법(佛法)에 맞게 수행하고자 하는 보살은 일체의 상(相)을 벗어나 무상정등정각[위없는 바른 깨달음]을 이루려는 위대한 원력을 세워 보살마하살87)이 되어야 한다. 그리고 "보살(菩薩)은 진여의 지혜로 자각(自覺)하여 대상경계의 육진(六塵)에 집착하는 마음 없이 발아뇩다라삼먁삼보리심[bodhisattva-yāna-samprasthitena, ㉠發阿耨多羅三藐三菩提心 ㉭諸有發趣菩薩乘者]해야 한다."88)라고 하고 있다. 즉 바른 깨달음을

---

87) 『大般若波羅蜜多經』卷486(T07, p.466b15~20), "善現復白佛言. 所說菩薩摩訶薩者, 何等名爲菩薩句義. 佛告善現. 無句義是菩薩句義. 何以故, 善現, 菩提不生, 薩埵非有, 句於其中理不可得故, 無句義是菩薩句義. 善現, 譬如空中實無鳥跡, 菩薩句義亦復如是實無所有.";『佛說佛母出生三法藏般若波羅蜜多經』卷24(T08, p.670b29~c3), "當知法上菩薩摩訶薩者是汝善知識, 而彼菩薩世世已來常教化汝, 令汝通達般若波羅蜜多方便 學諸佛法, 成就汝於阿耨多羅三藐三菩提.";『摩訶般若鈔經』卷4(T08, p.528b11~14), "阿惟越致菩薩摩訶薩者, 終不可移, 其心忠正立, 於阿惟越致菩薩心終不可動, 天上天下終不可轉, 魔事雖起, 卽悉覺知.";『大般若波羅蜜多經般若理趣分述讚』卷2 (T33, p.38c24~25), "言菩薩摩訶薩者菩提言覺卽一切智." ;『金剛經纂要刊定記』卷4(T33, p.198b2~6), "何言菩薩摩訶薩耶. 答. 大心未發卽是凡夫, 既已發心卽名菩薩. 善現標舉, 約未發心時, 故云善男子善女人. 世尊酬答, 約已發心後, 乃言諸菩薩摩訶薩.";『仁王護國般若經疏』卷2(T33, p.260b13~15), "今皆阿羅漢者, 卽通教菩薩. 大品云. 阿羅漢若智若斷是菩薩無生法忍. 大集亦云. 大法菩薩名阿羅漢.";『金剛經解義』卷1(X24, p.522c20~21), "阿羅漢者, 煩惱永盡, 與物無諍.";『銷釋金剛經科儀會要註解』卷9(X24, p.750c17~18), "乃至阿羅漢者, 得不退地菩薩.";보살마하살이 '阿惟越致'이므로 아라한이다.

88) 『金剛般若波羅蜜經』(T08, p.750b20~23), "菩薩應離一切相, 發阿耨多羅

이루어 여래가 되는 방법의 시작이 '발아뇩다라삼먁삼보리심'인 것이다. 그러므로 『금강경』의 2단과 3단에서 기본적으로 보살로서 살아가야 여래가 될 수 있는 것이므로 대승의 보살마하살로 살아가려면 어떠한 '마음가짐'으로 어떻게 수행해야 하며 어떠한 마음으로 조복 받아야 하는지 설하고 있다. 보살은 육도 윤회에 빠진 중생을 남김없이 제도하겠다는 자비의 마음을 내어야 하고 보시를 해도 '보시바라밀'을 실천해야 하는 것으로 이것은 육바라밀(六波羅蜜, 布施波羅蜜·持戒波羅蜜·忍辱波羅蜜·精進波羅蜜·禪定波羅蜜·般若波羅蜜)을 실천해야하는 보살의 실천덕목이다.

　보살(菩薩)이 되지 않으면 여래가 될 수 없다는 것과 같은 뜻이다. 보살(菩薩)이라는 말은 범어인 'Bodhisattva'에서 유래된 것이다. 숙명보살인 석가보살을 지칭하는 말로도 등장하지만 대승불교가 등장하면서 다불(多佛)사상(思想)에 의거하여 많은 보살이 등장하게 된다. 보살이 여래가 되려면 『금강경』에 나오는 가르침에 따라야 하듯이 중생심을 바르게 자각하여 실천하는 것이 보살인 것이다. 'Bodhi'라는 깨달음·자각이라는 뜻과 'sattva'라는 유정·중생이라는 뜻으로 중생심을 자각하는 것이다. 또한 도중생(道衆生)·각유정(覺有情)·도심중생(道心衆生)이라고 하며 이것을 보살이라고 한다. 이 말은 보살의 10지위를 모두 말하는 것이고 칠지보살까지는 여래가 되기 위한 소

三藐三菩提心, 不應住色生心, 不應住聲香味觸法生心, 應生無所住心."；여기에서 구마라집과 현장의 번역을 비교하여 보면 보살승에 굳게 나아가는 자를 '발아뇩다라삼먁삼보리심'이라고 구마라집이 번역한 것은 소승보살에서 대승으로 나아가야 하기에 무상정등정각의 마음을 내야 하는 것이고 현장은 보살승에서 발심을 하여 체득하여야 대승의 보살마하살이 된다고 하는 것이다.

승의 수행이라면 팔지보살부터는 대승의 보살마하살로 여래의 입장에서 수행을 하는 것이 된다.

『금강경』은 바로 깨달음의 단계를 지나 여래로 살아갈 수 있게 대승과 최상승을 설한 것이다. 삼승이라는 성문·연각·보살을 『금강경』에서 수다원·사다함·아나함이라고 할 수 있고 아라한에 대하여도 설하고 있다. 즉 『금강경』에서 수다원을 성자의 지위에 들어갔다고 하고 있는 것89)을 보면 성문과 같은 경지라고 할 수 있다. 수다원은 사성제와 팔정도를 실천하는 성자이기 때문에 견혹(見惑)이 없으며 사취생[地獄·鬼·畜·修羅]을 벗어났으므로 성자의 지위에 들어갔다고 하며 깨달았다고 하는 것이다.

사다함은 자신이 사다함과를 얻었다는 마음을 가지지도 않는다. 사다함은 한 번 왕래한다는 말인데 삼계(三界)의 업(業)을 모두 없앤다는 말이므로 실제로 왕래하는 것이 없는 것을 사다함90)이라고 한다. 사다함은 연각이나 벽지불이라고 할 수 있으

---

89) 『金剛般若波羅蜜經』(T08, p.749b26~29), "須陀洹能作是念, 我得須陀洹果不. 須菩提言. 不也世尊. 何以故, 須陀洹名爲入流, 而無所入, 不入色聲香味觸法, 是名須陀洹.";『諸經要集』卷10(T54, p.102c13~14), "佛說四諦, 得須陀洹果.";『金剛般若波羅蜜經註解』(T33, p.230c25~26), "梵語須陀洹, 華言入流, 此聲聞所證初果也.";『大方廣佛華嚴經疏』卷19(T35, p.641c26~27), "言預流者, 始超凡地預聖流故.";『金剛經註疏』卷1(X24, p.454c6~7), "一生死流, 二聖道流, 是名入流.";『法華經玄贊要集』卷35(X34, p.907c13), "言預流者, 預聖人流, 入聖人流也.";『梵網經菩薩戒初津』卷4(X39, p.115a24~b3), "初地, 生如來家, 是須陀洹果, 華言入流, 又云預流. 謂菩薩入初乾慧地時, 斷惑證理, 卽是證佛所證, 故云生如來家, 因借聲聞初果以區別之, 故云是須陀洹果.";『大方廣佛華嚴經隨疏演義鈔』卷82(T36, p.645c20~21), "乾慧地者三乘初心通名乾慧."

90) 『金剛般若波羅蜜經』(T08, p.749b29~c3), "須菩提. 於意云何. 斯陀含能作是念. 我得斯陀含果不. 須菩提言. 不也世尊. 何以故. 斯陀含名一往來, 而實無往來, 是名斯陀含.";『出三藏記集』卷8(T55, p.54a20~21), "緣覺以因緣觀觀法性空.";『金剛經法眼註疏』卷1(X25, p.664b14~15), "梵語斯陀含, 華言一來果, 此聲聞第二果.";『金剛經註正訛』(X25, p.340b12), "斯

며 인연법이 공(空)하다는 사실을 자각(自覺)하여 성자로 살아가지만 실천하는 부분이 미흡하므로 소승의 사다함이라고 한다. 이런 주장을 자의적이라고 할 수도 있겠지만 이렇게 하지 않으면 사상(思想)이 너무나 다른 방향으로 흘러가고 있기 때문이다.

아나함[91]은 다시 욕계에 오지 않는다는 것으로 아공(我空)과 법공(法空)을 모두 체득하여 이미 욕계를 벗어났다고 하는 것이다. 그러므로 아나함은 욕계를 벗어난 것으로 대상경계를 욕망으로 보지 않는 것이며 마음속에도 욕심이 없으므로 욕계의 번뇌 망념이 없다. 그래서 욕계로 돌아오지 않는다고 하는 것이며 실제로 오는 것이 없어서 불래나 불환이라고 한다. 그리고 욕계의 습기가 완전히 사라져서 다시는 번뇌 망념의 세계에 떨어지지 않는 것을 아나함이라고 한다고 하고 있다. 이것은 보살이 보살마하살이 되기 전의 보살의 단계라고 할 수 있다. 여기에서 소승(小乘)과 대승(大乘)의 차이가 있는데 소승들은

陀含之二果無得也. 此是二菩薩.";『金剛經註正訛』(X25, p.348b23~c1), "二曰緣覺乘, 辟支佛得道, 緣己感觸而心悟, 是佛緣特達爲緣覺.";『梵網經菩薩戒初津』卷4(X39, p.115b3~6), "是斯陀含果, 華言一來, 謂菩薩於第八辟支佛地中, 蒙佛授記而得作佛, 因借聲聞第二果, 以區別之, 故云斯陀含果.";『三藏法數』卷11(B22, p.266b12~15), "梵語斯陀含, 華言一來. 謂菩薩於第八辟支佛地中, 蒙佛授記而得作佛, 因借聲聞第二果以區別之, 故云是斯陀含果.(辟支梵語具云辟支迦羅, 華言緣覺.)"

91)『金剛般若波羅蜜經』(T08, p.749c3~6), "阿那含能作是念, 我得阿那含果不. 須菩提言. 不也世尊. 何以故, 阿那含名爲不來, 而實無(不)來, 是故名阿那含.";『金剛經纂要刊定記』卷4(T33, p.207a15~16), "斷惑七八品, 名第三果向, 九品全斷盡, 即得不還果.";『金剛經註解』卷2(X24, p.776b23~c2), "李文會曰. 第三果阿那含者, 已悟人法俱空, 漸脩精進, 念念不退菩提之心. 名爲不來者, 謂能斷除, 內無欲心, 外無欲境, 已離欲界, 不來受生, 故名不來. 心空無我, 孰謂不來, 故云而實無不來也.";『金剛經註正訛』(X25, p.340b22~23), "阿那含之二果無得也. 此是三菩薩.";『金剛經法眼註疏』卷1(X25, p.664b19~20), "梵語阿那含, 華言不來. 此聲聞第三果也."

52

항상 사성제와 팔정도 혹은 12인연법에 맞는지 틀린지를 항상 점검하며 조금도 어긋나지 않게 수행하는 초기의 수행자인 비구(比丘)를 말하는 것이다. 이들은 항상 육바라밀에 맞게 생활하는지를 점검하며 수행하기에 소승이라고 하는 것이다. 즉 일반적으로 승가(僧家)를 성문·연각·보살이라고 하고 있다. 이러한 소승이 익어져 훈습되어 팔지보살의 지위에 이르러 영원히 물어나지 않는 불퇴전의 경지가 되어서도 자신의 마음속에 아라한이라는 생각도 없는 것을 대승이라고 한다고 하고 있다. 이것 때문에 사견(四見)이 없어야 한다고 하는 것이다.

아라한은 'arhat'의 주격인 'arhan'이며 응공(應供)으로 공양을 받아야 하는 것이라는 여래의 십호 중의 하나이나 『금강경』에 의하면 "아라한은 실제로 삼계의 업(業)인 번뇌 망념으로 생사(生死)하는 것이 없는 것이다. 그리고 아라한은 자신이 아라한이나 아라한이 되었다는 마음도 없으므로 사상(四相)이 없는 대승이다. 그리고 아라한이라는 마음을 가지지 않고 아라한도를 실천하며 무쟁삼매를 실천하는 수행자를 말한다."[92] '아라한'과위를 얻은 대승보살마하살[93]이 무주의 실천을 하면

---

92) 『金剛般若波羅蜜經』(T08, p.749c6~15), "須菩提. 於意云何. 阿羅漢能作是念. 我得阿羅漢道不. 須菩提言. 不也世尊. 何以故. 實無有法 名阿羅漢. 世尊. 若阿羅漢作是念. 我得阿羅漢道. 即爲著我人衆生壽者. 世尊. 佛說 我得無諍三昧 人中最爲第一, 是第一離欲阿羅漢. 我不作是念, 我是離欲阿羅漢. 世尊. 我若作是念, 我得阿羅漢道, 世尊則不說 須菩提 是樂阿蘭那行者. 以須菩提 實無所行, 而名須菩提, 是樂阿蘭那行."; 아라한을 응공(應供)이라고 한 것은 아라한을 여래와 동등한 입장으로 보기도 하였었다고 생각된다. 그래서 아라한을 대승이라고 하고 여래를 최상승 이라고 구분한 것이다.

93) 『金剛經註正訛』(X25, p.348b4~7), "大乘者, 諸菩薩是也. 爲大乘說者, 說此六塵四相之應空而入於法也. 最上乘者, 佛如來是也. 爲最上乘說者, 說此空相之心, 皆歸於空而并無所謂法也."; 『大方廣十輪經』卷7(T13, p.711a6~14), "世尊, 云何菩薩摩訶薩 於聲聞乘, 辟支佛乘 不生譏嫌. 於諸

최상승의 여래가 된다. 대승불교에서 보살은 숙명보살이 아니고 다불(多佛)의 입장에서 모든 사람이 보살마하살이고 여래가 되는 것이다. 그러므로 『금강경』에서 깨달음을 보살이라고 한 것이고 대승보살이 '아뇩다라삼먁삼보리심'만 내어 무주(無住)의 실천을 하면 최상승의 여래가 되어 살아갈 수 있다고 하는 것이다. 그러므로 만약에 대승경전을 신앙의 경전이라고 하면 『금강경』을 소의경전으로 할 필요가 없을 것이다.

菩薩亦無譏嫌. 云何於如來, 聲聞衆中, 成器不成器得無譏嫌, 於大乘道常善修行. 云何得利智 一切三昧 諸陀羅尼及諸地忍, 云何得昇進 不退轉法, 云何常得善知識. 云何常得不離佛法, 供養衆僧及諸菩薩. 云何於善根不生厭足. 云何於菩薩行願得無厭足."

3) 법상을 초월하면 최상승

『금강경』에서 바라밀(波羅蜜)의 실천으로 유무(有無)의 상(相)이 아닌 것을 즉비법상(卽非法相)이라고 한 것은 사상(四相)이 없어야 보살이고 여래가 되기 때문이다. 여래가 설하는 법상(法相)은 즉비법상(卽非法相)을 '법상'이라 한다고 다음과 같이 설하고 있다.

　　수보리여, '발아뇩다라삼먁삼보리심'을 낸 보살은 일체법을 항상 여시[94]하게보고 알며 확신하여 생활해야 법상이 생기지 않게 된다. 수보리여, 소위 말하는 법상이라는 것을 여래가 설하는 것은 '즉비법상'이라고 한 것이므로 법상이라고 한 것[95]이다.

　　須菩提, 發阿耨多羅三藐三菩提心者, 於一切法, 應如是知,

---

94) 『大般若波羅蜜多經』卷593(T07, p.1068a7), "如是知者名如實知.";『佛說佛母出生三法藏般若波羅蜜多經』卷7(T08, p.613b11~13), "菩薩摩訶薩於一切法如是知者, 當於六波羅蜜多法門如是修學 如是隨喜. 以此隨喜善根, 如實迴向阿耨多羅三藐三菩提.";『文殊師利所說摩訶般若波羅蜜經』卷2(T08, p.730a10~11), "如是知者是名正智.";『金光明最勝王經』卷4 (T16, p.418a9~10), "菩薩摩訶薩如是知者, 乃得名爲通達諸法.";『金剛經筆記』(X25, p.132a13~16), "應如是知者, 卽知一切法無我, 得成於忍. 如是見者, 卽若見諸相非相, 卽見如來. 如是信者, 卽一念淨信, 及信心淸淨, 則生實相, 如是解者, 卽深解義趣, 及信解受持."; '정각'을 여시하다고 하는 것은 일체법이 '공'이라는 진여의 지혜이다.

95) 의역하면 "법상이라는 것을 여래가 설하는 것은 청정한 법상을 말하는 것이므로 '즉비법상'이라고 한 것이며 일체법이 청정한 경계라고 알고 진여의 지혜로 몰종적의 생활을 하기 때문에 여래가 다시 법상이라고 한 것"이 된다. 즉 여래가 말하는 '즉비법상'은 중생심의 법상을 초월하여 '공'이라는 것을 말하는 대승이고 다시 법상이라고 한 것은 법상을 초월하여 최상승의 실천이다. 그러나 법을 인연법이라고 하면서도 소승법으로만 알고 있으니 '능단'한 자신의 법이 되지 않는 것이 현실이다. ;『金剛場陀羅尼經』(T21, p.857c18), "眞法相者實空"; 법상은 『금강경』 6·31단 참조.

如是見, 如是信解, 不生法相. 須菩提, 所言法相者, 如來說卽
非法相, 是名法相.[96]

여래가 '즉비법상'을 '법상'이라고 한 것은 법(法)이라고 하는
것이 만법(萬法)[97]을 말하기 때문이다. '만법'을 고정된 '법'이
라고 알지 않아야 하는데 일반적으로는 '만법'을 관념화 하여
사견(四見)을 버리지 않으려고 하며 소승에 집착을 하고 있다.
그러므로 여래는 '법상'을 대승의 '즉비법상'이라고 한 것이다.
'즉비'는 아니라는 부정의 의미도 있지만 초월이라는 대승의 의
미가 있어서 청정하게 진여의 지혜로 알아야 하는 것이다. '법
상'이 있다고 하는 것은 사상(四相)이 있는 것이고 없다고 하여
도 역시 사상(四相)이 있기에 없다고 하는 것이 되므로 공상
(空相)이라고 한다. 법상(法相)에 대하여 다음과 같이 자세하게
설하고 있다.

 법상도 없고 법상이 아니라는 마음도 없다. 왜냐하면 이와
 같은 모든 중생들이 만약에 마음속에 취상[98]이 (조금이라도

---

96) 『金剛般若波羅蜜經』(T08, p.752b20~23).
97) 『宗鏡錄』卷1(T48, p.415a18~19), "擧一心爲宗, 照萬法爲鑑矣.";『宗鏡
  錄』卷1(T48, p.417a20~21), "擧一心爲宗, 照萬法如鏡.";『佛祖統紀』卷
  50(T49, p.447b20~21), "强名爲萬法之性, 體德無住, 强名爲萬法之本,
  萬法者復何謂也.";『楞嚴經疏解蒙鈔』卷10(X13, p.888c11~12), "乃至若
  擧一心門, 一切唯一心. 若一法非心, 則是心外有.";『銷釋金剛經科儀會要
  註解』卷5(X24, p.708b21~22), "此我若無, 四大五蘊亦空也, 通達萬法者.
  此科如來, 實無有法, 得證菩提, 故得受然燈記.";『金剛經鎞』卷1(X25, p.
  78b8~10), "實信者, 萬法如幻名虛, 般若有體名實. 信萬法者名虛信, 信般
  若者名實信. 必了萬法皆虛, 方能一實之信.";『永嘉禪宗集註』卷2(X63, p.
  300b11~12), "云萬法者, 卽指所造諸法也.";萬法은 能造
98) 취상(取相):『大般若波羅蜜多經』卷37(T05, p.209b12~14), "諸取相者皆
  是煩惱. 何等爲相. 所謂色相 受想行識相, 乃至一切 陀羅尼門相, 一切三
  摩地門相, 於此諸相 而取著者 名爲煩惱.";『大般若經綱要』卷1(X24, p.5
  9a12~15), "諸取相者, 皆是煩惱. 何等爲相, 所謂色相, 受想行識相, 乃至

남아) 있다면 곧바로 '사상'이 있는 것이 되기 때문이다. 또 만약에 법상이 있다고 하면 '사상'에 집착을 하게 되는 것이기 때문이다. 왜냐하면 만약에 법상이 아니라는 생각도 가지면 곧바로 '사상'에 대한 집착이 있는 것이 되므로 응당 법상을 가지지 말아야 하고 '법상'이 아닌 것도 생각하지 말아야 한다. 그래서 여래는 항상 설법하였다. 그대들 (모든) 비구들도 내가 설법하는 것이 (고해를 건너는) 뗏목과 같아서 (고해를 건너고 나면 뗏목을 버려야 하는 비유와 같다는 것을 알아야 한다. 그러므로) '법상'에 대한 집착도 마땅히 없어야 하는데 '법상'을 초월했다는 생각이 있어서야 되겠는가?

> 無法相, 亦無非法相. 何以故. 是諸衆生 若心取相, 則爲著我, 人, 衆生, 壽者. 若取法相, 卽著我, 人, 衆生, 壽者. 何以故, 若取非法相, 卽著我, 人, 衆生, 壽者, 是故不應取法, 不應取非法. 以是義故, 如來常說. 汝等比丘, 知我說法, 如筏喻者. 法尚應捨, 何況非法."[99] (※ 이 책에서 본문의 ()안은 의역하거나 맥락에 맞게 첨가함.)

'법상'을 강을 건너는 뗏목에 비유하여 설명하고 있는 것은 조금의 사량 분별도 용납하지 않는 것이다. 상(相)을 취하는 것이 번뇌이니 오온(五蘊)이 번뇌가 되므로 오온(五蘊)이 공(空)이 되어야 한다고 하는 것과 같다. 『금강경』에서 사상(四相)이 없어야 보살마하살이고 여래가 될 수 있지만 더 자세하게 사견(四見)이 완전히 없어야 한다고 하고 있다. 이것은 'saṃjñā'가 상(相)에서 견(見)으로 취착된 것을 번역한 것[100]이라고도 하고

一切陀羅尼門相, 一切三摩地門相. 於此諸相 而取著者, 名爲煩惱. 所以者何, 以一切法 本性皆空, 不可取故.";『金剛經會解』卷1(X24, p.574a11~12), "謂若心取相者, 我相也. 有我相則有我取."
99) 『金剛般若波羅蜜經』(T08, p.749b5~11).

있다. 이것은 상(相)보다는 세밀한 것으로 견해이고 '법'이므로 '법상'이 없어야 보살이 여래가 되고 바른 깨달음을 얻게 되는 것이다. 그러므로 『금강경』에서는 상(相)과 무의식의 고착화된 견(見)을 넘어 유위법은 꿈이고 환상이라고 하고 있다. 게송에 의하면 "일체의 유위법은 모두가 꿈이나 환상과 같고 물거품이나 그림자와 같고 그리고 풀잎의 이슬이나 번갯불과 같다고 알고 육진 경계를 진여의 지혜로 항상 청정하게 관조해야 한다."[101]라고 하고 있다. 이처럼 일체의 유위법은 환상이므로 집착하고 애착을 가질 대상이 아닌 것이다. 그러나 만법(萬法)을 청정하게 하면 만법일여(萬法一如)가 되어 대승보살이 여래가 되는 것이다. 즉 망념이 있는 만법에서 여래가 말하는 망념이 없는 만법이 되면 바로 "實無有法, 佛得阿耨多羅三藐三菩提"가 되어 최상승의 여래가 되는 것이므로 비법상(非法相)을 깨달음이라고 한 것이다.

---

100) 김도공(2016), pp.314~315에서 'dṛṣṭi'를 "확실하게 자신의 견해로 굳어진 것"으로 하고 있다. 그러므로 이것은 훈습되어 자신에게 무의식의 견이 남아 있는 것을 말한다.

101) 『金剛般若波羅蜜經』(T08, p.752b28~29), "一切有爲法, 如夢幻泡影, 如露亦如電, 應作如是觀."; Tārakā(별) timiraṁ(환상(눈의 가물거림)) dīpo(불빛), māyā(환영)-avaśyāya(이슬) budbudaṁ(물거품), supinaṁ(꿈) vidyud(번개) abhraṁ ca(구름 같고), evaṁ draṣṭavyaṁ(이렇게 관조한다(應作如是觀).) saṁskṛtam(㉠一切有爲法, ㉡諸和合所爲).

4) 무사상

무사상(無四相)[네 가지 상을 없애는 법]은『금강경』의 주된 사상(思想)이고 번역의 문제에서도 아상(我想, 我相)에서 영원히 변하지 않는 영혼까지 실제로 있다고 주장하는 번역을 하므로 이 부분을 많이 할애하였다. 사상(四相)이 있으면 보살이 아니고 여래가 될 수 없는 것이다.『금강경』에서 보살이 사상(四相)이 있다면 다음과 같이 "만약에 보살이 아상·인상·중생상·수자상이 있다고 하면 보살이 아니다."[102]라고 설하고 있듯이 진정한 보살은 사상(四相)이 없어야 한다. 그러므로 보살이 '발아뇩다라삼먁삼보리심(發阿耨多羅三藐三菩提心, 줄여서 發心으로 사용하기도 함)'을 내어 사상(四相)이 없어야 대승의 보살마하살이 되고 그 다음은 여래로 살아갈 수 있다.

사상(四相)에서 아상·중생상·인상·수자상은 아상(我相)을 계속 주장하는 것이 중생상(衆生相)이고, '중생상'이 계속하여 단절되지 않고 있다고 생각하는 것이 명상(命相)이며 이 목숨이 다하여도 영혼이 있어 다시 육도에 윤회할 것이라고 알고 있는 것이 수자상(壽者相)이다. 그러므로 이것의 근원은 '아상'에서 시작된 것이다. 아상(我相)은 '나'라는 상(相, 지식, saṃjñā)으로 자신이 하는 일체의 생각과 행동은 오온(五蘊)으로 화합된 것이다. 여기에 실아(實我)가 있어 내 것이 있다고 생각하여 가진 것을 자기의 것이라고 인정하는 것을 '나'라고 한다. 그러나 '오온'에 '실아'가 없으므로 결국은 '공'이라는 것을 모르기 때문에 집착하여 '아상'이 있는 것이다. 이것을 깨달으면 '공'이

---

102)『金剛般若波羅蜜經』(T08, p.749a10~11), "若菩薩有我相, 人相, 衆生相, 壽者相, 卽非菩薩,"

되고 '무아상'이 된다. '중생상'은 현재에는 뭇 중생들을 지칭하는 단어로 되어 있다. 그러므로 '아상'으로 인하여 '인상'을 사람이나 '남'이라고 하면 중생도 뭇 중생이 된다. 결국 이렇게 하여 많은 이들이 '아상'으로 인하여 '나'와 '남'이나 중생이라는 '상'이 있다고 번역하고 있다. 그래서 '중생상'을 생명체들이라는 '상'이라고 하지 않고 '아상'을 계속 반복하여 주장하는 것을 '중생상'이라고 하는 것이다. 이와 같이 반복하지 말기를 바라는 자비심으로 '무중생상'을 주장하여 중생심이 훈습되지 않기를 바라는 것이 '무중생상'이다. '인상'은 '명상'으로 사대(四大)가 있는 이상 없어지지 않을 것이라는 생각이 잘못이라고 무인상(無人相)을 설하고 있다.

사대가 결국 죽어 사라지는 것을 인정하지 않으려고 '아상'이 있게 된 것이다. 그러나 결국은 죽는다는 사실을 알아야 하기에 아무리 '아상'이 있다고 하여도 결국 사대는 지수화풍(地水火風)으로 돌아가게 되어 '무인상'이 된다. '수자상'은 죽고 나서도 영혼이 있다는 주장을 말한다. 그러나 사대(四大)가 사라지고 나서 영혼이 존재한다고 하여도 영혼이 거처할 사대가 없는데도 윤회하여 환생한다고 믿고 있다. 그러므로 무수자상(無壽者相)을 설하고 있다.

이것은 모두가 아상(我相)으로 인한 것이므로 아상(我相)이 없으면 법공(法空)이 되어 진정한 보살로 살아갈 수 있게 된다. 진정한 보살이 되는 법은 무사상(無四相)으로 발심하여 반야바라밀(般若波羅蜜)을 실천하면 여래로 살아갈 수 있다.

사상(四相)에서 상(相)과 상(想)은 지식(知識)[103]을 말하는데

---

103) 'samjñā'를 구마라집은 상(相)을 객관적인 상(相)이라고 하는 것이고 현장은 주관적인 상(想)이라고 이들은 같은 뜻으로 사용하고 있다. samjñā는

상(相)은 대상경계를 말하는 것이므로 육진(六塵)이고 상(想)은 상(相)을 보는 진정견해를 의미하는 것이다. 보살로 살아가려고 하면 사상(四相)이 없어야 하는 것이므로 사상(四相)을 정확하게 이해하여야 사상(四相)역시 없앨 수 있다. 천친보살에 의하면 차별하는 자신의 '오온'의 '아상'은 상속하는 본체가 있어서 단절되지 않고 목숨이 다할 때까지 있다가 다시 태어난다고 생각하는 것이 '아상'의 네 가지 상(相)[104]이다. 이것을 다시 풀이하면 '오온'을 '나'라고 생각하는 것이 '아상'이고 이 '아상'을 반복해서 주장하여 자신의 '오온'이 있다고 확신하게 하는 것을 '중생상'이라 한다. 그리고 목숨이 다하지 않고 영원할 것이라고 생각하는 것을 '인상'이나 '명상'이라고 하고 이 목숨이 다하여도 영혼이 있어 영원할 것이라고 믿는 것이 '수자상'이다. 그리하여 '수자상'을 이 목숨이 다하여도 영혼이 실재한다고 하고 있다.[105] 그리고 일반적으로 사상(四相)에서 '인상'과 '중생상'을 사람이나 모든 중생으로 번역하고 있는데『금강경』과『금강반야바라밀경론』에 의거하여 무사상(無四相)으로 설명하고자 한다.

'아상'을 '나'라고하면 '남'이 있는 것이므로 '나'에 의하여 '남'이라는 것이 생긴 것이고 '나'와 '남'이 생기면서 모든 중생이 있게 되는 것은 '나'라는 집착에서 파생된 것이므로 '인상'과 '중생상'은 결국 같은 말이 된다. 그러면 경(經)에서 아상(我相)만 주장하면 되는데도 사상(四相)을 주장한 것은 이유가 있기 때문이다.

---

prajñā(지혜)와 상반되는 지식의 '상'이므로 상(相)과 상(想)을 혼용한 것이라고 생각된다. 즉 여기의 상(相·想)은 형상(形相, 形像)을 말하는 'nimitta'와는 다른 것이다.

104)『金剛般若波羅蜜經論』卷1(T25, p.783b27~28), "差別相續體, 不斷至命住, 復趣於異道, 是我相四種."
105) 대한불교조계종 교육원(2009), p.21.

(1) 『금강경』에서 사상(四相)

여기에서는 『금강경』에서 설하고 있는 사상(四相)으로 아상·인상·중생상·수자상에 대하여 풀어 보고자 한다. 사상(四相)이 없는 보살로 살아가기가 쉽지 않으므로 『금강경』에서 지금 이후에도 이 경(經)을 수지 독송할 신심이 있는 중생이 있겠느냐고 묻고 있듯이 그 당시나 지금이나 쉬운 일은 아니었던 것이라고 생각된다. 『금강경』에서 수보리가 부처님에게 이와 같이 묻는 내용을 보면 자신은 확신을 하여 지혜 제일의 수보리 존자라고 하고 그 자리에 모인 이들을 대신하여 다음과 같이 질문을 해 모두에게 확신을 하게하는 것이다.

> 수보리여, 설법이라고 하는 것은 (아상의) 법 없이 (청정하게) 불법을 설하는 것이므로 (진여의 지혜로 설하는 것을) 설법한다고 한다. 이때에 혜명 수보리[106]가 부처님에게 고백하여 말했다. 세존이시여, 앞으로 어느 중생이 이 설법을 듣고 신심을 내겠습니까?

> 須菩提, 說法者, 無法可說, 是名說法. 爾時, 慧命須菩提白佛言. 世尊. 頗有衆生, 於未來世, 聞說是法, 生信心不.[107]

여기에서 무법가설(無法可說)[108]을 "'아상'의 법 없이 청정하

---

106) 『法華經義記』卷5(T33, p.632a15~21), "第一所以言慧命須菩提者, 凡有二種解. 一者言昔日未解開三顯一同歸之理, 愚癡之人心相續爲命, 今日既得解權實之宗, 慧心相續爲命. 若爾亦應言 慧命迦旃延 乃至慧命目犍連. 所以單道須菩提者, 此則互擧爲論. 二者須菩提解空第一, 空慧爲命."
107) 『金剛般若波羅蜜經』(T08, p.751c14~17).
108) '無法可說'은 이 책의 21단에 다시 논함. ; 『大方等大集經』卷9(T13, p.53a10~18), "若無法者求無願, 若無願求則無身口意業, 無身口意業即名無礙, 無礙者名爲不出, 不出不滅不住, 不滅不住即無爲相, 無爲相者是名不住.

게 올바르게 불법(佛法)을 설하는 것"이라고 풀이한 것은 법 (法)은 인연법을 말하는 것이기 때문이다. 그러므로 무법(無法) 은 체공(體空)을 설한 것이고 누구나 바르게 알고 바른 가치관 을 가지고 살아가면 대승보살과 여래가 될 수 있다.

사상(四相)에 대하여 설하고 있는 내용을 풀이한 것은 과거 에나 현대에도 많이 있다. 그러므로 과거에 해석한 것에 대하 여 먼저 알아보고 현대에 해석한 것을 알아보고자 한다. 왜냐 하면 경전에 나타난 사상(四相)을 아상·인상·중생상·수자상 으로 일반적으로 기록하고 있기 때문이다. 그리고 이 사상(四 相)에 대한 설명은 자아가 있다는 관념·개아가 있다는 관념· 중생이 있다는 관념·영혼이 있다는 관념109)으로 설명하고 있 다. 그러나 『금강반야바라밀경론』에 의하면 아상·중생상·명 상·수자상을 다음과 같이 설하고 있다.

> 무엇이 네 가지인가? 첫째는 '아상'이고, 둘째는 '중생상'
> 이며, 셋째는 '명상'이고, 넷째는 '수자상'이다. '아상'은 오

不住者謂無一切所作之業, 意不住色乃至意不住行, 若是四處意無住者是名無 住. 若無住者則不生於相似我慢, 若無如是相似我慢則無增長, 若無增長則無有 因, 若無有因則無覺觀, 若無覺觀是名默然.";『般若心經註』(X26, p.721c12~ 16), "若無法者, 心卽無諸緣慮. 以無緣慮故, 則無法無心, 當知分別者妄念也. 無分別者, 會法性也. 此之無分別非總 無分別是分別, 分別是無分別. 善知諸 法, 不逐世遷. 故言無眼耳鼻舌身意 無色聲香味觸法.";『頓悟入道要門論』卷 1(X63, p.20a23~b2), "般若體畢竟清淨, 無有一物可得, 是名無法可說. 卽 於般若空寂體中具恒沙之用, 卽無事不知, 是名說法. 故云, 無法可說, 是名 說法."

109) 대한불교조계종 교육원(2009), p.21. ; 지안(2010), p.43.에서는 'ātma an'을 인정하고 있다. ; 범본에는 "na hi Subhūte teṣāṃ bodhisattvān āṃ mahāsattvānām ātma-saṃjñā pravartate(보살마하살에게는 '아상' 이 생기지 않고) na sattva-saṃjñā(중생상이) na jīva-saṃjñā(수자상이) na pudgala-saṃjñā pravartate(인상이 생기는 것도 없다)."라고 하고 있다.

음으로 차별하여 각각의 음을 자기라고 생각하는 것이다. 이와 같이 생각하여 허망하게 집착하는 것을 '아상'이라고 한다. '중생상'은 자신의 신상이 상속하여 단절되지 않는다고 계속 생각하는 것을 '중생상'이라고 한다. '명상'이라는 것은 한번 받은 명근[목숨]은 끊어지지 않는다는 것을 '명상'이라고 한다. '수자상'은 명근이 단멸하여도 다시 육도에 태어난다고 생각하는 것을 '수자상'이라고 한다. '경'에 말하기를 왜냐하면 수보리여, 모든 보살은 다시 아상·중생상·명상·수자상이 없어야 하기 때문이다.

何者是四種. 一者我相, 二者衆生相, 三者命相, 四者壽者相. 我相者, 見五陰差別, 一一陰是我. 如是妄取, 是名我相. 衆生相者, 見身相續不斷, 是名衆生相. 命相者, 一報命根不斷住故, 是名命相. 壽者相者, 命根斷滅復生六道, 是名壽者相. 如經 何以故. 須菩提. 是諸菩薩無復我相, 衆生相, 人相, 壽者相故.[110]

아상·중생상·명상·수자상으로 '인상'대신에 '명상'으로 기록하고 순서를 아상·인상·중생상·수자상과는 다르게 설하고 있다. 이것에 대하여 의미를 파악하기 위하여 무사상(無四相)으로 설명한 것을 보면 다음과 같다.

'무아상'은 자기 중생심의 본성이 없다는 것이다. 삼세의 '온'이 모두 실체가 없으므로 자신이 주재하지 않는 것이다. '무인상'은 미래의 '오온'은 실체가 없고 태어나지 않아서 지금 이후에 얻을 수 없는 것이다. '무수자상'은 현재의 모든 '온'이 생각마다 머무르지 않아서 수명의 성을 얻을 수 없는 것이다. '무중생상'이란 과거의 '온'은 이미 사라졌으므로 실체가 없어 지금의 자성이 없다는 것이다. '무법상'은 진여의

---

110) 『金剛般若波羅蜜經論』卷1(T25, p.783b29~c7).

입장에서 능소로 취하지 않는 것으로 '진공'을 말한다. 그러 므로 역시 '비법상'도 없다는 것은 진여의 이치를 설명하는 것으로 비록 두 가지를 취하지 않는다고 하여도 체가 없는 것은 아니고 진여는 공덕의 체로 실제로 있는 것이다. 무상 을 말하는 것은 진여의 이치를 설명하는 것으로 본성은 언 설을 벗어난 '비유비무'이므로 '공상'이 있다는 것을 설명하 는 것은 맞지 않다. 역시 무상도 초월해야 한다고 하는 것도 진여의 이치를 설명하는 것으로 비록 설명할 수는 없어도 미혹한 이를 위하여 언사로 설명한 것이다.

無我相者, 謂無我性. 以三世蘊, 皆無實體, 非主宰故. 無人 相者, 其未來蘊, 未生無體, 非今至後可當得故. 無壽者相者, 現在諸蘊, 念念不住, 無有壽命性可得故. 無衆生相者, 其過 去蘊, 已滅無體, 無有自性可至今故. 無法相者, 謂眞如上, 遠 離能取所取二相, 以眞空無一切物故. 亦無非法相者, 謂眞如 理, 雖無二取, 而體不無, 眞如實有功德體故. 言無相者, 謂眞 如理, 性離言說, 非有非無, 不可說爲有空相故. 亦非無相者, 謂眞如理, 雖不可說, 而爲迷者, 以依言辭而演說故.111)

이 경(經)에서는 성상(性相)으로 아·인·수자·중생(我·人· 壽者·衆生)의 상(相)으로 중생과 수자의 순서를 바꾸어 설명하 고 있다. 그리고 오온(五蘊)과 사대(四大)로 '아·인·중생·수 자'의 상(相)이 없다고 다음과 같이 설하기도 한다.

'무아상'이란 색수상행식이 '공'인 것이다. '무인상'은 사대 는 실상이 아니어서 결국은 지수화풍으로 돌아가는 것이다. '무중생상'은 생멸하는 마음도 없는 것이다. 무수자상은 나 의 변화지 않는 고정된 육신이 근본적으로 없으면 어찌 변 화하지 않는 목숨이 있을 수 있을 것인가? '사상'이 이미 없

---

111) 『金剛般若經旨贊』卷1(T85, p.83a28~b10).

으면 법안이 명철하여 자신이 여래이다. 그러므로 말하기를 혜등은 항상 불멸이다. 만약에 지혜의 등이 있다면 번뇌의 부운을 파괴하여 본성의 밝은 달이 출현하게 된다.112)

여기에서는 '아상'을 '오온'으로 설명하고, '인상'은 사대(四大)로 설명하고, '중생'은 생멸(生滅)로 설명하며, '수자'는 사대(四大)가 없는 마음은 없다고 설하고 있다. 이것은 "자아가 있다는 관념"을 '오온'으로 설명할 수 있고, "개아가 있다는 관념"은 각자의 사대가 있다는 것으로 설명할 수 있다. 그리고 '명상'으로 설명하면 사대의 개아가 있는 것이 된다. "중생이 있다는 관념"은 생멸심이 있다는 것으로 설명할 수 있고, "영혼이 있다는 관념"은 사대가 없으면 영혼도 없다는 것으로 설명할 수 있다. 그러나 '인상'을 사람이나 축생의 생명과 비교한 것과 중생을 동물과 비유한 것은 이해하기 어렵고 또 '수자상'을 사대이외에 생명이 있다고 주장하는 것113)은 더 이해하기 어렵다. 무(無)를 비(非)로 설하여 『금강경』에서 부처님이 설하는 무위법(無爲法)으로 설명한 것도 있다. 왜냐하면 모든 현성(賢聖)들은 모두가 무위법(無爲法)인 진여의 지혜로 어디에서나 설법을 하기 때문이다.114)

'무아상'이란 무아가 아니다. 무인상이란 무인이 아니다.

---

112) 『金剛經註解鐵鋑錎』卷1(X24, pp.860c19~861a1), "無我相者, 色受想行識空也. 無人相者, 四大不實, 終歸地水火風也. 無衆生相者, 無滅生心也. 無壽者相者, 我身本無, 豈有壽也. 四相既無, 法眼明徹, 自心如來. 故云. 五蘊皆空, 四相絶. 若是五蘊空, 四相絶的人, 不可間斷, 時時常照, 是故, 慧燈常不滅. 若有智慧燈, 照破煩惱浮雲, 現出本性一輪明月."
113) 지안(2010), p.44.
114) 『金剛般若波羅蜜經』(T08, p.749b17~18), "所以者何. 一切賢聖皆以無爲法而有差別."

'무중생상'·'무수자상'은 무중생과 무수자가 아니다. 신상으로 알지 않으면 여래를 친견한다는 것은 무신(無身)이 아니기 때문이다. 부주상(不住相)보시는 보시를 하지 말라는 것이 아니다. 고정된 법이 없는 설법이라는 것은 무법이 아닌 것이다. 삼세의 마음이 불가득이라는 것도 무심이 아니다. 무소주는 무주가 아니다. 모두가 없다고 설명하는 것은 집착하지 않는다는 것을 말하는 것으로 요달하지 못했다는 것을 말하는 것이다. 달마가 말하는 '확연무성'을 양무제가 깨닫지 못한 것이다.

> 無我相者, 非無我也. 無人相者, 非無人也. 無衆生相, 壽者相者, 非無衆生與壽者也. 不可以身相得見如來者, 非無身也. 不住相布施者, 非無布施也. 無定法可說者, 非無法也. 過去未來見在心不可得者, 非無心也. 無所住者, 非無住也. 皆從有說到無, 蓋不著有, 便是無了. 達摩曰. 廓然無聖, 梁武不省.115)

무(無)라고 한 것은 집착을 끊게 한 것이고 없는 것이 아니다. 그리고 사상(四相)을 공(空)으로 설명한 것을 보면 무아상(無我相)은 아공(我空)에 도달하여 아집이 없는 것이고 '아상'이 없으면 법공(法空)이 되어 비법(非法)의 경지에 도달하여 삼공(三空)을 구족하여 부처와 같은 견해가 된다고 하고 있는 것처럼 이렇게 하여야 종교(宗敎)라고 할 수 있다.

'무아상'이란 '아공'을 이루었으므로 아집이 없는 것이다. 규봉의 찬요에 의하면 자신의 몸에 집착하면 '아'가 되고 더 나아가 나머지를 사량하면 '인'이 된다. 내가 성쇠고락의 각각 변하고 상속하는 것을 사량하면 중생이 된다. 내가 한번

---

115) 『金剛經如是解』(X25, p.187b14~20).

태어난 목숨이 끊어지지 않고 계속한다고 사량하면 수자가 된다. 처음의 '아'가 근원이고 나머지 셋은 모두가 '아'로 인하여 생기는 것이므로 이것은 '아상'으로 합치게 된다. '무법상'은 이미 '법공'이 되었으면 '법집'이 없게 된다. 무비법은 이미 '공공'이 되었으면 '공'에 대한 집착도 없게 된다. 비법도 '공'이므로 무비법이 되는 것이다. 즉 아공·법공도 역시 '공'이므로 '삼공'을 명확하게 알게 되는 이 견해가 부처의 지견과 같은 것이다. 이와 같이 확신하고 실천하면 무량한 복덕을 얻게 되는 것이다.

> 無我相者, 卽已達我空, 無我執也. 纂要云. 執取自體爲我, 計我展轉趣於餘趣爲人. 計我盛衰苦樂 種種變異 相續爲衆生. 計我一報命根不斷 而住爲壽者. 前一爲本, 後三皆依我上而起, 此總一我相也. 無法相者, 已達法空, 無法執也. 無非法者, 已達空空, 無空執也. 以非法卽是空, 無非法. 卽幷空亦空故, 然旣三空俱朗, 見處同佛. 如是而信, 宜乎其得福無量[116]

사상(四相)에 대하여 여러 견해로 설하고 있는 경(經)들이 있는데 여기에서 모두를 기록할 수는 없고 무사상(無四相)의 내용에 대하여 조금 살펴보겠다.

---

116) 『金剛新眼疏經偈合釋』卷1(X25, p.251b13~20).

① 아상(我相)

『금강경』에서 첫 번째로 사상(四相)을 가지면 보살이 아니라고 하고 있듯이 아상(我相)이 있으면 보살이 될 수 없고 무량복덕도 상(相)이 있으면 얻을 수 없다고 설하고 있다. 그리고 무아상(無我相)이 되어야 부처가 되는 것이라고 『금강반야바라밀경』에서 다음과 같이 설하고 있다.

> 부처님께서 말했다. 수보리여, 그들이 (불법을 듣고 깨달으면) 중생을 벗어난 것이고 (깨닫지 못하면) 중생인 것이다. 왜냐하면 수보리여, 중생을 중생이라고 하지만 여래가 말하는 (중생은 깨달아) 중생이라는 생각을 벗어난 중생[非衆生]을 말하는 것을 중생이라고 말한 것이다.

> 佛言. 須菩提, 彼非衆生, 非不衆生. 何以故. 須菩提. 衆生衆生者, 如來說非衆生, 是名衆生.[117]

여기에서 비중생(非衆生)을 중생이 아니라고 번역하면 여래가 말하는 중생도 범부가 말하는 중생이 된다. 그러므로 여래께서 아상(我相)이 있으면 수행자가 아니라고 하고 있는 것이다. '아

---

117) 의역하면 "그들이 '아상'이 없이 청정하게 올바르게 불법을 진여의 지혜로 설한다는 것을 깨달으면 중생을 벗어난 것이고 깨닫지 못하면 중생인 것이다. 왜냐하면 수보리여, 중생을 중생이라고 하지만 여래가 말하는 중생은 '아상'이 없이 청정하게 올바르게 불법을 진여의 지혜로 설한다는 것을 깨달아 중생이라는 생각을 벗어난 중생을 말하는 것으로 중생이라는 생각을 하지 않고 진여의 지혜로 생활하는 이를 중생이라고 말한 것이다." 번역 21단참조요. ; 『金剛般若波羅蜜經』(T08, p.751c17~19) ; 『金剛般若經贊述』卷2(T33, p.150a13~15), "彼非衆生者, 謂非是闡提無佛性等衆生. 非不衆生者, 是聽聞般若發心成佛衆生也." ; 『金剛經纂要刊定記』卷6(T33, p.220c7~8), "非衆生者, 非凡夫體故. 非不衆生者, 以有聖體故, 非不是聖體衆生."

상’은 『금강경필기』에 ‘오온’으로 자신이 헤아려서 아(我)라고
하는 것을 ‘아상’이라고 하고 또 『금강반야바라밀경론』에도 ‘아
상’은 오음(五陰)을 자기라고 허망하게 집착하는 것을 ‘아상’이
라고 하고 있다. 그리고 『금강반야론회석』에도 ‘오온’으로 헤아
려 내가 마음에서 생각하는 아상(我相)을 아상(我想)[118]이라고
하고 있다. 이것은 오온(五蘊)[119]을 자신이라고 알고 있는 것이
다. 『금강경주해』에 육식(六識)의 마음이 단절되지 않고 상속되
는 가운데 ‘나’라고 집착하는 것을 ‘아상’이라고 하고 있는
것[120]은 ‘오온’에서 한 단계 더 나아가서 구체적인 ‘나’자신의
집착을 설명하고 있다. 그리고 구체적으로 ‘아상’에서 더 나아가
불법에 맞게 설명하고 있는 것을 보면 “권력이나 재산과 지식
으로 아는 것을 ‘아상’이라고 하며 어리석은 무리”[121]라고 하고
있다. 또 “만약에 색견이나 음성으로 여래를 구하는 것에서 여
래를 자신의 여래를 말하면 ‘아상’이 있게 되어 대자재하지 못
한다. 형색이나 음성으로 여래를 친견하려고 하면 이 사람은 사
도(邪道)를 행하는 사람이고 정견(正見)이 없다. 그러므로 여래

---

118) 『金剛般若波羅蜜經論』卷1(T25, p.783c1~3), “我相者, 見五陰差別, 一
   一陰是我, 如是妄取, 是名我相.” ; 『金剛般若論會釋』卷1(T40, p.739a2~
   3), “此中取自體相續是我相者, 卽計五蘊爲我想也.” ; 『金剛經筆記』(X25,
   p.120a15), “我相者, 於五蘊中計我.”
119) 오온(五蘊): 『般若心經解義節要』卷1(X26, p.805b20~23), “宗泐曰照者
   觀也. 五蘊者, 色受想行識也. 蘊者積聚也. 空者眞空也. 色者色身也. 受者
   領納也. 想者思想也. 行者造作也. 識者分別也, 識卽心王. 受想行是, 心所
   作也.” ; 오온이 각자의 자신이므로 오온이 구경에는 ‘공’이 되는 것이다.
   사족을 달면 자신의 색은 만법이다. 수상행식은 만법을 각자의 그릇으로
   판단하여 아는 것이다. 이것이 각자의 자신이다.
120) 『金剛經註解』卷1(X24, p.766b1~2), “僧若訥曰. 言我相者, 以自己六識
   心, 相續不斷, 於中執我此見, 乃計內也.”
121) 『金剛經註解』卷1(X24, p.766c8~9), “李文會曰. 有我相者, 倚恃名位權
   勢, 財寶藝學, 攀高接貴, 輕慢貧賤愚迷之流.”

70

를 친견할 수 없고 '여여'한 불성을 깨닫지 못한 것이다."[122]라고 말하고 있는데 여기에서는 구체적으로 부처를 구하는 것이 아니고 '아상'을 찾는 것이라고 설하고 있으므로 부처는 아(我)인 것이고 '아상'이 부처인데 '여여'한 불성을 가진 '아'라고 설하고 있다. 또 『금강경종통』에는 '아상'이 없는 보살은 '진여'로 지견신해(知見信解)해야 한다고 다음과 같이 설하고 있다.

처음부터 '인아상'이 있으면 보살이 아니다. 이미 '무아법'을 통달한 사람을 보살이라 말한다. 아견을 버린다는 생각이 조금이라도 남아 있으면 지금 세밀하게 밝혀서 '사견'이 본래 없다는 것을 알아야한다. 또 어찌 버리려고 하는 이것이 최상의 반야나 '지견신해'할 수 있겠는가? 여시하게 깨닫는 것[知]은 진여에서 깨닫는 것이므로 진여를 벗어날 수 없고, 여시한 견해도 진여를 벗어나지 않는 견해이며, 여시한 신해도 진여를 벗어나지 않는 신해이므로 진여는 평등이며 분별이 생기지 않는 것이다. 어찌 진여법계에 차별상이 있어 본체에 있는 미세한 법상을 요달하지 못하겠는가? 역시 자체에서 '불생'하는 이와 같은 것을 없다고 하는 것으로 진제로 행하는 것이다.

始而有人我相者, 則非菩薩. 既而通達無我法者, 是名菩薩. 猶有遣我見在, 今細查考四見本無, 又何用遣, 此乃最上般若, 不可不如是知見信解也. 如是知, 知不離眞如, 如是見, 見不離眞如, 如是信解, 解不離眞如, 一眞平等, 分別不生. 豈但界塵一異之相 了不可得, 即貼體微細法相. 亦自不生, 其斯爲無住眞際乎.[123]

---

122) 『金剛經註解』卷1(X24, p.810c21~24), "若以色見我, 以音聲求我, 我者有我相也. 不得大自在, 欲以形色言音而求見我相者, 是人乃行邪道, 即非正見. 不能見如來者, 不能得見此如如之性也."
123) 『金剛經宗通』卷7(X25, p.40a13~19).

『금강신안소경계합석』과 『금강경찬요간정기』에는 집착하는 자체를 '아'라고 하고 있으며 아상(我想)은 내가 마음으로 집착하는 것[124]이라고 하고 있는 것이기 때문에 자신이 집착하지 않고 진여의 지혜로 지견신해(知見信解)해야 진정한 보살이고 자신이 부처가 되는 것이다.

여기에서 설하고 있는 '아상'은 모두가 '오온'과 사대로 인하여 '아상'이 생기는 것이므로 육근에서 '아상'이 생긴다고 할 수 있다. 그러면 육근으로 인하여 육진을 자신이 알고 있는 중생심으로 아는 육식(六識)을 '아상'이라고 하는 것이 된다. 그러므로 수많은 사람들이 연구한 것을 모두 열거하는 것은 무의미하고 자신의 중생심으로 보는 '아상'과 불심(佛心)으로 보는 '아상'이 있는데 불심으로 보는 '아상'은 '무아상'이 된다. '아상'을 주장하는 것은 결국에 부처가 되기 위한 마음인데도 죽을 때까지나 죽고 나서도 '아상'이 있다고 주장하는 것이다. 그러므로 경전에서는 '아상'이 없는 '무아상'에 대하여 설하고 있다. 『금강경주해철전함』에는 '무아상'은 '오온'을 '공'이라고 하고[125] 또 『금강경여시해』에서 '무아상'은 아(我)가 없는 것이 아니라고 말하고 있는 것[126]은 공(空)이고 무(無)가 아니라고 하는 것이다. 그러므로 『금강신안소경계합석』에는 '아공'이 되면 '아집'이 없는 것을 '무아상'이며 고집이나 집착이 없는 것[127]이라고 하고 있다. 그리고 『금강반야경지찬』에서는 무아

---

124) 『金剛新眼疏經偈合釋』卷1(X25, p.251b14), "纂要云. 執取自體爲我.";
　　『金剛經纂要刊定記』卷4(T33, p.204a11), "我想者, 我執分別現行也."
125) 『金剛經註解鐵鋑鋎』卷1(X24, p.860c19), "無我相者, 色受想行識空也."
126) 『金剛經如是解』(X25, p.187b14), "無我相者, 非無我也."
127) 『金剛新眼疏經偈合釋』卷1(X25, p.251b13~14), "釋成. 無我相者, 卽已達我空, 無我執也."

72

상(無我相)을 무아성(無我性)이라고 성상(性相)으로 설명하여 본성이 공(空)이고 대상경계인 상(相)도 공(空)이므로 모두 실체가 없다128)라고 설명하고 있다. 이상에서 본 것처럼 무아상(無我相)은 오온(五蘊)이 공(空)이고 아공(我空)이므로 '무아집'이며 '무아성'이라고 하는 것은 자신의 중생심이 없다는 것이지 자신의 불심(佛心)도 없다고 하는 것은 아니다.129)

그러므로 '아상'이 '무아상'으로 되면 『금강경』에서 설하고 있는 "凡所有相, 皆是虛妄, 若見諸相非相, 則見如來."130)라고 하고 있듯이 여래를 지금 바로 직접 친견하게 되는 것이다. '아집'과 '법집'을 벗어나 '아공'과 '법공'이라는 견해도 벗어나야 진정한 여래의 견해131)가 되는 것이다. 이것이 지금 바로 모든 중생들이 부처가 될 수 있고 부처이기 때문에 새로운 불교가 탄생하게 되는 것이다. 그러므로 『금강선론』에서는 '아상'의 실체는 없으므로 '무아상'132)이라고 하고 있으며 『금강경주석』에서는 색신의 오안(五眼)으로 무아(無我)를 설명하여 색신(色身)의 번뇌 망념이 다하여 사라지면 자기지혜의 본성(本性)이 나

---

128) 『金剛般若經旨贊』卷1(T85, p.83a28~29), "無我相者, 謂無我性, 以三世蘊, 皆無實體, 非主宰故."
129) 공(空)을 체공으로 알려고 하지 않고 석공으로만 알면 『반야심경』에서 설하는 '공즉시색'에서 영혼설을 주장하는 소승불교가 된다. 그리고 다시 과거의 추억이나 기억 속에서 살아가려고 하게 된다.
130) 『金剛般若波羅蜜經』(T08, p.749a24~25).
131) 『金剛般若波羅蜜經註解』(T33, pp.237c27~238a2), "夫我見者, 有眞我之見, 有妄我之見. 妄我見者, 虛妄分別眾生見也. 眞我見者, 遠離執著如來見也. 既離執著, 示有我見人見眾生見壽者見. 此不見而見也.";『金剛般若疏』卷4(T33, p.117b7~8), "著我見者此是外道.
132) 『金剛仙論』卷3(T25, p.813b18~25), "是諸菩薩無復我相等者, 此四, 論釋云我空, 依四種所治我相, 說四種能治無我相也. 無復我相者, 對治我相也. 外道凡夫計, 謂有一神我, 與五陰一, 與五陰異, 不一不異, 若無我者, 何由能府視眴, 行來進止, 覺苦覺樂, 以此知有我也. 以對此計, 故言無我相, 明眾生五陰因緣法中 無有定實神我及以我所, 故曰無我相也."

타나는 것을 무아(無我)의 지혜133)라고 하고 있다.

133) 『金剛經註釋』(X25, p.538b17~21), "子眞說上文言無我. 而此又以五眼
問者, 正是如來不作寂滅之說也. 盖眼亦我身中一官, 無我身便應空眼相.
不知無我相者, 無我身之累, 而非并身無之也. 此身之累盡忘, 而我之慧性,
便從眼光透出, 所以有此五眼."

② 인상·중생상·수자상

인상(人相)은 명상(命相)이라고도 하는데 '아상'으로 인하여 인상·중생상·수자상이 있는 것이다. 이것을 내가 있으므로 타인이 있다는 것을 인연법이라 해석하는 것도 내가 타인을 생각하면 타인이 생기는 것이고 내가 생각하지 않으면 타인도 사라지는 것이다. 그리고 이것을 반복하여 항상 생각하고 있으면 자신의 마음속에서 떠나지 않게 되어 고정관념화 되는 것이 중생상(衆生相)이며 죽고 나서도 사후에 영혼이 있다는 생각을 하게 되는 것을 수자상(壽者相)이라고 한다.

'아상'으로 자신의 목숨이 죽지 않을 것이라고 생각하는 것을 '인상'이나 '명상'이라고 하는 것을 방지하려고 '무인상'을 설하고 있다. 그러므로 '무인상'은 생명이 죽는다는 단멸에 떨어지지 말라고 오히려 '인상'을 설한 것이 된다. 이것을 외도들이 들으면 허무주의에 빠지고 바른 수행을 하지 않는 수행자들이 단멸견(斷滅見)에 떨어지기 쉬운 것이므로 『금강경』에서도 대승이나 최상승을 위하여 설한다[134]라고 하고 있다.

'인상'을 해석한 경(經)에 의하면 '명상'을 목숨이라는 견해로 해석한 것과 대상경계로 해석한 것이나 또 사상(四相)을 '탐진치애'로 해석한 것과 타인으로 해석한 것과 '오온'과 사대나 목숨으로 해석한 것[135]이 있다. 대상경계로 해석한 경우는 『금강

---

134) 『佛說能斷金剛般若波羅蜜多經』(T08, p.773c21), "如來爲發大乘者說, 爲發最上乘者說.";『金剛經偈釋』卷2(X25, p.49b12~14), "爲發大乘者說, 非發心入菩薩位, 不能聞也. 爲發最上乘者說, 非發心入佛地, 不能聞也."
135) 『金剛般若波羅蜜經略疏』卷1(T33, p.242c8~12), "一者我相, 見五陰差別, 一一陰中妄取是我. 衆生相者, 見身相續不斷相也. 命相者, 一報命根不斷住故, 亦云人相. 壽者相者, 命根斷滅復生, 受六道故也.";『金剛經會解』卷1(X24, p.572c10~18), "謂見五陰差別一一是我, 卽我相. 見身相續不

경주해』에서 '인상'을 육도의 외경(外境)136)이라고 해석하고 있다. '탐진치애'로 해석137)한 경우를 보면 『금강경주해』, 『금강

断, 名衆生相. 一期報命乃至命住, 名命相. 命滅復生六道, 名壽者相. 及法四相偈者, 謂一法相, 二非法相, 三者相, 四者非相. 言有可取能取, 一切法無故, 言無法相. 以無物故彼法無我, 空實有故. 故言亦非無法相, 彼空無物而此不可說有無, 故言無相. 依言辭而說, 故言亦非無相. 何以故, 以於無言處依言相說, 是爲法相四種. 離是八種相故, 說有智慧.";『金剛經解義』卷1(X24, p.521b7~14), "無我者, 無色受想行識也. 無人者, 了四大不實, 終歸地水火風也. 無衆生者, 無生滅心也. 無壽者, 我身本無. 寧有壽者, 四相既亡, 卽法眼明徹, 不著有無, 遠離二邊, 自心如來, 自悟自覺, 永離塵勞妄念, 自然得福無邊. 無法相者, 離名絕相, 不拘文字也. 亦無非法相者, 不得言無般若波羅蜜法. 若言無般若波羅蜜法者, 卽是謗法.";『金剛經註解鐵鋑錎』卷1(X24, pp.860c19~861a1), "無我相者, 色受想行識空也. 無人相者, 四大不實, 終歸地水火風也. 無衆生相者, 無滅生心也. 無壽者相者, 我身本無, 豈有壽也. 四相既無, 法眼明徹, 自心如來. 故云. 五蘊皆空, 四相絕. 若是五蘊空, 四相絕的人, 不可間斷, 時時常照. 是故, 慧燈常不滅. 若有智慧燈, 照破煩惱浮雲, 現出本性一輪明月.";『金剛經筆記』(X25, p.120a15~20), "我相者, 於五蘊中計我. 人相者, 計我趨於餘趣爲人. 衆生相者, 計五蘊和合而生. 壽者相, 計我受一期長短果報, 不出自他憎愛四字. 圓覺云. 菩薩衆生, 皆爲幻化, 幻化滅故. 無取證者, 又云. 生死涅槃, 猶如作夢, 安有能化之菩薩. 所化之衆生, 脫生死, 證涅槃也.";『金剛經正解』卷1(X25, p.60 8b21~23), "我相者, 認四大以爲己有, 而成我相. 人相對我而言. 衆生相則凡有生者皆是. 壽者利長生不滅, 有悠久之義."

136) 『金剛經註解』卷1(X24, p.766b1~6), "僧若訥曰. 言我相者, 以自己六識心, 相續不斷, 於中執我此見, 乃計內也. 人相者, 六道外境, 通稱爲人. 於此諸境, 一一計著, 分別優劣, 有彼有此, 此見從外而立, 故云人相. 如衆生相者, 因前識心, 最初投託父母, 續有色受想行四陰, 計其和合, 名衆生相. 如壽者相者, 計我一期, 命根不斷, 故云壽者相."

137) 『金剛經註解』卷1(X24, p.766b7~9), "陳雄曰. 貪嗔癡愛, 爲四惡業. 貪則爲己私計, 是有我相. 嗔則分別爾汝, 是有人相. 癡則頑傲不遜, 是衆生相. 愛則希覬長年, 是壽者相.";『金剛經疏』(T85, p.122c26~28), "無我相人相(者, 離報著言, 照見五蘊皆空, 一一無我)無衆生相, 無壽者相(者, 不見嗔怒害我者. 相故, 言無衆生無壽者相.)";『金剛經如是解』(X25, pp.188c21~189a10), "何以故. 須菩提. 若菩薩有我相, 人相, 衆生相, 壽者相. 卽非菩薩. 四相者, 貪嗔癡愛所影現而成, 貪則自私, 自私是我相. 嗔則分別爾汝, 是人相. 癡則頑傲不靈, 是衆生相. 愛則希覬長年, 是壽者相. 如來不以度衆生爲功, 而了無所得, 以其四相盡化也. 圓覺經云. 未除四種相, 不得成菩提, 設若有一於此, 則必起能度衆生之心, 便是衆生之見, 非菩薩矣. 四相中, 一我字是緊要的窟穴, 有我則尊我卑人, 因有人相, 欲度人, 又欲盡乎人. 因有衆生相, 盡滅度之力, 還而證我成壽者相, 遂妄認壽者爲涅槃, 而牢不可化矣. 故我相是四相病根也. 佛每言衆生者, 非言衆生, 而實言

76

경소』, 『금강경여시해』등이다. '아상'과 '인상'을 타인이나 망상으로 해석한 『금강경음석직해』에 보면 사상(四相)에서 '아상'을 자신이 미혹하여 자신을 잃고 타인을 인정한 것이고 '인상'은 중생심의 망상을 없애지 못한 것[138]이라고 하고 있다. 여기에서 자신만 인정하는 '아집'을 버리라고 타인을 인정한다고 하지만 타(他)를 자신이외의 대상경계로 번역하면 나와 남에서 모든 육경(六境)이 된다. '사상'을 범부의 '사상'과 수행자의 '사상'으로 구분하여 설한 경우도 있다. 즉 『금강경해의』와 『금강경주해철전함』에서 살펴본 것은 '아상'으로 인하여 인상·중생상·수자상이 있게 되는데 이와 같이 생긴 상(相)을 법(法)이라고 하고 있다.[139] 『금강경』에서 이 '사상'이 없으면 '법상'도 없다는 것을 설하고 있고 중생이 이 '법상'을 취하면 '사상'에 집착을 하게 된다고 하고 있다. 여기에서 '인'과 중생이란 말을 사람과 목숨이나 사람을 지칭하는 중생과 사상(四相)에서의 '중

衆生之我也. 無我則無衆生, 亦無壽者矣."

138) 『金剛經音釋直解』(X25, p.169b19~22), "四相者, 識心未了, 卽有我相. 迷己認他, 卽有人相, 情妄未除, 卽衆生相, 作後有念, 卽壽者相. 菩薩心淨, 諸法不生, 實非有相. 若四相去除, 卽非眞菩薩矣."

139) 『金剛經解義』卷1(X24, p.519c15~23), "迷人恃有財寶學問族姓, 輕慢一切人, 名我相. 雖行仁義禮智信, 而意高自負, 不行普敬, 言我解行仁義禮智信, 不合敬爾, 名人相. 好事飯己, 惡事施於人, 名衆生相. 對境取捨分別, 名壽者相. 是謂凡夫四相. 修行人亦有四相, 心有能所, 輕慢衆生, 名我相. 自恃持戒, 輕破戒者, 名人相. 厭三塗苦, 願生諸天, 是衆生相, 心愛長年, 而勤修福業, 諸執不忘, 是壽者相. 有四相卽是衆生, 無四相卽是佛."; 『金剛經註解鐵鋑錎』卷1(X24, p.849b19~c6), "有此四相, 卽是衆生. 無此四相, 卽是解脫. 悟卽衆生是佛. 四相者, 迷人恃有財寶學問, 族姓輕慢一切人, 名我相. 雖行佛行, 人我不除, 名人相. 好事歸己, 惡事施於人, 名衆生相. 求生天上, 願生西方, 心愛長年, 名壽者相. 有四相卽是衆生. 故云. 淨裡思量心自驚. 若是大乘正宗之人, 先要除却自己貪嗔癡病. 必須服戒定慧眞藥. 時時刻刻, 檢點自己心田淸淨, 我的佛. 若得智慧光明, 焰破從前黑暗. 浮雲者, 煩惱也. 軒轅鏡者, 圓月也. 退盡煩惱浮雲, 顯出本性一輪明月. 故云. 退盡浮雲, 現出軒轅鏡, 大乘正覺臺前, 萬法皆空, 本無一物."

생상'을 구분하지 않으면 혼란을 가져올 수 있다. '인상'을 사람이라는 생각으로 하는 것과 자신의 목숨이 존재한다는 생각을 '인상'이라고 하는 것의 차이이다. 그리고 '중생상'을 모든 생명을 중생이라고 하는 생각과 계속하여 자신이 반복하여 생각하는 것을 '중생상'이라고 하는 차이점을 말한다. 진정한 보살은 『금강경』에서는 '법상'과 '비법상'도 취하지 않아야 한다고 하고 있다. 그러므로 '법상'은 인연법의 법에 집착을 버리게 하기 위하여 사상(四相)을 설한 것이 된다.

사상(四相)에서 '아상'은 자신이 존재한다는 것을 인정하는 것으로 '오온'을 자신이라고 생각하는 것이 '아상'이다. '오온'에서 색(色)은 육근(六根)으로 받아들이는 만법이고, 수(受)는 육근으로 받아들이는 인식작용이고, 상(想)은 받아들인 것을 대상으로 비교 분별하며 생각하는 지식이고, 행(行)은 기억 판별하고 인식하여 행하는 것이며, 식(識)은 자신이 분석하고 확인하여 인식하는 것을 말한다. 이렇게 자신이라고 알고 있는 것을 '아상'이라고 한다. 그래서 '반야바라밀'을 행하려면 '오온'이 공(空)이라고 알아야 하는 것을 '무아상'으로 설하는 것이다. '무아상'이라는 것은 '색수상행식' 즉 '오온'이 '공'이라는 것140)이다. 그러므로 '오온'이 '공'이므로 일체의 고액(苦厄)을 뛰어넘어 진여의 지혜로 만법을 청정하게 볼 수 있게 되고 아공(我空)으로 진여의 지혜를 실천할 수 있기 때문에 무아상(無我相)을 설한 것이다.

'인상'을 나와 남으로 보지 말고 '명상'으로 하는 것이 바르고 '아상' 다음에 '중생상'이 와야 하지만 지금의 관념상 '인상'

---

140) 『金剛經註解鐵錍鉊』卷1(X24, p.860c19), "無我相者, 色受想行識空也."

78

으로 하고 있다. '명상'은 태어난 자신의 목숨이 죽지 않는다고 생각하는 것을 말한다. 그러나 실제로 누구나 생명은 죽게 되는 것을 모르는 사람은 없지만 죽는다고 생각하며 살아가는 사람들은 적다. 그러므로 자신의 사대(四大)에 대한 집착을 버리라고 '무인상'을 설하는 것이다. '무인상'은 지수화풍으로 이루어진 우리의 육신이 실제로 존재하는 것이 아니고 끝내는 지수화풍으로 돌아가는 것을 말하는 것[141]이다. 즉 자신의 육신은 영원하지 않다는 것이고 불멸(不滅)하는 자신만의 '인상'은 없는 것이다. 그러므로 인상(人相)에서 무인상(無人相)을 주장하여 설하는 것이다.

'중생상'에서 중생[142]을 모든 생명이라고 하는 것은 유신론의 영혼설이고 여기에서 중생은 '아상'을 계속하여 반복하는 것을 말한다. 그러므로 이것은 일반적으로 아는 중생이란 말과 다른 뜻으로 자신이 반복하여 고정관념이 된 '아상'을 없애는 것으로 '무중생상'을 설하고 있다. '무중생상'이란 생멸하는 마음이 없는 것[143]으로 즉 생멸하는 마음으로 무엇을 반복하여 자기를 합리화하려는 마음도 없어야 하는 것이다. 자신의 '아상'을 계속하여 존재한다고 합리화하는 생멸(生滅)의 마음인 중생심도 없다고 무중생상(無衆生相)을 설한 것이다.

---

141) 『金剛經註解鐵鋑錎』卷1(X24, p.860c19~20), "無人相者, 四大不實, 終歸地水火風也."
142) 중생을 생명을 가진 모든 생명이나 윤회하는 것이라고 통용되고 있는 것이다. 지옥·아귀·축생·수라·인간·천의 육도에서 윤회한다고 하지만 깨달으면 부처와 중생을 동일하게 보기도 한다. ; 『大方廣佛華嚴經疏』卷3(T35, pp.519c29~520a1), "佛卽衆生故非佛, 衆生卽佛故非衆生." ; 『金剛般若波羅蜜經註解』(T33, p.229b2~3), "衆生者妄計五蘊和合而生."
143) 『金剛經註解鐵鋑錎』卷1(X24, p.860c20~21), "無衆生相者, 無滅生心也."

수자상(壽者相)은 명근이 단멸(斷滅)하여도 다시 육도(六道)에 태어난다고 생각하는 것을 '수자상'이라고 하며 즉 죽고 나서도 사후(死後)에 영혼이 있다는 생각을 하는 것을 말한다. 이것은 영혼설로서 불교와는 다른 영혼의 윤회(輪廻)를 주장하는 이들이 설하는 것이므로 무수자상(無壽者相)을 설하고 있다. '무수자상'은 나의 변화지 않는 고정된 육신이 근본적으로 없다면 어떻게 변화하지 않는 목숨이 그곳에 있을 수 있는가[144]라고 하고 있듯이 자신만의 고정된 신령한 영혼이 존재한다고 고정화 되어 있는 것도 없는 것이다. 그러므로 자신이 죽고 나서도 영원히 자신의 영혼이 있다고 생각하는 '수자상'을 반박하여 설한 것이다. 그러므로 대승보살과 여래가 되는 법은 무사상(無四相)으로 '반야바라밀'을 실천하면 된다.

---

144) 『金剛經註解鐵錀鎚』卷1(X24, p.860c21~22), "無壽者相者, 我身本無, 豈有壽也. 四相既無, 法眼明徹, 自心如來."

(2) 현대의 사상(四相)

한글로 번역된 경전에서 아상·인상·중생상·수자상을 나만을 생각하는 망상·나와 남을 차별하는 망상·나는 중생이라 여기는 망상·나는 오래 산다는 망상[145], 나라는 생각·사람[남]이란 생각·중생이란 생각·수자라는 생각[146], 자아·개아·중생·영혼이 있다는 관념[147], 자아라는 산냐·중생이라는 산냐·영혼이라는 산냐·개아라는 산냐[인상][148], 내가 있다는 상념·다른 사람이 있다는 상념·중생이라는 상념·영혼[수명]이라는 상념[149], 자아[영혼]의 영원불멸하는 실체가 있다는 의식·인간으로 자아의 존재가 있다는 의식·'오온'으로 구성된 중생이라는 자아의식·자신의 생명은 영원하다는 의식[150], 남을 업신여기는 것이나 아소심(我所心)이 있는 것·인의예지신이나 계행을 가졌다는 생각·좋은 것은 자기 것이고 나쁜 것은 남의 것이라는 생각과 천상에 태어나기를 좋아하는 생각·경계에 취사심이 있는 것이나 오래살기를 좋아하는 목적으로 복을 닦는 것[151]등으로 번역하고 있다. 한문본에서는 아상·인상·중생상·수자상으로 하여도 한자를 아는 사람들은 가능하겠지만 한글세대에서는 이해하기가 어렵다. 그러다보니 이런 여러 문제가 있게 된 것이다.

---

145) 전광진(2020), p.18.
146) 지안(2010), p.43 ; 김강유 외2명(2021), p.95.
147) 김호귀(2017), p.42.
148) 각묵(1991), p.65.
149) 박지명(2019), p.87.
150) 성본(2012), p.41.
151) 백용성 저·김호귀 해(2019), pp.62~63 ; 박희선(1987), p.86. ※육조의 '사상'을 설명.

첫째 '아상'에 대하여 여러 주장들을 펼치고 있는데 앞에 설명하였듯이 내가 있다는 것은 자신의 '오온'으로 인식하는 것이 '나'라는 것을 설명하고 있다. 이것은 어느 누구나 '오온'이 자신이 된다. 왜냐하면 사대를 '나'라고 알고 있지만 의식이 없는 사대의 주인은 과연 누구의 것이겠는가? 그러므로 여기에서는 의식이 있는 사대를 가진 사람에 의한 '오온'을 주장한다. '오온'을 어떻게 알고 있는가에 따라 범부와 성문·연각·보살·부처로 구분할 수 있다. 범부는 '오온'으로 알고 있는 것을 '아상'이라고 하며 '나'라고 하는 것이다. 이것이 지금 자신이 알고 있는 진실이지만 망상이라고 하는 것은 성자들의 입장에서 말하는 것이다. 왜냐하면 모두가 자신이라고 알고 있는 것들은 모두가 생주이멸(生住異滅)하기 때문이다. 그러나 범부들은 자신의 탐진치(貪瞋癡)가 영원하다고 알고 살아가기 때문에 '아상'이 있다. '아상'을 망상이라고 하는 것은 '무아상'이기에 '오온'이 모두가 '공'이 된다. 이것은 '아상'을 버리고 탐진치에서 계정혜(戒定慧)로 전환하여 불법(佛法)에 맞게 성자로 살아가라고 '무아상'을 설한 것이다.

둘째로 '중생상'에서 중생을 범부에서 시작하여 모든 생명이 있는 것을 중생이라고 하고 있다. 이것은 온 우주의 뭇 생명들이 소중하지 않은 것들이 없겠지만 이런 주장을 하며 마지막의 '수자상'에서 영혼이 있다는 유신론에 떨어진 것이다. 유신론과 무신론을 주장하면 단견에 떨어지므로 보살이 '반야바라밀다'를 행할 때에는 17가지의 상(相)이 없어야 한다고[152] 하고 있다.

---

152) 『大般若波羅蜜多經』卷7(T05, p.37a17~24), "諸菩薩摩訶薩修行般若波羅蜜多時, 不起我想, 有情想, 命者想, 生者想, 養者想, 士夫想, 補特伽羅想, 意生想, 儒童想, 作者想, 使作者想, 起者想, 使起者想, 受者想, 使受

그러므로 중생을 뭇 생명이라는 주장도 좋지만 중생은 앞에 말하였듯이 반복하는 것을 말한다. 즉 '아상'의 '오온'을 계속하여 자신이라고 반복하여 고정관념이 되어 '오온'을 '나'라고 고집하는 것이다. 자신의 주장을 끝까지 주장하면 실체가 있는 것으로 착각하게 된다. 그리하여 결국은 자신이 최면에 빠져 객관적으로 돌아볼 수 없게 되는 것을 방지하기 위해 '무중생상'을 설하고 있다. 그러므로 생멸하는 마음을 중생이라고 하고 생멸하는 마음도 없어야 하므로 '무중생상'을 '아상' 다음에 '중생상'을 넣어야 한다. 결국 '중생상'이란 반복하여 자신의 주장이나 생각을 합리화하는 것이다. 그래서 이것은 불법(佛法)에 맞게 바른 안목을 가지고 살아가라고 '무중생상'을 설한 것이다.

셋째로 '인상'을 '나'와 '남'이나 인간이라는 생각과 '인의예지신'이나 계행을 가졌다는 생각이라고 하고 있다. 이것은 '아상'에서 파생되어 나온 생각이므로 '아상'이 없으면 '인상'도 사라지는 것이다. 그러므로 현대의 설명은 '인상'의 바른 뜻이라고 보기 어렵다. 범어로도 '개아'라고 번역을 하였는데 이것은 같은 뜻이므로 '명상'이라고 하는 것이 바른 것이라고 본다. '인상'을 '중생상' 다음에 넣는 것은 '아상'을 있다고 반복하여 주장하여 자신의 목숨을 죽지 않는다고 생각하는 것이 '인상'이 되기 때문이다. 이와 같이 자신의 목숨이 죽는다는 생각을 하지 않는 것을 '명상'이라고 한다. 이런 문제를 해결하려고 '무인상'을 주장하여 사대는 실상이 아니므로 결국 지수화풍으로 돌아가는 것이고 미래의 '오온'도 태어나지 않아 실체가 없어

者想, 知者想, 見者想故. 所以者何. 我有情等 畢竟不生 亦復不滅, 彼旣畢竟, 不生不滅. 云何當能修行 般若波羅蜜多 及得種種 功德勝利."

얻을 수 없는 것이다. 자신의 사대가 죽지 않는다는 망상을 버리라고 육신의 부정관도 설한 것이 듯이 '아상'의 집착을 버려야 한다. 그러므로 결국은 '아상'을 버리라고 '무사상'을 주장한 것이다.

넷째로 '수자상'을 사대(四大)가 죽고 나서도 영원히 변하지 않는 영혼이 실재한다고 하는 것 때문에 윤회하고 환생한다는 논리를 펴는 근거가 되는 것이다. 그러므로 죽지 않는다는 주장을 하는 이들을 두고 '수자상'이 있다고 한다. 이것은 불교와는 다른 종교의 논리이므로 외도(外道)의 견해이다. 이것을 파괴하려고 '무수자상'을 주장하고 있다. '오온'이 '공'이면 그 다음의 '중생상'이나 '인상'은 '법상'에 속하므로 '법공'이 된다. '아공'과 '법공'이 되면 다음의 '수자상'은 '무수자상'이 되어 구공(俱空)이 된다. 그러므로 사대가 없는 영혼은 존재하지 않게 되어 '무수자상'이 된다. '무수자상'은 현재의 모든 '오온'이 생각마다 머무르지 않아서 수명의 성(性)도 없기 때문에 '수자상'은 없는 것이 된다.

이상에서 알아보았듯이 '아상'으로 인하여 모든 상(相)은 생기게 되는 것이고 이 사상(四相)은 '아상'이 없으면 '법공'이 되어 대승보살로 살아갈 수 있게 된다. 『금강경』에서 주장하는 보살이 되는 법은 무사상(無四相)이 되어야 대승보살이 되어 정각(正覺)을 이루고 최상승의 여래로 살아갈 수 있다. 그러므로 무사상(無四相)을 주장하고 있다.

(3) 무사상(無四相)이 제불(諸佛)

사상(四相)에서 아상·중생상·인상·수자상은 '아상'을 계속 주장하는 것이 '중생상'이고 '중생상'이 계속하여 단절되지 않고 있다고 생각하는 것이 '명상'이며 이 목숨이 다하여도 영혼이 있어 다시 육도에 윤회할 것이라고 알고 있는 것이 '수자상'이 된다.

이것의 근원은 '아상'에서 시작된 것이다. '나'라는 상(相)으로 개인을 근본으로 하는 일체 생각과 일체행동은 '오온'이 화합된 것이다. 여기에 실아(實我)가 있어 내 것이 있다고 생각하여 가진 것이 자기의 것이라고 인정하는 것을 '나'라고 한다. 그러나 오온(五蘊)에 실아(實我)가 없으므로 결국은 공(空)이라는 것을 모르기 때문에 집착하여 '아상'이 있는 것이다. 이것을 자각하면 '공'이 되고 '무아상'이 된다. '중생상'은 현재에 뭇 중생들을 지칭하는 단어로 되어 있다. 그러므로 '아상'으로 인하여 '인상'을 사람이나 남이라고 하면 중생도 뭇 중생이 되어 마음이 외부로 향하게 된다.

결국 이렇게 하여 많은 이들이 '아상'으로 인하여 나와 남이나 중생이라는 상(相)이 있다고 번역하고 있다. 그래서 '중생상'을 생명체들이라는 상(相)이라고 하지 않고 '아상'을 계속 반복하여 주장하는 것을 '중생상'이라고 하였다. 이와 같이 반복하지 말기를 바라는 자비심으로 '무중생상'을 주장하여 중생심이 훈습되지 않기를 바라는 것이 '무중생상'이다. '인상'은 '명상'으로 사대가 없어지지 않을 것이라는 생각이 잘못이라고 '무인상'을 설하고 있다. 사대(四大)는 결국 죽어 사라지는 것을 인정하지 않으려고 '아상'이 있게 된 것이다. 그러나 결국은 죽는다는 사실을 알아야 하기에 아무리 '아상'이 있다고 하여도 결국 사대(四大)는 지수화풍으로 돌아가게 되어 '무인상'이 된다. '수자상'은 죽고 나서도 영혼이 있다는 주장을 말하지만 사대가 사라지고 나서 영혼이 존재한다고 하여도 영혼이 거처할 사대가 없으므로 윤회하여 환생한다고 믿고 있는 것이다. 그러므로 마음속의 '무수자상'을 설하고 있다.

　이것은 모두가 '아상'으로 인한 것이므로 '아상'이 없으면 '법공'이 되어 대승보살로 살아갈 수 있게 된다. 즉 선남자 선여인이 '발아뇩다라삼먁삼보리심'하여 보살이 되어 '반야바라밀'을 실천한다는 생각 없이 실천하여 대승보살인 보살마하살이 되고 무사상(無四相)으로 무주(無住)의 실천을 하면 최상승(最上乘)의 여래로 살아갈 수 있다.

2. 『육조단경』에서 깨달음

『육조단경』에서 깨닫는다고 하는 것은 혜능의 깨달음을 말할 수 있다. 혜능이 깨달은 것은 다음과 같다. "깨달음은 본래 나무가 없는 것, 명경 역시 받침대가 없다. 불성(佛性)은 항상 청정한 것인데, 어느 곳에 먼지가 있다고 하겠는가?"153)에서 마음으로 불성(佛性)을 자각(自覺)하는 것이 혜능의 깨달음이다.154) 이것이 혜능의 깨달음은 무념(無念)을 종지(宗旨)로 하는 것이다.

깨달음을 부처와 같다는 전지전능한 깨달음이라고 한다면 앞에 말한 해오·증오·돈오와 같이 성문(聲聞)이나 연각(緣覺), 보살(菩薩)이 소승의 부처가 되어야 하는 것이므로 견성(見性)하고 대승(大乘)으로 성불(成佛)해야 하는 것이다. 『육조단경』에서 일자무식의 나무꾼이라고 혜능을 거론한 것은 평등을 강조하기 위한 설정155)이었을 것이다. 그러므로 종교(宗敎)라는 말을 할 수 있다. 부처를 소승의 일불사상(一佛思想)에서 접근하면 무수겁을 수행해야 하는 것이고 많은 지식으로 해오(解

---

153) 『六祖壇經』(T48, p.338a7~11), "菩提本無樹, 明鏡亦無臺, 佛性常清淨, 何處有塵埃. 又偈曰. 心是菩提樹, 身爲明鏡臺, 明鏡本清淨, 何處染塵埃."; ※ 참고로 『六祖壇經』은 이 논에서는 CBETA(ver.2018)본을 사용함.

154) 『六祖壇經』(T48, p.338a5), "識心見性, 卽悟大意."; 『六祖壇經』(T48, p.340c2~3), "識心見性, 自成佛道."; 『六祖壇經』(T48, p.338c25~28), "若言看淨, 人性本淨, 爲妄念故, 蓋覆眞如, 離妄念, 本性淨. 不見自性本淨, 起心看淨, 却生淨妄. 妄無處所, 故知看者, 看却是妄也."

155) 인순 저·정유진 역(2012), p.370,에 의하면 "혜능시대에는 중생에게 불성이 있어 누구나 부처가 될 수 있다는 것은 이미 상식"이라고 하며 혜능은 문맹이 아니었다고 주장하지만 인간평등 사상은 이미 상식이 되어 있었다는 말이 된다.

悟)해야 하는 것이다. 그러므로 다불사상(多佛思想)의 입장에서 대승(大乘)으로 이해를 해야 석가모니를 바로 볼 수 있고『육조단경』을 바로 대승으로 이해하는 것이 된다. 왜냐하면 석가모니 당시의 제자들을 영원히 석가의 제자로만 알아야 하기 때문이다. 그래서 석가의 제자이지만 부처가 되지 않으면 석가의 가르침은 소승의 신앙이 된다.『육조단경』에서도 혜능이 의발을 전하지 말고『육조단경』을 전하라고 한 것은 혜능의 제자들을 부처로 보고 바른 깨달음을 얻었다고 인정한 대승의 가르침이라는 것을 강조하기 위한 설정이었을 것이다.

혜능이 말한 무수(無樹)라는 것은 불성(佛性)을 자각(自覺)한 진여(眞如)이므로156) 평등하여 사람에게 남북이 없다는 것을 말한 것이다. 그러므로 명경이라는 것은 자신의 불성이고 사람이라는 차별이 없으므로 무대(無臺)라고 한 것이 된다. 그래서 번뇌 망념은 자신들이 어떻게 깨닫느냐에 달린 것이라는 말을 하고 있다. 그 다음 게송에서도 마음을 보리수라고 한 것은 지금 각자가 가진 마음이 깨달음의 근본이라고 한 것이다. 왜냐하면 번뇌가 바로 보리이기 때문이다.

그러므로 자각하면 바로 법신이 되어 명경대와 같게 된다고 하고 있다. 그러므로 자신의 불심은 본래 청정하게 되어 어디에서나 번뇌 망념이 있을 수 없다고 하고 있다. 여기에서 혜능의 깨달음이라고 하는 것은 '번뇌즉보리(煩惱卽菩提)'라는 것을 '식심견성(識心見性)'으로 대의(大意)를 자각한 것이지 많은 지식을 모두 이해하여 깨달은 소승(小乘)은 아니다.157) 그러므로

---

156)『六祖壇經』(T48, p.338c19~21), "無者, 離二相諸塵勞. 念者, 念眞如本性, 眞如是念之體, 念是眞如之用. 自性起念, 雖卽見聞覺知, 不染萬境, 而常自在."

어느 누구나 깨달을 수 있는 것이기에 종교(宗敎)158)라는 말을
한 것이 된다. 종교(宗敎)의 뜻을 신앙(信仰)의 대상(對相)으로
알고 있으면 'Religion'이 된다. 즉 종교가 교단이나 종단이라
는 뜻으로 사용되고 있다. 그러나 실제적인 내용은 차이가 있
다. 즉 인간의 자유와 평등이라는 의미에서 보면 그렇다. 그러
므로 혜능의 깨달음은 어느 누구나 할 수 있는 대승의 깨달음
이다. 이것을 『육조단경』에서 혜능의 깨달음을 살펴보면 다음
과 같다.

---

157) 이런 깨달음을 얻었다고 여래가 되는 것이 아니기에 견성하고 성불해야
    하는 것이므로 돈오점수를 해야 하는 것이다. 즉 아무나 깨달을 수는 있
    지만 불법에 맞게 여시하게 수행하지 못하면 여래가 될 수는 없는 것이
    다.

158) 『淨土或問』(T47, p.292b9~10), "深有功於宗敎者也."；『北山錄』卷6
    (T52, p.611c21~22), "但祖師之門, 天下歸仁焉. 禪德自高, 寧俟傳法, 然
    後始爲宗敎者歟."；『阿彌陀經要解便蒙鈔』卷1(X22, p.823b3~5), "統宗敎
    者, 一念心性, 乃法界大綱宗. 若人但念彌陀佛, 是名無上深妙禪, 故曰統
    宗, 橫該八敎."；『禪家龜鑑』(X63, p.745c5~6), "宗敎者 唯耽糟粕 徒自筭
    沙, 不知五敎之上有直指人心 使自悟入之門."；『五燈全書』卷93(X82, p.
    520b21~23), "況知宗而不知經律者, 謂之增上慢比丘. 知經而不知宗律者,
    謂之不淨行說法. 知律而不知宗敎者, 謂之破戒佛子."；임성순(2022), p.
    180. 참조요.

1) 반야의 지혜로 깨달음을 얻는 법

『육조단경』에서 반야의 지혜를 일념(一念)으로 실천하면 부처가 되고 실천하지 않으면 범부가 되는 것[159]이라고 하고 있다. 그리고 번뇌를 자각(自覺)하면 보리(菩提)가 되는 것처럼 미혹하여 이전의 생각에 집착하고 다시 반복하게 되면 범부(凡夫)가 되고 지금의 생각을 반야의 지혜로 자각(自覺)하여 실천하면 부처[160]라고 설하고 있다. 이것은 범부(凡夫)는 과거에 집착하여 지식으로 살아가는 사람이고 성자(聖者)는 지금 바로 지식을 지혜로 전환하여 살아가는 사람을 말한다.

삼승(三乘, 聲聞乘·緣覺乘·菩薩乘)의 성자(聖者)가 대승(大乘, 大比丘·菩薩摩訶薩·阿羅漢)에서 여래나 부처와 조사로 살아가려고 하면 몰종적(沒蹤跡)의 실천을 해야 한다. 남종선에서 조사선으로 나아가는 것이 남종돈교이고 최상의 대승이라고 하며 '마하반야바라밀'이라고 설하고 있다. 『육조단경』에서는 아직 조사선이 출현하기 전이므로 이것이 조사선의 태동이라고 할 수 있을 것이다. '마하반야바라밀'에서 반야의 지혜를 실천하면 부처가 된다고 다음과 같이 설하고 있다.

마하반야바라밀이란 서국의 범어로 이곳의 말로 하면 위대한 지혜로 피안에 도달하는 것이다. 이 법은 반드시 행해야 하는 것이지 입으로 염(念, 생각이나 외우는 것)하는데

---

159) 『六祖壇經』(T48, p.340a10~14), "離境無生滅, 如水永長流, 故卽名到彼岸, 故名波羅蜜. 迷人口念, 智者心行. 當念時有妄, 有妄卽非眞有, 念念若行, 是名眞有. 悟此法者, 悟般若法, 修般若行, 不修卽凡, 一念修行, 法身等佛."
160) 『六祖壇經』(T48, p.340a14~15), "卽煩惱是菩提, 捉前念迷卽凡, 後念悟卽佛."

있는 것이 아니며, 또 입으로 아무리 잘 외우고 염(念)하더라도 실천하지 않으면 환상과 같은 것이 된다. 그러므로 수행자는 법신과 부처를 동등하다고 하는 것이다.

摩訶般若波羅蜜者, 西國梵語, 唐言大智惠彼岸到. 此法須行, 不在口念, 口念不行, 如幻如化. 修行者, 法身與佛等也.161)

범부가 입으로 독송(讀誦)[念]한다고 하는 것은 자신이 이제까지 배운 지식으로 살아가는 사람을 말하는 것이다. 범부와 삼승의 차이는 과거의 지식으로 살아가느냐 아니면 그 지식을 염기즉각(念起卽覺)하여 진여의 지혜로 전환하여 실천하는가의 차이이다. 그러므로 성문과 연각이 사성제와 12인연법을 깨달아 실천하지만 소승이라 하고 보살이 육바라밀을 실천하지만 보살마하살이 되기 전에는 대승이라고 하지 않는 것이 이것이다. 소승으로 지혜가 있다는 것은 식심견성(識心見性)하여 깨달은 것이나 여래의 지혜를 실천하지 못하는 성자의 지위에 들어간 것을 말한다. 그리고 범부는 공(空)을 마음을 비워서 아무 생각도 없는 것이라고 알고 있는데 이것은 삶이 산하대지와 초목이 되는 것으로 무정(無情)의 외도(外道)인 것이다. 그러므로 좌선하면서 아무 생각도 없이 오래 앉아 있는 것을 위대하다고 하는 것은 사견(邪見)이고 나의 제자가 아니라162)고 혜능도 말

---

161) 『六祖壇經』(T48, p.339c22~25).
162) 『六祖大師法寶壇經』(T48, p.350b7~15), "又有迷人, 空心靜坐, 百無所思, 自稱爲大. 此一輩人, 不可與語, 爲邪見故. 善知識, 心量廣大, 遍周法界, 用卽了了分明, 應用便知一切. 一切卽一, 一卽一切. 去來自由, 心體無滯, 卽是般若. 善知識, 一切般若智, 皆從自性而生, 不從外入. 莫錯用意, 名爲眞性自用, 一眞一切眞. 心量大事, 不行小道. 口莫終日說空, 心中不修此行, 恰似凡人 自稱國王, 終不可得, 非吾弟子."

하고 있다.

반야의 지혜를 실천한다고 하는 것은 항상 생각할 때마다 어리석지 않고 항상 자신이 불법(佛法)에 맞게 관조하는 지혜로 실행하는 것을 반야의 지혜로 실천한다고 하는 것이다. 그러나 반야의 지혜는 형상(形相, 形狀)이 없으므로 다른 사람이 알 수 있는 것이 아니듯이 반야지혜의 본성도 이와 같다. 이것을 여시하게 깨달아 알고 실천하는 사람을 반야의 지혜로 살아간다고 한다.[163] 그리고 반야의 지혜로 살아가면서 뒤로 물러나지 않고 대상경계를 망념으로 집착하지 않으면 피안(彼岸)이 된다. 이것은 삼승(三乘)이 깨달아 피안(彼岸)에 사는 방법을 설한 것으로 소승과 대승을 떠나 수행자의 입장에서 설한 것이다. 그러므로 일반범부의 입장에서는 삼승을 말한 것이고 출가 수행자의 입장에서는 여래나 부처와 조사가 된다.

그러므로 혜능은 반야의 지혜를 실천하지 않으면 범부가 되고 반야의 지혜를 일념으로 수행하면 자신의 법신이 부처와 같다고 한 것이다. 그리고 번뇌를 불법(佛法)에 맞게 자각하면 보리(菩提)라는 깨달음이 되는 것이 범부가 부처가 되는 것도 이와 같다고 하는 것이다. 여기에서도 범부를 과거의 지식으로 사량 분별하는 사람이라고 하는 것은 현재를 살아가지 못하기 때문이다. 그러므로 현재를 살아가라고 지금의 생각을 반야의 지혜로 청정하게 자각하여 실천하면 부처라고[164] 하고 있다.

"반야의 지혜를 '바라밀'로 실천하는 것을 무주·무거·무래라고 하며 이것에 의하여 부처가 출세한다고 하고 있다. 그러

---

163) 양지(2015), p.129.
164) 『六祖壇經』(T48, p.340a14~15), "卽煩惱是菩提. 前念迷卽凡, 後念悟卽佛."

므로 부처가 과거의 지식에 집착하지 않는 것은 상주 불변의 진리이고 부처는 무념(無念)이고 무억(無憶)이며 무착(無着)이어서 번뇌 망념이 없는 것이다. 즉 무념은 반야 삼매가 되는 것으로 일체의 대상경계를 만나더라도 과거의 지식으로 차별 분별하지 않는 것이다. 무념이 되면 육근이 청정하게 되어 육진에 오염되지 않게 된다. 무억은 무상과 같은 뜻으로 지식으로 차별분별하지 않는 것이고 무착은 삼세에 집착을 하지 않는 것을 말한다. 이렇게 하면 일체법을 불법(佛法)으로 관조하여 취하지도 버리지도 않게 되어 견성성불(見性成佛)하여 부처로 살아가게 된다."165)라고 하는 것이 반야의 '지혜바라밀'을 실천하는 것이다.

  결국은 지금의 생각을 반야의 지혜로 청정하게 자각하여 과거의 지식에 집착하지 않고 대승의 생활을 해야 하는 것이다. 무념(無念)을 종지(宗旨)로 무상(無相)을 본체(本體)로 실천하여 무주(無住)의 생활을 하면 일체의 대상경계를 만나더라도 과거의 지식으로 차별 분별하지 않게 된다. 즉 육근(六根)이 청정하면 육진(六塵)이 청정하다는 깨달음으로 자신이 반야바라밀(般若波羅蜜)을 실천하면 최상승(最上乘)의 부처나 조사로 탄생하게 되는 것이다.

---

165) 『六祖壇經』(T48, p.340a16~26), "善知識, 摩訶般若波羅蜜, 最尊最上第一, 無住無去無來, 三世諸佛從中出. 將大智惠到彼岸, 打破五陰, 煩惱塵勞. 最尊最上第一, 讚最上, 最上乘法修行, 定成佛. 無去無住無来往, 是定惠等, 不染一切法, 三世諸佛從中, 變三毒爲戒定惠. 善知識, 我此法門, 從(一般若生)八萬四千智惠. 何以故. 爲世[人]有八萬四千塵勞. 若無塵勞, 般若常在, 不離自性. 悟此法者, 卽是無念, 無憶, 無著, 莫起誑妄. 卽自是眞如性, 用智惠觀照, 於一切法, 不取不捨, 卽見性成佛道."

2) 무소주(無所住)의 생활이 조사(祖師)

"응무소주 이생기심(應無所住 而生其心)"은 『금강경』10단에 나오는 구절인데 혜능이 출가(出家)하여 깨닫게 되었다고 『육조대사법보단경』에 기록하고 있다. 그리고 『육조단경』에는 "『금강경』 한 권만 '수지독송'하면 바로 '견성성불'하게 된다고 하는 말에 의하여 홍인을 친견하게 된다."166)라고 기록하고 있다.

그리고 『육조대사법보단경』에 의하면 "홍인이 가사로 주위를 가리시어 사람들이 보지 못하게 하고는 『금강경』을 설하시는데 '응무소주 이생기심(應無所住 而生其心)'이라는 구절에서 혜능이 언하(言下)대오(大悟)하여 일체(一切)만법(萬法)이 자성(自性)을 벗어나지 않는다는 것을 알았다고 하고 있다. 그리하여 혜능이 홍인조사에게 말씀드리기를 이렇게 경전을 설하여 주시지 않았으면 어떻게 자성(自性)이 본래 청정한 것을 알았겠습니까? 어떻게 자성이 본래 생멸(生滅)하지 않는 것을 알았겠습니까? 어떻게 자성이 본래 구족된 것을 알았겠습니까? 어떻게 자성이 본래 동요(動搖)가 없는 줄을 알았겠습니까? 어떻게 자성이 능히 만법을 만들어 내는 것을 알았겠습니까? 라고 하였다. 오조께서 혜능이 본성(本性)을 깨달았음을 알고 혜능에게 말했다. 본심(本心)을 알지 못하면 불법(佛法)을 배워도 아무런 이로움이 없다. 만약에 자기의 본심(本心)을 깨달아 견성(見性)하면 바로 대장부·천인사·부처가 되는 것167)이라고 하셨다.

---

166) 『六祖壇經』(T48, p.337a24~27), "我於彼聽見, 大師勸道俗, 但特[持]金剛經一卷, 卽得見性, 直了成佛. 惠能聞說, 宿業有緣, 便卽辭親, 往黃梅憑墓山, 禮拜五祖弘忍和尚."

167) 『金剛經石注』(X25, p.592b14~17), "六祖聞應無所住而生其心, 卽大悟曰. 何期自性本自淸淨, 何期自性本不生滅, 何期自性本自具足, 何期自性

그리고 삼경(三更)에 법을 인가받으니 아무도 알지 못했다. 바로 돈교의 법과 의발을 계승하시면서 말씀하시기를 그대를 육조로 인가하니 불법(佛法)을 호념(護念)하여 중생들을 제도하고 앞으로 유포하여 불법(佛法)이 단절되지 않게 하라고 하였다. 그리고 게송을 설했다. 유정이 와서 씨를 뿌리니, 열매는 심지로 인하여 다시 태어나네. 무정은 이미 종자가 없으니, 무성은 역시 태어남도 없네."168) 라고 하며 불법(佛法)을 전하셨다.

　여기에서 무소주(無所住)의 마음에서 깨달았다고 하고 있는데 이것은 무소유(無所有)의 마음이다. 이 말은 공(空)의 마음으로 『금강경』에 나오는 육진경계에 따라 마음을 내지 말라는 것이다. 즉 "그러므로 수보리여, 모든 보살마하살들은 마땅히 여시한 진여의 지혜로 청정한 마음을 내야하며 육진의 대상경계에 따라 마음을 내지 말고 대상경계를 집착하는 마음 없이 청정한 진여의 지혜로 생활해야 한다."169)라고 하는 진여의 지혜로 생활해야 한다는 것을 설하고 있다.

　응무소주(應無所住)에서 깨닫는 것은 육진(六塵)이라는 제법을 과거의 지식으로 알지 않는 것을 말한다. 즉 이것은 어떠한

本無搖動. 五祖曰. 不識本心, 學法無益. 若言下, 識自本心, 見自本性, 卽名丈夫大人." ※ 밑줄부분은 '識心見性'이 됨.

168) 『六祖大師法寶壇經』(T48, p.349a16~27), "祖以袈裟遮圍, 不令人見, 爲說『金剛經』, 至 應無所住而生其心, 惠能言下大悟, 一切萬法, 不離自性. 遂啓祖言. 何期自性, 本自淸淨. 何期自性, 本不生滅. 何期自性, 本自具足. 何期自性, 本無動搖. 何期自性, 能生萬法. 祖知悟本性, 謂惠能曰. 不識本心, 學法無益. 若識自本心, 見自本性, 卽名丈夫, 天人師, 佛. 三更受法, 人盡不知, 便傳頓敎及衣鉢. 云. 汝爲第六代祖, 善自護念, 廣度有情, 流布將來, 無令斷絶. 聽吾偈曰. 有情來下種, 因地果還生, 無情旣無種, 無性亦無生."

169) 『金剛般若波羅蜜經』(T08, p.749c20~23), "是故 須菩提, 諸菩薩摩訶薩 應如是生淸淨心, 不應住色生心, 不應住聲香味觸法生心, 應無所住 而生其心."

육진(六塵)을 만나더라도 청정하게 볼 수 있는 대승(大乘)의 안목(眼目)을 구족해야 한다. 그래야 육진경계를 만나더라도 마음에 집착 없이 경계를 대할 수 있는 것을 이생기심(而生其心)이라고 하는 것은 생기는 마음이 불심(佛心)이 된다는 것을 말하는 것이다.

육조 혜능이 깨달은 법은 『금강경』에서 설하고 있는 여러 내용 중에서 대상경계를 대하는 만법이 청정하게 되어야 대상경계에 대한 경혹(境惑)을 일으키지 않고 실천하게 된다는 '식심견성(識心見性)'으로 불성(佛性)을 깨달은 것이다. 이것을 보살에 비유하여 설명하고 있는 것이 진여의 지혜로 청정한 마음을 내면 육진경계에 집착하지 않고 진여의 지혜로 생활하는 대승보살마하살이고 최상승의 여래가 된다고 하는 남종의 가르침이다.

3) 무념·무상·무주

『육조단경』에서 깨달음을 무념(無念)·무상(無相)·무주(無住)라고 말하는 것은 이것이 근본이기 때문이다. 즉 혜능은 무념을 종지[170]로하고 무상을 체(體)로하며 무주를 근본으로 한다고 설하고 있다.[171] 무념은 자신의 일체법에서 생각하는 차별 분별의 번뇌와 망념이 없는 것을 말한다. 이것을 종지로 한다는 것과 같은 의미이므로 일체법이 공(空)이라는 것을 말한다. 즉 만법일여(萬法一如)와 같은 의미이므로 『육조단경』에서 다음과 같이 기록하고 있다.

> 온갖 것들을 억지로 분별하지 않으려고 하며 망념을 억지로 끊으려고 하지 말아야 한다. 이렇게 하면 법박이며 편견이다. 무념법을 자각하면 만법일여가 되어 어디에나 통하게 된다. 이렇게 무념법을 자각한 사람은 모든 부처의 경계를 자각한 사람으로 이 무념의 돈법을 자각한 사람은 부처의 경지에 도달한 것이다.

> 莫百物不思, 當令念絕. 卽是法縛, 卽名邊見. 悟無念法者, 萬法盡通. 悟無念法者, 見諸佛境界. 悟無念頓法者, 至佛位地.[172]

무념법을 깨달은 사람은 만법을 통달한 것으로 부처의 경계를 친견한 것이라고 설하고 있다. 그러므로 자신의 일체법이

---

170) 『六祖壇經』(T48, p.338c16~18), "卽緣迷人於境上有念, 念上便起邪見. 一切塵勞妄念, 從此而生. 然此教門, 立無念爲宗."
171) 『六祖壇經』(T48, p.338c9~11), "於一切法上, 念念不住, 卽無縛也, 是以無住爲本. 善知識, 外離一切相, 是無相. 但能離相, 性體淸淨, 是以無相爲體."
172) 『六祖壇經』(T48, p.340c23~26).

무념이라는 것을 확신하면 부처의 지혜로 향한다고 설하는 것173)이다. 이 말은 부처의 마음이 공(空)이라는 것을 역으로 증명하고 있는 것이다. 무념을 실천한다고 하는 것은 자신의 법은 항상 청정하므로 "온갖 것들을 억지로 분별하지 않으려고 하고 마땅히 망념을 억지로 단절하려고 하지 말아야 한다."라고 하는 것과 같다. 즉 조작하지 않고 자신의 법이 본래 청정하다는 것이 남종선의 종지이다. 그러므로 무념을 깨달아 자신의 법이 무념이라는 것을 돈오하면 "불지의 무념을 증득하게 된다."174)라고 설하고 있다.

무념의 경지가 되려고 억지로 생각하지 않으려고 하고 망념을 일어나지 않게 하려고 하면 자신의 법에 속박된 것으로 자신의 머리에 머리를 더 보태는 것이고 마음으로 마음을 찾는 것이며 등에 아이를 업고 아이를 찾는 격이다. 그래서 무념을 중요시한 것이기에 종지로 한다고 한다.

무상을 본체로 한다고 하는 것은 자신의 법이 무념이므로 무념으로 의식의 상(相)을 벗어나 차별 분별하지 않고 청정하게 보고 사용하는 것175)을 말한다. 그러므로 단지 대상경계에 대한 차별분별을 하지 않는다면 본성의 본체는 원래 청정한 무념이므로 무상을 본체176)라고 하는 것이다. 자신이 일체의 경계를 차별 분별하는 망념이 없는 무념으로 대상경계를 차별분별

---

173) 『金剛般若經疏論纂要』卷1(T33, p.156a20~21), "若有衆生能觀無念者, 則爲向佛智.";『金剛經纂要刊定記』卷2(T33, p.187c21~22), "無念是佛義, 以無念是佛. 故能觀無念者, 卽是向佛智也."
174) 『大乘起信論義記』卷2(T44, p.258c25), "說此能觀爲向佛智, 以是證知佛地無念."
175) 『六祖壇經』(T48, p.338c4~5), "何名無相. 無相者, 於相而離相."
176) 『六祖壇經』(T48, p.338c10~12), "善知識, 外離一切相, 是無相. 但能離相, 性體淸淨是, 是以無相爲體. 於一切境上不染, 名爲無念"

하지 않고 실천하는 것177)을 무상이라고 한다.

『육조단경』에서는 "온갖 생각을 하지 않아야 망념이 다하여 없어진다고 생각하지 말아야 한다. 하나의 생각이 단절되는 것을 망념이 없다고 하지만 바로 없다고 하는 그곳에서 바로 망념의 생각은 생겨나게 되는 것"178)이라고 하고 있다. 이처럼 무념과 무상에 대하여 서로 이해를 다르게 하므로 혜능은 "우둔한 사람들은 대상경계를 대하면 온갖 차별 분별하는 생각을 하는데 이런 생각을 하는 것이 바로 사견(邪見)인 것이며 일체의 번뇌 망념이라는 것은 이와 같이하여 생기는 것이다. 그러므로 이 법문에서는 무념을 세워 종지로 하는 것"179)이라고 하며 다음과 같이 자세하게 설명하고 있다.

> (자신이) 일체의 대상경계를 차별 분별하는 망념이 없는 것을 무념이라고 한다. 그러므로 자신이 생각하면서 대상경계를 차별분별하지 않으면 (자신의 일체)법에 망념이 없(어 청정하게 되)는 것이다. 온갖 생각을 하지 않아야 망념이 다하여 없어진다고 생각하지 말아야 한다. 하나의 생각이 단절되는 것을 망념이 없다고 하지만 바로 없다고 하는 그것이 바로 망념이 생겨난 것이다. 수행자들은 이것을 항상 마음에 간직하여서 불법의 의지를 잘 알지 못하면서 자신이 착각하여 다시 타인을 미혹하게 하지는 말아야 하는 것이다. 자신이 미혹한 것을 알지 못하니 경전과 불법을 비방하는 것이 된다. 그러므로 무념을 종지로 삼아야 하는 것이다. 우둔한

---

177) 정유진(2004a), p.90.에 의하면 "혜능은 무상을 모양가운데 있으면서도 모양에 집착하는 생각을 여읜 것이라고 했는데 이는 적극적으로 불성의 '반야지'를 일상생활 속에서 전개하도록 하는 것이다."라고 하고 있다.

178) 『六祖壇經』(T48, p.338c13~14), "莫百物不思, 念盡除却. 一念斷卽無, 別處受生."

179) 『六祖壇經』(T48, p.338c16~18), "卽緣迷人於境上有念, 念上便起邪見. 一切塵勞妄念, 從此而生. 然此教門, 立無念爲宗."

사람들은 대상경계를 대하면 온갖 생각을 하는데 이런 생각을 하는 것이 바로 사견인 것이며 일체의 번뇌 망념은 이와 같이 생기는 것이다. 그래서 이 법문에서는 무념을 종지로 하는 것이다. 세속의 사람들은 사견을 버려서 망념이 일어나지 않게 하려고 한다. (그러나) 만약에 번뇌 망념이 없다고 한다면 무념이라는 말도 역시 할 필요가 없는 것이 된다. '무'라고 하는 것은 무엇을 없다고 하는 것이며, 생각한다고 하는 것은 무엇을 생각한다고 하는 것인가 하면, '무'라고 하는 것은 차별 분별하는 모든 번뇌 망념이 없는 것이고, 생각한다고 하는 것은 청정한 진여 본성으로 생각한다는 것이다. 진여는 생각하는 본체이고 생각하는 것은 진여의 지혜로 행하는 것이다. 자기의 본성으로 생각하면 비록 대상경계를 '견문각지'하더라도 온갖 대상경계를 만나도 오염되지 않아 어디에서나 항상 자유자재하게 생활할 수 있는 것이다. 『유마경』에 말씀하시기를, '밖으로는 능히 자신이 모든 법상을 본성으로 분별해야 하고, 안으로는 진여본성이므로 항상 움직이지 않는다.'[180]라고 하셨다.

於一切境上不染, 名爲無念. <u>於自念上離境, 不於法上生念.</u> 莫百物不思, 念盡除却, 一念斷卽無, 別處受生. 學道者用心, 莫不識法意. 自錯尙可, 更勸他人迷. 不自見迷, 又謗經法. 是以立無念爲宗, 卽緣迷人於境上有念, 念上便起邪見, 一切塵勞妄念從此而生. 然此教門立無念爲宗, 世人離見, 不起於念. 若無有念, 無念亦不立. 無者無何事, 念者念何物. 無者, 離二相諸塵勞. 念者, 念眞如本性, 眞如是念之體, 念是眞如之用. <u>自性起念,</u> 雖卽見聞覺知, 不染萬境, 而常自在. 維摩經云, 外能善分別諸法相, 內於第一義而不動.[181]

---

180) 『維摩詰所說經』卷1「佛國品」1(T14, p.537c13), "能善分別諸法相, 於第一義而不動." ; 『淨名經關中釋抄』卷1(T85, p.514c3~7), "善分別者, 無名相中應衆生 故假名相分別也. 於第一義而不動者, 外道執見心說, 二乘法執心說, 皆名動也. 如來無見無執故不動也."
181) 『六祖壇經』(T48, p.338c11~23).

이처럼 설명하는 것은 무념을 자성의 공(空)이라고 하는 것182)이고 무상(無相)을 무계(無繫)라고 설하는 것183)이 된다. 이것은 『유마경』의 "能善分別諸法相, 於第一義而不."을 "外能善分別諸法相, 內於第一義而不動."으로 내외(內外)로 구분하여 무념과 무상을 설명하고 있다. 즉 안으로 무념이 되어야 대상 경계를 만나더라도 공(空)인 본성으로 분별하게 되는 것이다. 그러므로 "무념을 종지로 하고 무상을 본체로 한다."184)라고 설명하고 있다.

무주는 무념으로 무상을 실천하는 것이며 생각 생각이 머무르지 않고 몰종적(沒蹤跡)으로 실천하는 것이다. 그러므로 이전의 생각과 지금의 생각이 끊어지지 않고 계속 이어져야 이전의 생각에 머물지 않게 되고 무주가 되는 것이다. 만약에 이것이 단절되면 과거나 미래에 떨어지게 되어 무념이 되지 않게 된다. 그러므로 혜능은 다음과 같이 설하고 있다.

> 무주는 사람의 본성으로 생각은 항상 머무르지 않아야 하는 것이다. 즉 전념과 후념이 서로 상속되어서 하나의 생각에 집착하여 머물러서 단절되지 않아야 한다. 만약에 일념이

---

182) 『六祖大師法寶壇經』卷1(T48, p.353a12~13), "無相者, 於相而離相. 無念者, 於念而無念.";『宗鏡錄』卷37(T48, p.637a17~18), "所以無念者, 卽念而無念, 以念無自性, 緣起卽空.";『起信論義疏』(X45, p.161a12), "此無念者, 知念無自相, 名爲無念."

183) 『大般涅槃經』卷30「師子吼菩薩品11」(T12, p.546b8~12), "無相者名爲無繫, 無繫者名爲無著, 無著者名爲無漏, 無漏卽善 善卽無爲, 無爲者卽大涅槃, 大涅槃卽常常者卽我, 我者卽淨淨者卽樂, 常樂我淨卽是如來.";『大般涅槃經』卷27「師子吼菩薩品11」(T12, p.523b15), "不空者謂大涅槃.";『佛母般若波羅蜜多圓集要義釋論』卷1(T25, p.902c26~29), "謂若如是內外色處皆悉無相, 卽彼如是了知空義, 如是聲義, 是故應知. 今此頌中先說三種空, 所謂內外空大空相空, 次說空空.";『宗鏡錄』卷84(T48, p.880a22~24), "所言不空者, 已顯法體空無妄故, 卽是眞心, 常恒不變, 淨法滿足, 則名不空.

184) 『六祖壇經』(T48, p.338c3~4), "頓漸皆立無念爲宗, 無相爲體."

라도 단절되면 자신의 법신이 자신을 벗어나게 되니 생각할 때마다 항상 일체법이 무주이어야 한다. 만약 일념이라도 집착하면 생각할 때마다 집착하는 것을 계박이라고 말한다. 일체법에 항상 집착하지 않고 살아가는 것이 속박되지 않는 해탈이다. 이것을 무주를 근본으로 한다고 한다.

> 無住者, 爲人本性, 念念不住. 前念, 今念, 後念, 念念相續, 無有斷絶. 若一念斷絶, 法身卽離色身, 念念時中, 於一切法上無住. 一念若住, 念念卽住, 名繫縛. 於一切法上, 念念不住, 卽無縛也. 是以無住爲本.[185]

무주가 되면 어디에도 계박(繫縛)되지 않고 무념으로 무상을 실천하는 것이므로 깨달음의 경지에 들었다고 볼 수 있다. 혜능의 깨달음을 무념·무상·무주라고 하는 것은 단편적인 소승(小乘)으로 보면 성자의 경지에 들어가는 첫 번째 관문이라고 할 수도 있다.

결론적으로 삼승의 경지에 들어가는 법에서 가장 기본이 되는 것으로 무념이 되어야 무상을 실천하게 되어 무주의 성자로 살아가게 되는 것이다. 그래서 응무소주(應無所住)가 되어야 성자로서 살아갈 수 있고 반야바라밀(般若波羅蜜)을 실천하여 최상승인 여래의 경지에 오르게 된다.

---

185) 『六祖壇經』(T48, p.338c5~10).

4) 반야의 지혜를 실천하면 부처

삼매(三昧)란 삼마지(三摩地)·삼마제(三摩提)·삼매지(三昧地)와 같은 말이고 범어로 사마디(samādhi)의 음역으로 정(定)이나 등지(等持), 정수(正受), 정심행처(正心行處) 등을 말한다. 삼매는 심일경성(心一境性)이 되는 것으로 산란하고 시끄러운 마음을 집중해 움직이지 않아 마음에서 번뇌 망념이나 차별분별을 벗어나 청정(淸淨)하게 되는 것을 말한다.

삼매(三昧)에는 공(空)삼매와 무상(無相)삼매 그리고 무작(無作)삼매를 삼삼매(三三昧)[186]라고 하는데 공(空)은 무념(無念)이고 무상(無相)은 공(空)의 실천이며 무작(無作)은 무주(無住)의 실천을 말한다. 반야(般若)삼매(三昧)는 이 삼삼매(三三昧)를 실천하는 것으로 '반야바라밀(般若波羅蜜)'을 실천하는 것[187]이라고 하고 있다. 이것은 혜능이 『금강경』독송하는 소리를 듣고 출가(出家)하여 출세(出世)하였다는 것의 근본이 진여의 지혜로 무념·무상·무주를 실천하기만 하면 누구나 성자로 살아갈 수 있다는 것을 말하는 것이다.

'반야바라밀'을 행하는 방법으로 『금강경』을 자신이 수지독송(受持讀誦)[188] 할 수 있으면 곧바로 견성하여 자신의 일체법이

---

186) 『金剛三昧經』(T09, p.372a19~21), "佛言. 三三昧者. 所謂空三昧, 無相三昧, 無作三昧, 如是三昧."
187) 『六祖壇經』(T48, p.340a26~27), "入般若三昧者, 直須修般若波羅蜜行."
188) 『金剛般若波羅蜜經』(T08, p.750a6~10), "隨說是經, 乃至四句偈等, 當知此處, 一切世間天人, 阿修羅皆應供養, 如佛塔廟. 何況有人盡能受持讀誦. 須菩提, 當知是人成就最上第一希有之法, 若是經典所在之處, 則爲有佛, 若尊重弟子.";『金剛經解義』卷2(X24, p.526b21~23), "何況更能書寫受持讀誦爲人解說, 當知此人, 決定成就阿耨多羅三藐三菩提."

대상경계와 '반야삼매'가 되는 것을 깨닫게 된다고 다음과 같이 설하고 있다.

선지식이시여, 만약에 미묘한 일체법을 깨달아 '반야삼매'가 되고자하면 반드시 정확하게 '반야바라밀'을 실천해야 한다. 단지 『금강경』 한권만 수지하(고 독송하며 타인에게 바르게 설명할 수 있으)면 곧바로 견성하여 '반야삼매'가 되는 것을 깨닫게 된다. (그러므로) 마땅히 이 사람은 (반야의 지혜를 실천하게 되어) 공덕이 무량하게 되는 것을 알아야 한다. 경전에도 분명하게 찬탄하듯이 ('반야삼매'를 실천하는) 공덕은 모두 다 설명할 수는 없다. 이것을 최상승법이라고 하는 것이며 위대한 (반야의 지혜를 실천하는) 상근기의 사람들에게 설법한 것이다. 소근기[소승]의 지혜를 가진 사람들이 만약에 이 법을 들어도 마음속에 믿음(의 확신)이 생기지 않는다. 왜냐하면, 비유하면 만약에 아주 큰 용이 있어서 큰 비를 내리는 것과 같아 이 비에 의하여 염부제에 있는 (성읍취락 모든) 것들이 표류하며 낙엽처럼 떠내려가 (방황하게 되)는 것과 같은 것이다. 그러나 만약에 아무리 큰 비가 내려도 이 빗물이 바다[상근기인]로 들어가게 되면 바다는 (이 물을 모두 수용하여서) 늘고 줄고 하는 것이 없는 것과 같다. 만약에 대승의 상근기인이 『금강경』을 설하는 것을 들으면 중생의 마음이 열려 ('반야삼매'를) 깨달아 알게 되는 것이 이와 같다. 그러므로 사람들의 본성에는 반야의 지혜가 있어서 자신이 지혜로 관조하여 사용할 줄만 알면 언어문자에 의존할 필요가 없는 것이다. 이것을 비유하여 보면 빗물은 본래 하늘에 있어서 내리는 것이 아니다. 원래는 용왕이 강이나 바다 등에서 자신이 물을 끌어다가 일체중생, 일체초목, 일체의 유정무정들을 모두 윤택하게 하는 것과 같은 비유이다. 모든 물들이 모여 강으로 흘러서 강물은 다시 바다로 들어가고 바다는 모든 물들을 받아들여서 하나가 되는 것과 같다. 중생들의 본성에 있는 반야의 지혜도 역시 이와 같다.

善知識, 若欲入甚深法界, 入般若三昧者, 直須修般若波羅
蜜行. 但持金剛般若波羅蜜經一卷, 即得見性, 入般若三昧.
當知此人, 功德無量. 經中分明讚嘆, 不能具說. 此是最上乘
法, 爲大智上根人說. 小根智人若聞法, 心不生信. 何以故, 譬
如大龍, 若下大雨. 雨於閻浮提, 城邑聚落, 悉皆漂流, 如漂草
葉. 若下大雨, 雨於大海, 不增不減. 若大乘者, 聞說金剛經,
心開悟解. 故知本性, 自有般若之智, 自用智惠観照, 不假文
字. 譬如其雨水, 不從天有. 元是龍王, 於江海中, 將身引此
水, 令一切衆生, 一切草木, 一切有情無情, 悉皆蒙]潤. 諸水
衆流, 却入大海, 海納衆水, 合爲一體. 衆生本性, 般若之智,
亦復如是.189)

'반야삼매'가 되어 진여의 지혜를 행하는 것이 반야바라밀(般
若波羅蜜)을 실천하는 것이다. 그러므로 '반야바라밀'을 실천하
려고 하면 일행(一行)삼매(三昧)가 되어 진여의 지혜로 번뇌 망
념의 윤회를 벗어나야 좌도량에서 살아가게 되는 것이다. 일행
삼매가 되는 것이 무념(無念)이고 '반야삼매'가 되는 것이다.
그러므로 '반야바라밀'을 실천하면 일체법(一切法)에 차별 분별
하는 마음이 없어야 한다. 이렇게 되면 자신이 세속에 살면서
도 세속에 오염(汚染)되지 않는 '반야삼매'가 되어 해탈(解脫)
하여 살아갈 수 있게 된다.190)

반야의 지혜를 사용하면 부처이지만 사상(四相)에 집착하면
중생이 되는 것이다. 중생의 본성이 원래는 부처의 본성과 같
지만 오온(五蘊)을 공(空)으로 관조하여 '반야삼매'라고 깨달아

---

189) 『六祖壇經』(T48, p.340a26~b10).
190) 『六祖壇經』(T48, p.340c19~23), "悟般若三昧, 即是無念. 何名無念,
　　無念法者, 見一切法, 不著一切法, 遍一切處, 不著一切處. 常淨自性, 使六
　　賊從六門走出, 於六塵中, 不離不染, 来去自由, 即是般若三昧, 自在解脫,
　　名無念行."

야 일체의 고액을 벗어나게 되고 반야의 지혜를 실천하면 공덕이 무량하다고 경(經)에서 설하고 있듯이 반야바라밀(般若波羅蜜)을 실행하여 부처로 살아갈 수 있다.

결론으로 지금의 생각을 반야의 지혜로 식심견성(識心見性)하여 깨달아 과거의 지식에 집착하지 않고 생활해야 하는 것이다. 무념으로 무상을 실천하여 무주의 생활을 하면 일체의 대상경계를 만나더라도 과거의 지식으로 차별 분별하지 않게 된다. 즉 육근이 청정하면 육진이 청정하게 되는 것을 자신이 알아 '반야바라밀'을 실천하게 되어 부처나 조사가 탄생하게 되는 것이다. 육조 혜능이 깨달은 법은 『금강경』에서 설하고 있는 여러 내용 중에서 대상경계를 대하는 자신의 법이 "응무소주(應無所住) 이생기심(而生其心)"이 되어야 청정하여 경혹이 일어나지 않는다는 '식심견성(識心見性)'을 깨달은 것이다. 그리고 진여의 지혜로 조도(鳥道)의 생활하면 대승보살이고 최상승의 여래가 된다. 이것이 혜능의 깨달음은 무념·무상·무주가 되어야 하는 것이다. 그러므로 삼승의 경지가 되는 것도 무념으로 무상을 무주로 행해야 한다. 즉 응무소주(應無所住)로 이생기심(而生其心)이라고 하며 성자로 '마하반야바라밀'을 몰종적(沒蹤跡)으로 실천하여 최상승의 여래가 되는 것이다. 그래서 반야의 지혜로 살아가면 부처가 되고 사상(四相)에 집착하면 중생이 된다. 근본적으로는 중생과 부처의 본성은 같지만 자신의 오온(五蘊)이 반야(般若)삼매(三昧)가 되어야 반야의 지혜로서 구경에 부처로 살아가게 되는 것이다.

3. 『선종영가집』에서 깨달음

『선종영가집』[191]은 영가현각(665~713)이 설법한 것을 위정(魏靜)이 편집하고 행정(行靖)이 주(註)를 하고 정원(淨源)이 수정과(修定科)한 것을 함허득통이 설의(說誼)하였으며 선(禪)수행자들이 아주 중요하게 여기는 책이다. 위정은 『선종영가집』의 서문에 "고결한 지표[孤標]인 석가의 불법(佛法)을 독자적으로 짊어지고 불법(佛法)의 홍포를 자비심으로 실천하고자 하는 이가 영가대사"[192]라고 말하고 있듯이 석가의 불법(佛法)을 계승했다라고 하고 있다. 그리고 함허득통(涵虛得通, 1376~1433)도 역시 "여래께서 오랜 동안 수행하여 체득한 근본법문을 삼승(三乘)과 오성(五性)[193]을 깨닫게 하기 위하여 설하신 것을 영가대사께서 단지 10장(章)으로 49년 동안 설하신 것을 모아 처음부터 끝까지 모두 정리한 것"[194]이라고 하고 있다. 현재이 책을 번역한 혜업, 탄허, 한자경, 양지의 책이 있고 언해본 번역은 최동호, 장영길의 책이 있다.[195] 그리고 논문으로는 박

---

191) 『禪宗永嘉集』(T48, pp.387b17~395c2). ;『禪宗永嘉集』(H7, pp.170~215).

192) 『禪宗永嘉集』(T48, p.387b25~26), "孤標靈鷲之英, 獨負成麟之業者, 其唯大師歟."

193) 오성(五性) :『圓覺經大疏釋義鈔』卷10(X09, p.694a2~3), "一無性, 二二乘性, 三菩薩性, 四不定性, 五外道性." ;『楞嚴經義疏釋要鈔』卷4(X11, p.129c21~22), "五性者, 聲聞, 緣覺, 不定性人, 無種性人 及定性大乘也." ;『證道歌註』(X63, p.271a22~24), "三乘者, 一菩薩, 二聲聞, 三緣覺乘也. 五性者, 一善性, 二惡性, 三定性, 四不定性, 五闡提性也."

194) 『禪宗永嘉集科註說誼』(H7, p.170c7~9), "如來曠劫修得底法門 普爲三乘五姓 歷四十九年而開演 而大師 但以十章之文 攝一代之所說 該始末而無遺"

195) 혜업(1997), 『선종영가집』. ; 최동호·전경욱·이창희(1996), 『선종영가집』. ; 김탄허(2001), 『영가집』. ; 장영길(2007), 『선종영가집언해 상·하』. ;

사학위196)논문과 석사학위논문 등197)이 있다.

영가의 수행법은 출가(出家) 수행하여 공가중(空假中)에서 더 나아가 삼승[성문·연각·보살]이 점수(漸修)하는 것을 『선종영가집』에서 제시하고 있다. 이것은 삼승(三乘)의 수행법으로 삼승이라는 성자(聖者)가 되고 돈오점수(頓悟漸修)하는 수행법이다.198) 『선종영가집』에서 제시한 수행법은 현각이 천태(天台)에서 수행하여 육조(六祖)의 인가(認可)를 받고 천태를 벗어난 것이다. 이 말은 천태의 공가중[지관쌍수]에서 돈오(頓悟)하고 삼승이 점수하는 수행을 설하고 다시 삼승이후의 수행을 설하고 있다. 그렇지만 『선종영가집』에서 제시한 수행법은 육조의 법을 계승한 수행법이나 선(禪)수행자가 아니면 『선종영가집』에 대하여 잘 알지 못하고 있다. 이 책에서 수행법을 보면 출가하고 수행하여 돈오(頓悟)하는 법을 공가중(空假中)으로 설하고 있다. 그리고 돈오(頓悟)하여 삼승(三乘)으로 돈오점수(頓悟漸修) 하여 대승보살이 된 이후에는 돈오돈수(頓悟頓修)199)를 실

한자경(2016), 『선종영가집강해』. ; 양지(2020), 『선종영가집해설』. ※ 출간 연도별로 배열.

196) 김택단(2020), 「『선종영가집』에 나타난 천태지관 연구」.
197) 이동혁(2017), 「『선종영가집』설의의 해석 유형과 사상적 특징」. ; 이미령(2008), 「『선종영가집언해』 연구 국어 표기법과 어휘를 중심으로」. ; 이인혜(1990), 「기화의 선종영가집과주설의 연구」. ; 서인성(2022), 「『선종영가집』에서 수행법 연구」.
198) 서인성(2022), p.371.
199) 『宗鏡錄』卷36(T48, p.627b4~13), “頓悟頓修者, 此說上上智, 根性, 樂欲俱勝, 一聞千悟, 得大總持. 一念不生, 前後際斷. 若斷障說, 如斬一簪絲, 萬條頓斷. 若修德說, 如染一簪絲, 萬條頓色. 荷澤云. 見無念體, 不逐物生. 又云. 一念與本性相應, 八萬波羅蜜行, 一時齊用. 又頓悟者, 不離此生, 即得解脫, 如師子兒, 初生之時, 是眞師子. 即修之時, 即入佛位, 如竹春生筍, 不離於春, 即與母齊. 何以故, 心空故, 若除妄念, 永絕我人, 即與佛齊.”; 『觀楞伽經記』卷4(X17, p.396b5~9), “此結攀緣如禪行成得果之相也. 前觀察義禪行成, 從凡夫入解行, 即登初地. 漸觀深入至上上地, 以頓見眞理, 漸斷無明故, 所謂頓悟漸修者是也. 今攀緣如禪觀行成就, 頓登八地,

천하기를 서원하고 있다.200) 여기에서 깨달음에 도달하는 수행
법을 『선종영가집』에 따라 간략하게 설명하면 다음과 같다.

頓證無生, 頓斷無明, 頓捨藏識, 所謂頓悟頓修者是也."
200) 서인성(2022), pp.370~371.

1) 출가와 삼업청정

『선종영가집』에서 제일 먼저 모도지의(慕道志儀)를 제시하고 있다. 이것은 도(道)를 흠모하여 수행자가 되고 선지식(善知識)을 만나야 하는 것이 가장먼저라는 것이다. 그리고 도(道)를 흠모하기 위하여 먼저 삼계(三界)를 고해(苦海)라고 알아야 하며 고해를 벗어나기 위하여 선지식(善知識)을 찾아야 한다고 하고 있다. 삼계를 고해라고 알았으면 이것을 벗어나기 위한 법(法)을 불교(佛敎)에서는 출가(出家)라고 하며 출가는 번뇌 망념의 세속에서 벗어나는 것이다. 그러므로 번뇌 망념을 벗어나고자 출가하였다면 항상 선지식을 만나 참문(參問)하고 예의와 격식을 배워야 한다.201) 이렇게 출가하여 올바른 수행을 하지 못하면 시물(施物)을 소화시키는 수행자가 아니고 음식과 의복만 소비하는 사치와 교만에 빠진 수행자가 될 수 있다202)라고 하고 있다. 그래서 불법(佛法)을 수지(受持)하여 항상 자신의 육신과 부귀영화만 추구하는 탐진치(貪瞋癡)에 빠진 출가한 세속인이 되지 않도록 해야 한다. 그러므로 출가 수행자가 반드시 가져야할 것은 도(道)를 흠모하여 교만(驕慢)203)하지 않고 사치하지 않으면서 수행해야 바른 깨달음에 도달할 수 있다.

바른 깨달음인 대도(大道)를 구하려면 반드시 삼업(三業)이

---

201) 『禪宗永嘉集』(T48, p.388a18~20), "先觀三界, 生厭離故. 次親善友, 求出路故. 次朝晡問訊, 存禮數故. 次審乖適如何, 明侍養故."
202) 『禪宗永嘉集』(T48, p.388b6~7), "但以終朝擾擾, 竟夜昏昏, 道德未修, 衣食斯費."
203) 『大乘義章』卷5(T44, p.574b7~11), "自舉陵他, 名之爲慢. 慢別不同, 離分爲八. 一直名慢, 二名大慢, 三名慢慢, 四不如慢, 五名憍慢, 亦名傲慢 (※言傲慢者, 有人於彼父母師長, 不能恭敬, 名爲傲慢.), 六名我慢, 七增上慢, 八名邪慢. 八中前五對人以分, 後三就其所恃以別."

청정(淸淨)해야 사위의(四威儀)에 맞게 입도(入道)하게 되는 것
이다. 이렇게 하여 대상경계와 지혜가 모두 적멸(寂滅)하게 되
면 묘지(妙旨)와 계합하게 되는 것204)이다. 이렇게 하면 만약
범부로 세속에 살아도 번뇌 망념에 물들지 않게 되어 진정한
출가인(出家人)이라고 할 수 있다.

---

204) 『禪宗永嘉集』(T48, p.388b12~15), "貪瞋邪見意業, 妄言綺語兩舌惡口
口業, 殺盜婬身業. 夫欲志求大道者, 必先淨修三業. 然後於四威儀中, 漸次
入道, 乃至六根所對, 隨緣了達, 境智雙寂, 冥乎妙旨."

2) 공가중(空假中)

공가중(空假中)은 사마타(奢摩他)와 위빠사나(毘婆舍那) 그리고 우필차(優畢又)를 한자(漢字)로 번역한 것이다. 이것의 첫째인 사마타(Śamatha)를 설명하면 출가하여 삼업(三業)을 청정하게 하고 바른 깨달음을 구하고자 하면 먼저 사마타의 수행을 해야 한다. 즉 자신의 자성(自性)이 공(空)이라는 것을 자각하여 마음에 망념을 없게 하는 것이 사마타수행이다. 사마타수행에도 여러 가지가 있지만 사마타의 지견(知見)중에 공(空)에 대한 부분만 살펴보면 다음과 같이 설하고 있다.

지혜에 맞게 수행하려고 하면 반드시 세 가지를 분별해야 한다. 첫째는 '아공'을 아는 지혜인데 오음이 내가 아니라는 것을 요달하는 것으로, 즉 오음 속에는 내가 없는 것을 거북의 털이나 토끼의 뿔과 같다고 자각하는 것이다. 둘째는 '법공'을 아는 지혜인데 오음을 요달하고 '공'이라는 사실을 자각하여 제법과 같다는 것을 알면 '연'은 거짓이고 진실이 아니게 되어 거울에 비친 대상경계가 물속의 달과 같다는 것을 자각해야 한다. 셋째는 '공공'을 아는 지혜인데 대상경계와 지혜를 '공'이라고 요달하게 되면 능소가 모두 '공'한 것이라는 것을 자각하여 실천하는 것이다. '공'에 대한 정견을 정확하게 가지려고 하면 반드시 세 가지를 명확하게 인식해야 한다. 첫째는 공견으로 '공'을 알음알이로 아는 것은 '공'이 아니라는 것을 자각해야 한다. 둘째는 불공을 아는 견해로 불공을 알고 (깨달아 실천한다고 하면) 불공이라는 사실도 초월하여야 한다. 셋째는 자성이 '공'이라는 견해로 자성을 (대상화하여 '공'이라고) 아는 견해는 자성을 아는 견해가 아닌 것이다.

112

慧中三應須別. 一人空慧, 謂了陰非我, 卽陰中無我, 如龜
毛兔角. 二法空慧, 謂了陰等諸法, 緣假非實, 如鏡像水月. 三
空空慧, 謂了境智俱空, 是空亦空. 見中三應須識. 一空見, 謂
見空而見非空. 二不空見, 謂見不空, 而見非不空. 三性空見,
謂見自性, 而見非性.205)

사마타의 지견으로 대상경계와 삼매(三昧, Samādhi)가 되려
고 하면 첫째는 자신이 아공(我空)이 되어야 하고 둘째는 법공
(法空)이 되어야 하며 셋째는 공공(空空)의 지혜를 구족하여 능
소(能所)가 공(空)하다는 사실을 자각하여 대상경계와 삼매(三
昧)가 되는 경계지성(境界之性)206)이라는 사실을 아는 지혜를
구족해야 한다. 그리고 공(空)에 대한 정견(正見)을 구족해야
하는데 첫째는 공견(空見)으로 공(空)을 지식으로 알면 공(空)
이 아니라는 것을 자각해야 하는 것이고, 둘째는 불공(不空)에
대한 견해인데 자신이 공(空)이라고 알면 대상경계를 공(空)이
라고 자각하여 공(空)으로 알고 실천해야 하는 것이고, 셋째는
본성(本性)이 공(空)이라는 견해로 자성을 대상화 하여 공(空)
이라고 아는 견해는 자성(自性)공(空)이 아니라는 것을 자각해
야 자신의 진여 본성이 공(空)이 되고 경계와 하나 되어 불공
(不空)을 실천하게 된다고 설하고 있다.

둘째로 가(假)는 위빠사나(Vipaśyanā)라고 하고 또 지혜라
고 하며 경계가 공(空)이라는 사실을 요달해야 하는 반야의 지
혜를 말한다. 즉 경계를 공(空)이라고 깨달아 요달하는 것을 반

---

205) 『禪宗永嘉集』(T48, pp.389c26∼390a3).
206) 『大乘起信論廣釋卷第三四五』卷4(T85, p.1145c15∼16), "作境界之性者,
謂作用大境界之性.";『起信論疏』卷2(T44, pp.217c29∼218a1), "作境界之
性者, 是就如實空門境說也."

야의 지혜라고 하는데 대상경계를 일반적인 지식으로 아는 지혜를 반야의 지혜라고 알고 있다. 그런데 세간의 일은 무상(無常)한 것이고 윤회(輪廻)하는 것이기에 반야의 지혜가 될 수 없는 지혜인 것이다. 그러므로 경계지성(境界之性)이 되어야 묘지(妙旨)가 있어 진정한 반야의 지혜를 구족하게 된다고 하고 있다. 그래서 반야의 지혜를 무지(無知)라고 하고 있는데 알음알이가 없는 지혜이므로 경계를 대상으로 알지 않는 반야의 지혜를 구족하는 것을 위빠사나의 수행이라고 한다.

마지막으로 중(中)은 우필차(Upekṣā)라고도 하며 중도라는 뜻이다. 지관(止觀)이나 정혜에서 지(止)나 정(定)은 사마타이고 관(觀)이나 혜(慧)는 위빠사나를 말하는데 우필차는 중도로 어디에도 치우치지 않고 정혜쌍수(定慧雙修)해야 하는 것을 말한다. 정혜를 간단하게 풀이하면 정(定)은 자신의 마음과 의식의 만법(萬法)을 모두 비워 공(空)이 되게 하는 사마타수행이고, 혜(慧)는 자신의 마음으로 만법이 생멸(生滅)하는 것을 공(空)이라고 관심(觀心)과 관법(觀法)하는 수행이다. 사마타나 위빠사나의 어디에도 치우치지 않게 일심상응하게 수행하는 것을 우필차의 수행이라고 한다.

우필차의 수행법으로 『선종영가집』에서는 관심(觀心)에 대하여 10가지로 나누어 자세하게 설하고 있지만 대강을 보면 다음과 같다. 첫째는 마음이 법이(法爾)함을 깨달아 안다고 말하는 것이고, 둘째는 마음을 관조하는 본체를 깨달아 나타나게 하는 것이고, 셋째는 마음이 어디에나 상응한다는 것을 깨달아 아는 것을 말하는 것이고, 넷째는 마음이 증상만(增上慢)에 떨어지는 것을 깨달아 경계하는 것이고, 다섯째는 마음이 나태하여 관조

114

하지 못하는 것을 깨달아 경계하는 것이고, 여섯째는 본체를 관조하고 다시 나타나는 것을 깨닫는 것이고, 일곱째는 마음의 시비를 명확하게 깨달아 아는 것이고, 여덟째는 현지(玄旨)로 관조하는 것이라는 것을 아는 것이고, 아홉째는 행주좌와 할 때에도 항상 관조하는 것이고, 열째는 현지의 근원과 신묘하게 계합하는 것을 관조하는 것[207]이다.

즉 공가중(空假中)이 되어야 성자의 문에 들어갔다고 할 수 있다. 그러나 깨달음이라고 하는 것을 전지전능한 부처나 일불 (一佛)이라는 소승(小乘)의 사상(思想) 때문에 일반적으로 최고 의 목표만 성취하여야 한다고 생각하고 수행을 하기도 한다. 그렇지만 이것은 성자의 경지에 들어가기도 전에 성자를 가르 치는 우월주의 사상에 빠져버린 것이 된다. 비유하면 걷지도 못하는 아이가 마라톤에서 어른들과 같이 마라톤을 완주하려고 하는 것과 같다. 그러므로 공가중(空假中)으로 바른 깨달음을 얻어야 하는 것이다.

---

207) 『景德傳燈錄』卷5(T51, p.241c20~23), "復次觀心十門. 初則言其法爾, 次則出其觀體, 三則語其相應, 四則警其上慢, 五則誡其疎怠, 六則重出觀 體, 七則明其是非, 八則簡其詮旨, 九則觸途成觀, 十則妙契玄源."

3) 돈오점수

돈오(頓悟)라고 하는 것은 공가중(空假中)이 되었다는 것을 말하는 것이고 성자의 지위에 들어갔다는 것이다. 돈오라는 표현보다 점오·해오·증오가 아니면 오(悟)라는 깨달음이라고 하여야 한다고 할 수도 있지만 여기에서는 돈오라고 사용하겠다. 그러나 전지전능한 부처를 말하는 것은 아니다. 돈오라는 말은 깨달음으로 전환한다는 것이고 점오는 점차적으로 깨닫는다는 것[208]이며 해오는 이해하여 깨닫는다는 것이고 증오는 깨달음을 증득했다는 것이다. 그러므로 깨달음은 공가중이 되었다는 것을 말한다. 그래서 깨달음이 무엇인지 알고 전환을 하든 이해를 하든 먼저 공가중으로 깨달아야 하는 진여의 지혜로 실천하게 된다. 이렇게 깨달은 이를 삼승이라고 구분하여 점차로 대승의 경지에 도달하게 되는 과정을 돈오점수라고 한다.[209]

이것은 삼승(三乘)에 대하여 『선종영가집』에서 성문·연각·보살로 나누어 수행법을 자세하게 설하고 있다. 성문의 수행자는 사성제와 팔정도로 불법(佛法)에 맞게 수행하는 청빈한 수행자이지만 육도만행을 실천하지 않으므로 소승(小乘)의 수행자라고 한다.[210]

연각은 십이인연법을 자각한 수행자를 독각·연각·벽지불이

---

208) 점오(漸悟)는 점차적으로 공가중이 되려는 것으로 깨달으려는 범부나 초보의 수행자를 말한다. 여기에서는 삼승의 점차이므로 돈오라고 하는 것이 맞다. 깨달아 삼승이라는 성자가 되었기에 이 부분에서 점오라는 말은 맞지 않다.
209) 서인성(2022), pp.388~389.
210) 『禪宗永嘉集』(T48, p.392a15~16), "六度未修, 非小何類. 如是則聲聞之道."

라고 하는데 이들은 고봉정상에서 수행하기를 좋아하고 청정하게 생활하는 수행자를 말한다. 그러나 연각의 수행자들은 보살도를 실천하는 행(行)이 대승의 보살보다 부족하여 중승이라고 한다.211)

보살은 본성(本性)과 육진(六塵)이 공(空)이라는 사실을 깨닫고 육바라밀을 실천하고 무연자비를 베푸는 것을 말한다. 그러므로 여시하게 수행하여 본성을 분명하게 깨닫게 되면 신묘한 공덕이 평소에도 나타나는 것이어서 학문을 많이 하지 않고도 스스로 깨달아 해탈하게 된다. 즉 보살의 마음은 소연이 없어도 중생들을 제도하는 무연자비가 지극히 대단하여 소승의 애견에 구속되지 않고 하루 종일 중생을 제도하여도 제도한다는 마음을 가지지 않고 제도하는 것212)이므로 육바라밀을 실천하는 보살이라고 한다. 또한 공덕을 실천하는 보살이므로 마음속에 일어나는 것을 모두 공(空)으로 자각하고 외부로는 육바라밀을 실천하므로 공덕이 있는 것이다.

삼승은 근기에 따라 구분이 있는 것이지 불법(佛法)에 차별이 있는 것은 아니다. 비유로 근기를 세 종류의 짐승에 비유하여 설명한 것은 누구나 번뇌 망념의 고해(苦海)의 강을 건너면 되는 것인데도 스스로 천성(天性)이 바뀔 수 없다고 생각하는 숙명론(宿命論)에 빠져 있기 때문이다. 그러나 불법(佛法)을 점차로 익혀 깨달아 반야의 배를 타고 강을 건너면 근기(根機)를 초월하여 피안에 도달할 수 있다. 하지만 자신들이 대승(大乘)

---

211) 『禪宗永嘉集』(T48, p.392a25~27), "於下有勝, 於上不足, 兩非其類, 位處中乘, 如此辟支佛道也."
212) 『禪宗永嘉集』(T48, p.392a27~29), "如其根性本明 玄功宿著, 學非博涉, 解自生知.心無所緣, 而能利物, 慈悲至大, 愛見之所不拘, 終日度生, 不見生之可度."

의 수행을 하고자 하는 욕망이 없고 아공과 법공이라는 사실을 깨달아도 육도만행을 대승으로 실천하려고 하지 않기 때문에 삼승(三乘)의 점차(漸次)를 돈오점수(頓悟漸修)라고 한 것이다. 범부들은 전지전능해야 한다는 신앙(信仰)에 사로잡혀 있는 사상(思想)을 벗어나야 돈오(頓悟)하여 삼승(三乘)이 되고 바라밀(波羅蜜)을 실천한다는 생각 없이 실천하는 대승의 보살마하살이 되는 것이다.

4) 돈오돈수

이제까지 출가하여 삼승이 되어 대승보살이 되는 점차(漸次)에 대하여 알아보았는데 보살마하살이 어떻게 하여야 하는지에 대하여 알아보겠다. 팔지보살을 부동지(不動地)라고 하며 이후에는 선혜지와 법운지가 있다.213) 이것은 모두가 공(空)과 상응하며 '반야바라밀'을 실천해야 한다. 대승보살인 보살마하살이 되면 등각(等覺)이상의 지위가 되는 것214)이므로 무분별지라고 한다.215) 그리고 임운자재하게 상속하는 것은 과거나 현재와 미래의 생각 없이 삼세를 초월한 것이다. 그러므로 생사(生死)하는 업(業)없이 생활하는 것이므로 상용의 번뇌가 없어서 동요를 받지 않으므로 부동지라고 한다.216) 이 부동지에 대하여

---

213) 『大般若波羅蜜多經』卷4(T05, p.21c6~11), "舍利子. 修行般若波羅蜜多菩薩摩訶薩, 與極喜地空相應故, 當言與般若波羅蜜多相應. 與離垢地, 發光地, 焰慧地, 極難勝地, 現前地, 遠行地, 不動地, 善慧地, 法雲地空相應故, 當言與般若波羅蜜多相應.";『大乘義章』卷14(T44, p.750a12~15), "不動地者起信論中名色自在地, 地持論中名決定地. 亦名無行無開發無相住, 報行純熟無相無間名不動地.";『金剛經宗通』卷1(X25, p.3b13~16), "須菩提本東方青龍陀佛, 現聲聞身, 入釋迦會, 多生解空, 但證偏空, 及聞寶明空海, 始證空而不空, 是大阿羅漢, 住於八地. 居是不動地者, 名住地菩薩. 向後九地十地, 說法度生, 不住於住矣."; 이것으로 팔지보살을 보살마하살과 아라한이라 하였다.

214) 『大乘起信論裂網疏』卷5(T44, pp.455c26~456a1), "八不動地, 至等覺位, 名三無數劫, 至於較量劫量, 則或約所承事佛以明分劑. 或約天衣拂石以明久遠, 事非一概. 又就三無數劫論行相者, 或云伏惑未斷, 或云斷正扶習."; ※ 등각과 묘각은 '二性空'부분 참조요.

215) 『仁王護國般若波羅蜜多經疏』卷2(T33, p.468b18~21), "不動地者, 無分別智任運相續, 相用煩惱不能動故. 善慧地者, 成就微妙四無礙解, 能遍十方 善說法故, 從此第二 正明斷障.)"

216) 『成唯識論述記』卷10(T43, p.575c20~27), "論. 八不動地至不能動故. 述曰. 相者有相, 用者功用無性云. 一切有相一切加行, 皆不能動此地心故. 第七地 雖一切相不能動之不現行故. 然不自在任運而轉有加行故猶有煩惱. 第八地 中任運而轉, 不依加行, 無功用故. 亦無煩惱. 七, 八二地之差別也. 十地云. 報行純熟無相無間故名不動, 此地已去明知無相非有間也."

『보리자량론』에 다음과 같이 설하고 있다.

　　부동지라는 것은 조금도 움직이지 않기 때문에 부동지라
고 한다. 이 중에 보살은 타인으로 하여금 보리심을 발하므
로 어디에서나 보리심이 생기는 것이 변하지 않고 없어지지
않는다. 타인으로 하여금 보리심을 발생하게 하기 때문에 이
마음이 곧 부동지의 원인이다. 즉 부처가 전법하여 전하게
한 것이고 가장 수승한 법륜이며 모든 악한 것을 물리쳐[惡
刺] 적멸하게 하는 것이며 이것이 보살의 복장이다.

　　不動地者, 以不可動故名不動地. 此中菩薩令他發菩提心故,
於生生中菩提心不動不失. 以令他發菩提心故, 此心卽爲不動
地因, 隨轉佛所轉, 最勝之法輪, 寂滅諸惡刺, 是菩薩福藏.[217]

　부동지의 보살이 부처와 같이 보살도를 실천하지만 제도 받
는 이들이 스스로 보리심을 내게 하여 불법(佛法)이 단절되지
않게 하는 것이다. '반야바라밀'을 실천하는 것이 공(空)과 상
응한다고 하며 '공이불공(空而不空)'이라고 하는 것은 공(空)을
실천하는 것이 불공(不空)이라는 뜻이다. 이것은 공가중(空假
中)을 실천하는 것이고 삼승(三乘)이 되는 것과 같은 것이다.
그러므로 『선종영가집』에서는 이사불이(理事不二)라고 하며 체
용(體用)과　공(空)[사마타]·가(假)[위빠사나]·중(中)[우필차]의
실천에 대하여 설하고 있다. 『금강경종통』에 대아라한은 공(空)
으로 불공(不空)을 증득한 사람이고 부동지(不動地)에 사는 팔
지보살이라고 하고 있다.[218]

217) 『菩提資糧論』卷4(T32, p.530a13~18).
218) 『金剛經宗通』卷1(X25, p.3b13~16), "須菩提本東方青龍陀佛, 現聲聞
　　身, 入釋迦會, 多生解空, 但證偏空, 及聞寶明空海, 始證空而不空, 是大阿

『선종영가집』에서 대승보살은 보살도를 실천하되 실천한다는
조작심이 하나도 없는 것을 말하고 있다. 공(空)은 이(理)나 체
(體)그리고 삼매(三昧)이고 사(事)는 불공(不空)·용(用)·상(相)·
위빠사나라고 하는 것이며 이사불이(理事不二)에서 불이(不二)
는 중도[우필차]를 초월하여 실천하는 것이다. 『선종영가집』의
'이사불이'는 중도(中道)까지도 초월하였기에 언어문자로 설명할
수 없고 사량 분별로는 미칠 수 없는 진여의 지혜로 살아가는
대승의 경지를 설하고 있다. 공(空)과 불공(不空)이라는 것을 알
면 지관(止觀)을 알게 되는 것이므로 유무(有無)의 법을 초월하
여 실천하는 것이 중도인 것이다. 그리고 중도를 초월한 비비유
(非非有)와 비비무(非非無)에 대하여는 『대승기신론』과 『대반열
반경의기』에 다음과 같이 설하고 있다.

> 진여자성은 공상이므로 불공상이 되니 공(空)도 초월하고
> 불공(不空)도 초월하여 차별분별이 없다는 것을 알아야 한
> 다. (진여자성은)유무의 모든 상(相)을 초월한 것이므로 일상
> (一相)도 아니고 이상(異相)도 아니며 일상(一相)을 초월하고
> 이상(異相)도 초월하여서 일상(一相)이나 이상(異相)을 모두
> 초월한 것이라는 것을 알아야 한다.

> 當知眞如自性, 非有相, 非無相, 非非有相, 非非無相. 非
> 有無俱相, 非一相, 非異相, 非非一相, 非非異相, 非一異俱
> 相.[219]

羅漢, 住於八地. 居是不動地者, 名住地菩薩. 向後九地十地, 說法度生, 不
住於住矣."
219) 『大乘起信論』(T32, p.576a29~b2). ; 『大般涅槃經義記』卷1(T37, p.61
4b5~9), "言離相者, 如馬鳴說, 謂非有相, 非無相, 非非有相非非無相. 非
有無俱相, 非自相, 非他相, 非非自相非非他相, 非自他俱相. 如是一切妄心
分別, 悉不相應, 唯證境界." ; 『禪宗永嘉集』(T48, p.393c26~28), "如是則
明法非有無, 故以非有非無名耳. 不是非有非無, 既非有無, 又非非有非非

현각은 실체220)에는 "자성이 없으므로 본성이 공(空)하다고 하는 것이고 본성이 이미 공(空)하다고 하면 비록 연(緣)을 만나도 중생심이 존재하는 것이 아닌 공(空)이고, 연(緣)은 이미 실체를 만나 형성되었으므로 비록 본성을 공(空)이라고 하는 것이나 실체가 없다는 것은 아니다."221)라고 하고 있다. 그러므로 실체의 본성이 '공'하다고 하는 것이고 석공(析空)이 아닌 체공(體空)으로 청정한 실체가 존재하게 된다. 그리고 중도에 대하여 지금 있는 것이 아니고 없는 것이 아니라고 말하는 것은 실체가 있는 것을 벗어난 것을 말하는 것이 아니라 진여본성이 있어 차별 분별이 없는 것을 말하는 것이다. 그러므로 청정한 실체를 벗어난 것이 아니라는 것은 진여본성이 있는 것을 말한다.222) 여기에서 이것을 중도라고 하면 독자적인 주장이라고 할 수 있으므로 전등223)이 편찬한 『영가선종집주』에 의하면 중도는 비유비무(非有非無)를 말한다. 즉 자신의 본성을 진여로 아는 것을 명법(明法)이라고 하는 것은 명법(明法)은 자신의

無也." ※ 여기에서 '非有無'와 '非有非無'를 설명하기 위하여 다른 경전을 인용함.
220) 양지(2020), p.205.에 의하면 "실체는 자신이 알고 있는 물질도 자신의 마음속에서 만들어지는 인연법이라는 사실을 알아야 실체도 '연'도 만법도 무자성이 된다는 것을 알게 되는 것이다. 만법을 언어문자로 자신이 아는 것이므로 언어문자로 아는 것의 체가 공이고 공이라는 사실을 자각하는 것을 연이라고 '용'으로 설하고 있다."라고 청정한 자신의 만법이 있다는 것을 말하고 있다.
221) 『禪宗永嘉集』(T48, p.393c21~23), "體而無自, 故名性空, 性之既空, 雖緣會而非有, 緣之既會, 雖性空而不無."
222) 『永嘉禪宗集註』卷2(X63, p.303b13~18), "今言不有不無者, 非是離有, 別有一無也, 亦非離無, 別有一有也. 今言不有不無者, 正言事理不二稱中道. 故謂之不有不無, 雙遮二邊, 非離緣會之有外, 別有一無. 亦非性空之無外, 別有一有. 謂之不有不無, 卽此根塵識心等法, 當體雙遮, 名爲中道也."
223) 『新續高僧傳』卷44(B27, p.332a18~b9), "明幽溪高明寺沙門釋傳燈傳 釋傳燈姓葉氏衢人. 少從進賢映庵禪師 薙髮隨謁 … 年七十五 預知時至 手書妙法蓮華經五字 復高倡經題者再 泊然順化."

122

법을 밝혀 유무의 법을 초월하는 것을 중도라고 한다고 기록하고 있다.224) 그리고 중도까지도 벗어나 공(空)과 불공(不空)을 초월해야 한다고 하고 있다.225) 이와 같이 설명하는 것은 중도(中道)를 초월해야 한다고 하는 것을 언어도단(言語道斷)이고 심행처멸(心行處滅)이라고 하는 것이다.226) 영가현각이 육조문하에서 깨달음을 얻었다고 일숙각(一宿覺)이라고 하는 것도 이와 같이 깨달은 것으로 이후에 천태종의 수행자들이 선종(禪宗)으로 전환하게 되는 것도 대승(大乘)의 돈오돈수(頓悟頓修)이고 일승(一乘)이기 때문이다.227)

현각이 이후에 『선종영가집』에서 권우인서(勸友人書)와 발원문(發願文)을 설하는 것이 돈오돈수의 입장에서 설하는 것이 된다. 왜냐 하면 천태의 8조인 좌계존자가 영계(靈谿)라고 하며 천태의 경지를 "유명한 꽃과 향기로운 과일을 벌과 새가 가지고 와서 공양을 한다."228)라고 하면서 모든 이들이 칭송하는 최고의

---

224) 『永嘉禪宗集註』卷2(X63, p.303b19~22), "如是則明法, 非有無故, 以非有非無名耳. 此中正結顯名之與體, 稱爲中道. 名有召體之功. 體有應名之實, 以爲下文奢摩他等, 三法之圓修也."

225) 『永嘉禪宗集註』卷2(X63, p.303b23~c5), "不是非有非無, 既非有無, 又非非有, 非非無也. 上文顯是, 此中遣非, 謂言中道. 非有非無者, 不是尋常於非有無上, 又加雙非. 非去非有, 非去非無. 何也. 蓋餘經論. 爲不明法體者, 情執未盡, 要當於雙非, 遣之又遣. 故曰非非有相, 非非無相, 今明緣會之法, 有卽無, 而無卽有, 敵體相破, 情無不盡. 理無不顯, 豈須遣之又遣哉."

226) 『永嘉禪宗集註』卷2(X63, p.303c6~15), "如是何獨言語道斷, 亦乃心行處滅也. 言語道斷, 心行處滅, 乃所宗極 圓頓之法, 乃卽因緣 所生之法, 當體卽空, 以其性本 空寂故也. 當體卽有, 以其緣會 而生故也. 當體卽中, 以其卽緣 會之有而無, 卽性空之無而有, 如是中道. 豈言語可以議, 思惟可以度乎. 然有境也觀也性也修也事也理也. 今正言境與性理. 若下文言 奢摩他等, 恰恰用心時, 恰恰無心用, (無心恰恰用, 常用恰恰無.) 方是明其觀也修也事也. 故知裂此一章, 居於第十, 使血脈理路斷絕不連, 可不惜哉. 具眼者, 自能辨之." ※ ()안은 생략된 부분

227) 서인성(2022), p.371.

경지에서 현각에게 같이 살자고 하고 있다. 이것은 우두법융(牛頭法融, 594~657)이 사조도신(四祖道信, 580~651)을 친견하고 나니 새와 짐승들이 꽃을 공양하러 오지 않았다[229]고 하는 것을 암시하고 있는 것으로 현랑(玄朗, 673~754)의 경지는 사조도신을 친견하지 못한 상태이고 영가현각은 사조도신을 친견한 대승의 경지에서 편지로 대화를 하는 내용이 된다. 왜냐하면 영가현각은 육조를 친견한 후에 천태에서 선종(禪宗)으로 전환하였기에 지난날의 도반이었지만 지금은 천태8조가 된 좌계존자의 편지를 받고 천태의 소승수행을 지적하고 있다.

대승의 돈오돈수에 이 부분을 연관시키는 것은 천태8조[230]의 소승(小乘)의 수행법을 질책하며 대승(大乘)으로 나아가기를 바라고 있기 때문이다. 즉 천태의 8조가 조용하고 깊은 산속에서 새와 짐승이 울고 바람 부는 소리를 벗 삼아 수행하는데 새와 벌이 와서 공양을 한다고 하는 것은 자신이 완벽한 소승의 수행자라는 말을 하고 있는 것이 된다. 그래서 아직까지 마음에 견사혹[231]이 남아있기 때문에 반대로 하면 그것이 시끄러운 소리가 되는 것이지만 영가 현각은 세속의 번뇌를 보리로 전환하여 돈오하고 훈습하여야 어디든지 열반적정한 곳이 된다고 하고 있다.

---

228) 『禪宗永嘉集』(T48, p.394a5), "名花香果, 峯鳥銜將."
229) 『景德傳燈錄』卷11(T51, p.287b23~25), "僧問牛頭未見四祖時, 爲什麼鳥獸銜花. 師曰. 如陝府人送錢財與鐵牛. 曰見後爲什麼不銜花. 師曰. 木馬投明行八百."
230) 『佛祖統紀』卷7(T49, p.188a16~17), "八祖左溪尊者, 玄朗 字慧明, 婺州東陽人, 姓傳氏, 雙林大士六世孫也."
231) 『摩訶阿彌陀經衷論』(X22, p.160c10~11), "衆生心念有三, 一曰善念, 二曰惡念, 三曰雜念, 而總名妄念. 所謂見思惑者, 此三念也.";『毗尼關要事義』(X40, p.657c21~22), "見思惑者, 謂意根對法塵起諸分別, 曰見惑. 眼等五根對色等五塵起諸貪愛, 曰思惑."

그리고 홀로 수행하여 이승(二乘)으로 살아가며 소승의 수행자가 되면 대승의 자비심이 구족되지 않아 자신도 구제하지 못하는 것이라고 하고 있다. 그러므로 자비와 지혜를 동시에 구족하여야 산속에서 홀로 수행하여도 자신의 법이 불법(佛法)이 되어 임운자재(任運自在)하게 된다고 천태의 8조 좌계존자를 제도하며 천태의 수행법을 비판하고 있다.232) 이런 돈오점수와 돈오돈수로 왈가왈부하는 것은 세속의 도리이다. 그리고 번뇌 망념으로 시끄러운 곳을 버리고 적정한 곳을 구하는 소승의 수행자는 진여의 지혜로 살아가는 것과는 어긋난 것이다. 이것은 대승으로 어디에서나 적정할 수 있다면 모든 사람들이 자신의 선지식이 되고 좌도량(坐道場)이 아닌 곳이 없게 되기 때문이다. 천태와 육조의 불법(佛法)이 차이가 있다는 것을 이렇게 설하는 것이고 돈오돈수는 보살이 보살마하살의 지위가 되어야 가능한 것이다. 그러므로 여기에서 영가가 말하는 것은, 8조는 신수(神秀, 606~706)가 주장하는 삼악도(三惡道)는 칠불통계게233)를 벗어나지 않는 것이므로 소승의 수행에서 대승의 보살마하살로 전환하여야 한다고 하는 것이며 자신이 육조혜능의 불법(佛法)을 계승하였다는 것을 강조하고 있다. 즉 천태에서 나왔지만 천태를 뛰어넘었다고 영가가 다시 강조하고 있는 것이다.

현각은 마지막으로 발원문을 설하는데 이것은 『불설대아미타경』의 48대원을 답습하는 것과 같다. 마지막으로 발원하는 것

---

232) 『禪宗永嘉集』(T48, p.394b15~17), "度盡生而悲大, 照窮境以智圓, 智圓則喧寂同觀, 悲大則怨親普救. 如是則何假長居山谷, 隨處任緣哉."
233) 『妙法蓮華經玄義』卷2(T33, p.695c26~27), "七佛通戒偈云. 諸惡莫作, 衆善奉行, 自淨其意, 是諸佛教."

은 자신이 항상 삼보에 귀의하는 보살로서 육바라밀을 실천하고 일체중생을 제도하고 해탈하기를 서원하고 있다. 그리고 삼학으로 수행하고 삼보에 귀의하여 불퇴전하는 무의도인으로 조도(鳥道)의 삶을 살아가기를 발원하고 있다.

『선종영가집』은 어떻게 수행하여 깨달을 수 있는지를 순서대로 설명하고 있다. 이것은 누구나 인생의 삶을 최고로 잘 살아갈 수 있는 방법을 제시한 것이다. 그러므로 출가하여 공가중으로 수행해서 삼승이 되는 것이다. 삼승이 되는 것을 일반적인 깨달음이라고 할 수 있다. 그리고 삼승이 되어 돈오점수(頓悟漸修)하여 보살마하살로서 돈오돈수(頓悟頓修)하는 대승의 수행법을 설하고 있다.

4. 『돈오입도요문론』에서 깨달음

이 논(論)을 지은 대주혜해(大珠慧海)에 대한 정확한 기록은
없고 『조당집』과 『경덕전등록』에 나타난 것에 의하면 마조를 6
년간 시봉했다고 하는 이것으로 마조시대의 스님으로 추정할
수 있다. 혜해스님은 건주[福建省]사람으로 성(姓)은 주(朱)씨이
고 월주[浙江省]의 대운사 도지(道智)에게 출가하였다. 이후에
마조를 찾아가니 "자기의 마니보주는 돌아보지 않고 자신의 보
주를 버리고 다니면서 무엇을 하는가? 나에게 일물(一物)도 없
는데 무슨 불법(佛法)을 구하는가? 라고 하자 '무엇이 자신의
마니보주 입니까?'라고 물었다. 그러자 마조가 말했다. '지금
나에게 묻고 있는 것이 그대의 마니보주이다. 일체가 구족되어
조금도 모자라는 것이 없고 사용이 자재한데도 어찌하여 외부
에서 구하려고 하는가?'라고 하자 언하(言下)에 본심(本心)이
다른데 없다는 것을 깨닫고[234]는 6년을 시봉했다."[235]라고 하

---

234) 『頓悟入道要門論』卷1(X63, p.19a10~11), "但知一切處無心, 卽是無念
也. 得無念時, 自然解脫."；『頓悟入道要門論』卷1(X63, p.22c15~18), "眞
如之性, 亦空亦不空. 何以故, 眞如妙體, 無形無相, 不可得也, 是名亦空.
然於空無相體中, 具足恒沙之用, 卽無事不應, 是名亦不空. 經云. 解一卽千
從, 迷一卽萬惑. 若人守一萬事畢, 是悟道之妙也."；『頓悟入道要門論』卷
1(X63, pp.20c21~21a2), "如如是不動義, 心眞如故, 名如如也. 是知過去
諸佛行此行亦得成道, 現在佛行此行亦得成道, 未來佛行此行亦得成道. 三
世所修證道無異, 故名如如也. 維摩經云. 諸佛如也. 至於彌勒亦如也. 乃
至一切衆生悉皆如也. 何以故, 爲佛性不斷有性故也."

235) 『景德傳燈錄』卷6(T51, p.246c8~17), "越州, 大珠慧海禪師者, 建州人
也, 姓朱氏, 依越州大雲寺, 道智和尚受業. 初至江西參馬祖, 祖問曰. 從何
處來. 曰. 越州大雲寺來. 祖曰. 來此擬須何事. 曰. 來求佛法. 祖曰. 自家
寶藏不顧, 拋家散走, 作什麼. 我遮裏一物也無, 求什麼佛法. 師遂禮拜問
曰. 阿那箇是 慧海自家寶藏. 祖曰. 卽今問我者, 是汝寶藏. 一切具足, 更
無欠少, 使用自在, 何假向外求覓. 師於言下, <u>自識本心, 不由知覺</u>. 踊躍禮
謝, 師事六載."

고 있다.

그리고 『조당집』에 의하면 대주화상이 시중하여 말씀하기를 "너의 마음이 바로 부처인데 부처로서 부처를 구하지 않아야 한다. 너의 마음이 바로 불법(佛法)이니 불법(佛法)으로 불법 (佛法)을 구하지 않아야 한다. 부처와 불법(佛法)이 화합한 것을 승(僧)의 본체라고 하며 이것이 일체가 된 것을 삼보라고 한다. 그러므로 경(經)에 '부처와 중생과 마음은 차이가 없는 것이다.'라고 한 것이다. 즉 삼업이 청정하면 부처가 출현하는 것이고 삼업이 부정하면 부처는 없어지는 것이다."236)라고 하며 자신이 깨달아야 한다고 한 것237)이다. 혜해의 『돈오입도요 문론』은 명나라의 묘협이 홍무2년(1396)에 발견한 것에 『제종 소문어록』과 달마의 『안심법문』을 보태서 만들었다238)라고 하고 있다. 그리고 혜해가 주장하는 이성공(二性空)239)은 반야사 상을 표현한 것이고 『금강경』을 많이 인용한 것240)은 『금강경』이 근원이기 때문이다.

---

236) 『祖堂集』卷14(B25, p.563b2~9), "大珠和尙, 嗣馬大師, 在越州. 師諱慧海, 建州人也. 師謂衆曰. 汝心是佛, 不用將佛求佛. 汝心是法, 不用將法求法. 佛法和合爲僧體, 喚作一體三寶. 經云. 心佛及衆生, 是三無差別. 身口意業淸淨, 名爲佛出世. 三業不淨, 名爲佛滅度. 喩如嗔時無喜, 喜時無嗔, 唯是一心, 用無二體. 本智法尒, 無漏現前. 如蛇化爲龍, 不改其鱗. 衆生廻心作佛, 不改其面. 性本淸淨, 不待修成."

237) 『頓悟入道要門論』卷1(X63, p.23.a11), "當知衆生自度, 佛不能度."

238) 정유진(2007b), p.13.

239) 『頓悟入道要門論』(X63, p.19b1~2), "言二性空者, 不生有無善惡愛憎, 名二性空."; 『頓悟入道要門論』(X63, p.20a18~19), "卽色卽空, 名爲等覺. 二性空故, 名爲妙覺." ; 『頓悟入道要門論』(X63, p.20c14~15), "若起二性卽是凡情, 二性空故, 卽是聖情."

240) 정유진(2009), p.17.

1) 무념(無念)이 깨달음

이 책의 제목을 『돈오입도요문론』이라고 하고 있듯이 여기에
서 돈오(頓悟)하고 입도(入道)하는 중요한 문(門)은 먼저 무념
(無念)이 되어야 한다. 왜냐하면 『금강경찬요간정기』에도 무념
이 부처이며 무념을 자신이 관조할 줄 아는 것이 불지(佛智)를
구하는 것241)이라고 하고 있다. 이것은 자신의 마음이 무념이
라는 것을 공(空)으로 깨달아 아는 것이 견성이고 돈오이기 때
문이다. 그러면 먼저 무념을 『돈오입도요문론』에는 사념(邪念)
이 없는 것이나 정념(正念)이 없는 것이 아니라고 다음과 같이
설하고 있다.

> 무념이란 삿된 생각이 없는 것이지 바른 생각이 없는 것
> 이 아니다. 무엇을 삿된 생각이라고 하며 무엇을 바른 생각
> 이라고 합니까? 대답했다. 유무로 생각하는 것을 삿된 생각
> 이라 하고 유무로 생각하지 않는 것을 바른 생각이라 한다.
> 선악으로 생각하는 것을 삿된 생각이라 하고 선악을 생각하
> 지 않는 것을 바른 생각이라 한다. 고락·생멸·취사·원
> 친·증애로 생각하는 것이 모두 삿된 생각이다. 고락 등으로
> 생각하지 않는 것이 바른 생각이다.

> 無念者, 無邪念, 非無正念. 云何爲邪念, 云何名正念. 答.
> 念有念無, 卽名邪念. 不念有無, 卽名正念. 念善念惡, 名爲邪
> 念, 不念善惡, 名爲正念. 乃至苦樂, 生滅取捨, 怨親憎愛, 並
> 名邪念. 不念苦樂等, 卽名正念.242)

---

241) 『金剛經纂要刊定記』卷2(T33, p.187c21~22), "無念是佛義, 以無念是
　　佛. 故能觀無念者, 卽是向佛智也."
242) 『頓悟入道要門論』(X63, pp.18c24~19a4).

무념은 차별분별하지 않는 것을 무념이라 하고 무심이라고
하나 생각이나 마음이 없는 것이 아니다. 그러므로 차별 분별
하는 마음만 없고 정념(正念)이 있다는 것을 말한다. 즉 이것은
공(空)과 같은 것으로 마음을 비운다고 하는 것이고 삿된 생각
만 비우는 것으로 삿된 생각만 비우면 바른 생각이 되는 것이
므로 무념과 진념에 대하여 다음과 같이 설하고 있다.

　　무념은 일체처에서 무심하여 모든 경계에서 망념이 없는
것으로 구한다는 생각이 전혀 없어 모든 경계의 색[육진]에
대하여 조금도 마음이 움직이지 않는 것을 무념이라고 한다.
무념을 진념이라고 한다. 만약에 생각으로 (무념이라는) 생
각을 하면 '사념'이고 '정념'은 아니다. 왜냐하면 '경'에 설하
기를 "만약 사람을 '육념'243)으로 가르친다고 하면 바른 생
각이 아니다. '육념'이 있는 것을 '사념'이라고 하고 '육념'이
없는 것을 '진념'이라고 한다."고 하였다. '경'에 설하기를
"선남자여, 우리가 무념법으로 살면서 여시한 금색의 32상을
깨달아 광명을 놓아 모든 세계를 모두 비추는 불가사의한
공덕이 있는 것에 대하여 부처님이 설하여도 오히려 다할
수 없는데 어찌 나머지 '승'들이 능히 알 수 있겠는가?"라고
하였다. 무념을 깨달은 이는 육근이 오염되지 않기 때문에
모든 불지견을 자연스럽게 깨닫게 된다. 이와 같이 (무념을)
깨달았다고 하는 것을 불장이나 법장을 깨달았다고 말하는
것244)은 모든 부처와 법을 함장하고 있기 때문이다. 왜냐하

---

243) 육념(六念): 『大般涅槃經』卷25(T12, p.515a22~24), "云何菩薩成就六
　　事, 謂六念處. 何等爲六, 一者念佛, 二者念法, 三者念僧, 四者念天, 五者
　　念施, 六者念戒, 是名菩薩成就六事."
244) 『究竟大悲經卷第二·三·四』卷3(T85, pp.1375c28~1376a6), "一切衆
　　生身內佛藏者, 以自性淸淨 天眞法佛 隱在四大五陰 三毒羅刹 文字藏中.
　　是故名四大五陰 三毒羅刹文字 名爲佛藏. 故知隱爲法佛沖寂, 顯爲應佛妙
　　用, 妙用殊能開物障蓋. 復次法藏者, 眞處不動 圓照諸根 軌眞有用 稱之爲
　　法, 法在諸根塵門 外用文字之內, 故知諸根塵門 名教文字 以爲法藏."

면 무념이기 때문이다. 경(經)에 말하기를 모든 부처는 모두 이 경(經)에서 출세하기 때문이라고 하였다.

無念者, 一切處無心, 是無一切境界. 無餘思求, 是對諸境色, 永無起動, 是即無念. 無念者, 是名眞念也. 若以念爲念者, 即是邪念, 非爲正念. 何以故. 經云. 若教人六念, 名爲非念. 有六念名爲邪念, 無六念者 即眞念. 經云. 善男子, 我等住於 無念法中, 得如是金色 三十二相, 放大光明, 照無餘世界, 不可思議功德, 佛說之猶不盡. 何況餘乘能知也. 得無念者, 六根無染故, 自然得入, 諸佛知見. 得如是者, 即名佛藏, 亦名法藏, 即能一切佛, 一切法. 何以故, 爲無念故. 經云. 一切諸佛等, 皆從此經出[245]

무념이라고 깨닫는 것을 돈오라고 하며 부처는 무념에서 나온다고 하고 있다. 그리고 무념이나 진념이라는 생각도 하지 않고 육념(六念)이 없어야 한다고 하고 있다. 이것은 이생을 벗어나지 않고 해탈하는 것이다. 왜냐하면 마음을 공(空)이라고 자각하면 새끼사자나 죽순과 같다고 비유하여 다음과 같이 설하고 있다.

돈오는 이생을 벗어나지 않고 해탈하는 것이다. 어찌 그것을 알 수 있는가 비유하면 사자새끼가 태어나면서 부터 사자인 것과 같다. 돈오를 수행한다고 하는 것도 이와 같아 이렇게 수행하면 바로 불위를 깨달아 체득하게 된다. 이것은 대나무가 봄에 죽순으로 나오지만 봄을 벗어나지 않고 어미 대나무와 같게 되는 것이 조금도 다름이 없는 것과 같다. 왜냐하면 마음이 공적하기 때문이다.

---

245) 『頓悟入道要門論』(X63, p.22b15~24).

頓悟者不離此生即得解脫. 何以知之, 譬如師子兒初生之時, 即眞師子. 修頓悟者亦復如是, 即修之時, 即入佛位. 如竹春生筍, 不離於春, 即與母齊, 等無有異. 何以故, 爲心空故.246)

마음을 무념이라고 돈오하면 망념을 제거하여 인아상이 없는 필경의 공적한 경지가 되는 것이다. 이런 수행을 바르게 하면 사자새끼가 태어나는 것이며 이런 돈오의 수행이 익어지면 사자가 되는 것이지 여우가 되는 것이 아니다. 즉 이렇게 돈오의 수행을 하라는 것이다. 그러므로 이렇게 수행하지 않으면 아무리 오랜 세월을 약삭빠른 여우처럼 불법을 배운다고 하여도 이룰 수 없다고 다음과 같이 설하고 있다.

돈오로 수행한다고 하는 것도 이와 같아 망념을 제거하고 전환하는 것이라고 말하는 것으로 영원히 인아상이 없어 필경 공적하여 부처와 같아 조금도 다름이 없는 것을 범부가 성인이 된다고 하는 것이다. 돈오로 수행한다고 하는 것은 이 몸을 벗어나지 않고 삼계를 초월하는 것이다. '경'에 말하기를 "세간의 망념을 버리지 않고 세간의 망념을 초월하여 번뇌를 버리지 않고 열반에 들어가는 것이다."라고 하였다. 돈오하고 수행하지 않으면 여우가 사자를 따라다니는 것과 같아서 백 천겁을 따라다니더라도 끝까지 사자가 되지 못하는 것과 같다.

修頓悟者 亦復如是, 爲頓除妄念, 永絕我人, 畢竟空寂, 即與佛齊, 等無有異, 故云即凡即聖也. 修頓悟者 不離此身 即超三界. 經云. 不壞世間 而超世間, 不捨煩惱 而入涅槃. 不修頓悟者, 猶如野干 隨逐師子, 經百千劫, 終不得成師子.247)

---

246) 『頓悟入道要門論』(X63, p.22c5～8).
247) 『頓悟入道要門論』(X63, p.22c8～13).

돈오로 수행한다고 하는 말은 망념을 정념으로 전환하여 수행한다고 하는 것이다. 이것은 무념이 되는 것에서 설명하고 있듯이 무념이 되면 정념이 되는 것이고 정념으로 수행한다고 하는 말을 돈오로 수행한다고 하는 것이다. 돈오하고 수행하지 않으면 자신의 망념을 정념으로 되돌리는 것에서 더 나아가지 못한다. 그런데 이런 수행을 한다는 것은 아직까지 공(空)의 경지가 되지 못하였기에 무념이 되게 하는 것을 수행이라고 하고 있다. 즉 정념이 되게 하는 것을 돈오라고 하고 수행한다고 하는 것은 아직까지 돈오하지 못하였기 때문에 수행한다고 하는 것이다. 이런 것은 범부들이 말하는 점오의 단계라고 할 수 있다. 돈오가 되는 것은 무념이 되는 것과 같은 것으로 정념이 되는 것을 말한다. 이것을 깨달음이라고 하며 이생[此生]을 벗어나지 않고 바로 해탈을 한다[248]라고 하고 있다. 그리고 다시 경(經)의 비유를 들어 번뇌나 세간을 버리지 않고 열반에 드는 것이라고 하고 있다. 이처럼 무념이 되는 것이 돈오이고 돈오하고 수행한다고 하는 것은 하나하나의 망념을 무념이 되게 전환하는 것을 깨달아 수행한다고 한다. 이렇게 하는 수행이 하나하나의 깨달음에 이르는 것이 돈오점수하는 소승의 수행이라고 설명하고 있다. 이와 같이 수행하지 않으면 야간(野干, 喻諸邪見 愚夫異生 彼定不能 精勤方便 學正等覺大師子吼, 樂向塚間)이 되는 것이고 다른 공부를 아무리 하여도 이루지 못하게 된다고 설명하고 있다. 그러나 사자 새끼가 어미 사자가 되려

---

248) 『宗鏡錄』卷36(T48, p.627b9~16), "又頓悟者, 不離此生, 即得解脫. 如師子兒, 初生之時, 是眞師子, 即修之時, 即入佛位. 如竹春生筍, 不離於春, 即與母齊. 何以故, 心空故. 若除妄念, 永絶我人, 即與佛齊. 經云. 不壞世間而超世間, 不捨煩惱, 而入涅槃. 不修頓悟, 猶如野干隨逐師子, 經百千劫, 終不得成師子. 故知若不直了自心, 豈成圓頓, 隨他妄學, 終不成眞."

면 돈오 이후에 점수하여 돈오돈수를 하고 사자가 되는 것이
다.

2) 청정한 진여심이 불법

대주혜해가 시중설법에 말하기를 "그대의 마음이 부처이고 법이므로 부처가 부처를 구하지 말고 법으로 법을 구하지 말라고 하였다. 이와 같은 불법(佛法)이 화합한 것을 승의 본체라고 하고 이것이 일체가 된 것을 삼보(三寶)라고 한다고 하고 있다. 그리고 혜해는 마음과 부처와 중생이 같은 것이므로 삼업이 청정하면 부처가 되는 것"249)이라고 하고 있다. 이것은 혜해 자신이 마조에게서 깨달은 것250)을 그대로 설하고 있는 것으로 『돈오입도요문론』에서 마음을 어떻게 해야 불심(佛心)이 되는지 자세하게 다음과 같이 설하고 있다.

> 물었다. 심주(心住)는 어디에 주(住)하는 것입니까? 답했다. '주'는 무주처에 '주'하는 것이다. 물었다. 무주처는 어떻게 하는 것입니까? 답했다. 일체처에 '주'하지 않는 것이 무주처에 '주'하는 것이다. 물었다. 어떻게 하는 것이 일체처에 '주'하지 않는 것입니까? 답했다. 일체처에 '주'하지 않는다고 하는 것은 선악·유무·내외·중간이라는 생각도하지 않는 것이다. 즉 '공'과 '불공'도 생각하지 않는 것이고, 선정이나 선정이 아닌 것도 생각하지 않는 것을 일체처에 '주'하지 않는다고 한다. 단지 일개성자로서 일체처에 '주'하지 않는 것을 즉 주처(하여 생활)한다고 하는 것이다. 이와 같이

---

249) 『祖堂集』卷14(B25, p.563b3~6), "師謂衆曰. 汝心是佛, 不用將佛求佛. 汝心是法, 不用將法求法. 佛法和合爲僧體, 喚作一體三寶. 經云. 心佛及衆生, 是三無差別. 身口意業淸淨, 名爲佛出世, 三業不淨, 名爲佛滅度."

250) 『景德傳燈錄』卷6(T51, p.246c10~17), "祖曰. 來此擬須何事. 曰來求佛法. 祖曰. 自家寶藏不顧 拋家散走作什麼 我遮裏一物也無, 求什麼佛法. 師遂禮拜問曰. 阿那箇是 慧海自家寶藏. 祖曰. 卽今問我者, 是汝寶藏, 一切具足更無欠少, 使用自在, 何假向外求覓. 師於言下自識本心 不由知覺, 踊躍禮謝, 師事六載."

체득한 것을 무주심이라고 하고 무주심을 불심이라고 한다.

問. 心住何處卽住. 答. 住無住處卽住. 問. 云何是無住處. 答. 不住一切處, 卽是住 無住處. 云何是不住一切處. 答. 不住一切處者, 不住善惡有無, 內外中間. 不住空, 亦不住不空. 不住定, 亦不住不定, 卽是不住一切處. 只箇不住一切處, 卽是住處也. 得如是者, 卽名無住心也. 無住心者是佛心.[251]

차별분별하지 않는 마음이 불심(佛心)이고 무주심(無住心)이라고 하는 것은 불법(佛法)에 맞는 마음이기 때문이다. 이와 같이 불법(佛法)에 맞게 바른 마음을 내야하는 것을 공(空)이나 불공(不空)이라는 생각도 하지 않고 평상심으로 일개성자가 되어 살아간다고 하는 것이다. 이렇게 하려면 먼저 자성을 돈오하고 나서 일체의 대상경계를 사량(思量)하지 않는 마음을 자신이 깨달아야 한다고 다음과 같이 설하고 있다.

물었다. 만약 마음을 청정하게 (하여 생활)할 때에는 청정하다는 마음이 있는 것이 아닙니까? 답했다. 청정함을 체득하면 청정하다는 생각도 하지 않는 것이므로 청정하다는 생각이 없는 것이다. 물었다. 마음이 '공'해야 한다고 생각하면 '공'이라는 집착이 있는 것 아닙니까? 답했다. 만약 '공'해야 한다는 생각을 가지는 것을 '공'에 집착한다고 하는 것이다. 물었다. 만약 무주처에 '주'해야 한다고 체득해도 무주처에 대한 집착이 있는 것 아닙니까? 답했다. 단지 '공상'으로 생활하면 집착하는 것이 없는 것이다. 그대가 만약에 무소주심을 명백하게 요달하고자 하면 바른 좌선을 하여 단지 일체의 경계나 일체의 선악에 대한 것을 사량 분별하지 않는 마음을 깨달아야 한다.

---

251) 『頓悟入道要門論』(X63, p.18b5~10).

136

問. 若心住淨時, 不是著淨否. 答. 得住淨時, 不作住淨想, 是不著淨. 問. 心住空時, 不是著空否. 答. 若作空想, 卽名著空. 問. 若心得住無住處時, 不是著無所處否. 答. 但作空想, 卽無有著處. 汝若欲了了識無所住心時. 正坐之時, 但知心莫思量一切物, 一切善惡都莫思量.252)

공(空)이나 청정하다는 사량 분별을 전혀 하지 않고 살아가야 하는 것이다. 이것을 두고 혜해는 저 마음과 이 마음에 대하여 육진과 육근의 고정관념에 속박되어 망념이 일어나는 마음이 없어야 한다고 하고 있다. 이와 같이 양변이 없고 중간의 마음도 없다는 것을 체득하면 중도이고 바른 여래의 도(道)라고 하며 일체를 깨달은 사람이며 해탈한 것253)이라고 하고 있다. 이것을 체득하려면 삼세의 집착으로 차별 분별하는 것의 본성이 공(空)이라고 깨달아 알면 바로 해탈하게 된다고 다음과 같이 설하고 있다.

과거의 일은 이미 지나갔으니 생각하지 않으면 과거의 일에 대한 마음은 저절로 없어지는 것이므로 과거의 일이 없다고 하는 것이다. 미래의 일은 아직 오지 않았으므로 원하지 않고 구하지 않으면 미래에 대한 마음은 저절로 없어지는 것이므로 미래의 일이 없다고 말하는 것이다. 현재의 일은 이미 현재라는 순간에 일체의 일이 있는 것이므로 단지 집착이 없다는 것을 깨달아야 하는 것으로 집착이 없다는 것은 미워하고 좋아하는 마음이 나지 않아 집착하는 마음이

252) 『頓悟入道要門論』(X63, p.19c9~14).
253) 『頓悟入道要門論』(X63, p.23c17~21), "云何名彼心, 此心. 答. 外縛色聲, 名爲彼心, 內起妄念, 名爲此心. 若於外不染色, 卽名無彼心. 內不生妄念, 卽名無此心, 此非二邊也. 心旣無二邊, 中亦何有哉, 得如是者, 卽名中道. 眞如來道. 如來道者, 卽一切覺人解脫也."

없으면 현재에 집착하는 마음도 저절로 소멸되므로 현재의 일이 없다고 하는 것이다. 삼세를 거두어 모을 수 없으므로 역시 삼세가 없다고 말하는 것이다. 만약에 마음이 일어날 때에 경계를 따라가지 않으면 가는 마음이 저절로 없어지는 것이다. 만약 집착하는 마음이 있어도 역시 그것에 따르지 않으면 집착하는 마음이 저절로 사라지는 것을 무주심이라고 하며 어디에도 집착함이 없는 것이다. 만약에 분명히 집착이 없는 마음이라고 스스로 깨달으면 단지 경계를 알기만 하고 역시 집착은 없는 것이며 역시 집착이 없다는 마음도 없는 것이다. 만약 자신이 분명하게 일체의 모든 것에 집착하지 않는다는 것을 깨달아 알았다는 것을 본심을 명백하게 친견했다고 말한다. 역시 명백하게 견성했다고 말하는 것이다. 단지 일개성자가 일체의 모든 것에 집착하지 않는 마음이 바로 불심이고 역시 해탈심이고 역시 보리심이며 역시 무생심이고 역시 일체색의 '성'이 '공'한 것이라고 한다. '경'에 무생법인을 증득했다고 하는 것이 이것이다. 그대가 만약 이와 같이 체득하지 못하였다면 노력하여 부지런히 공부하여 공부가 이루어지는 것을 자신이 깨달아야 한다. 왜 그렇게 깨달아 아는 것인가 하면 일체처에 무심하게 되었다고 아는 것을 깨달아 안다고 하는 것이기 때문이다. 무심이라고 말하는 것은 방편이고 진여가 아닌 것이 없다는 것이다. 방편이라고 하는 것은 증애심이다. 진여에는 증애심도 없는 것이 이것이다. 단지 증애심만 없다면 '이성공'이 된다. '이성공'을 깨달으면 자연히 해탈하게 된다.

過去事已過去而莫思量, 過去心自絕, 即名無過去事. 未來事未至, 莫願莫求, 未來心自絕, 即名無未來事. 現在事已現在, 於一切事但知無著, 無著者, 不起憎愛心, 即是無著, 現在心自絕, 即名無現在事. 三世不攝, 亦名無三世也. 心若起去時, 即莫隨去, 去心自絕. 若住時, 亦莫隨住, 住心自絕, 即無住心, 即是住無住處也. 若了了自知住在住時, 只物住亦無住

138

處, 亦無無住處也. 若自了了知心不住一切處, 卽名了了見本
心也. 亦名了了見性也. 只箇不住一切處心者, 卽是佛心, 亦
名解脫心, 亦名菩提心, 亦名無生心, 亦名色性空. 經云證無
生法忍是也. 汝若未得如是之時, 努力努力, 勤加用功, 功成
自會. 所以會者, 一切處無心, 卽是會言無心者, 無假不眞也.
假者, 愛憎心是也. 眞者, 無愛憎心是也. 但無憎愛心, 卽是二
性空, 二性空者, 自然解脫也.[254]

　자신의 마음이 무심하게 되었다는 사실을 아는 것을 깨닫는
것이라고 한다. 그리고 이성공(二性空)이 되면 차별 분별하는
마음의 본성이 공(空)이라는 사실을 명백하게 알고 공(空)이라
는 생각도 없게 되어 해탈하게 된다고 하고 있다. 이것은 마음
이 부처이며 불법이라는 사실을 증명하는 것이다. 불법에서 부
처는 청정한 것이고 법은 올바른 것이지만 자신이 인식하는 마
음이 청정한 것을 부처라고 하고 자신이 알고 있는 만법을 법
이라고 하는 것이다. 그러므로 자신이 알고 있는 만법을 여래
와 같이 아는 것이 불법이 되므로 이것을 초월한 삼세의 무주
심이 대승의 불법이다.

---

254) 『頓悟入道要門論』(X63, pp.19c14~20a4).

3) 다섯 가지 법신

오종법신(五種法身)을 말한 것은 모든 중생을 제도하기 위한 것으로 『대통방광참회멸죄장엄성불경』[255]에 있는 내용을 그대로 설하고 있다. 오종법신은 실상법신(實相法身)·공덕법신(功德法身)·법성법신(法性法身)·응화법신(應化法身)·허공법신(虛空法身)이다.

『돈오입도요문론』[256]은 『대통방광참회멸죄장엄성불경』에 나타난 오종법신을 다음과 같이 요약하여 설명하고 있다. 즉 실상법신은 "자신의 마음[불심]은 파괴되지 않는다는 것을 깨닫는 것이 실상법신이다."라고 하고 "왜 실상법신이라 하는가하면 실상의 승과(勝果)를 초월하여 항상 법계에 있기 때문에 실상법신이라 한다."라고 하고 있다. 이것은 마음을 불심(佛心)이라고 하였을 때 변하지 않는 마음이 되므로 파괴되지 않는다고

---

255) 『大通方廣懺悔滅罪莊嚴成佛經』卷2(T85, pp.1348c18~1349a1), "現五種法身, 何等爲五. 一者實相法身, 二者功德法身, 三者法性法身, 四者應化法身, 五者虛空法身. 所以名爲實相法身, 超越實相勝果, 恒住法界, 是故名爲實相法身. 所以名爲功德法身, 爲度衆生, 施功積行, 萬善備足, 是故名爲功德法身. 法性法身者, 達悟一切法相, 理無不周, 從境生於空解, 空解滿足, 從境得名, 稱爲法性法身. 何故名爲應化法身, 如來出世, 備應五道, 善惡悉現, 物無不濟, 從化物得名, 是故名爲應化法身. 所以復名虛空法身, 虛空無邊, 法身無邊, 虛空不可度量, 法身亦不可度量. 如來之身, 猶如大虛, 爲度衆生, 應身五分. 故知如來. 無生無滅, 諸法亦爾, 爲度衆生, 佛現法興."

256) 『頓悟入道要門論』(X63, p.20a8~17), "問. 方廣經云, 五種法身, 一實相法身, 二功德法身, 三法性法身, 四應化法身, 五虛空法身, 於自己身, 何者是. 答. 知心不壞是實相法身, 知心含萬像是功德法身, 知心無心是法性法身, 隨根應說是應化法身, 知心無形不可得是虛空法身. 若了此義者, 即知無證也. 無得無證者, 即是證佛法法身. 若有證有得以爲證者, 即邪見增上慢人也. 名爲外道. 何以故, 維摩經云. 舍利弗問天女曰. 汝何所得, 何所證辯, 乃得如是. 天女答曰. 我無得無證, 乃得如是. 若有得有證, 即於佛法中爲增上慢人也."

한 것이다. 실상을 공(空)으로 전환하여 법신이 된 것이므로 중생심이 없는 법신을 실상법신이라고 한다.

공덕법신에 대하여 "자기 마음이 만상을 함장하고 있다는 것을 깨닫는 것이 공덕법신이다."라고 하고 있고 또 "왜 공덕법신이라 하는가하면 중생을 제도하기 위해 모든 공덕을 쌓고 선행을 구족하게 행하기 때문에 공덕법신이라 한다."라고 하고 있다. 여기에서는 마음이 만상을 함장하고 있는 것을 중생을 제도하기 위해 공덕과 만행을 실천하기 때문에 공덕법신이라고 하였다. 공덕(功德)이라는 것은 안으로 자신의 본성(本性)을 불성(佛性)이라고 공(空)으로 견성(見性)하는 것을 공(功)이라 하고 견성한 이후에 밖으로 다투지 않고 자비(慈悲)를 실천하는 것을 덕(德)이라고 하는 것이므로 이런 공덕을 실천하는 법신을 공덕법신이라 한다.

법성법신은 "자신의 본성을 무심이라고 깨닫는 것이 법성법신이다."라고 하고 있다. 그리고 "일체의 법상을 통달하여 경계에 따라 일어나는 것을 모두 공(空)으로 깨달아 만족하여 경계에 따라서 체득하므로 법성법신이라 한다."라고 하고 있다. 이것은 법성(法性)을 무심(無心)이나 공(空)으로 아는 것을 말한다. 즉 자신이 가진 만법(萬法)의 본성(本性)이 공(空)이라는 사실을 깨달아 경계에 따라 공(空)을 실천하는 법신을 법성법신이라 한다.

응화법신은 "근기에 맞게 응하여 법을 설하는 것이 응화법신이다."라고 하고 있다. 또 "왜 응화법신이라 하는가 하면 여래가 출세하여 오도(五道, 天道, 人道, 畜生道, 餓鬼道, 地獄道)의 중생을 근기에 따라 선악에 모두 나타나 모든 중생을 제도

하는데 교화하는 모습에 따라 이름을 붙였음으로 응화법신이라 한다."라고 하는 것은 중생의 근기에 따라 제도하기 때문이다. 즉 어디에서 누구든지 상관하지 않고 중생의 근기에 따라 교화하는 법신을 응화법신이라 한다.

허공법신은 "마음은 형상이 없어서 얻을 수 없다는 것을 깨닫는 것이 허공법신"이라 한다. 또 "왜 허공법신이라 하는가 하면 허공과 법신은 무변이고 허공과 법신은 측정할 수 없기 때문이다. 여래의 법신은 마치 허공과 같은데 중생을 제도하기 위하여 5가지 응신을 나타낸 것이다."라고 하고 있다.

오종법신은 중생을 제도하기 위하여 5가지 법신으로 나타낸 것이다. 먼저 법신·보신·화신에서 법신은 불법의 본체를 말하는 것이고 보신은 불법의 내용이며 화신은 불법을 사용하는 것이므로 이 삼신이 하나가 되어야 바른 것이다. 삼보에서 부처는 불법의 바른 깨달음을 체득한 사람으로 공(空)의 지혜를 체득한 사람이고, 승은 화합이며 불법을 계승할 사람으로 궁극적으로 진여와 화합하는 사람이고, 법이란 올바른 것이다. 오종법신을 각자가 체득해야 바른 깨달음을 얻게 된다고 설하고 있다. 왜냐하면 실상법신·공덕법신·법성법신·응화법신·허공법신이 모두 자신이 공(空)을 깨닫는 것이기 때문이다. 실상을 공(空)으로 알아야 하는 것이고, 공덕은 자신이 공(空)을 실천해야 하는 것이며, 법성은 자신의 법이 공(空)이라는 사실을 깨닫는 것이고, 허공은 공(空)의 비유로 자신의 인아상이 없어야 화신으로 자신이 보살도를 실천하는 여래가 되는 것이다.

4) 변이 중도이다

중도는 불교사상의 근간이라고 할 수 있다. '공가중'에서 공견에 떨어지지 않는 중도는 생멸·단상·거래·유무 등에서 어디에도 치우치지 않는 것을 말한다. 일반적으로 팔불중도(八不中道)라고 하여 "불생불멸·불상부단·불일불이·불래불출"257)을 제시하고 있다. 그러나 혜해는 중도를 변(邊)이라고 다음과 같이 설하고 있다.

> 물었다. 무엇이 중도의 뜻입니까? 답했다. '변'이 그것이다. 물었다. 지금 중도를 물었는데 어찌하여 '변'이라고 하십니까? 답했다. '변'은 중간이 있으므로 만들어 지는 것이고 중간은 '변'으로 인하여 만들어 지는 것이다. 본래부터 만약에 '변'이 없다면 중간이 어떻게 있겠는가? 지금 중간이라고 말하는 것은 '변'으로 인하여 비로소 있게 된 것이다. 그러므로 중간과 '변'이 서로 원인이 되어 나타난 것이므로 모두 무상한 것이다. 색수상행식도 역시 이와 같다.

> 問. 何者是中道義. 答. 邊義是. 問. 今問中道, 因何答邊義是. 答. 邊因中立, 中因邊生. 本若無邊, 中從何有. 今言中者, 因邊始有. 故知中之與邊, 相因而立, 悉是無常. 色受想行識亦復如是.258)

혜해는 중간이라는 것은 상대적인 것이므로 무엇이라고 고정시킬 수 없으므로 무상(無常)이라고 설하고 있다. 그리고 중도(中道)를 무심(無心)이고 공(空)이라고 하며 양변이 없는 것이

---

257) 『中論』卷1(T30, p.1b14~17), "不生亦不滅, 不常亦不斷, 不一亦不異, 不來亦不出. 能說是因緣, 善滅諸戱論, 我稽首禮佛, 諸說中第一."
258) 『頓悟入道要門論』(X63, p.22a21~24).

라고 다음과 같이 설하고 있다.

　　물었다. 무엇이 중도입니까? 답했다. 중간도 없고 역시 양변이 없는 것이 중도이다. 무엇이 양변입니까? 답했다. 저 마음이 있고 이 마음이 있는 것을 양변이라고 한다. 무엇을 저 마음이라고 하고 이 마음이라고 합니까? 답했다. 외부의 색과 소리의 육진에 속박되는 것을 저 마음이라 하고 안에서 망념이 일어나는 것을 이 마음이라 한다. 만약 외부의 색에 오염되지 않는 것을 저 마음이 없다고 하며 안으로 망념이 일어나지 않는 것을 이 마음이 없다고 한다. 이것이 양변이 없는 것이다. 마음에 이미 양변이 없으면 중간도 역시 어찌 있겠는가? 이와 같이 여시하게 체득하는 것을 곧 중도라 하고 진실한 여래의 '도'라고 한다. 여래의 '도'는 이 일체를 깨달은 사람이 해탈한 것이다. '경'에 말하기를 "허공이 중간과 '변'이 없는 것처럼 제불법신도 역시 이와 같다."라고 하였다. 그러므로 일체의 색이 '공'한 것은 일체처에 무심한 것을 말한다. 일체처에 무심하다고 하는 것은 즉 일체색의 본성이 '공'하다는 것을 깨달은 것이다. 이 두 가지의 뜻이 다르지 않아서 역시 색을 '공'이라고 하고 역시 색을 무법이라고 한다. 그러므로 그대가 만약에 일체의 모든 것에서 무심하지 않고 보리해탈, 열반적멸, 선정견성을 체득할 수 있다고 하는 것은 맞지 않다. 일체처에 무심하다고 하는 것은 자각하여 수행하는 것으로 보리해탈, 열반적멸, 선정과 육도만행을 행하는 것이므로 이것은 모두 견성한 (무심한 '공'의 입장에서 수행하는) 것이다. 왜냐하면 『금강경』에 말하기를 "깨달음을 얻었다는 생각이 조금도 없는 것을 '아뇩다라삼먁삼보리'(를 체득했다.)"라고 했기 때문이다.

　　問. 云何是中道. 答. 無中間, 亦無二邊, 卽中道也. 云何是二邊. 答. 爲有彼心有此心, 卽是二邊. 云何名彼心此心. 答. 外縛色聲, 名爲彼心, 內起妄念, 名爲此心. 若於外不染色, 卽

名無彼心, 內不生妄念, 即名無此心. 此非二邊也. 心既無二
邊, 中亦何有哉. 得如是者, 即名中道, 眞如來道. 如來道者,
即一切覺人解脫也. 經云. 虛空無中邊, 諸佛身亦然. 然一切
色空者, 即一切處無心也. 一切處無心者, 即一切色性空. 二
義無別, 亦名色空, 亦名色無法也. 汝若離一切處無心, 得菩
提解脫, 涅槃寂滅, 禪定見性者, 非也. 一切處無心者, 即修菩
提解脫, 涅槃寂滅, 禪定乃至六度, 皆見性處. 何以故, 金剛經
云, 無有少法可得, 是名阿耨多羅三藐三菩提也.259)

혜해는 중도(中道)를 색즉시공(色卽是空)의 입장에서 설명하
고 있다. 생멸(生滅)을 불생불멸(不生不滅)이라고 하며 중도라
고 하고 불생(不生)은 번뇌 망념이 없는 무생(無生)이므로 불멸
(不滅)260)이라고 하는 것이다. 그러므로 '불생불멸'을 여래261)
라고 하고 있다. 이처럼 다른 것도 공(空)의 입장에서 설하고
있는 것이므로 혜해의 설명과 같다고 볼 수 있고 중도가 여래
이고 바른 깨달음인 것이다.

『돈오입도요문론』에서 혜해는 지금 이생에서 세간을 버리지
않고 열반에 들어야 한다고 하고 있다. 즉 일체처에 무심하면
무념이고 돈오라고 하며 이것을 깨달음이라고 하고 있다. 하나
하나를 이렇게 깨달음에 이르게 하는 것이 점수의 수행이다.
이런 수행을 하지 않으면 아무리 노력하여도 이루지 못하게 된
다. 그러므로 이렇게 수행하여 돈오(頓悟)하고 바른 수행을 하
여 훈습하여야 한다.

---

259) 『頓悟入道要門論』(X63, pp.23c16∼24a4).
260) 『六祖大師法寶壇經』(T48, p.360a12), "我說不生不滅者, 本自無生, 今
    亦不滅."
261) 『如來莊嚴智慧光明入一切佛境界經』卷1(T12, p.242b14∼15), "言不生
    不滅者, 是名如來."

그러므로 마음이 부처이지만 수행이 익어져 마음이라는 생각도 하지 말고 청정하게 대승으로 생활해야 한다. 즉 마음이 청정한 것이 부처이므로 만법(萬法)이 불법(佛法)이 되어 삼세에서 무주심(無住心)으로 살아가야 하는 것이다. 이렇게 하기 위하여 오종법신을 자각해야 한다고 하고 있다. 법신은 불법의 본체를 말하는 것으로 삼신이 하나가 되어야 바른 깨달음을 체득한 사람이 되는 것이다. 이것은 오종법신을 각자가 체득해야 바른 깨달음을 얻는 것이 된다. 왜냐하면 오종법신은 모두 자신이 공(空)을 깨닫는 것으로 실상을 공(空)으로 알아야 하는 것이고 공덕은 자신이 공(空)을 실천해야 하는 것이며 법성은 자신의 법이 공(空)이라는 사실을 깨닫는 것이고 허공은 공(空)의 비유로 자신의 인아상이 없어야 화신으로 자신이 보살도를 실천하는 여래가 되는 것이다. 그리고 혜해는 또 중도를 실천해야 한다고 하며 생멸을 '불생불멸'하는 중도라고 하고 여래라고 하고 있다. 이것은 공(空)의 실천에서 보면 중도가 여래이고 바른 깨달음이 되는 것이다.

5. 『임제어록』에서 깨달음

임제의 선사상은 조사선의 완성으로 불교의 기본정신에 입각하여 살아있는 조사(祖師)로 살아가기를 바란다는 점에 의미가 있다고 하겠다. 임제의 시대에는 당의 말기적 현상이 일어나고 있었으며 폐불 사건에 의하여 불교에 많은 피해가 있었다. 오히려 이런 것으로 인하여 선불교(禪佛敎)가 생활화되는 계기가 되었다고 볼 수 있다. 임제는 깨달음으로 수처작주 입처개진(隨處作主 立處皆眞)의 생활을 하는 무위진인·무의도인·평상무사인 등을 제시하고 있다. 임제에 대한 기록은 『임제어록』, 『조당집』, 『송고승전』, 『경덕전등록』, 『천성광등록』등에 나타나고 있다. 『송고승전』에 기록하고 있는 부분만이 역사적인 사실을 기록하고 『조당집』, 『전등록』등의 자료는 전등법계를 나타내고 있다. 임제의 깨달음은 초기의 인가증명을 거쳐 수행이 익어진 후의 깨달음에 대하여 상당설법이나 감변과 행록에 나타나 있다.

1) 차별분별 없는 일인(一人)이 부처

일인(一人)을 한 사람이라고 하든지 아니면 어느 사람이라고 번역을 하는데 어록에서 일인은 일개성자(一箇聖者)를 의미한다. 예를 들면 한 사람은 고봉정상(高峰頂上)에서 생활하고 한 사람은 세속에서[十字街頭] 생활하는데 어느 사람이 잘하고 잘 못하는 것이 없다는 것을 말하고 있다. 이것은 어디에서나 일개성자인 한사람이므로 장소에 구애받지 말라는 내용이다.

(임제가) 상당하여 말했다. (일개성자) 한 사람은 고봉정상에서 생활하므로 (부귀나 명예를) 위할 필요가 없고, (일개성자) 한 사람은 세속에 (일반사람들과 같이 살고) 있으므로 앞뒤가 없(기 때문에 어느 누구나 다 차별 없이 교화한)다. 어느 것이 먼저이고 어느 것이 뒤라고 할 수 있겠는가? 한 사람은 유마힐이고 한 사람은 부대사라고 조작하여 생각하지 말아야 한다. 이것을 깨달아 (지금부터 새롭게 전환시켜 자각적인 삶을 살아)야 한다. (임제가) 상당하여 말했다. (일개성자) 한 사람은 영원히 도중에 있으면서 자기 본성의 집을 벗어나지 않는다. (또 일개성자) 한 사람은 자기 자신을 초월하여 (진여의 지혜로 생활하면서) 몰종적(을 실천하는 조사로) 살아간다. 어느 사람이 인천의 공양을 받겠는가라고 하고는 바로 법좌에서 내려왔다.

上堂云. 一人在孤峯頂上, 無出身之路. 一人在十字街頭, 亦無向背. 那箇在前, 那箇在後. 不作維摩詰, 不作傅大士. 珍重. 上堂云. 有一人論劫在途中, 不離家舍. 有一人離家舍, 不在途中. 那箇合受, 人天供養. 便下座.262)

---

262) 『鎭州臨濟慧照禪師語錄』(T47, p.497a9~14). 이후에는 『臨濟語錄』으로 약함.

범부 한 사람이 아니고 일개성자(一箇聖者) 한 사람이 고봉 정상이나 십자가두[시장]에서 살아가는 것을 말한다. 실제로 일개성자는 지위와 장소에 구애 받지 않는데 여기에서 지위와 장소를 설정하여 말한 것은 명예나 장소에 경혹의 장애를 받지 말고 생활하기를 바라는 중생제도를 위한 방편의 가르침이다. 그리고 일개성자는 지위에 연연하지 않는다는 것을 가사(家舍)와 도중(途中)이라는 말로도 표현하고 있다. 즉 항상 수행하며 살아간다는 것을 나타내는 것이다. 가사(家舍)는 자신의 본성을 벗어나지 않는다는 것이고 도중(途中)은 진여의 지혜로 생활하는 것을 말하는 것이다. 또 임제는 자신이 15년 동안 제자들을 제접(提接)하여도 바른 제자를 한 사람도 인가하지 못한 것을 한탄하는 장면도 다음과 같이 설하고 있다.

산승이 사람들에게 (대신하여) 줄 수 있는 불법은 하나도 없고 다만 (수행하는) 사람들이 (자신의 심병을 치료하게 하여 마음의) 속박에서 해탈하게 할 뿐이다. 그대들과 제방에서 수행하는 수행자들이 대상경계에 의지하지 않고 깨달은 수행자가 있는지 점검하려고 나는 그대들과 불법을 상량하여 보았지만 15년이 지나도록 (아직까지 일개성자는) 아무도 없었다. (지금까지 만나본 수행자들은) 모두가 풀이나 나뭇잎에 의지하여 수행하는 이들이었고, 또 대나무나 고목의 정령으로 수행하는 자들이거나, 여우같은 요망한 견해를 가진 이들이었는데, 모두가 번뇌 망념을 제거하는 말씀에 대하여 요란하게 논하는 눈먼 수행자들뿐이었다. 그들은 시방삼세에서 믿고 따르는 이들의 시물을 잘못 사용하면서도 자신은 올바른 출가 수행자라고 말하면서 이와 같은 견해로 살아야 한다고 생각하고 있다. 그래서 내가 그대들에게 말하였듯이 부처도 없고, 불법도 없으며, 수행도 없고, 깨달음을 증득하는 것도 없다고 하였는데도 단지 방가에서 무엇을 구하려고 하는지 알 수가 없다. 눈먼 수행자들은 (자신의) 머리 위에 또 다른 머리를 붙이려고 하는데 (그대들에게 부족하고) 모자란 것이 무엇이기에 그와 같은 수행을 하는가? (반드시 생각하고 알아야 하는 것이다.)

山僧無一法與人, 祇是治病解縛. 爾諸方道流, 試不依物出來, 我要共爾商量, 十年五歲, 並無一人. 皆是依草附葉, 竹木精靈, 野狐精魅, 向一切糞塊上, 亂咬瞎漢. 枉消他十方信施, 道我是出家兒, 作如是見解. 向爾道, 無佛無法, 無修無證, 祇與麼傍家, 擬求什麼物. 瞎漢頭上安頭, 是爾欠少什麼.263)

자신이 무의도인(無依道人)으로 살아가지 못하면서도 자기들의 견해가 올바르다고 주장하는 이들을 초목의 정령이나 야호정매(野狐精魅, 약삭빠른 여우와 같이 자신만의 지식의 철학인 환상에 떨어진 사람)라고 비판하는 것은 자신들의 잘못된 고정관념을 벗어나게 하려고 제방의 수행자들을 경책하고 있다. 이처럼 일개성자를 만나는 것이 어렵기 때문에 이번에는 선방(禪房)의 수행자가 아닌 좌주와의 선문답을 다음과 같이 기록하고 있다.

어느 좌주가 와서 인사를 하니 임제가 물었다. 좌주는 무슨 경론을 강의하십니까? 좌주가 대답했다. 저는 많이 알지 못하여 『백법론』을 공부하고 있습니다. 임제가 말했다. 어느 일인은 3승12분교를 명확하게 체득하였고, 어느 일인은 3승12분교를 명확하게 체득하지 못했다고 하면 이것이 같은가 다른가? 좌주가 대답했다. 명확하게 체득하면 (불법과) 같고, 명확하게 체득하지 못하면 차별분별이 있습니다. 낙보가 시

---

263) 『臨濟語錄』(T47, p.500b28~c6).

자로 임제선사의 뒤에서 시봉하고 있다가 말했다. 좌주는 이
좌도량에 와서 어떻게 같다 다르다고 말합니까? 임제가 머리
를 돌려 시자에게 물었다. 그대는 어떻게 생각하는가? 시자
가 바로 할을 했다. 임제가 좌주를 전송하고 돌아와서 시자
에게 물었다. 방금 전에 그대가 노승에게 할을 했는가? 시자
가 예! 하고 대답하니 임제가 바로 주장자로 (바닥을) 내려
쳤다.

有座主來, 相看次, 師問. 座主講何經說. 主云. 某甲荒虛,
粗習『百法論』. 師云. 有一人, 於三乘十二分教明得, 有一人,
於三乘十二分教明不得, 是同是別. 主云. 明得卽同, 明不得
卽別 樂普爲侍者, 在師後立云. 座主這裏, 是什麽所在, 說同
說別. 師回首問侍者. 汝又作麽生. 侍者便喝. 師送座主, 回來
遂問侍者. 適來是汝喝老僧. 侍者云. 是, 師便打.264)

　좌주는 현대에서 말하면 강주로 볼 수 있지만 경전을 전문적
으로 강의하는 사람이다. 이들은 경전만 수지독송(受持讀誦)하
고 위인해설(爲人解說)하면 부처가 되는 것이라고 알고 있는
이들이다. 여기에서도 일인(一人)은 일개성자를 말한다. 일개성
자가 3승12분교를 통달하고 통달하지 못한 것에 대하여 묻고
있는데 삼승과 경전에 의거하여야 한다는 것이 남아 있는 좌주
의 대답이다. 임제는 일체의 고정관념을 내려놓는 최상승의 일
개성자를 원하는 것이다. 그리고 여기에 등장하는 시자는 자신
이 안다는 선병(禪病)에 걸렸다는 사실을 모르는 소승(小乘)이
므로 임제스님께서 감변하며 제도하고 있다. 황벽과의 선문답
에서도 일인은 무의도인이고 일개성자를 지칭하고 있다.

---

264)『臨濟語錄』(T47, p.503c10~18).

어느 날 하루 일을 하다가 임제스님이 뒤에서 일하고 있는 것을 황벽이 머리를 돌려 보니 임제가 빈손으로 하고 있어서 이내 물었다. 괭이는 어디에 두고 하는가? 임제가 대답했다. 어느 일인이 가지고 갔습니다. 황벽이 말했다. 이리와서 나와 그대가 같이 이 일을 상량을 해야겠다. 임제가 가까이 가서 황벽의 앞에 서니 황벽께서 괭이를 세우고는 말했다. 단지 이것은 천하의 사람들도 들어 세울 수 없다. 임제가 손으로 잡아 빼앗아 가지고 괭이를 들어 세우고는 말했다. 무엇 때문에 이것이 도리어 임제의 손안에 있는 것입니까? 황벽이 말했다. 금일은 자신이 (무의도인으로) 보청하는 사람이 있다 라고 하고는 바로 선원으로 돌아갔다 이후에 위산이 앙산에게 물었다. 괭이가 황벽의 손안에 있었는데 무엇 때문에 임제에게 빼앗겼는가? 앙산이 말했다. 도둑질은 소인배나 할 수 있는 일이지만 부처의 지혜는 군자를 능가하는 것입니다.

一日普請次, 師在後行, 黃蘗回頭, 見師空手乃問. 钁頭在什麼處. 師云. 有一人將去了也. 黃蘗云. 近前來, 共汝商量箇事. 師便近前, 黃蘗竪起钁頭云. 秖這箇, 天下人拈掇不起. 師就手掣, 得竪起云. 爲什麼, 却在某甲手裏. 黃蘗云. 今日大有人普請, 便歸院. 後潙山問仰山. 钁頭在黃蘗手裏, 爲什麼, 却被臨濟奪却. 仰山云. 賊是小人, 智過君子.[265]

일인을 무의도인이나 일개성자라고 하는 것은 황벽도 인가한 사실이다. 여기에서 노동이라는 의미는 수행이지 다른 목적의식이 있는 것이 아니므로 일개성자나 무의도인이라는 사실을 확인하였으면 노동은 마친 것이 된다. 이처럼 모두가 보는 앞에서 인가하는 것이지 특별하게 자리를 만들어 행하는 것은 오히려 목적의식이 있는 것이 된다. 목적의식을 가지고 전법을

---

265)『臨濟語錄』(T47, p.505b7~14).

하면 부작용이 더 많고 항상 평상의 생활에서 무의도인으로 살아야 하는 것이므로 체득해야 한다고 하는 것이 이것이다. 그러므로 일인은 항상 생활하는 가운데 점검하고 경책하며 확인하는 스승이 선(禪)에서 말하는 진정한 스승이 되는 것이다. 그래서 일인은 일개성자이고 무의도인이라는 사실을 확인하고 있다.

일인은 장소나 지위와 시간에 구애받지 않고 생활하는 것이고 누구나 자신이 부처이기에 무의(無依)로서 수행해야 한다고 하고 있다. 그리고 임제는 항상 노동하며 살아있는 사람이 부처라는 것을 말하며 부처는 지식이 많고 적음에 있지 않다는 것을 설하고 있다.

2) 하루에 황금 만 냥 쓰는 대장부

대장부(大丈夫)를 부처와 조사라고 하며 하루에 황금 만 냥 (현재 대략2~3백억 원)을 사용하는 사람과 같다고 하고 있다. 대장부가 되는 방법은 지금 자신이 자신의 본심(本心)으로 듣고 생활하면 되는 것으로 청자(聽者)가 되어야 한다. 즉 본심으로 듣고 진여의 지혜로 살아가기 때문에 부처나 조사와 나한이나 아귀를 만나도 제도한다고 다음과 같이 설하고 있다.

수행자여, 지금 눈앞에 분명히 본래의 지혜로 본심으로 듣는 사람은 무위진인이 되어 어디에도 장애받는 것이 없게 되니 시방삼세 어디에서나 깨달아 알 수 있어 삼계에서 자유자재하(게 살아가는 사람이)다. (그러므로) 이 사람은 일체의 경계를 만나더라도 (진여의 지혜로 살아가므로 다시) 차별의 세계로 되돌아가지 않게 되고 순식간에 (자신이 중생심의 법계를) 뛰어넘게 되어 (자신이) 부처라는 대상경계를 만나면 부처에게 설하고, 조사라는 경계를 만나면 조사에게 설하고, 나한이라는 경계를 만나면 나한에게 설하고, 아귀라는 경계를 만나면 아귀에게 설(하여 제도)한다. (나는) 어느 곳이나 어느 나라를 다니면서 중생을 교화하지만 아직까지 한 번도 이 일념을 벗어난 적이 없기 때문에 다니는 곳마다 청정한 (진여의 지혜로 살아가게 되어) 시방삼세와 함께하며 (자신의) 법과 하나가 되어 (여시하게) 살아간다. 수행자여, 대장부로서 살아가려면 (지금 진여의 지혜로 살아가야한다는 것을) 비로소 깨달아서 본래부터 무사하다는 것을 알아야 하는데, 다만 그대가 이것을 확신하여 깨닫지 못하였기 때문에 항상 무엇을 구하려고 하는 것이다. (비유하면) 자기의 얼굴을 잊어버리고 자기의 다른 얼굴을 찾는 것과 같이 자신이 구하는 마음을 멈추지 (못하므로 대장부로 살아가지) 못하는

것이다. 원돈보살266)이 되어서도 법계를 깨달아 법신으로 설
법하기를 원하고, 정토 가운데에 태어나기를 구하고, 범부를
싫어하고 성인이 되기를 바란다면, 이와 같은 무리들은 취하
고 버리는 마음으로 수행하는 이들이므로 청정한 것을 그리
는 마음이 있(어서 이와 같은 망념이 남아있게 되)는 것이
다. 선종의 견해는 이와 같지는 않은 것으로 바로 지금 여기
에서 (법신으로 '반야바라밀'을) 실천하는 것이지 시절인연을
기다리지 않는다. 지금 산승이 설하는 것도 이와 같아서 모
두가 병을 치료하기 위하여 방편으로 만든 일회용의 처방전
일 따름이지 이 모든 것이 실체가 있는 것은 아니다. 만약
이와 같이 여시한 견해를 깨달아 체득하였다면 진정한 출가
인 이라고 할 수 있고 매일 황금 만 냥을 쓰는 가치가 있는
생활을 한다고 할 수 있다.

　道流, 卽今目前, 孤明歷歷地聽者, 此人處處不滯, 通貫十
方, 三界自在. 入一切境, 差別不能回換, 一刹那間, 透入法
界, 逢佛說佛, 逢祖說祖, 逢羅漢說羅漢, 逢餓鬼說餓鬼. 向一
切處, 游履國土, 教化衆生, 未曾離一念, 隨處淸淨, 光透十
方, 萬法一如. 道流, 大丈夫兒, 今日方知, 本來無事, 祇爲爾
信不及, 念念馳求. 捨頭覓頭, 自不能歇. 如圓頓菩薩, 入法界
現身, 向淨土中, 厭凡忻聖, 如此之流取捨, 未忘染淨心在. 如
禪宗見解, 又且不然, 直是現今, 更無時節. 山僧說處, 皆是一
期, 藥病相治, 總無實法. 若如是見得, 是眞出家, 日消萬兩黃

---

266) 『阿彌陀經疏鈔演義』卷2(X22, p.750a13~20), "報化非眞佛亦非說法者,
此含二義. 一會用歸體義. 以報化二身, 乃法身之用, 用無自性, 全體卽眞,
故報化無體, 乃歸法身也. 二擧事顯理義. 以報化所說, 乃文字法. 然文字性
空, 名字亦離. 以何爲法, 必見法身者, 乃能知法也. 當是隨機所見者, 凡小
權乘. 但見應身說法, 大乘登地. 乃見報身說法. 若圓頓菩薩, 乃見法身說
法, 以佛本無三, 隨機所見, 自不同故.";『楞伽阿跋多羅寶經註解』卷4(T3
9, pp.420c25~421a1), "此圓頓菩薩所修, 攝受者, 謂六根攝受六塵. 自心
二者, 言修檀度治慳貪能治所治之二也. 大乘菩薩, 旣覺了諸法惟心所現.
所謂不住色聲香味觸法而行布施, 則能治所治二無二也. 二無二故則三輪體
空, 故曰不生妄想, 能施空也. 不攝受能受空也."

金.267)

　깨달음이란 자신이 진여의 지혜로 살아가야 하는 것이며 대
장부로서 살아가려면 자신이 부처라는 사실을 자각하여 부처가
부처를 찾는 치구심(馳求心)만 버리면 된다. 자신이 대장부가
되려면 지금 바로 법신으로 '반야바라밀'을 실천하면 된다. 임
제가 바라는 대장부는 시절인연을 기다리는 것이 아니고 지금
바로 "수처작주 입처개진"을 실천하는 것이고 정토와 예토 그
리고 범부와 성자라는 망념(妄念)이 없는 사람을 말한다. 그러
므로 대장부는 멀리 있는 것이 아니고 자신의 마음속에 있다는
사실을 알아야 하는 것이다. 대장부는 주적(主敵)이나 시비(是
非)와 재색(財色) 그리고 승속(僧俗) 등으로 허송세월을 하지
말라고 다음과 같이 설하고 있다.

　　대장부로서 (살아가려면) 단지 주적을 논하지 말고, 시비
　를 논하지 말고, 재색을 논하지 말고, 한가하게 온갖 얘기를
　논하고 설명하면서 세월을 허비하지 말아야 한다. 산승의 이
　곳에는 승속을 구분하지 않고 단지 어느 사람이라도 찾아오
　면 모두에게 그 사람을 깨달아 체득하여 살아가게 하고 그
　사람을 구하여 나타나게 하도록 하지만 (이것은) 단지 성명
　이나 문구로 설명하여 알려주는 것일 뿐이므로 (모두가 자신
　이 체득하지 않으면) 꿈이요 환상일 뿐이다. 도리어 경계를
　다스리는 저인을 친견하면 제불의 현지를 깨닫게 되어 부처
　가 되므로 자신이 부처의 경지를 체득했다고 말하지 않고
　오히려 무의도인으로 경계를 다스리면서 살아가게 된다.

　·大丈夫兒, 莫秖麼 論主論賊, 論是論非, 論色論財, 論說閑

---

267) 『臨濟語錄』(T47, p.498b8～20).

話過日. 山僧此間 不論僧俗, 但有來者 盡識得伊, 任伊向甚
處出來, 但有聲名文句, 皆是夢幻. 却見乘境底人是諸佛之玄
旨, 佛境不能自稱我是佛境, 還是這箇 無依道人 乘境出
來.268)

임제는 대장부가 무의도인(無依道人)이고 부처라고 하며 어
디에도 의지하지 않고 살아가면 되는 것269)이라고 하고 있다.
그리고 임제는 더 자세하게 언어문자인 명구(名句)에 천착하지
말고 자신의 법이 불법(佛法)이라고 알고 살아가면 된다고 다
음과 같이 설하고 있다.

　　수행자들이여, 대장부라고 하면 다시 무엇을 의심할 것이
　　있겠는가? 즉 눈앞에서 자신이 지혜로 살아가는 사람이 다시
　　누구인가를 알고 살아가면서 (성자다 부처다 조사라고 하는
　　등등의) 이름에 집착하지 않고 (살아가는 사람을) 현지를 체
　　득한 (대장부라고 말하는) 것이다. 이와 같이 깨달아 알고
　　체득하(여 살아가)면 (수처작주 입처개진의 삶을 살게 되는
　　것이므로 모든 것을 부처의 관점에서 보게 되어) 혐오스런
　　법이 하나도 없게 된다.

　　道流, 大丈夫漢, 更疑箇什麽. 目前用處, 更是阿誰, 把得便
　　用, 莫著名字, 號爲玄旨. 與麽見得勿嫌底法.270)

임제는 또다시 모두가 대장부이면서도 여우와 같이 살아가고
있다고 "사자의 가죽을 뒤집어쓴 대장부가 도리어 의심하는 여
우의 목소리를 내며 살아가고 있다."라고 하며 자신의 부처를

---

268) 『臨濟語錄』(T47, p.499a8~13).
269) 『臨濟語錄』(T47, p.499a18~19), "道流, 爾若欲得如法, 直須是大丈夫
　　兒始得. 若萎萎隨隨地, 則不得也."
270) 『臨濟語錄』(T47, p.500c27~29).

어디에 의지하지 말고 확신하라고 하고 있다.

  어리석은 수행자들이여, 무슨 죽을 일이 생겼다고 사자 가
죽을 뒤집어쓰고 (대장부가 도리어 의심하는) 여우의 목소리
를 내며 살아가는가? 자신을 대장부라고 하면서도 장부의 기
백을 펴지 못하는 것은 자신의 안에 있는 일물을 확신하려
하지 않고 단지 외부에서 찾으려고 하면서 고인들이 깨달았
다고 하는 명구에만 빠져 요행을 바라니 자신이 특달할 수
가 없는 것이다. (왜냐하면) 대상경계를 만나면 경계에 연연
하고 육진번뇌를 만나면 번뇌에 집착하여 부딪치는 경계마
다 경혹과 인혹이 일어나서 자신이 판단하여 결정할 수 없
는 것이다.

  禿屢生, 有甚死急, 披他師子皮, 却作野干鳴. 大丈夫漢, 不
作丈夫氣息, 自家屋裏物, 不肯信, 秖麼向外覓, 上他古人閑
名句, 倚陰博陽, 不能特達. 逢境便緣, 逢塵便執, 觸處惑起,
自無准定.271)

  임제는 인혹(人惑)과 경혹(境惑)에 떨어지지 않는 사람이 대
장부이므로 대장부는 명구(名句)에 장애받지 않는 사람이라고
하고 있다. 그리고 육근(六根)·육경(六境)·육식(六識) 사이에
서 헛되이 망상을 일으키며 자기를 가볍게 여기고 퇴굴(退屈)
하면서 말하기를 나는 범부이고 그는 성자라고 말하며272) 대장
부로 살아야 한다고 말하고 있다. 그래서 자신이 대장부가 되
어야 조사이고 부처이며 무의도인이 되어 깨달음의 경지에서
살아가게 된다고 하는 것이다.

---

271) 『臨濟語錄』(T47, p.502b28~c3).
272) 『臨濟語錄』(T47, p.502b27~28), "根境法中虛揑怪, 自輕而退屈言, 我
     是凡夫, 他是聖人."

즉 대장부는 지금 자신이 반야바라밀(般若波羅蜜)을 실천하는 사람이므로 하루에 황금 만 냥을 사용하는 사람보다 위대하다고 하고 있다. 그리고 지금 자신이 부처이므로 부처가 부처를 찾으려고 하지 말아야 한다고 하고 있다. 그러므로 임제는 시절인연을 기다리지 말고 지금 바로 부처로서 생활하는 대장부는 어디에서나 차별 분별하는 망념이 없이 살아가는 최상승(最上乘)의 사람이 되어야 한다고 하고 있다.

3) 좌도량이 피안

대통지승불은 『묘법연화경』에 나오는 것으로 『묘법연화경』에 "大通智勝佛, 十劫坐道場, 佛法不現前, 不得成佛道. … ."[273] 라고 자세하게 기록하고 있다. 여기에 이것을 인용한 것은 그 시절에도 요즘과 같이 깨달음을 추구하는 사람들이 많았던 것이었는지, 아니면 좌선한다고 목석처럼 앉아만 있는 것을 수행이라고 생각하는 이들을 제도하려고 하였는지 대통지승불에 대하여 다음과 같이 자세하게 설명하고 있다.

물었다. 대통지승불이 십겁동안이나 좌도량에 살고 있었지만 불법이 현전하지 않아 불도를 성취할 수 없었다라고 하는 이 뜻을 알지 못하는데 어떻게 하는 것인지 깨닫도록 스님께서 가르쳐 주시기 바랍니다. 임제가 대답했다. 대통이란 자기 자신이 어디에서나 (자신의) 만법이 무성이고 무상이라는 사실을 통달하는 것을 대통이라고 말하는 것이다. 지승이라고 하는 것은 어디에서나 (진여의 지혜로 살아가므로 자신의) 불법을 하나도 의심하지 않(고 대상으로 얻는 지혜가 아니라)는 것을 지승이라고 말하는 것이다. 부처라고 하는 것은 마음을 청정하게 하여 (진여의 지혜로 명백하게 자신의) 법계를 투철하게 비추어 청정하다는 것을 (체득하여 실천하는 사람을) 부처라고 말하는 것이다. 십겁동안 좌도량에 (살고) 있었다는 것은 십바라밀(을 실천하며 살았다는 것을 말하는 것)이다. 불법이 현전하는 것이 아니라고 하는 것은 부처는 본래 (망념이 일어나지 않는 것이므로) 불생이라고 하

---

273) 『妙法蓮華經』卷3(T09, p.26a26~b7), "大通智勝佛, 十劫坐道場, 佛法不現前, 不得成佛道. 諸天神龍王, 阿修羅衆等, 常雨於天華, 以供養彼佛. 諸天擊天鼓, 并作衆伎樂, 香風吹萎華, 更雨新好者. 過十小劫已, 乃得成佛道, 諸天及世人, 心皆懷踊躍. 彼佛十六子, 皆與其眷屬, 千萬億圍繞, 俱行至佛所, 頭面禮佛足, 而請轉法輪."

는 것이고, 법은 본래 ('진공'이므로) 불멸인데 어떻게 다시 현전할 수 있겠는가라고 하는 것이다. 불도를 성취할 수 없었다라고 하는 것은 부처가 다시 부처되려고 조작할 필요가 마땅히 없(기 때문에 성취할 수 없었)다고 말하는 것이다. 고인이 말하기를, "부처는 항상 세간에서 (진여의 지혜로) 살아가므로 (다시) 세간법에 오염되지 않는다."라고 하였다.

　問. 大通智勝佛, 十劫坐道場, 佛法不現前, 不得成佛道. 未審此意如何, 乞師指示. 師云. 大通者, 是自己, 於處處達其萬法 無性無相, 名爲大通. 智勝者, 於一切處不疑, 不得一法, 名爲智勝. 佛者, 心淸淨, 光明透徹法界, 得名爲佛. 十劫坐道場者, 十波羅密是. 佛法不現前者, 佛本不生, 法本不滅, 云何更有現前. 不得成佛道者, 佛不應更作佛. 古人云. 佛常在世間, 而不染世間法.274)

　자신이 부처라는 사실을 자각하면 되는 것인데도 다른 부처가 되려고 하면 자신의 부처는 어디로 사라지고 남의 부처만 찾게 되는 오류를 범하게 된다. 수행자가 10겁을 좌도량에 살고 있다고 하는 것은 정토에 살면서도 정토에 사는지를 모르고 살고 있다는 것을 경책하는 것이다. 여기에서 말하는 십겁(十劫)은 십바라밀(十波羅蜜)을 실천하는 것이지 시간적인 개념은 아니다. 특별한 깨달음이 있다고 생각하는 것 때문에 머리에 다른 머리를 얻는다고 하는 것이며 부처가 부처되려고 한다고 말하는 것이다. 임제는 수행자가 항상 정토에 살면서도 비교된 깨달음이 있다는 고정관념을 버리지 못하고 살아가는 것을 경계하고 있다.

---

274) 『臨濟語錄』(T47, p.502a28~b7).

4) 현신(現身)으로 성불하는 활매(活埋)

임제는 제도하는 법으로 화장(火葬)에서 매장(埋葬)을 제시하고 있다. 화장은 번뇌 망념을 태워서 제거하는 법으로 열반(涅槃)의 원래 뜻을 설명하는 것이다. 열반(涅槃)이라는 범어인 'nirvana'를 해석하지 않고 그대로 발음하여 열반이라고 한 것으로 고통·욕망·자의식의 번뇌 망념이 없는 초월의 경지로 깨달음에 의해 해탈된 상태를 말한다. 일반적으로 삼귀의를 하면 안락을 얻은 것이며 안락하다는 것을 해탈이라고 하였다. 이렇게 해탈을 하면 여래가 된 것이라고 하고 있다. 여래는 해탈한 것으로 자신의 불성(佛性)을 체공(體空)으로 깨달아 체득했다는 것이며 아뇩다라삼먁삼보리(阿耨多羅三藐三菩提, 무상정등정각)를 체득했다[275]라고 하는 것이다.

화장은 열반과 같은 의미이지만 임제는 활매(活埋)를 제시하고 있다. 즉 마방의 서문에 의하면 "깊은 산에 소나무를 심은 것은 이후의 사람들에게 옛날 일을 기록하여 표방을 삼도록 한 것이다. 그리고 괭이로 땅을 파면서 말하기를 살아 있는 채로 번뇌 망념을 매장하여 본질을 제거한다."[276]라고 하고 있다. 그리고 임제는 땅을 파면서 말하기를 "제방에서는 화장을 하지만 나는 이곳에서 한 번에 살아 있는 그대로 묻는다."[277]라고

275) 『大般涅槃經』卷5(T12, p.395c14~17), "三歸依故則得安樂, 受安樂者卽眞解脫. 眞解脫者卽是如來, 如來者卽是涅槃. 涅槃者卽是無盡, 無盡者卽是佛性. 佛性者卽是決定, 決定者卽是阿耨多羅三藐三菩提."; 『宗鏡錄』卷46(T48, p.684c8~11), "聞脩多羅說世間諸法, 畢竟體空, 乃至涅槃眞如之法, 亦畢竟空. 從本已來自空, 離一切相, 以不知爲破著故. 卽謂眞如涅槃之性, 唯是其空."
276) 『臨濟語錄』(T47, p.496a24~25), "巖谷栽松, 後人標榜. 钁頭斸地, 幾被活埋."
277) 『臨濟語錄』(T47, p.505a20~21), "師钁地云. 諸方火葬, 我這裏一時活

162

하고 있다. 이것은 대승의 번뇌즉보리(煩惱卽菩提)[278]라는 사상을 그대로 설하고 있는 것이다.

이와 같이 수행하면 반야의 지혜를 실천하는 것이고 반야의 지혜를 실천하지 않으면 범부가 되는 것이고 반야의 지혜를 일념으로 수행하면 자신의 법신이 부처와 같다. 선지식이여, 범부가 깨달아 부처가 되는 것은 번뇌를 자각하여 보리가 되는 것과 같다. 이전의 생각[前念]에 미혹하면 범부가 되고 지금의 생각[後念]을 깨달으면 부처가 된다. 이전의 생각으로 경계에 집착하면 번뇌인 것이고 지금의 생각이 경계를 벗어나면 보리가 된다.

修此行者, 是般若行, 不修卽凡. 一念修行, 自身等佛. 善知識, 凡夫卽佛, 煩惱卽菩提. 前念迷卽凡夫, 後念悟卽佛. 前念著境卽煩惱, 後念離境卽菩提.[279]

이 법을 깨달은 이는 반야(의 지혜로 살아가는) 법을 깨달아서 반야의 (지혜로) 수행하게 된다. (반야의 지혜로) 수행하지 않으면 범부가 되고 (반야의 지혜로) 일념으로 수행하면 (자신의) 법신이 부처와 같게 된다. 선지식이여, 번뇌가 보리인 것도 이와 같아서 이전의 생각에 미혹하면 범부가 되고 지금의 생각을 깨달으면 부처가 된다.

悟此法者, 悟般若法, 修般若行, 不修卽凡, 一念修行, 法身等佛. 善知識, 卽煩惱是菩提. 前念迷卽凡, 後念悟卽佛.[280]

埋."
278)『大般涅槃經疏』卷27(T38, p.191b17), "經言煩惱卽菩提, 菩提卽煩惱."
279)『六祖大師法寶壇經』(T48, p.350b26~29).
280)『六祖壇經』(T48, p.340a13~15).

활매(活埋)라는 것은 번뇌를 가진 그대로 부처가 되는 것으로 번뇌라는 생각도하기 이전을 말한다. 번뇌라는 생각을 하면 경계에 집착을 하는 것이 된다. 즉 전념과 후념으로 인식하는 대상경계인 제법을 초월한 것이다. 화장이 번뇌 망념을 태워서 없애야 하는 것이라면 활매는 번뇌 망념이 있는 그대로 부처가 되는 것이다. 그러므로 불교의 수행법인 염기즉각 각지즉무(念起卽覺 覺之卽無)[281]는 번뇌 망념이 일어나면 바로 번뇌 망념이 일어난다는 사실을 깨달아 깨닫는 순간에 바로 번뇌 망념은 없어진다는 것을 자각하는 것이 돈오이고 수행의 묘문(妙門)이라고 하며 화장한다고 하고 있다. 화장의 다른 표현을 돈오라고 하고 있으며 이것은 마음이 공적하다는 사실을 깨닫는다고 하는 것이다. 깨닫는다는 것은 번뇌 망념이 공(空)이라는 사실을 확인하는 것이고 공(空)이라는 사실을 깨달으면 번뇌 망념이 공(空)으로 전환되는 것이다. 그래서 돈오나 견성이라고 하는 것은 화장이 되고 임제는 성불을 있는 그대로 모두가 부처라는 것을 활매라고 대승을 주장하고 있다. 그리고 만연구절(萬緣俱絕)이면 자연해탈(自然解脫)[282]이라고 하는 것에서도 색성(色性)이 체공(體空)이면 만연(萬緣)이 모두 끊어져 해탈하게 된다고 하며 모두를 최상승(最上乘)의 부처라고 하고 있다.

결론으로 『금강경』에서 깨달음을 논한 이유를 앞에서 말하였

---

281) 『宗鏡錄』卷34(T48, p.614b17~20), "知之一字, 衆妙之門. 若頓悟此空寂之知, 知且無念無形, 誰爲我相人相, 覺諸相空, 心自無念. 念起卽覺, 覺之卽無, 修行妙門, 唯在此也."; 『高麗國普照禪師修心訣』(T48, p.1007c22~23), "念起卽覺, 覺之卽無."
282) 『頓悟入道要門論』(X63, p.24a10~14), "所言一切處無心者, 無憎愛心, 是言憎愛者見好事不起愛心, 卽名無愛心也. 見惡事亦不起憎心, 卽名無憎心也. 無愛者, 卽名無染心, 卽是色性空也. 色性空者, 卽是萬緣俱絕, 萬緣俱絕者, 自然解脫."

지만 깨달음의 시작은 『금강경』에서 시작된 것이다. 이 경(經)의 제목인 '금강반야'에서 깨달음은 시작된 것이다. 이 말은 반야의 지혜라고 하는 진여의 지혜가 '금강반야'와 같은 것이 된다. 왜냐하면 금강이 진여이고 반야는 지혜이기 때문이다. 그러므로 금강을 "깨어질 수 없는 것"이나 "모든 것을 파괴할 수 있는 것"이라고 하는 것이 이것이다. 진여라는 이것이 금강이되는 것이다. 그러므로 현장이 능단(能斷)을 주장하여 구마라집을 비판한 것이다. 여기의 '발아뇩다라삼먁삼보리심'에서 정각을 능단(能斷)으로 초월하면 대승보살이 되고 이들이 가진 법을 바로알고 무사상(無四相)으로 보살마하살이 몰종적으로 실천하면 최상승의 여래가 되는 것이다.

혜능은 생각을 반야의 지혜로 자각하여 과거에 집착하는 마음 없이 생활해야 한다고 설하고 있다. 무념·무상·무주를 실천하면 대상경계를 만나더라도 청정하게 된다. 즉 육근·육진·육식이 청정하면 자신이 '반야바라밀'을 실천하여 조사가 탄생하게 되는 것이다. 혜능이 깨달은 법은 『금강경』에서 설하고 있는 자신의 법이 "응무소주 이생기심"이 되어야 청정하여 경혹이 일어나지 않는다는 식심견성(識心見性)을 깨달았다고 하는 것이다. 그리고 혜능의 깨달음을 무념·무상·무주라고 하는 것은 이것이 성자의 경지에 들어가는 문이 되기 때문이다. 삼승이 대승이 되려면 무념으로 무상을 실천하되 무주의 실천을 해야 하는 것이다. 이것은 무소주(無所住)의 마음으로 경계에 따라 '마하반야바라밀'을 실천하면 되는 것이다. 즉 반야의 지혜로 살아가면 부처가 되고 사상(四相)에 집착하면 중생이 되는 것이다. 중생과 부처의 본성은 원래 같지만 자신의 오온(五

蘊)이 '반야삼매'가 되어야 사상(四相)이 없는 반야의 지혜로 여래로 살아가게 된다.

『선종영가집』은 어떻게 수행하여 깨달을 수 있는지를 순서대로 설명하고 있다. 이것은 누구나 인생의 삶을 최고로 잘 살아갈 수 있는 방법을 제시한 것이다. 그러므로 출가하여 공가중(空假中)으로 수행해서 삼승이 되는 것이다. 삼승이 되는 것이 일반적인 깨달음이다. 그리고 깨달아 삼승이 되어 '돈오점수'하여 보살마하살로서 '돈오돈수'하는 대승의 수행을 하여 몰종적(沒蹤跡, 沒踪迹)의 여래로 살아가야 한다.

『돈오입도요문론』에서 혜해는 지금 이생에서 세간을 버리지 않고 열반에 드는 것으로 무념이 되는 것이 돈오이고 깨달음이라고 했다. 그리고 각각을 모두 이와 같이 깨달음이 되게 하는 것이 점수의 수행이다. 이런 수행을 하지 않고 어떤 수행을 한다는 것은 맞지 않다. 그러므로 이렇게 바른 수행을 하여 돈오하고 훈습하여야 한다. 그러므로 마음이 부처이지만 수행이 익어져 결국은 마음이라는 생각도 하지 않고 무주(無住)의 생활을 하는 것이다. 즉 마음이 청정한 것이 부처이므로 만법(萬法)이 불법(佛法)이 되어 삼세(三世)에서 무주심(無住心)으로 살아가는 것이다. 혜해는 오종법신을 자각해야 한다고 하는 것으로 법신은 불법의 본체이므로 삼신이 하나로 되어야 정각을 체득한 사람이 된다. 이것은 오종법신을 각자가 체득해야 정각이 된다. 오종법신은 각자 공(空)을 깨닫는 것으로 실상과 공덕 그리고 법성을 공(空)으로 알고 실천해야 하며 자신의 법이 공(空)이라는 사실을 깨달아야 한다. 그리고 허공은 공(空)의 비유이고 인아상이 없어야 화신으로 자신이 여래가 되는 것이다.

혜해는 또 중도를 실천해야 한다고 하며 생멸(生滅)을 불생불
멸(不生不滅)하는 중도(中道)이고 여래라고 하고 있다. 이것은
공(空)의 입장에서 보면 중도가 여래이고 정각이 된다.

　『임제어록』에서 깨달음은 "수처작주 입처개진"하여 일인으로
장소나 지위에 구애받지 않고 생활하는 누구나 자신이 부처이
기에 무의도인으로서 항상 생활하며 살아있는 사람을 부처라고
하며 지식이 많고 적음에 있지 않다고 하는 것이다. 이 사람이
지금 '반야바라밀'을 실천하면 하루에 황금 만 냥을 사용하는
사람보다 위대한 것이다. 그래서 자신이 부처이므로 지금 바로
부처로서 생활하면 되는 것이다. 임제는 수행자가 정토에서 다
시 비교된 깨달음이 있다는 생각을 버리라고 하고 있다. 임제
가 말하는 무의도인(無依道人)이나 일인(一人)과 대장부(大丈
夫)는 혹란(惑亂)이나 명구(名句)에 빠지지 않는다. 그리고 다
시 불법(佛法)이 나타나기를 기다리지 않고 바로 여래로서 살
아가는 사람을 말한다. 이런 사람은 "수처작주 입처개진"을 실
천하는 사람이므로 번뇌 망념을 그대로 돈오하여 대장부로서
조사와 부처라는 명구를 초월한 무의도인으로 살아가게 된다.
『임제어록』에서 말하는 깨달음은 지금 자신이 번뇌 망념을 가
진 그대로가 부처이고 어떤 수행이나 조작이 전혀 없는 몰종적
(沒蹤跡)을 실천하는 것으로 화장(火葬)이 아닌 최상승(最上乘)
의 활매(活埋)를 주장하고 있다.

III. 『금강경』역주

1. 『금강경』의 기존번역의 문제

『금강경』의 번역에서 문제는 첫째로 대비구(大比丘)인 아라한(阿羅漢)에게 설한 것이므로 대승과 최상승에게 설한 경전인데 소승이하로 번역하여 아상(我相, ātmasaṃjñā)을 인정하고 있는 것이다. 둘째는 깨달음과 석공, 체공, 반야, 보살마하살, 아라한, 대비구 등의 언어를 '오종불번'이나 오실본삼불역283)과 한자를 이해하지 않고 영원불멸의 영혼이 윤회한다고 주장하는 것이다. 그리고 앞에서 설명하였듯이 능단(能斷)으로 번역하지 않고 중생을 모든 생명으로 확장하여 설명하는 것과 아뇩다라삼먁삼보리(阿耨多羅三藐三菩提)를 누구나 할 수 있는 것이 아닌 특별한 사람만 할 수 있게 설명하고 있다. 즉 종교라는 언어를 모든 사람이 아닌 특수한 단체에 속한 사람만 할 수 있는 'Religion'으로 만들었기에 종교가 소외된 것이다. 종단이라고

---

283) 『大方廣佛華嚴經隨疏演義鈔』卷19(T36, p.148b24~c13), "言譯梵爲唐誠乃不易者, 案道安法師云. 譯梵爲秦有五失本三種不易, 卽叡公摩訶般若經序所明. 言五失本者, 一梵語盡倒 而使從秦, 一失本也. 二梵經尚質, 此方好文, 傳可衆心非文不合, 二失本也. 三梵經委悉至 於歎詠叮嚀反覆, 或三或四不嫌其繁, 而今裁斥, 三失本也. 四梵有義說正似亂辭, 尋說向語文無以異, 或千或百刈而不存, 四失本也. 五事已全成將更傍及, 反騰前辭已, 乃復今說, 而悉除之此, 五失本也. 又三種不易, 何者, 然般若逕三達之心, 覆面所演聖必因時, 時俗有險易, 而刪古雅以適今時, 一不易也. 愚智天隔聖人叵階, 乃欲以千載之上微言, 傳合百王之下末俗, 二不易也. 阿難出經去佛未久, 尊者大迦葉令五百六通迭察迭書, 今雖千年而以近意裁量, 彼阿羅漢乃兢兢若此, 此生死人而平平若此, 豈將不知法者勇乎斯, 三不易也.";
번역하기 어렵다고 번역하지 않아야 한다고 하면 결국은 지금과 같은 신앙에 떨어지게 되므로 비록 말법이라고 하지만 더 많은 노력을 해야 한다.

168

하지 말고 교단이라고 해야지 'Religion'에 맞는 말이 된다. 그러므로 번역의 문제를 제기하는 이유이고 앞으로 번역을 하고 비교를 하면 많은 것이 다를 것이다. 그러나 우선 여기에서 몇 가지만 설명하고자 한다.

1) 불법을 깨달아 초월

『금강경』에 즉비(卽非)라는 말이 있는데 "곧 (불법이) 아니다."라고 번역을 하면 불법(佛法)이 아닌 것이 되어 불법(佛法)을 강조하기 위한 것이라고 다시 변명하는 설명을 하여야 한다. 이렇게 다시 소승으로 설명해야 한다면 불법으로 전환하여 초월했다는 것과 강조라는 의미를 첨가해야 할 것이다. 즉『금강경』의 8단에 나오는 "所謂佛法者, 卽非佛法"의 번역을 비교해보면 "이른바 불법(부처의 가르침)이라고 하면 불법이 아니니라."[284]라고 번역하고 또 "불법이라 말하지만 사실 불법이라 할 수 있는 고정된 실체가 있는 것이 아니다."[285]라고 하고 있다. 그리고 범어의 번역에서는 "불법(불법 불법이라는 것, 깨달은 사람들의 이법, 깨달은 법, 깨달은 님의 법, 깨달은 이의 가르침)이라는 것은 그래서 말하기를 불법이 아니라고 하기 때문이다."[286]등으로 번역하고 있다. 이 내용을 다시 대승으로 번역하여보면 다음과 같다.

수보리여, 진여의 지혜를 실천하는 모든 부처와 제불의 '아뇩다라삼먁삼보리법'이 모두 이 경전에서 설한 내용을 근거로 하여 출현하고 있기 때문이다. 수보리여, 이른바 내가 말하는 불법이라고 하는 것은 불법을 초월한 진여의 지혜를 실천[卽非佛法]하는 것[287]을 말한다.

284) 대한불교조계종 교육원(2009), p.33. ; 지안(2010), p.89. ; 백성욱 강설(2021), p.113.
285) 성본(2012), p.103.
286) 각묵(1991), p.151. ; 박지명(2019), p.141. ; 이기영(1978), p.192. ; 전재성(2003), p.77. ; 현진(2021), p.153.
287) 『金剛般若經依天親菩薩論贊略釋秦本義記』卷上(T85, p.115c2~3), "卽非佛法者, 謂如來所得佛法 非二乘等共佛法矣."; 『金剛般若經挾註』(T85,

須菩提, 一切諸佛, 及諸佛阿耨多羅三藐三菩提法, 皆從此
經出. 須菩提, 所謂佛法者, 卽非佛法.288)

여기에서 논하고 싶은 것은 '아뇩다라삼먁삼보리(阿耨多羅三
藐三菩提)'와 '즉비(卽非)'이다. '아뇩다라삼먁삼보리'는 '무상정
등정각(無上正等正覺)'이므로 진여의 지혜라는 것을 깨달은 것
이고 '즉비'는 깨달음이라는 '즉(卽)'과 '비(非)'라는 초월을 말
하는 것이다. 초월은 진여의 지혜로 실천을 하면서도 진여의
지혜라는 생각도 하지 않고 대승의 실천을 해야 하기 때문에
'즉비불법(卽非佛法)'이라고 한 것이다. 즉 실천을 하면서도 실
천한다는 조작이 전혀 들어가지 않아야 한다는 대승(大乘)을
설명하고 있다. 이 부분에서 소승의 번역에 문제가 "불법이 아
닌 것이 불법이다."라고 번역을 하여서 이해하기 어려운 것이
다. '즉비'는 '무실'289)"이며 공(空)과 같은 뜻으로 '즉'은 깨달
음으로 전환하는 뜻이고 '비'는 초월의 의미이며 진여이므로 진

---

p.133b3~4), "須菩提所謂佛法, 卽非佛法(法無自性, 證則彌同, 因教悟空
故稱佛. 法由教立, 悟不滯空. 直論無法可非, 豈但卽非佛法)";『金剛經註
疏』卷1(X24, p.454b14~17), "所謂佛法者, 謂是大乘之佛法. 卽非佛法者,
非是二乘之佛法. 非二乘之佛法, 此顯不共義, 是大乘之佛法.";『金剛經淺
解』(X25, p.362c12~13), "所謂佛法者, (皆有相之見耳). 卽非(眞寔明心見
性之)佛法(矣).";『金剛經疏記科會』卷5(X25, p.433c4~5), "所言佛法者,
約世諦故有. 卽非佛法者, 約第一義卽無.";『金剛經石注』(X25, p.590b20
~22), "所謂佛法者, 本來無有. 不過假此 開悟衆生, 使之言下見性, 乃虛
名爲佛法也. 故曰. 卽非佛法.";『金剛經正解』卷1(X25, p.611c9~11), "所
謂佛法者, 本來無有, 不過假此 開悟衆生, 使之言下見性, 乃名爲佛法也.
故曰卽非佛法, 隨掃以顯 般若眞空耳."
288)『金剛般若波羅蜜經』(T08, p.749b23~25). ; 범본에는(Subhūte ´budd
hadharmāś caiva te Tathāgatena bhāṣitāḥ(㉪須菩提, 所謂佛法者, 卽
非佛法. ㉪善現 諸佛法諸佛法者 如來說爲非諸佛法) tenocyante budd
hadharmā iti(㉪是故如來說名諸佛法諸佛法))라고 하며 구마라집은 '卽非
佛法'이라고 하고 마치지만 현장은 모두 번역하고 있다. ㉪는 구마라집,
㉪은 현장의 약호로 함.
289)『金剛經正解』卷2(X25, p.624b2), "言卽非者, 謂無實也."

여의 지혜로 전환하여 번뇌 망념을 벗어난 승의공(勝義空)의 입장인 것이다. 이것은 무상정등정각(無上正等正覺)인 불법(佛法)이 모두 반야바라밀(般若波羅蜜)에 의하여 탄생하기 때문에 불법(佛法)이라는 생각도 하지 않고 실천해야 하는 것[290]이기에 진여의 지혜로 대승의 생활을 한다고 하는 것이다. 그리고 보살이 불국토를 장엄하는 문제에서도 다음과 같다.

> 수보리여, 보살이 불국토를 만들어 장엄한다고 하면 할 수 있겠는가? 세존이시여, 그렇지 않습니다. 왜냐하면 불국토를 장엄한다는 것은 곧 (불국토를 외부의 어디에 만들어) 장엄하는 것을 초월한 (마음속에 불국토를 건설하는 것이므로) 장엄이라고 말하는 것이기 때문입니다.

> 須菩提, 於意云何, 菩薩莊嚴佛土不. 不也世尊. 何以故. 莊嚴佛土者, 則非莊嚴, 是名莊嚴.[291]

이 부분에서도 불국토와 장엄을 외부에서 하려고 하는 것이기에 방편이나 이름만 있다고 하고 있다. 그래서 한글번역들을 보면 장엄한다는 것은 장엄이 아니므로 장엄이라는 형태로 소승(小乘)으로 번역하고 있는데 무슨 뜻인지 알기 어렵다. 그렇지만 불국토나 장엄은 자신의 마음속에서 이루어지는 것이라고 장엄을 초월하여 번역해야 한다. 그러므로 『금강경해의』에서

---

290) 이것은 대승보살인 보살마하살이나 아라한의 입장을 소승과 대승으로 구분하고 있는 부분이다. '즉비'의 번역은 대승으로 해야 하는 것이다. ※ 각주46) '즉비' 참조요.

291) 『金剛般若波羅蜜經』(T08, p.749c18~20). ; 대한불교조계종 교육원(2009), p.41.과 정경숙(2010), p.229.에 의하면 "… 불국토를 아름답게 꾸민다는 것은 아름답게 꾸미는 것이 아니므로 아름답게 꾸민다고 말하기 때문이다."라고 소승으로 번역하고 있다.

다음과 같이 장엄에 대하여 세 가지로 설하고 있다.

　　불국토를 청정하다고 깨달으면 무상이고 무형인데 무엇으로 어떻게 장엄하겠는가? 오로지 정혜의 마니보주로 장엄한다고 임시로 말을 하지만 사리(事理)의 장엄에는 세 가지가 있다. 첫째는 세간의 불국토를 장엄하는 것으로 사찰을 조성하고 사경하며 보시와 공양하는 것을 장엄이라고 한다. 둘째는 신불토를 장엄한다고 하는 것은 모든 사람들을 볼 때마다 불신(佛身)으로 보고 널리 공경하는 것이 장엄이다. 셋째는 심불토를 장엄하는 것으로 마음이 청정하면 불국토가 청정한 것으로 항상 불심으로 생활하는 것이 바로 장엄하는 것이다.

　　清淨佛土, 無相無形, 何物而能莊嚴耶. 唯以定慧之寶, 假名莊嚴. 事理莊嚴, 有三. 第一莊嚴世間佛土, 造寺寫經布施供養是也. 第二莊嚴身佛土, 見一切人, 普行恭敬是也. 第三莊嚴心佛土, 心淨卽佛土淨, 念念常行佛心是也.[292]

불법(佛法)도 역시 본성[理]으로 이루어[事]져야 대승의 불생불멸(不生不滅)이 되는 것처럼 장엄이라는 것도 자신의 마음속에서 이루어져야 불국토를 건설하는 것이다. 불사(佛事)와 보시(布施)하고 공양하며 사경(寫經)하는 것도 궁극적으로는 각자의 마음을 깨닫게 하기위한 것이다. 그러므로 즉비(卽非)의 문제도 장엄을 한다고 하지만 장엄한다는 생각을 초월한 대승으로 장엄해야 최상승의 장엄이 된다고 설명하기 위한 것이다. 이것은 누구를 위하여 '즉비'라는 말을 사용하였다고 할지라도 장엄이라는 생각을 초월하여야 진정한 대승의 장엄이고 최상승이 된다는 것을 말하는 것으로 번역부분에 설명하겠다.

---

292) 『金剛經解義』卷1(X24, p.523b6～10).

2) 고정관념을 초월

여기에서 '아뇩다라삼먁삼보리'를 진여의 지혜나 무상(無上)의 깨달음이라고 하면 이해하기 쉽다. 즉 위없는 올바른 깨달음이라는 말은 '진여'이기에 무상의 올바름이라는 뜻이고 깨달음은 지혜의 다른 뜻이다. 그래서 진여의 지혜라고 말한 것293)이다.

고정된 법이 없다는 것은 실제로 여래가 설한 법이 없다는 것이 아니고 집착이 없는 것을 말한다. 사람들이 불법을 무엇이라고 하면 항상 변하지 않고 영원히 그와 같아야 한다고 하며 시공간을 초월하여 세뇌시켜 다스리려고 하는 것을 방지하기 위하여 고정된 법이 없다고 한 것이다. 그러나 여래가 말한 "가장 높고 바른 깨달음이라고 할 만한 정해진 법이 없다(無有定法名阿耨多羅三藐三菩提)."고 하면서 "여래가 설한 법은 얻을 수도 없고 설할 수도 없으며 법도 아니고 법 아님도 아니다(如來所說法 皆不可取 不可說 非法 非非法)."294)라고 하면 어떤 수행을 해야 하는 것이겠는가? 범본인 "Tathāgatena dharmo ´bhisambuddho deśito vā, agrāhyaḥ so´nabhilapyaḥ, na sa

---

293) 『妙法蓮華經憂波提舍』卷2(T26, p.10a3~6), "此言阿耨多羅三藐三菩提者, 以離三界分段生死, 隨分能見眞如法性名得菩提, 非謂究竟滿足如來方便涅槃也.";『金剛經補註』卷2(X24, p.844c19~23), "發阿耨多羅三藐三菩提心者, 應知一切衆生, 皆有佛性, 應見一切衆生無漏智慧, 本自具足, 應信一切衆生靈源眞性, 無生無滅. 若能了悟此意, 卽是一切智慧, 不作有能所心, 不存知解相, 口說無相法, 心悟無相理, 常行無相行.";『金剛仙論』卷2(T25, p.805a15~21), 재인용. ;『金剛般若論』卷2(T25, p.764a10~13), "如來正覺阿耨多羅三藐三菩提者等, 又 經言, 須菩提, 如來所正覺法, 於是中不實不妄者, 顯示眞如無二故."

294) 대한불교조계종 교육원(2009), p.30. ; 지안(2010), p.79. ; 다른 책들의 번역도 비슷하므로 생략함.

dharmo na adharmaḥ."의 번역295)도 위와 같다. 이것은 진여의 지혜라는 불법이 있는데도 "인식할 수도 말로 설명할 수 없다[皆不可取 不可說]."296)는 등으로 번역하며 종교를 신앙으로 소승의 번역을 하는 것은 오히려 여러 문제를 다시 제기할 수 있기에 대승으로 번역하면 다음과 같다.

> 수보리여, 여래가 '아뇩다라삼먁삼보리'를 얻었다고 생각하느냐? … 왜냐하면 여래께서 설법을 한 것은 모두가 지식으로 취하여 얻는 것도 아니고 설명하여 얻을 수 있는 것이 아니므로 고정된 설법이 아니고[非法, 空] 또 여래께서는 설법을 하신다는 집착도 없이 하시는 설법이기 때문입니다[非非法, 不空]. 왜냐하면 모든 현성들은 모두가 무위법인 진여의 지혜로 어디에서나 설법을 하시기 때문입니다.

> 須菩提, 於意云何, 如來得阿耨多羅三藐三菩提耶. 如來有所說法耶. 須菩提言. 如我解佛所說義, 無有定法 名阿耨多羅三藐三菩提. 亦無有定法, 如來可說. 何以故, 如來所說法, 皆不可取, 不可說, 非法, 非非法. 所以者何, 一切賢聖, 皆以無爲法 而有差別.297)

여기에서 최고의 깨달음이나 깨달았다고 하는 법이 없는 것이 아니고 각자가 자각하는 고정된 방법이 없는 것이다. 왜냐하면 자신의 마음은 자신이 다스리기 때문이다. 여기에서 문제는 "na sa dharmo na-adharmaḥ(非法, 非非法)"에서 범어를 '非法'과 '非非法'으로 번역한 것은 '非法'은 공(空)이고 '非

---

295) 각묵(1991), p.143. ; 이기영(1978), p.186. ; 전재성(2003), p.161. ; 현진 (2021), p.133.
296) 이기영(1978), p.186, "agrāhyaḥ so ′nabhilapyaḥ"
297) 『金剛般若波羅蜜經』(T08, p.749b12~18). ※ 7단에 번역함.

非法'은 불공(不空)이 되는 것이다. 그러나 고정된 특별한 법이 존재한다는 집착에 의하여 문제가 있는 것이다. 이렇게 소승법으로 번역하는 것을 여래의 법(法)이라고 하면 궁극에는 독재나 신앙을 가르치는 여래가 될 수도 있다. 여래는 철저하게 모든 사람들에게 평등과 자유를 가르치기에 천상천하유아독존(天上天下唯我獨尊)을 주장하는 것이다. 무위법(無爲法)으로 차별한다는 것은 무위법을 깨달아 실천하는 것을 말하는 것이며 세속의 차별이 아니라 "중생들의 근기에 맞추어 방편법문을 설하는 것"298)이라고 하는 것은 자신이 무주(無住)로서 불공(不空)을 성자(聖者)로서 대승(大乘)으로 실천해야하는 것이다.

---

298) 성본(2012), p.93.

3) 불법의 바른 실천

무실무허(無實無虛)에 대하여 진공묘유(眞空妙有)로 설명한 "성본과 연제가 '無實無虛', '眞空妙有'를 해석한 것은 전적으로 옳고 표준본의 해설이 틀리다고 할 수는 없다. 즉 '진공묘유'를 무상(無相), 무아(無我), 공(空)으로 해석하는 것은 경전을 확대 해설한 것이다. 이러한 점에서 석진오는 '무실무허'를 중도(中道)로 해설하고 있는 것이 좋은 안목"[299])이라고 하고 있다. 그러면 무실무허(無實無虛)를 "진실도 없고 거짓도 없다."[300])라고 하고, 또 "실도 없고 허도 없다."[301])라고 번역한다고 하여도 무슨 뜻인지 쉽게 알 수 없는 것이다. 그러므로 이 부분을 대승(大乘)으로 번역하여 의미를 먼저 파악하여 보겠다.

> 수보리여, 여래가 ('아뇩다라삼먁삼보리'의) 법을 체득하였다고 하는 이 법은 (언어문자를 벗어난 법이므로) '무실'(이라고 설한 것)이며 (지금 진여의 지혜로 생활하는 것을 설하고 있기 때문에) '무허'라고 한다.

> 須菩提, 如來所得法, 此法無實無虛.[302])

---

299) 정경숙(2010), p.244.
300) 각묵(1991), p.255, 320. ; 전재성(2003), p.100, 111. ; 대한불교조계종 교육원(2009), p.53, 64. ; 지안(2010), p.149, 184. ; 범본에 의하면 "na tatra satyaṃ(진실) na mṛṣā(거짓)"을 구마라집은 '此法 無實無虛'로 하고 현장은 '卽於其中 非諦非妄'으로 하고 있다.
301) 이기영(1978), p.251, 284.
302) 『金剛般若波羅蜜經』(T08, p.750b28~29). ; 『金剛經會解』卷2(X24, p.586b11~14), "又無實故非有爲之相, 無虛故非無眞如之相. 故曰如來說一切法等, 言一切法皆佛法故無虛. 一切法卽非一切法故無實, 無虛無實是名一切法, 是一切法非復一切法."

(번역생략) 그러므로 여래가 설하는 일체법이라고 하는 것이 모두가 불법이 된다. 수보리여, (여래가 말하는) 일체법이라고 하는 것은 (모든 법을 청정하게 '공'으로 알기 때문에 일체법을 벗어났으므로) '즉비일체법'이라고 말한 것이고 일체법이라고 말하는 것(은 일체법을 자각하여 진여의 지혜로 생활하기 때문)이다.

須菩提, 如來所得阿耨多羅三藐三菩提, 於是中無實無虛. 是故如來說 一切法皆是佛法. 須菩提, 所言一切法者, 即非一切法, 是故名一切法.303)

성본의 번역에 의하면, "수보리(須菩提), 여래소득법(如來所得法), 차법무실무허(此法無實無虛)"를 "수보리여, 여래가 깨달아 체득한 불법은 진여 본성의 지혜작용[眞如法]이기 때문에 의식의 대상경계에 실재하는 것이 없고[無實], 진여 본성의 지혜작용이 여법하게 실행하므로 허망한 것이 아니다[無虛]."304)라고 하고 있다. 그리고 "수보리(須菩提), 여래소득아뇩다라삼먁삼보리(如來所得阿耨多羅三藐三菩提), 어시중무실무허(於是中無實無虛)."를 "수보리여, 여래가 득한 최고의 올바른 깨달음은 의식의 대상경계에 존재하는 것이란 아무것도 없으며[無實], 또한 깨달음의 지혜작용이 진실하고 허망한 것이 아니다[無虛]."305)라고 하고 있다.

이것은 무실(無實)을 공(空)이라하고 무허(無虛)를 불공(不空)으로 번역한 것은 진실이 없는 것이 아니라 여래가 얻은 법이 공(空)으로 다시 살아나는 것을 무허(無虛)라고 하고 있는

---

303) 『金剛般若波羅蜜經』(T08, p.751a29~b3).
304) 성본(2012), p.169.
305) 성본(2012), p.237.

것306)이 된다. 그러므로 대승의 입장에서는 거짓이 없는 것이 아니라 여래가 얻은 일체법이 진실로 존재하게 된다. 그래서 진공묘유(眞空妙有)라고 번역을 하면 진공(眞空)이 되어 미묘한 작용이 있는 것이라는 뜻이다. 그러면 무실(無實)이 진공(眞空)이고 무허(無虛)는 묘유(妙有)가 되어 공(空)을 실천하는 것이 불법(佛法)이라는 말이 되어 불공(不空)을 실천하는 것이 된다. 중도를 실천하는 것이 일체의 불법(佛法)이지만 여래가 이것을 얻은 '아뇩다라삼먁삼보리'는 고정된 법이 아닐 뿐이지 없는 것은 아니다. 그러므로 여래가 얻은 법이 진실도 거짓도 없다고 하면 언어만 직역한 것이 된다. 대승의 즉비(卽非)를 "곧 아니다."라고 직역하면 이해하는 것은 불가능하다.

성본의 번역은 무실(無實)을 "의식의 대상경계에 존재하는 것이란 아무것도 없다."고 하였고 무허(無虛)를 "진여본성이나 깨달음의 지혜작용이 진실하여 허망한 것이 아니다."라고 하였다. 이것은 불법의 내용을 말하는 것으로 공(空)과 불공(不空)을 설명한 것이라고 생각되지만 여기에 번뇌 망념이 아무것도 없는 것이 되어야 진여의 지혜로 대승의 생활을 하게 되어 허망한 것이 아니게 되는 것이다. 그러므로 무실무허(無實無虛)를 '범본'이나 '한본'에만 집착하지 말고 대승의 일체법이라는 산을 보아야 하는데 산의 나무만 보면 편협 된 것이다. 그리고 공(空)을 비운다고만 알고 비우면 청정한 진실이 있다는 생각을 하지 않고 비워야 한다는 마음만 있으면 영원히 돈오(頓悟)

---

306) 『金剛般若經疏論纂要』卷2(T33, p.163c2~4), "無實者, 如言說性非有故. 無虛者, 不如言說自性故有."；『金剛般若波羅蜜經註解』(T33, p.233b9~10), "無實無虛者, 如來所證之法, 本離言說故曰無實, 對機有說故曰無虛也."

하지 못하게 된다. 그러므로 공(空)과 불공(不空)을 이해하지
못하는 소승(小乘)들은 사소한 다툼 때문에 많은 것을 잃게 되
는 것을 알지 못하여 오히려 대승(大乘)과 최상승(最上乘)의 부
처를 비방하게 되는 것이다.

4) 여래가 되는 법

실지실견(悉知悉見)307)에서도 앞에서와 마찬가지로 여래를
전지전능한 사람으로 만드는 번역을 하지 않아야 하는 것이다.
『금강경』에 나오는 '실지실견'에 대하여 한글번역을 보면 "여래
는 … 다 알고 다 본다."308)라고 하고 있다. 그리고 범본의 한
글번역을 보면 "여래는 부처의 지혜나 부처의 눈으로 알고 본
다."309)라고 번역하고 있다. 여기에서는 "부처의 지혜나 부처의
눈으로"라고 하는 말을 첨가하여 조금 더 진전된 번역이다. 그
러나 이와 같은 번역은 여래라는 석가모니가 지금도 실제로 존
재한다는 가정을 하고 아견(我見)을 인정한 번역이다. 신앙의
단체에서는 교단을 운영하기 위하여 그렇게 할지라도 학문을
하는 입장이나 선(禪)수행자의 입장에서는 '아견'을 인정하면
무아(無我)사상(思想)과 배치(背馳)되는 문제가 있다. 즉 자신

---

307) 『金剛經註解』卷3(X24, p.791c20~21), "悉知悉見是人成就功德者, 三世
　　諸佛無不知, 見了悟之人. 故能成就無量無邊功德."

308) 대한불교조계종 교육원(2009), p.28, 53, 55. ; 지안(2010), p.67, 149,
　　163.

309) 각묵(1991), p.107, 263, 271. ; 전재성(2003), p.70, 102, 103.(여래께
　　서는 깨달은 님의 지혜로 그들을 알고, 깨달은 님의 눈으로, 그들을 보고,
　　완전히 파악하고 있다.) ; 범본에 의하면 "jñātās te(㊉悉知 ㊞悉已知彼)
　　Subhūte(㊉須菩提 ㊞善現) Tathāgatena buddha-jñānena(부처의 지혜
　　로써, ㊉如來 ㊞如來以其佛智) dṛṣṭās te(㊉悉見 ㊞悉已見彼) Subhūte
　　Tathāgatena buddha-cakṣuṣā(부처의 안목으로, ㊉如來 ㊞如來以其佛
　　眼)"를 구마라집은 '須菩提, 如來悉知悉見'이라 하고 현장은 "善現 如來
　　以其佛智 悉已知彼 如來以其佛眼 悉已見彼"라고 하였다. "jñātās te와
　　dṛṣṭās te"를 구마라집은 '悉知悉見'이라 하고 현장은 "悉已知悉彼와 悉
　　已見彼"라고 하였다. 구마라집은 "Tathāgatena buddha-jñānena와
　　Tathāgatena buddha-cakṣuṣā"를 여래라고 번역하였고 현장은 부처의
　　지혜나 여래의 안목이라고 번역하였다. 그렇지만 지혜나 안목을 자신의
　　것이냐 여래의 것이냐의 차이에 의한 번역의 문제인 것이다. 이것이 지금
　　은 여래의 것으로 고착화된 것으로 생각된다.

이 여래가 되어 진여의 지혜로 자신의 마음을 모두 다 알고 보는 것이다. 그래서 이것을 번역하여 보면 다음과 같다.

수보리여, 여래가 되면 진실로 (자신이 진여의 지혜로 자성이 불성이라고) 알고 (자신이 불법에 맞게) 친견하여 (생활하는 것을 말하는 것이어서 모든 중생들도) 이와 같이 (여시한 진여의 지혜를) 체득하여야 무량한 복덕이 있게 된다.

須菩提, 如來悉知悉見. 是諸衆生 得如是無量福德.[310]

만약에 선남자와 선여인이 자신이 이 '경'을 (정확하게 알고) 수지하여 독송하고 (타인에게 설하는 사람이 있으면) 곧 여래가 되어 부처의 지혜로 모든 것을 아는 사람이며 모든 부처를 친견한 사람이니 (자신이 불지견을 체득한 것으로) 무량하고 무변한 공덕을 모두 성취하게 된다.

若有善男子, 善女人, 能於此經受持讀誦, 則爲如來以佛智慧悉知是人, 悉見是人, 皆得成就無量無邊功德.[311]

부처님이 수보리에게 말했다. 이와 같이 많은 불국토중에 있는 중생들에게 생기는 모든 마음을 (각자가) 여래가 (되면 모두가 자신의) 모든 마음을 모두 알게 된다.

佛告須菩提. 爾所國土中, 所有衆生若干種心, 如來悉知.[312]

만약 어느 사람이 스스로 (이 '경'을 듣고 정확하게 깨달아) 수지하고 (진여의 지혜로 생활하며) 독송하여 널리 사람들에게 해설할 수 있는 사람이면 자신이 여래로서 실제로

310) 『金剛般若波羅蜜經』(T08, p.749b3~4).
311) 『金剛般若波羅蜜經』(T08, p.750c3~6).
312) 『金剛般若波羅蜜經』(T08, p.751b24~25).

(자신의 망념을 모두) 아는 사람이고 (여래를) 실제로 친견한 사람이기 때문에 생각할 수도 없고 설명할 수도 없는 끝없는 불가사의한 공덕을 얻게 된다.

若有人能 受持讀誦, 廣爲人說, 如來悉知是人, 悉見是人. 皆得成就不可量 不可稱 無有邊 不可思議功德.313)

이렇게 번역하는 이유는 여래나 부처가 자신이 되는 대승이나314) 최상승을 말하기 때문이다. 그래서 여래의 지혜나 안목을 자신이 갖추게 되는 것을 말하여 진여의 지혜라고 대승으로 번역한 것이다. 그러므로 소승으로 신앙의 입장에서 기도하여 성취하여 주기를 바라는 안목은 오히려 여래를 비방하는 것이 된다. 여래는 모든 중생들이 여래로 살아가기를 바라는 입장에서 이 경(經)을 설한 것이므로 여래는 설하여 제도한다는 생각도 하지 않고 제도하는 몰종적(沒蹤跡)의 제도(濟度)315)를 바라고 있다.

이상에서 살펴본 것은 '아상(ātmasaṃjñā)'을 '무아상'으로 해야 하는 것과 대승으로 체공(體空)의 입장에서 번역해야 하는 것이다. 그리고 '아견'을 인정하지 않고 요의경(了義經)의 입장에서 번역하면 자신이 현신으로 여래가 되는 것이다.

---

313) 『金剛般若波羅蜜經』(T08, p.750c14~17).
314) 성본(2012), p.73.에는 "진여 본성 지혜작용[여래]"이라고 하고 있다. 이것은 '작용'이라는 말은 의미가 모호하지만 진여의 지혜로 살아가는 사람을 말하는 것일 것이다.
315) 『金剛般若波羅蜜經略疏』卷2(T33, p.249b24~25), "如來不度一衆生, 若度衆生者, 卽是五陰中取相故." 여래가 중생을 제도한다는 마음이 있으면 '아상'이 있게 된다.

2. 『금강경』

　이 경(經)의 유래는 부처님께서 설법한 것을 아난의 입을 통하여 경(經)을 결집한 것을 구마라집(401), 보리유지(509), 진제(562)에 의하여 『金剛般若波羅蜜多經』으로 번역되고, 급다(岌多, 590)에 의하여 『金剛能斷般若波羅蜜多經』과 현장(玄奘, 648)에 의하여 『大般若波羅蜜多經』卷577에 번역되고, 의정(義淨, 703)에 의하여 『佛說能斷金剛般若波羅蜜多經』으로 번역된 것이다. 여기에서는 여러 본(本)이 번역되어 있지만 구마라집의 번역본을 저본으로 하고 다른 본(本)들은 참고로 번역하는데 사용하겠다. 경(經)의 내용을 중심으로 요의경(了義經)의 입장에서 대승으로 번역하여 그 당시의 모습을 바탕으로 지금 수행에 사용할 수 있게 하려고 한다.

1) 法會因由分(법회인유분)316)

이 경(經)이 만들어진 이유를 설하는 장면을 아난존자의 입을 통하여 해공(解空)제일(第一)인 수보리존자에게 설법하는 것으로 묘사하고 있다. 석가모니 부처님께서 직접 탁발하는 모습은 절대평등을 보여 주는 것으로 부처가 되어도 누구나 절대평등하다는 것을 직접 몸으로 보여주는 장면을 다음과 같이 기록하고 있다.

나는 (청정하게 불법에 맞게) 여시하게 들었습니다. 어느 날 부처님께서 사위국의 기수급고독원317)에 대비구들 천이백오십 명318)과 같이 (계실 때에 설법을) 하셨다. 그때는 세

---

316) 『金剛經註』卷1(X24, p.536b16~18), "丞相張無盡居士云 非法無以談空 非會無以說法 萬法森然日因 一心應感曰由 故首以法會因由分.";『金剛經正解』卷1(X25, p.607a7~8), "法者即大乘法也. 會者佛與諸弟子 共會於祇園也. 因始也. 由行也. 行必有所始. 此法會者, 乃作經之因由也."

317) 『金剛般若波羅蜜經註解』(T33, p.228b11~13), "祇樹給孤獨園者, 祇陀太子施樹, 給孤長者買園, 共立精舍請佛而住, 此說法處也."

318) 『佛說阿闍世王經』卷1(T15, p.393b23~24), "其有凡**比丘**者得**須陀洹**.";『金剛仙論』卷1(T25, p.801c24~25), "**大比丘**者, 義乃多種, 今但取斷煩惱盡 得**羅漢**者 以之爲大比丘.";『金剛般若波羅蜜經註解』(T33, p.228b14~15), "**比丘**者梵語也. 華言**乞士**. 上乞法以資慧命, 下乞食以資色身.";『梵網經古迹記』卷2(T40, p.702c14), "言**比丘**者, 先受**聲聞**.";『金剛般若經依天親菩薩論贊略釋秦本義記』卷上(T85, p.110c24~26), "言比丘者此云乞士, 淸淨活命故. 衆者四人已上和合名衆.";『維摩經文疏』卷3(X18, p.478b21), "人今言**大比丘**者即是**大阿羅漢**也.";『金剛經解義』卷1(X24, p.518a16~18), "大比丘者, 是大阿羅漢故. 比丘者是梵語, 唐言能破六賊, 故名比丘, 衆, 多也. 千二百五十人者, 其數也. 俱者, 同處平等法會.";『銷釋金剛經科儀會要註解』卷3(X24, p.677c7~10), "**大比丘**者, 言得道之深, 乃**菩薩阿羅漢**之類也. 千二百五十人者, 優樓頻螺等五百人, 那提三百人, 伽耶二百人, 舍利弗一百人, 目犍連一百人, 耶舍長者五十人. 故云. 千二百五十人俱也.";비구는 성문이고 대비구는 아라한이다. 『금강경』의 설법을 대승과 최상승에게 한다는 것은 1250명은 부처님이 제도한 제자인 대비구로 모두가 보살마하살이나 아라한이다. 그러므로 이 '경'의 설법을 들어도 소승들은 듣고 이해하고 해설한다는 것이 불가능하다고 이 '경'에서 설하

존께서 공양을 하실 때인지라 의발을 갖추어 입고 사위국의 큰 성으로 가서 그 성에서 걸식319)을 하시고 원래 (계시던 기수급고독원으)로 돌아왔다. (돌아와) 공양을 하고 나서 의발을 잘 정리하여 놓고 발을 씻고 자리를 펴고 앉았다.

如是我聞. 一時 佛在舍衛國 祇樹給孤獨園 與大比丘衆 千二百五十人俱. 爾時 世尊食時 著衣持鉢 入舍衛大城乞食 於其城中 次第乞已 還至本處. 飯食訖 收衣鉢 洗足已 敷座而坐.320)

탁발을 하는데도 자신의 위신력 때문에 헛되이 탁발하는 것이 아니라 직접 시주에게 설법을 하여 그들의 소원을 공(空)으로 자각하게 제도(濟度)321)하고 있는 대승의 탁발인 것이다. 이런 상황을 자세하게 묘사한 이유를 여러 가지로 설명할 수 있겠지만 이 경(經)을 편집할 당시의 사람들도 불평등했다는 것을 설명하는 것이며, 또 이 경(經)을 편집할 당시의 사람들도 불신(不信)이 많은 시대였다고 볼 수도 있다.

다른 번역들을 비교하여 보면 특이한 사항은 별로 없지만 여시아문(如是我聞)에서 "이와 같이 나는 들었다."라고 하고 있는데 성본의 번역은 "나는 부처의 설법을 이렇게 진여 본성의 지

고 있다. '여시아문'과 1250명 등은 결집에서 첨가한 것으로 사료됨.

319) 걸식(乞食): 음식을 구걸하는 행위가 아니라 탁발이라는 수행과 교화를 하기 위해 공양하는 의식이다. 스님들이 분소의를 입고 탁발을 가면 누구나 음식을 제공하는 것이 강제성 없는 의무가 되어 있는 국가라는 것을 내포하고 있는 말이다. ;『彌沙塞部和醯五分律』卷17(T22, p.120b16), "比丘盡形壽依乞食住, 出家受具足戒." ;『妙法蓮華經玄贊』卷1(T34, p.667a6~8), "一諸聲聞修小乘行, 依乞食等自活, 以比丘等爲名. 二菩薩修大乘行, 求覺利有情, 以菩提薩埵爲目."

320) 『金剛般若波羅蜜經』(T08, p.748c20~24).

321) 『頓悟入道要門論』卷1(X63, p.23.a11), "當知衆生自度, 佛不能度."; 자신이 스스로 제도하게 하는 것.

186

혜로 여법하고 여실하게 들었다."322)라고하고 있다. 그러나 부처님의 말씀을 아라한과나 성불하여 불법(佛法)에 맞게 들었다고 한 것은 아난이 경전의 결집에 참석할 때 대승이나 최상승이기 때문이다. 그래서 가섭이 아난에게 견성(見性)한 후에 아라한과나 성불하고 경전결집에 참여시킨 것이 된다. 그러므로 아난은 부처의 입장에서 이 경(經)을 듣고 결집한 것이므로 아난이 중생의 입장에서 말한 것이 아니다. 그러므로 아난이 깨달아 부처의 입장에서 아난의 입을 통하여 석가의 마음을 전한 대승(大乘)과 최상승(最上乘)의 경(經)인 것이다.

즉 석가모니의 친설 경전은 구전으로 전해들은 것을 그대로 경전으로 결집한 것을 말하는데 대승이나 최상승의 불교에서는 불법(佛法)을 깨달아 체득한 부처와 보살들이 경전을 보고들어서 부처와 똑같이 깨달아 체득하게 편집한 경전을 '여시아문'이라고 설하고 있다.323) 그러므로 이 경(經)이 친설이든 친설이아니든 결국은 그 당시에도 아난의 상호를 보고 부처가 아니라고 소승들이 의심한 것을 전하고 있다.324) 논자의 입장에서는 부처의 설법을 부처의 입장에서 기록한 것이 정확한 대승불교

---

322) 성본(2012), pp.9~18.
323) 『金剛經采微餘釋』(X24, p.632c17), "小乘無作佛之分, 如何疑阿難成佛耶.";『楞嚴經正脉疏』卷1(X12, p.192a5~6), "此緣結集時, 阿難感變相好同佛, 衆疑阿難成佛 釋迦再來 諸佛降附 唱此四字. 三疑頓息故必首標.";여기에서 소승들이 아난의 성불을 의심하듯이 이 논에도 아라한과 부처를 혼용하였다. 『경덕전등록』에서는 아난을 아라한과(각주23)참조)라고 하지만 소승들은 아난이 부처가 되는 것을 믿지 못하므로 이 경의 첫머리에 '여시아문'을 넣었다고 하고 있다. 소승이 아난이 부처가 되는 대승법을 이해하지 못하는 것은 소승의 일불사상이 고정관념화 되었기 때문이라고 할 수 있다.
324) 『金剛三昧經通宗記』卷1(X35, p.262c12~15), "阿難承命, 禮衆僧足, 陞於法座, 忽現相好如佛. 時大衆悉皆生三種疑, 一疑佛重生, 二疑他方佛來, 三疑阿難成佛. 而阿難唱如是我聞, 衆疑頓釋, 乃至衆等歡喜, 作禮奉行."

의 경(經)인 것이다. 즉 사용하던 언어나 편집이 다르다고 할지라도 그 의미를 대승이나 최상승으로 파악하여 요의경(了義經)이 되어야 한다.325) 그러나 지금도 불요의경(不了義經)으로 이해하여 여래라는 신앙(信仰)에 떨어지는 것은 안타까운 일이다.

---

325) 『大般涅槃經』卷6(T12, p.402a11~13), "了義者名爲菩薩, 眞實智慧隨於自心, 無礙大智, 猶如大人無所不知, 是名了義. 又聲聞乘 名不了義. 無上大乘乃名了義."; 『大般涅槃經』卷6(T12, p.642c3~16), "依了義經, 不依不了義經者, 不了義者謂聲聞乘, 聞佛如來深密藏處 悉生疑怪, 不知是藏出大智海, 猶如嬰兒無所別知, 是則名爲不了義也. 了義者, 名爲菩薩眞實智慧, 隨其自心無礙大智, 猶如大人無所不知, 是名了義. 又, 聲聞乘名不了義. 無上大乘乃名了義. 若言. 如來無常變易, 名不了義. 若言. 如來常住不變, 是名了義. 聲聞所說應證知者, 名不了義. 菩薩所說應證知者, 名爲了義. 若言. 如來食所長養, 是不了義. 若言. 常住不變易者, 是名了義. 若言. 如來入於涅槃, 如薪盡火滅, 名不了義. 若言. 如來入法性者, 是名了義."; 『大方等大集經』卷29(T13, p.205b10~24), "云何依了義經 不依不了義經. 不了義經者 分別修道, 了義經者 不分別果. 不了義經者 所作行業信有果報, 了義經者 盡諸煩惱. 不了義經者 訶諸煩惱, 了義經者 讚白淨法. 不了義經者 說生死苦惱, 了義經者 生死涅槃 一相無二. 不了義經者 讚說種種莊嚴文字, 了義經者 說甚深經難持難了. 不了義經者 多爲衆生說罪福相, 令聞法者 心生欣惑. 了義經者 凡所演說 必令聽者 心得調伏. 不了義經者, 若說我人・衆生・壽命・養育・士夫・作者受者, 種種文辭, 諸法無有 施者受者, 而爲他說 有施有受. 了義經者, 說空無相無願無作無生, 無有我人・衆生・壽命・養育・士夫・作者受者, 常說無量諸解脫門. 是名依了義經, 不依不了義經."

188

2) 善現起請分(선현기청분)[326]

앞으로 설법할 것이 자기의 자성(自性)을 수지(受持)하는 것
은 자성을 불성(佛性)이라고 정각하는 것을 보살이라 하고 있
다. 자신이 여래라는 사실을 확인하면 번뇌 망념에 다시 떨어
지지 않게 될 것이라는 것을 수기함으로 인하여 모든 보살들이
불법(佛法)을 계승하게 된다는 수보리존자의 찬탄이다. 자신의
마음속에 일어나는 망심(妄心)을 보살이 어떻게 다스려서 어떻
게 굴복시켜야 하는지를 진여의 지혜로 다스려야 한다고 다음
과 같이 설하고 있다.

　　이때에 장로 수보리가 대중들 가운데에 있다가 자리에서
　　일어나 가사를 수하고 오른쪽 무릎을 땅에다 꿇고 합장하여
　　공경스럽게 (예배하고) 부처님에게 말했다. 세존이시여 희유
　　한 설법이십니다. 여래의 설법은 모든 보살들이 (자기의 진
　　성을) 수지하(여 번뇌 망념에 떨어지지 않)게 하고 모든 보
　　살들에게 (불법을) 부촉(하여 불법이 단절되지 않게) 하십니
　　다.[327] 세존이시여, 선남자와 선여인이 '발아뇩다라삼먁삼보

---

326) 『金剛經註』卷1(X24, p.537c11), "從空起慧 請答雙彰 故受之以善現起
　　請分."；『金剛經註解』卷1(X24, p.762c22), "善現, 卽須菩提也, 起來請佛
　　說法."；『金剛經註解』卷3(X24, p.796c2~4), "李文會曰. 云何應住, 云何
　　降伏其心者, 注見善現起請分中. 當生如是心者, 謂二乘之人, 執著諸相, 起
　　諸妄念, 如來指示. 令其心常空寂, 湛然清淨."

327) 범본과 현장은 "anuparigṛhītāḥ(제접하다) parameṇa(최고의) anugra
　　heṇa(호념하였다) ❶能以最勝攝受 攝受諸菩薩摩訶薩." 그리고 "parīndit
　　āḥ(기쁘게 하다) paramayā(최상의) parīndanayā(부촉하였다). ❶能以最
　　勝付囑 付囑諸菩薩摩訶薩."이라 하였다. ；『金剛經解義』卷1(X24, p.518c
　　5~14), "護念者, 如來以般若波羅蜜法, 護念諸菩薩. 付囑者如來以般若波
　　羅蜜法, 付囑須菩提諸大菩薩. 言善護念者, 令諸學人, 以般若智, 護念自身
　　心, 不令妄起憎愛, 染外六塵, 墮生死苦海, 於自心中, 念念常正, 不令邪
　　起, 自性如來, 自善護念. 言善付囑者, 前念清淨, 付囑後念, 後念清淨, 無
　　有間斷, 究竟解脫. 如來委曲誨示衆生, 及在會之衆, 當常行此, 故云善付囑

리심'의 (원력을 세운 보살로서) 어떠한 사상(思想)을 가져야
하며 어떻게 그 마음을 굴복시켜야 합니까? 부처님이 말했
다. 대단하고 위대하구나. 수보리여, 그대가 말한 것과 같다.
여래의 설법은 모든 보살들이 (자기의 진성을) 수지하(여 번
뇌 망념에 떨어지지 않)게 하고 모든 보살들에게 부촉(하여
불법이 단절되지 않게) 한다. 그대들은 (자성으로 진제의 입
장에서 설법을) 잘 들어라. 내가 그대들이 (알고자) 하는 것
을 설하겠다. 선남자와 선여인이 '발아뇩다라삼먁삼보리심'
(의 원력을 세운 보살)이면 (진여의 지혜로 자각하는) 청정
한 사상을 가져야 하며 (진여의 지혜로 자각하는) 청정한 사
상으로 그 마음을 굴복시켜야 한다.328) 세존이시여, 그렇습
니다. 간절한 마음으로 (부처님의 법문을 자세하게) 듣기를
원합니다.

　時　長老　須菩提, 在大衆中　卽從座起　偏袒右肩　右膝著地
合掌恭敬　而白佛言. 希有, 世尊. 如來　善護念　諸菩薩　善付
囑　諸菩薩. 世尊, 善男子　善女人　發阿耨多羅三藐三菩提心
應云何(云何應)住, 云何降伏其心. 佛言　善哉　善哉. 須菩提,
如汝所說. 如來　善護念　諸菩薩　善付囑　諸菩薩. 汝今諦聽.
當爲汝說. 善男子　善女人　發阿耨多羅三藐三菩提心　應如是
住　如是降伏其心. 唯然　世尊, 願樂欲聞.329)(※ ( )안은 이외의

也. 菩薩者梵語, 唐言道心衆生, 亦云覺有情. 道心者, 常行恭敬, 乃至蠢動
含靈, 普敬愛之, 無輕慢心, 故名菩薩."；『金剛經註解』卷1(X24, p.763c5~
7), "善護念者, 善教諸人不起妄念也. 諸菩薩者, 諸者不一之義, 菩之言照,
薩之言見, 照見五蘊皆空, 謂色受想行識也."；『金剛經采微』卷1(X24, p.
607b23~c2), "善護念者, 若已熟菩薩, 佛卽護念, 以善巧力, 防護憶念, 恐
失善利. 善付囑者, 若未熟菩薩, 佛則付託囑累, 已熟菩薩, 於未來世中, 以
般若而成熟之, 是故如來護念付囑, 使佛種性, 永永不斷."；『金剛經部旨』卷
1(X25, p.505b19~20), "當知善護善付是如來之行到, 而空生之見到, 二心
不別, 故佛垂印許."
328)『頓悟入道要門論』卷1(X63, p.23.a11), "當知衆生自度, 佛不能度."；『六
祖大師法寶壇經』卷1(T48, p.349a17~18), "惠能言下大悟, 一切萬法, 不
離自性."；일체의 만법이 자성을 벗어나지 않는다는 것을 깨달아 자신이
자신을 제도해야 하기 때문에 이렇게 의역하였다.

190

본에 의함.)

　불법(佛法)에 맞게 수행하려고 하면 기본적인 마음자세는 되어야 하는 것이기에 최소한의 불도(佛道)를 흠모하든지 아니면 양심은 있어야 하는 것이다. 그러나 이것을 어기고 부처라든지 교주라는 명예와 권력을 추구하는 마음을 가지고 이 마음을 다스리려고 하면 모래로 밥을 짓는 것과 같다고 하는 것이다. 그 다음은 신구의를 청정하게 하는 삼학을 실천하여야 자신의 마음을 다스릴 수 있게 되는 최소한의 기초는 만들어지는 것이다. 이 단에서 제시하고 있는 항복이라는 것은 마음을 어떻게 가져야 항복시키는 것이고 또 어떻게 실천해야 되는 것인지를 진여의 지혜로 정각한 청정한 마음으로 살아가는 것이라고 하고 있다. 즉 "선남자와 선여인이 '발아뇩다라삼먁삼보리심'의 원력을 세운 보살로서 어떠한 사상(思想)을 가져야 하며 어떻게 그 마음을 굴복시켜야 합니까?"에서 세존이 바로 대답을 "선남자와 선여인이 '발아뇩다라삼먁삼보리심'의 원력을 세운 보살이면 진여의 지혜로 자각하는 청정한 사상을 가져야 하며 진여의 지혜로 자각하는 청정한 사상으로 그 마음을 굴복시켜야 한다.(㉠發阿耨多羅三藐三菩提心　應如是住　如是降伏其心. ㉻諸有發趣菩薩乘者　應如是住　如是修行　如是攝伏其心.)"330)라고 하고 대승의 불법을 설하기를 바라고 묻고 대답하는데 현대에는 '如是'를 소승으로 이해하려고 하고 있다. 한역된 경전에

---

329) 『金剛般若波羅蜜經』(T08, pp.748c24~749a4).
330) 범본에는 "yathā(어떻게) bodhisattva-yāna-samprasthitena(보살승에 나아가는 이는) sthātavyaṃ(가져야하고) yathā prati-pattavyaṃ(수행, 실천해야 하고) yathā cittaṃ(마음을) pragrahītavyam(다스리다, 항복하다)."이다. ; ※ 三問闕一 여시한 수행에 대한 문답이 결여됨을 지적함.

서는 '如是'를 넣어 해석하고 있다는 점을 보면 '如是'를 '이와 같이'나 '이렇게'라고 'yathā'를 번역하면 질문의 문제와 대답에서 차이가 있다. 이와 같이 견성과 중생제도의 문제 때문에 주(住)나 수행과 항복을 어떻게 해야 하는지 모르는 문제가 생겨서 지금도 논쟁을 하는 것이다. 그러므로 제목에 능단(能斷)을 넣어서 해석해야 '發阿耨多羅三藐三菩提心'이 반야의 지혜를 발심한 보살이 대승의 '반야바라밀'을 행하게 된다. 그리고 '반야바라밀'에서 중생심이 무엇인지 알아야 다스릴 수 있는데 이 경(經)의 사상(四相)에서 중생이라는 말이 등장한다. 그런데 중생을 이 세상에 있는 모든 존재라고 하는 것 때문에 '중생상'이라고 하여 구류중생의 지위에 있는 모든 사람들을 말하고 있다. 그러나 중생은 자신의 마음속에 있는 중생과 외부의 중생으로 구분하여 보면 내부의 중생은 대상경계의 만법의 생멸이고 외부의 중생은 대상경계의 물상(物像)을 말하게 된다. 대상의 물상을 중생이라고 하는 것은 외부의 중생을 의미하는데 경전에서 설하고 있는 것과는 다르다. 그래서 '護念'과 '付囑'부분의 번역에서 "여래가 보호나 부촉[격려]해준다."331)라고 번역하고 있는데 "여래의 설법은 모든 보살들이 자기의 진성을 수지[호념]하여 번뇌 망념에 떨어지지 않게 하고 모든 보살들에게 불법을 부촉하여 불법이 단절되지 않게 하는 것"이라고 번역을 하면 여래가 보호해주는 것332)이 아니고 대승보살(보살마

---

331) 이기영(1978), p.163. ; 각묵(1991), p.48. ; 대한불교조계종 교육원 (2009), p.19. ; 지안(2010), 27. ; 성본(2012), p.23. ; 김호귀(2017a), p.31. ; 김진무(2018), p.100. ; 박지영(2019), p.73. ; 현진(2021), p.45. ※ 출판 연대별로 기록함. ; 이런 번역들은 『頓悟入道要門論』卷1(X63, p.23.a11)에서 설하고 있는 "當知衆生自度, 佛不能度."를 다르게 이해하고 있다. 즉 '如是'의 번역도 같음.
332) "善護念 善咐囑"을 '공덕'의 내용으로 설명하며 김호귀(2011a), p.105.

하살)이 스스로 생멸(生滅)하는 망념에서 스스로 보호하게끔 여래가 설법하는 것이고 불법(佛法)을 부촉하는 것은 전등(傳燈)하는 것이 된다. 여래의 설법은 자신이 제도하는 대승보살이 진여의 지혜를 자각하여 실천하게 하는 것이고 불법(佛法)을 직접 전등(傳燈)하는 역할을 하고 있다.

그러므로 이 경(經)에서 말하는 중생은 자신이 항상 계속하여 반복하고 있는 마음을 중생이라고 하는 것이며 그런 모습을 '중생상'이라고 하는 것이다. 이것은 중생을 생멸하는 마음이 있는 것을 중생이라고 하고 있는데도 외부의 물상을 중생이라고 언어가 만들어져 통용되고 있다. 계속하여 반복되는 마음을 중생이라고 하는 것과 그런 마음을 가지고 있는 사람들이기에 대상의 사람들을 중생이라고 한 것 아닌가하는 의구심이 든다. 이 경(經)에서 말하고 있는 중생은 자신의 번뇌 망념이 계속하여 상속하는 것을 중생이라고 한 것이고 정각한 보살에게 그것을 다스리는 법을 진여의 지혜라고 하는 것이 된다. 그러므로 자신이 자신을 제도[衆生自度]하게끔 여래는 대승(大乘)과 최상승(最上乘)으로 설하고 있다. 사상(四相)[333]에 대하여는 앞에 설명하였다.

에 "선호념을 안으로 '덕'이 견고하게 하는 것이라고 하고 선부촉도 그 '덕'이 밖으로 성취하게 하는 것"이라고 하고 있다.

[333] 『金剛般若波羅蜜經論』卷1(T25, p.783c1~5), "我相者, 見五陰差別, 一一陰是我. 如是妄取, 是名我相. 衆生相者, 見身相續不斷, 是名衆生相. 命相者, 一報命根不斷住故, 是名命相. 壽者相者, 命根斷滅復生六道, 是名壽者相." ; 『金剛經註解』卷1(X24, p.766b1~6), 재인용. ; 『金剛經註解鐵鋑錎』卷1(X24, p.860c19~21), "無我相者, 色受想行識空也. 無人相者, 四大不實, 終歸地水火風也. 無衆生相者, 無滅生心也. 無壽者相者, 我身本無, 豈有壽也."

3) 大乘正宗分(대승정종분)334)

대승(大乘)의 정종(正宗)이라는 말을 한 것은 자신의 구류중생을 제도한다는 것도 초월해야 하는 것이 근본이기에 대승이라고 한 것이다. 소승의 수행이 아니라고 한 것은 자신의 사상(四相)을 제거해야 하고 보살마하살도 반야바라밀(般若波羅蜜)을 수행해야 하는 것이므로 다음과 같이 설하고 있다.

부처님이 수보리에게 말했다. 모든 보살마하살이 (불법에 맞게 수행하고자하면) 응당 (진여의 지혜로 자신에게 일어나는) 그 마음을 굴복시켜야 여시한 (대승으로) 수행할 수 있다.335) 즉 그대들이 일체 중생이라는 생각을 가진 것336)들은

---

334) 『金剛經註』卷1(X24, p.539a5~6), "宗絶正邪 乘無大小 隨三根而 化度簡異 說而獨尊 故受之以大乘正宗分.";『金剛經正解』卷1(X25, p.608b6~7), "大乘者, 言非小乘也. 佛法有大乘小乘, 如儒家大學小學, 菩薩用此大乘法, 化導衆生, 猶車之載物運量有甚大也. 宗者心之所主, 正者言正, 而非邪也.";『金剛經註講』卷1(X25, p.706a19~22), "是經爲大乘者說. 非敎小乘者, 住大乘, 惟降伏其心. 不能降伏者, 以有我人等四相也. 四相既離, 妄心自伏, 眞如自住, 非正宗而何, 是以謂大乘正宗分."

335) 『金剛經解義』卷1(X24, p.519a20~b2), "佛告須菩提, 諸菩薩摩訶薩, 應如是降伏其心. 前念淸淨, 後念淸淨, 名爲菩薩. 念念不退, 雖在塵勞, 心常淸淨, 名摩訶薩. 又慈悲喜 捨, 種種方便, 化導衆生, 名爲菩薩. 能化所化心無取著, 是名摩訶薩. 恭敬一切衆生, 卽是降伏自心處. 眞者不變, 如者不異, 遇諸境界, 心無變異, 名曰眞如. 亦云外不假曰眞, 內不亂曰如, 念念無差, 卽是降伏其心也.";『銷釋金剛經科儀會要註解』卷3(X24, p.681a9~11), "如是應住者, 此科佛告須菩提, 諸菩薩摩訶薩; 應如是降伏其心, 此中不言安住. 單言降伏者, 既是降伏妄心, 必然安住大乘, 卽是眞心者也."

336) 『金剛經解義』卷1(X24, p.519b6~16), "卵生者迷性也. 胎生者習性也. 濕生者隨邪性也. 化生者見趣性也. 迷故造諸業, 習故常流轉, 隨邪心不定, 見趣多偏墜. 起心修心, 妄見是非, 內不契無相之理, 名爲有色. 內心守直, 不行恭敬供養, 但言直心是佛, 不修福慧, 名爲無色. 不了中道, 眼見耳聞, 心想思惟, 愛著法相, 口說佛行, 心不依行, 名爲有想. 迷人坐禪, 一向除妄, 不學慈悲喜捨智慧方便, 猶如木石, 無有作用, 名爲無想. 不著二法想, 故名若非有想. 求理心在, 故名若非無想. 煩惱萬差, 皆是垢心, 身形無數, 總名衆生. 如來大悲普化, 皆令得入無餘涅槃";『金剛經彙纂』卷1(X25,

194

알에서 태어난 중생과 태에서 태어난 중생과 습에서 태어나
는 중생과 화생으로 태어나는 중생과 색계의 중생과 무색
계337)의 중생과 유상의 중생과 무상의 중생과 비유상비무상
의 중생들이 있는데 나는 이와 같은 (생각을 가진) 모든 중
생들을 무여열반의 깨달음에 들게 하여 번뇌 망념에서 벗어
나게 제도한다. 이와 같이 (여시하게 자신이 진여의 지혜로
번뇌 망념에서 벗어나게) 제도하는 것이므로 무량하고 무수
한 한량없는 중생들을 제도하였으나 실제로 (내가 중생을 제
도했다고 한) 중생이 없다고 하는 이것을 (번뇌 망념에서 벗
어나) 열반적정의 경지를 체득하게 하였다고 한다. 왜냐하면
수보리야 만약에 보살이 '사상'338)이 있다고 하면 (진여의

---

pp.761c6~762a12), "若**卵生, 無明覆蔽, 因想而生**. 六祖曰. 迷性也. 迷,
故造諸孽. 若**胎生, 煩惱包裏, 因情而有**. 六祖曰. 習性也. 習. 故常流轉.
註謂習氣深重. 若**淫生, 愛水浸淫, 以合而感**. 六祖云. 隨邪性也. 隨邪, 心
不定. 註謂心隨邪見, 沉淪不省. 若**化生, 欻起煩惱, 以離而應**. 六祖云. 見
趣性也. 見趣, 墮阿鼻, 謂心見景趣, 遷變起幻, 每多淪墮. 此四種, 是欲界
受生差別也. 若**有色**. 六祖云, 起心修行, 執有之心, 妄見是非, 內不契無相
之理. 若**無色**. 六祖云, 內心守眞, 執著空相, 不修福慧. 若**有想**. 六祖云.
心想思維, 愛著法相, 口說佛行, 心不依行. 若**無想**. 六祖云, 坐禪除妄, 無
有作用, 猶如木石, 不學慈悲喜捨 智慧方便. 若**非有想**, 若(此若字古本無)
非無想. 六祖云. 不著二法想. 而求理在心者, 教中經云. 有無俱遣, 語默雙
忘, 有取捨愛憎之心, 不了中道."

337) 『大般若波羅蜜多經』卷570(T07, p.943c10~12), "著欲界者, 爲說熾然.
著色界者, 爲說行苦. 著無色界者, 爲說諸行無常.";『佛說如來不思議祕密
大乘經』卷13(T11, p.734b21~24), "若見衆生著欲界者, 卽爲宣說逼惱之
法. 若見衆生著色界者, 卽爲宣說 諸行苦法. 若見衆生著無色界者, 卽爲宣
說 彼一切行 無常之法.";『三法度論』卷3(T25, p.28b24~27), "色界者無
欲, 但由禪除恚故, 得妙色如煉眞金, 是界有喜, 無喜, 離苦樂是護. 喜俱
樂, 故曰有喜. 離喜不喜俱樂, 故曰無喜, 是離苦息樂, 如馬息駕.";『阿毘
達磨集異門足論』卷14(T26, pp.426c28~427a1), "行色界者, 以色究竟天
爲最極處. 行無色界者, 以非想非非想處天 爲最極處.";『大乘本生心地觀
經淺註』卷1(X20, p.898a22~b5), "色界者, 色卽色質, 有身形故, 謂雖離
欲界穢惡之色, 而有淸淨之色. 始從初禪梵天, 終至阿迦尼吒天. 凡有一十
八天, 並無女人, 亦無欲染, 故名梵天. 梵者淨也. 謂無飮食, 無睡眠, 無婬
欲. 皆是化生, 尚有色質, 故名色. 界者限也. 別也. 謂三界分限, 各別不同
故. … (十八天者, … 是五那含聖流寄居, 共十八. 亦名禪天. 修有漏定
故."

338) 『金剛經註解鐵鋑錎』卷1(X24, pp.860c19~861a1), "無我相者, 色受想

지혜로 일어나는 그 마음을 항복시켜서 여시한 마음으로 수행하는) 보살이라고 할 수 없기 때문이다.

佛告須菩提. 諸菩薩摩訶薩 應如是降伏其心. 所有一切衆生之類 若卵生 若胎生 若濕生 若化生 若有色 若無色 若有想 若無想 若非有想非無想 我皆令入 無餘涅槃 而滅度之. 如是 滅度 無量無數 無邊衆生 實無衆生, 得滅度者. 何以故, 須菩提, 若菩薩有我相 人相 衆生相 壽者相 卽非菩薩.[339]

구류중생에 대하여 '각주336'의 『금강경해의』에서 설명하고 있는데도 일반적으로 태란습화에서 태(胎)는 태에서 태어난 중생이라고 하며 태를 가진 포유동물이라고 번역하고, 란(卵)은 알에서 태어나는 조류 등이라고 번역하고 있다. 그리고 습(濕)은 습기에서 태어나는 생명체라고 하고, 화(化)는 화현하여 태어나는 것이라고 하여 유정무정의 모든 생명체를 제도하여 열반에 들게 한다고 번역하고 있다. 그러나 실제로 누구든지 한 사람이라도 타인을 제도할 수 있을까하는 의구심이 든다. 왜냐하면 자신도 제도하지 못하면서 타인을 제도한다는 것은 불가능한 것[340]이기 때문이다.

行識空也. 無人相者, 四大不實, 終歸地水火風也. 無衆生相者, 無滅生心也. 無壽者相者, 我身本無, 豈有壽也. 四相旣無, 法眼明徹, 自心如來. 故云. 五蘊皆空, 四相絕. 若是五蘊空, 四相絕的人, 不可間斷, 時時常照, 是故, 慧燈常不滅. 若有智慧燈, 照破煩惱浮雲, 現出本性一輪明月.";『金剛經註解』卷1(X24, p.766a21~24), "六祖曰. 修行人亦有四相, 心有能所, 輕慢衆生, 名我相. 自恃持戒, 輕破戒者, 名人相. 厭三塗苦, 願生諸天, 是衆生相. 心愛長年, 而勤修福業, 法執不忘, 是壽者相. 有四相, 卽是衆生. 無四相, 卽是佛."

339) 『金剛般若波羅蜜經』(T08, p.749a5~11).
340) 『大乘起信論裂網疏』卷6(T44, p.462a26~29), "願令我心, 離諸顚倒, 斷諸分別, 此卽煩惱無盡誓願斷也. **自未度脫, 欲度他人, 無有是處**. 故首明之, 其實四弘, 在一心中, 非有先後."

범본을 보면 "evam(이렇게) aparimāṇan(수많은) api satt vān(중생들을) parinirvāpya(완전한 열반에 들게 제도하였다) * (여래가) na kaścit sattvaḥ(어떤 중생도 없다) parinirvāpito bhavati(완전한 열반에 들게 하다)(㉠如是滅度 無量無數 無邊衆 生 實無衆生. 得滅度者. ㉡雖度如是無量有情 令滅度已. 而無有 情得滅度者.)"를 "헤아릴 수 없이 많은 중생을 열반에 들게 하였 으나 실제로는 완전한 열반을 얻은 중생이 아무도 없다."341)라고 번역하고 있다. 이 번역을 "이와 같이 여시하게 자신이 진여의 지혜로 번뇌 망념에서 벗어나게 제도하는 것이므로 무량하고 무 수한 한량없는 중생들을 제도하였으나 실제로 내가 중생을 제도 했다는 생각이 없이 번뇌 망념에서 벗어나 열반적정의 경지를 체득하게 하였다."라고 하는 것이라고 하였다. 여기에서 여래라 는 주어를 넣고 무사상(無四相)의 여래가 되어야 하는 것이기에 보살도 역시 '무사상'의 보살이 되어야 진정한 대승보살을 보살 마하살이라고 하고 있다. 그러나 "완전한 열반을 얻은 중생이 아무도 없다."라고 소승으로 번역을 하면 여래가 이 경(經)을 대승으로 설한 석존의 의미가 하나도 없게 된다.

구류중생을 삼계342)에 비유하여 태란습화는 욕계에 속한다고

---

341) 대한불교조계종 교육원(2009), p.20. ; 최종남(2009), p.254.에 의하면 "實無衆生 得滅度者"를 "수보리여, 여래가 해탈하게 한 어떤 중생도 없기 때문이다."와 "수보리여, 여래가 구할 그 어떤 중생들도 없기 때문이다." 라고 번역하고 있다. 이렇게 하면 여래의 역할이 모호하게 된다. ;『金剛經 解義』卷1(X24, p.519c9~10), "實無衆生得滅度者, 故言妄心無處卽菩提, 生死涅槃本平等, 何滅度之有."; 이 부분이 대승이다.

342)『大般若波羅蜜多經』卷47(T05, p.266b13~17), "若一切智 智心是眞 無 漏不墮 三界者, 則一切愚夫 異生 聲聞 獨覺等心. 亦應是眞無漏不墮三界. 何以故, 如是諸心亦本性空故. 所以者何, 以本性空 法是眞無漏 不墮三 界."; 『金剛經纂要刊定記』卷4(T33, p.203a21~26), "慧出三界者, 三界之 本是其業惑, 有智慧者悉能除遣, 業惑既遣自然超越. 故『心經』云. 觀自在 菩薩行深般若波羅蜜多時, 照見五蘊皆空, 度一切苦厄. 然淺慧尚能得出三

설명하고도 있다. 이것은 구류중생을 사람의 마음에 따라 구분해 놓은 것이다. 그러므로 모두를 열반에 들게 하는 것도 가능하다. 여래가 제도(濟度)하는 것도 각자가 자신의 지혜로 불법(佛法)에 맞게 제도하게 하는 것이므로 가능하고 차별 없이 모든 사람들을 평등하게 대하고 있다.

또 내용으로는 사상(四相)이 없어야 대승보살이 여래가 되는데 사상(四相)에 대하여는 앞에 설명하였듯이 사상(四相)은 자신의 마음의 사상(四相)이므로 여기에서 "대승의 정종(正宗)"이라고 석존의 종지를 계승하고 있다. 그러나 외부의 사상(四相)이라고 하면 타인을 제도해야 하는 문제가 있는 것이고 중생이 중생을 제도해야 하는 것이다. 그러므로 각자가 내부의 사상(四相)을 제거하게 하는 것343)이 올바른 제도이고 부처의 평등한 가르침이다. 이 부분의 번역은 모두가 구류중생을 외부의 중생으로 번역하고 있으며 사상(四相) 역시 '중생상'이나 '수자상'을 외부의 상(相)으로 번역하고 있다. 이 단은 '반야바라밀'에서 '바라밀'의 내용을 대승으로 설한 것이며 여래가 보살마하살을 제도했으나 제도했다는 마음이 없는 석존의 유지(遺旨)를 정통으로 계승한 것이므로 대승정종분(大乘正宗分)이라고 한 것이다.

界, 豈況大乘甚深般若."

343) 백성욱 강설(2021), pp.63~71.에 의하면 "백성욱은 '알로 태어난 것'을 '배은망덕한 마음에서 태어나는 것'이라고 하고, '태로 태어나는 것'은 '태를 의지하는 습성으로 태어나는 것'으로 하였고, '습에서 나는 것'은 '감추고자 하는 숨는 마음에서 태어나는 것'으로 하였고, '화생으로 태어나는 것'은 '자만에 의하여 생겨나는 것'"이라고 하고 있다. ; 김희종(2022), p.95.에 의하면 이것을 "즉 마음 밖의 중생을 이야기한다기보다는 육조 혜능이 언급한 자성중생(自性衆生)을 통한 마음속의 중생을 나타내는 것"으로 논하고 있다. ; 이것은 앞의 『金剛經解義』卷1의 내용과 약간 비슷하나 김희종은 자성중생이라고 혜능의 설명을 하고 있다.

4) 妙行無住分(묘행무주분)[344]

이 단의 제목에서 말하고 있듯이 보살의 묘행(妙行)은 무주(無住)이어야 한다고 무주를 강조하고 있다. 무소주(無所住)는 반야(般若)이고 유소주(有所住)는 우치(愚癡)라고 하듯이 보살은 무소주(無所住)의 반야바라밀(般若波羅蜜)을 실천해야 한다고 설하는 단[345]이다. 비유로 보시바라밀(報施婆羅蜜)을 실천하는 법에 대하여 다음과 같이 설하고 있다.

또 다시 수보리여, (불법에 맞게 수행하는) 보살은 (마땅히 불법에 맞게) 대상경계에 집착하는 마음 없이 '보시바라밀'을 행해야 한다. 이른바 설명하면 (육진경계인) 색성향미촉법에 집착하지 말고 '보시바라밀'을 (실천)해야 한다. 수보리여, 보살이 마땅히 (불법에 맞게 진여의 지혜로 여시하게) '보시바라밀'을 (실천)하는 것을 (대상경계인 육진의) '상'에 집착하지 않는다고 한다. 왜냐하면 만약에 보살이 (육진의) '상'에 집착하지 않고 '보시바라밀'을 실천한다고 하면 그 복덕은 불가사량한 것이기 때문이다. 수보리여, 동방의 허공을 크기나 모양 등으로 어떻게 사량할 수 있겠냐? 세존이시여, (사량)할 수 없습니다. 수보리여, 그러면 남서북방과 사유와 위아래의 시방공간의 허공을 크기나 모양 등으로 어떻게 사량할 수 있겠냐? 세존이시여, (사량)할 수 없습니다. 수보리여, 보살이 (육진경계에) 집착함이 없이 '보시바라밀'

---

344) 『金剛經註』卷1(X24, p.540a10), "得宗而行 不住於相 故受之以 妙行無住分."; 『金剛經正解』卷1(X25, p.609a4~5), "分爲二節, 妙行, 謂修無上正覺精妙之行. 無住者, 不拘泥執著精妙之行, 本無住著也."; 『金剛經註講』卷1(X25, p.707c12~13), "菩薩妙行, 法應無住, 故謂妙行無住分."

345) 『金剛經註正訛』(X25, p.335b4~8), "佛謂心有所住, 卽是愚癡. 心無所住, 乃是般若. 自色之一法, 至菩提涅槃, 俱不令有所住, 不惟布施一法, 乃至六波羅蜜, 四無量心, 亦無所住, 其無住而住之功. 雖十方虛空之大, 不可比量, 故稱妙行無住."

을 실천한다고 하면 그 복덕도 이와 같아서 불가사량한 것
이다. 수보리여, 보살은 단지 마땅히 불법의 가르침에 따라
여시하게 (진여의 지혜로 '보시바라밀'을) 실천해야 한다.

　復次, 須菩提, 菩薩於法 應無所住 行於布施. 所謂不住色
布施 不住聲香味觸法布施. 須菩提, 菩薩 應如是布施 不住於
相. 何以故, 若菩薩 不住相布施 其福德 不可思量. 須菩提,
於意云何, 東方虛空 可思量不. 不也世尊. 須菩提, 南西北方
四維上下虛空 可思量不. 不也世尊. 須菩提, 菩薩 無住相布
施 福德亦復如是 不可思量. 須菩提, 菩薩 但應如所教住.346)

　반야바라밀(般若波羅蜜)만 실천해도 되지만 보시바라밀(報施
婆羅蜜)을 설하는 것은 실천하는 방법을 설한 것이다. 그러므
로 바라밀(波羅蜜)을 실천하면 복덕이 한량없다고 하는 것으로
14단 부분에서는 인욕바라밀(忍辱波羅蜜)에 대하여 자세하게
할절신체(割截身體)에서도 사상(四相)이 전혀 없어야 한다고 설
하고 있다. 무소주(無所住)는 무소유(無所有)와 같은 뜻으로 마
음속에 집착이 없어야 하는 것이다. 보살의 실천덕목이 바라밀
(波羅蜜)이듯이 무소주(無所住)가 되어야 대승보살이라고 하고
있다. 『금강경』에서 보살은 성자의 지위에 속하므로 기본적인
공가중(空假中)의 수행이 익어진 사람을 말하는 것이다. 이 경
(經)을 보려면 최소한 삼승(三乘)이상인 대승(大乘)이 되어야
이해할 수 있는 것이므로 무소주(無所住)의 반야(般若)라고 하
는 것이다.
　이 부분의 번역에 대하여는 성자로서 살아가는 것이 비구의
기본적인 것이므로 특이하게 논할 것은 없고 누구나 할 수 있

---

346) 『金剛般若波羅蜜經』(T08, p.749a12~20).

지만 유소주(有所住)가 되면 어리석은 수행자가 되는 것을 말하고 있는 부분이다. 즉 대승의 바른 뜻을 계승한 것을 묘행이라고 하므로 무소주(無所住)는 대비구이며 대승보살이고 아라한을 말한다. 그러므로 보시바라밀(報施婆羅蜜)을 행하면 복덕이 한량없고 진정한 대승보살이 되는 것이다. 보시를 보시바라밀(報施婆羅蜜)이라고 번역한 것은 범어의 "dānaṃ dātavyaṃ (보시를 하다) yathā na nimitta-saṃjñāyām(종적이 있는 마음이 없어야하는 것과 같이) api pratitiṣṭhet(어떤 욕망)(㉠菩薩 但應如所教住 ㉭菩薩如是如不住相想 應行布施)"에서 보살이 상(相)없는 보시를 하는 것이기에 보시바라밀(報施婆羅蜜)이라고 번역하였다.

이 단은 앞단에서 대승(大乘)을 체득하여 석존의 유지(遺旨)를 계승한 정종(正宗)이 되었으므로 묘행(妙行)은 무주(無住)가 되어야 하는 것이다. 이처럼 최소한 대승(大乘)이 되어야 이 경(經)을 "청수독송 위인해설(聽受讀誦 爲人解說)"할 수 있다고 15단에 설하는 근원이 된 것이다.

5) 如理實見分(여리실견분)[347]

이 단은 여래가 무엇인지를 설명하는 부분으로 신상(身相)으로는 여래를 친견(親見)할 수 없다는 『금강경』에 나오는 게송으로 모든 소유상(所有相)은 허망하다고 설하고 있다.

수보리여, 그대는 (부처를) 육신의 모습으로 여래를 친견할 수 있다고 생각하느냐? 세존이시여, 친견할 수 없습니다. (부처를) 육신의 모습으로는 여래를 친견할 수 없습니다.[348] 왜냐하면 여래께서 말씀하시는 신상은 곧 '즉비신상'이기 때문입니다.[349] 부처님이 수보리에게 말했다. 일반적으로 (자신들이) 알고 있는 (육진)경계는 모두가 (의식의 대상으로 아는 것이기에) 허망한 것이(라고 알)고 모든 (육진) 경계의 대상들을 청정하게 볼 줄 알면 여래를 지금 곧바로 직접 친견하게 된다.

須菩提, 於意云何, 可以身相 見如來不. 不也世尊. 不可以身相 得見如來. 何以故, 如來所說身相 卽非身相. 佛告須菩提. 凡所有相 皆是虛妄 若見諸相非相 則見如來.[350]

---

347) 『金剛經註』卷1(X24, p.541a8), "行行皆如 謂之實見 故受之以如理實見分." ; 『金剛經補註』卷1(X24, p.823c19), "如理之見, 理本無見, 無見之見, 是爲實見." ; 『金剛經如是經義』卷1(X25, p.684a2), "眞如之理, 乃眞實見解."

348) 의역하면 "부처를 육신의 모습은 허망하다고 초월하여 알면 여래를 친견하게 됩니다." ; 『金剛經註疏』卷1(X24, pp.451c24~452a1), "身相是妄, 如來是眞, 不可依妄 以觀眞體也." ; 『金剛經解義』卷1(X24, p.520b24), "色身卽有相, 法身卽無相."

349) 의역하면 "여래께서 말씀하시는 신상은 곧 신상을 초월한 대승이어야 하기 때문입니다." ; 『金剛般若經贊述』卷1(T33, p.133b7~10), "所說身相 卽非身相者, 謂所說三相之身相者 卽非是法身之無相也. 所說身者 謂三相身卽是有相故. 卽非身相者 非無相身也. 以無相爲相故." ; 『金剛經易解』卷1(X25, p.912b5~6), "盖如來所說身色外相, 卽非法身眞相, 誠不可徒以色相而求眞佛也."

이 부분은 이 경(經)의 첫 번째 게송으로 많이 알려져 있듯이 여래(如來)를 친견(親見)하려고 하면 여래나 사람을 생긴 모습으로 보지 말아야 한다고 하고 있다. 즉 "일반적으로 자신들이 알고 있는 육진(六塵)경계(境界)는 모두가 의식의 대상(對相)으로 아는 것이기에 허망한 것이라고 알고 만약에 모든 육진경계의 대상들을 청정(淸淨)하게 볼 줄 알면 여래를 지금 곧바로 직접 친견하게 된다. (yāvat subhūte lakṣaṇa-sampat(육진경계, 여래의 구족한 모습) tāvan mṛṣā,(바로 거짓이므로) yāvad alakṣaṇa-sampat(육진경계를 허망하다고 알면) tāvan na mṛṣeti hi(바로 진실로 거짓이 아니다) lakṣaṇa-alakṣaṇatas(육진경계와 육진경계를 허망하다고 아는 것), ※(초월하여 청정하게 알면) Tathāgato drāṣṭavyaḥ(여래를 친견하게 된다). ㉠凡所有相 皆是虛妄 若見諸相非相 則見如來 ㉡善現 乃至諸相具足 皆是虛妄 乃至非相具足 皆非虛妄 如是以相非相 應觀如來)"라고 번역한 것은 자신의 마음이 무사상(無四相)으로 청정하면 대상경계인 육진을 청정하게 볼 줄 알게 되어 여래의 마음을 친견하고 보살로 여래로 살아가게 된다고 설하는 부분이다. 이처럼 바로 여래의 마음을 친견한다는 것은 여래가 된다고 하는 것이다. 왜냐하면 여래가 되지 않으면 여래를 볼 수 없기 때문이다. 여래가 되지 않고는 여래를 볼 수 없다는 것은 이 단에서도 32상의 모습을 볼 뿐이고 여래의 진정한 모습은 보지 못한다고 설하고 있다. 여래를 친견하려고 하면 자신의 마음이 진여(眞如)인 공(空)이 되어야 대상경계를 바로 친견하게 된다고 하는 것이다. 신상(身相)이라는 형

---

350) 『金剛般若波羅蜜經』(T08, p.749a21~25).

선불교의 깨달음 연구 203
선불교의 깨달음 연구 203

상을 보려고 하는 것은 신상(身相)본성의 마음을 보려고 하는 것을 신상(身相)이 아니라고 한 것인데 신상(身相)이라는 형상에 머물면 "여래가 설하신 몸의 상(相)이 다 상(相)이 아님을 보면여래를 보는 것."[351]이라고 번역을 하는 것도 여래의 마음을 보라고 한 것일 것이다. 형상으로만 여래를 보면 실상이 똑같은 전륜성왕을 여래라고 하는 것과 같은 것이 된다. 즉 전륜성왕의 마음도 여래의 마음이 되어야 하지만 소승의 현자가 대승의 성자가 되는 것은 쉬운 것이 아니다. 그러므로 신상(身相)으로 여래를 친견한다는 생각을 초월하여 신상(身相)의 본성이 대승의 체공(體空)이라는 것을 알게 되어야 여래를 친견하게 된다고 하는 것이다. 이것을 두고 대상으로 알고 있는 모든 상(相)들이 허망하다고 한 것이다. 그리고 이런 색상의 본성이 공(空)이라는 사실을 친견하는 것을 자성을 깨닫는다고 하는 것이며, 견성하여 실천하는 것을 여래를 친견한다고 하는 것이다. 즉 『금강경주강』에서도 지금까지 집착하고 있던 모든 상(相)들의 본성이 진여라고 깨달아 알게 되는 것을 진성여래를 친견한다고 하는 것이므로 '여리실견'이라고 이 단의 이름을 정한 것[352]이라고 하고 있다. 그러므로 여래를 친견한다고 하는 것은 여래의 불성(佛性)을 친견한다고 하는 것과 같은 것이다. 여래가 되는 것도 여래의 불성(佛性)을 깨달아 여래의 불성으로 살아가고자 하는 것이므로 '여리실견(如理實見)'이라고 하는 것이 된다.

---

351) 이기영(1978), p.173.
352) 『金剛經註講』卷1(X25, p.708b14~15), "破執相虛妄習情, 始悟眞如之理, 寔見眞性如來. 故謂如理寔見分."

6) 正信希有分(정신희유분)[353]

여래의 본성을 친견하려는 올바른 신심을 내는 위대한 원력을 세운다는 것은 쉬운 일이 아니므로 희유하다고 한 것이다. 여래가 살아있어도 어렵다는 것을 여래가 멸한 후에 가능하겠냐고 강조해서 설하고 있다. 선근(善根)이 있는 사람은 자신이 '반야바라밀'을 실천하여 여래로 탄생하는 것이다. 이것을 희유하다고 설하는 것이므로 이것은 석가라는 사람이 하는 것이 아닌 것이기에 "여래가 되면 진실로 자신이 진여의 지혜로 자성이 불성이라고 알고 불법에 맞게 생활하는 것"이라고 번역을 했다. 일반적으로 "여래는 … 다 알고 본다."[354]라고 하거나 "불법을 깨달은 진여본성의 지혜작용(여래)"[355]이라고 하고 있는데 이것을 번역하면 다음과 같다.

> 수보리가 부처님에게 말했다. 세존이시여, 어떤 중생이 이런 설법을 듣고 진실로 확신하겠습니까?[356] 부처님이 수보리에게 말했다. 그런 말 하지마라. 여래가 입적하고 여래라는 말도 사라진 후에 (아무리 많은 세월이 흘러)도[後五百歲] 불법의 계율을 수지하고 복덕으로 수행하는 이들이 있어

---

353) 『金剛經註』卷1(X24, p.541c1), "見而信之 善根深固 故受之以正信希有分."; 『銷釋金剛經科儀會要註解』卷3(X24, p.685b20~c1), "正信希有, 一念無差. 心外休取法, 心若取法, 凡聖皆差. 此科昭明太子, 判此一段經文, 爲正信希有分第六. 盖如來滅後, 後五百歲, 信解受持此經者, 名爲希有也. 一念無差者, 若能於一切法不信, 唯信般若, 名爲正信, 名爲希有."
354) 대한불교조계종 교육원(2009), p.28. ; 김진무·류화송(2018), p.149. 등.
355) 성본(2012), p.73.
356) "頗有衆生, 得聞如是 言說章句, 生實信不."를 "어떤 중생이 진여의 지혜로 자각하여 청정하게 살아가는 법을 설한 경전의 말씀을 듣고 확신하여 진실로 부처로 살아가고자 하는 위대한 원력을 세운 보살이 생기겠습니까?"라고 의역한 것은 설법의 내용으로 중생이 보살의 원력을 세운 보살마하살이 될 수 있느냐? 라고 하는 것이다.

이와 같은 경전이나 말씀을 듣게 되면 능히 신심을 낼 것357)이니 이것을 진실이라고 확신하게 되는 것은 당연하다는 것을 알아야 한다. 이와 같은 사람은 일불·이불·삼·사·오불과 같은 종성의 선근만 있는 것이 아니라 이미 무량한 천만 부처가 가진 종성의 선근이 있어서 이와 같은 경전의 말씀을 듣게 되면 일념으로 청정한 (부처로 살아가고자 하는 위대한 원력을 세운 대승보살이 되는) 것이다.358) 수보리여, 여래가 되면 진실로 (자신이 진여의 지혜로 자성이 불성이라고) 알고 (자신이 불법에 맞게) 친견하여 (생활하는 것을 말하는 것이어서 모든 중생들도) 이와 같이 (여시한 진여의 지혜를) 체득하여야 무량한 복덕이 있게 된다.359) 왜냐하면 이와 같은 (진여의 지혜를 체득한) 중생들은 다시는 '사상'이 없는 것이고 법상360)과 법상을 벗어났다는 마음도

357) 『金剛經筆記』(X25, p.121b9~11), "佛告空生, 莫言不信. 如來滅後, 鬪諍堅固之時, 有持戒修福之人, 能解非相見佛, 不離自心, 自心超信, 還信自心, 故云能生信心.";『金剛經註正訛』(X25, p.345b18~19), "佛滅度後後五百歲, 去聖遙遠, 但存言教.";『金剛經演古』(X25, p.556b4~8), "若當來後五百歲, 去聖時遙, 目不覩玉毫之彩, 耳不聞金口之音, 其有衆生, 得聞是法空深理之經, 覽遺教而興思, 觸微言而啟悟, 信無相法, 解實相理, 受而不忘, 持而不失, 依解起行, 不亦難乎. 是人則爲第一希有者矣.";『金剛經註講』卷1(X25, p.709a11~13), "如來滅後, 設或佛滅後. 後五百歲, 到五百歲之時, 乃濁劫惡世之中, 不信佛法之時." ; '如來滅後, 後五百歲(여래 멸후 후오백세)'를 "여래가 입적하고 여래라는 말이 사라지고"와 "불법을 모르고 지식으로 사는 세상"이라고 의역하였다.

358) 『金剛經註解』卷1(X24, p.771a13~17), "信心者, 信般若波羅蜜, 能除一切煩惱. 信般若波羅蜜, 能成就一切出世功德. 信般若波羅蜜, 能出生一切諸佛. 信自身佛性, 本來淸淨, 無有染汚, 與諸佛性平等無二. 信六道衆生, 本來無相, 信一切衆生, 盡得成佛, 是名淨信心也." ; 이 부분의 번역을 이렇게 한 이유는 자신이 자신을 제도하는 것이고 선근을 자각하는 것이므로 심었다고 하지 않았다.

359) 『金剛般若經疏論纂要』卷1(T33, p.159c11~16), "得如來悉知悉見, 後釋二. 一無我執, 執取自體爲我, … . 二無法執, 論云, 無法相者, 能取所取一切法無. 亦無非法相者, 無我眞空實有, 然離二執正是得佛知見.";『金剛經直說』(X25, p.577a1~4), "如來悉知悉見者, 以有五眼之故, 究竟衆生心量, 萬別千差, 盡屬妄想, 皆爲非心. 非心之心, 卽名爲心. 猶肉眼之眼, 聖眼所寄, 卽名爲眼也." ; 이 부분은 '衆生自度'라는 말을 하는 것이다.

360) 법상(法相): 『金剛般若波羅蜜經論』卷3(T25, p.780a13~14), "須菩提.

206

없다. 왜냐하면 이와 같이 (진여의 지혜로 살아가는 모든) 중생들이 만약에 마음속에 취상이 (조금이라도 남아) 있다면 곧바로 '사상'이 있는 것이 되기 때문이고, 만약에 법상을 취(取)하면 '사상'에 집착을 하게 되는 것이기 때문이다. 왜냐하면 만약에 법상을 (취하거나) 취하지 않는다는(초월했다는) 생각도 가지면 곧바로 '사상'에 대한 집착이 있는 것이므로 응당 법(상)을 취하지 말고 비법(상)을 (벗어나 초월했다361)는) 생각도 하지 말아야 한다. 그래서 여래는 항상 설법을 하였다. 그대들 (모든) 비구들도 내가 설법하는 것이 (고해를 건너는) 뗏목과 같아서 (고해를 건너고 나면 뗏목을 버려야 하는 비유와 같다는 것을 알아야 한다. 그러므로) 법(상)에 대한 집착도 마땅히 없어야 하는데 어찌 비법(상)을 (초월했다는) 생각도 해서362) 되겠는가?

所言法相, 法相者, 如來說卽非法相, 是名法相.";『摩訶般若鈔經』卷4(T08, p.525a14~16), "其法相者 爲無所礙, 如空法者, 爲無所生, 諸所生不可得, 是爲法生 故無所得.";『金剛場陀羅尼經』(T21, p.857c18), "眞法相者 實空";『摩訶止觀』卷4(T46, p.37a17~b1), "如金剛般若云. 若見法相者, 名著我人衆生壽者. 若見非法相者, 亦著我人衆生壽者. 不見法相不見非法相, 如筏喻者, 法尚應捨 何況非法. 故知法與非法 二皆空寂, 乃名持戒. 今云法者, 祇善惡兩心假實之法也. 若見有善惡假名, 卽是著我人衆生壽者. 若見善惡實法, 亦是著我人衆生壽者, 所言非法相者. 若見善惡假名是無者, 亦是著我人衆生壽者. 若見善惡實法是無者, 亦著我人衆生壽者. 何以故. 依無起見 故不應著, 乃至依非有非無起見, 皆名著我人衆生壽者. 觀如是等 法與非法 皆卽是空. 由此觀故能順無漏."

361) '非'를 초월로 번역함. 일반적으로 법에 집착도 법 아닌 것에[非法] 대한 집착도 하지 말라고 번역하면 대상의 법이 있는 것으로 착각하기 쉬우므로 법상이라는 '만법'을 대승의 '공상(空相)'이라고 하는 내용이다.

362) 범본의 "na khalu punaḥ Subhūte(참으로 다시 수보리여) bodhisattvena mahāsattvena(보살마하살들은) dharma udgrahītavyo(㋬㋭不應取法) na-adharmaḥ(㋬㋭不應取非法). tasmād(그러므로) iyaṃ(이것을) Tathāgatena(여래는) sandhāya vāg bhāṣitā:(다음과 같이 설하셨다.) kolopamaṃ(뗏목 비유의) dharma-paryāyam ājānadbhir(㋬汝等比丘, 知我說法, 如筏喻者 ㋭筏喩法門 諸有智者 법문을 아는 이는) dharmā eva(법도 이와 같이) prahātavyāḥ(㋬法尚應捨 ㋭法尚應斷, 법도 버려야 하는데) prāg eva adharmā iti(㋬㋭何況非法 법 아닌 것은 말 할 필요가 있겠는가?)"에서 보살마하살의 마음이 법상을 초월했다는 마음도 없어야 최상승의 여래가 된다고 하는 것이다.

須菩提白佛言. 世尊, 頗有衆生, 得聞如是 言說章句, 生實信不. 佛告須菩提. 莫作是說. 如來滅後, 後五百歲, 有持戒修福者, 於此章句能生信心, 以此爲實當知. 是人 不於一佛二佛三四五佛 而種善根, 已於無量 千萬佛所 種諸善根, 聞是章句, 乃至一念 生淨信者. 須菩提, 如來悉知悉見, 是諸衆生 得如是無量福德. 何以故, 是諸衆生 無復我相, 人相, 衆生相, 壽者相. 無法相, 亦無非法相. 何以故, 是諸衆生 若心取相, 則爲著我人衆生壽者, 若取法相, 卽著我人衆生壽者. 何以故, 若取非法相, 卽著我人衆生壽者, 是故不應取法, 不應取非法. 以是義故, 如來常說. 汝等比丘, 知我說法, 如筏喻者, 法尚應捨, 何況非法.363)

무량한 복덕이 있으려고 하면 여기에서도 사상(四相)이 없어야 한다고 설하고 있다. 그런데 사상(四相)을 "영원히 변하지 않는 자아·개아·중생·영혼"364)이라고 번역하고 또 "자아의 영원한 실체가 있다고 하는 것·인간이라는 자기 존재의 의식·중생이라는 자기 존재에 대한 의식·자기존재는 영원하다는 의식"365)이라고 번역하고 있다. 사상(四相)은 앞에 논했지만 다시 보면 '아상'은 '오온'이 실제로 존재한다고 아는 것이고 '중생상'은 '아상'을 계속 반복하여 스스로 최면에 들어가게 하는 것이다. '인상'은 '아상'이 육신이 살아 있는 한 영원히 존재한다고 생각하는 것이며 '수자상'은 육신이 죽고 나서도 영혼이 있어서 화생한다는 생각을 말한다. 그러므로 아상(我相)의 연장

---

363) 『金剛般若波羅蜜經』(T08, p.749a26~b11).
364) 대한불교조계종 교육원(2009), p.21.에서는 'ātman'을 인정하고 있다. ; 범본p.180.에는 "na hi Subhūte teṣāṃ bodhisattvānāṃ mahāsattvānām ātma-saṃjñā pravartate(보살마하살에게는 '아상'이 생기지 않고) na sattva-saṃjñā(중생상이) na jīva-saṃjñā(수자상이) na pudgala-saṃjñā pravartate(인상이 생기는 것도 없다)."라고 하고 있다.
365) 성본(2012), p.75.

선에 있는 것이 사상(四相)이라고 할 수 있다. 즉 '아상'만 없으면 나머지 상(相)들은 자연스럽게 없어지는 것이기에 아공(我空)과 법공(法空)과 구공(俱空)을 주장하는 것이다.

"如來滅後, 後五百歲"에서 '후오백세'를 말세 또는 후분오십(後分五十)[366]이라는 것을 정법이 쇠퇴할 시기라고 예기를 의미한다고 말하는 것보다는 정의가 살아있게 된다는 의미로 구경의 대승으로 이해하는 것이 좋지 않을까 생각한다. 이것은 사법(邪法)이 난무하여 정법(正法)이 파괴된다는 것은 시간의 의미보다는 가치관의 변화에 의하여 탐진치가 만연하게 되는 것을 말법이나 말세라고 하는 것이기 때문이다. 이것을 지구의 종말론에 대입시키는 것이 사법(邪法)이 되고 정법(正法)은 자신의 불법(佛法)을 삼학(三學)에 맞게 수지(受持)하는 것이 된다. 그러므로 '如來悉知悉見'은 "여래가 되면 대상의 여래가 아닌 자성의 여래가 자신을 모두 알고 친견하는 것"이 된다. 이것은 앞에 설명하였으므로 여기에서는 생략하겠다. 이 부분은 말법시대의 중생도 이 경(經)의 설법을 듣고 깨달아 구경의 지혜[진여의 지혜]로 대승에서 최상승으로 살아갈 수 있다는 것을 설명하고 있다. 즉 모든 설법을 뗏목에 비유하여 법과 비법도 초월하라는 것은 대승에서 최상승으로 살아가기를 바라는 설법이다. 부연하면 설법을 듣고 여래가 되었지만[佛口所生子][367] 소승을 초월해야 한다고 하고 있다.

---

366) 『金剛能斷般若波羅蜜經』(T08, p.767b14~16), "善實, 當有未來世, 菩薩摩訶薩, 後分五百(十), 正法破壞時中, 轉時中, 戒究竟, 功德究竟, 智慧究竟."
367) 『法華經卓解』卷1(X32, p.231b18), "聞佛說法, 法身得生, 故言佛口所生子."

7) 無得無說分(무득무설분)368)

불법(佛法)은 무득(無得)을 체득한 것이 진득(眞得)이고 무설(無說)을 설한 것이 진설(眞說)이라고 하는데 얻었다는 마음이 없어야하고 설한다는 마음도 없이 법을 설해야 하는 것이다. 이 말은 공적(空寂)을 체득했다는 것이며 또 공적(空寂)으로 설했다는 것이 된다. 진여의 지혜가 없는 것이 아니고 진여의 지혜로 설하기 때문에 고정된 법이 없다고 하는 것이다. 진여의 지혜는 불법(佛法)에 맞는 여래의 지혜이므로 지식(知識)으로는 얻을 수 없다고 다음과 같이 설하고 있다.

수보리여, 여래가 '아뇩다라삼먁삼보리'를 얻었다고 생각하느냐? 여래가 설법을 (목적을 가지고 집착하여) 설한 적이 있느냐? 수보리가 대답했다. 제가 (깨달아) 알기로는 부처님께서 '아뇩다라삼먁삼보리'를 체득하는 고정된 법이 없는 것을 설한 것이며 역시 여래가 체득한 고정된 법이 없다는 것을 여래께서 바르게 설하셨습니다. 왜냐하면 여래께서 설법을 한 것은 (모두가 지식으로) 취하여 얻는 것도 아니고 설명하여 얻을 수 있는 것이 아니므로 (고정된 설)법이 아니고 (또 여래께서는 설)법(을 하신다는 집착)도 없는 (무아의) 설법이기 때문입니다.369) 왜냐하면 모든 현성은 모두가 무위법

---

368) 『金剛經註』卷1(X24, p.543a9~12), "無得之得 是名眞得 無說之說 是名眞說 故受之以無得無說分. 新注三斷無相云何得說疑, 此疑從前, 第一疑中, 不可以身相, 得見如來而來." ;『銷釋金剛經科儀會要註解』卷3(X24, p.687c7~11), "無得無說, 誰爲安名, 空生意分明. 如來所說, 無始無終. 無得無說者, 此科昭明太子, 判此一段經文, 爲無得無說分第七. 盖以須菩提答佛之問. 無有定法得阿耨菩提, 無有定法可說, 故名無得無說也."

369) 비법과 비비법: '비법'은 '무체'를 설법하는 것이고 '비비법'은 설법을 하되 '무아상'으로 하는 것으로 대승을 뜻한다. ;『金剛般若波羅蜜經論』卷1(T25, p.784c2~3), "非法者, 一切法無體相故. 非非法者, 彼眞如無我相實有故." ;『金剛般若論』卷1(T25, p.761a26~27), "非法者, 分別性故. 非

으로 (성자의 입장에서 진여의 지혜로 생활하는 것을) 차별한다고 하는 것이기 때문입니다.

須菩提, 於意云何, 如來得阿耨多羅三藐三菩提耶. 如來有所說法耶. 須菩提言. 如我解佛所說義, 無有定法 名阿耨多羅三藐三菩提. 亦無有定法, 如來可說. 何以故, 如來所說法, 皆不可取, 不可說, 非法, 非非法. 所以者何, 一切賢聖, 皆以無爲法 而有差別.370)

무위법(無爲法)으로 설하기 때문이라고 하는 것은 공(空)으로 설하고 공(空)을 실천해야 하는 것이다. 즉 일체의 현성(賢聖)이 진여의 지혜로 집착 없이 무위법(無爲法)이 되는 것은 성자(聖者)의 경지에 들어갔다는 것이다. 즉 삼승과 여래가 모두 무위법으로 깨달았다는 것을 말한다. 그러므로 차별이 있다는 것은 성자가 방편으로 중생(衆生)제도(濟度)하는 것을 무위법으로 차별한다고 하는 것도 될 수도 있겠지만 실제로는 삼승과 여래로 생활하는 것371)을 말한다. 즉 공가중으로 견성하여 성자의

非法者, 法無我故.";『金剛經彙纂』卷1(X25, p.769c2~3), "非法者, 一切法無取相故. 非非法者, 彼眞如無我 實相有故.";『金剛經心印疏』卷1(X25, p.826b17~18), "蓋非法者, 卽領上無法相也. 非非法者, 卽領上亦無非法相也.";『大智度論疏』卷17(X46, p.868a22~b1), "非法者, 云無法可得也. 亦非非法者, 非法亦無也. 一解言非法者, 據眞而談, 無法可得故, 名非亦法. 非非法者, 據世諦語, 非不有是法也."
370) 『金剛般若波羅蜜經』(T08, p.749b12~18).
371) 眞諦 譯, 『金剛般若波羅蜜經』(T08, p.762c21~22), "一切聖人皆以無爲眞如所顯現故.";『金剛經註疏』卷1(X24, p.453c15~21), "所以者何, 一切賢聖, 皆以無爲法 而有差別. 欲顯所說非法非非法, 故擧所證以明之. 夫覺無爲最淺者名須陀洹, 覺無爲最深者名爲佛, 此其差別也. 能覺者應身耳, 由應身如是覺, 故化身如是說. 所覺旣是非法非非法, 故所說亦非法非非法也. 所以通說一切賢聖者, 欲顯一切聖人同證無爲爲體也.";『摩訶般若波羅蜜經』卷21(T08, p.376a6~12), "須菩提白佛言. 世尊, 若道無法, 涅槃亦無法. 何以故, 分別說是須陀洹, 是斯陀含, 是阿那含, 是阿羅漢, 是辟支佛, 是菩薩, 是佛. 佛告須菩提. 是皆以無爲法而有分別, 是須陀洹, 是斯陀含, 是阿

경지에 들어간 것을 무위법을 깨달았다고 하는 것이다. 즉 무위법인 공가중을 체득한 것을 성자라고 하는 것과 같은 것으로 진여의 지혜로 바라밀(波羅蜜)을 실천하는 성자의 생활을 말한다.

번역을 보면 "모든 현성은 모두가 무위법으로 성자의 입장에서 진여의 지혜로 생활하는 것을 차별한다고 하는 것이기 때문입니다(asaṃskṛta(다함이 없는, 무위(無爲))-prabhāvitā(나타나다) hy(참으로) ārya-pudgalāḥ(성자들은)372) ; 一切賢聖 皆以無爲法 而有差別)."라고 하는 것을 "모든 성현은 모두 무위법 안에서 차이가 있다."373)라고 번역하고 있다. 그리고 "참으로 성자들은 무위로 나타나기 때문이다."374)라고 번역하기도 하고 또 "일체의 현성들은 다 무위법의 입장에서만 방편차별을 두기 때문이다."375)라고 번역하고 있다. 그리고 "모든 성현들은 무위법에서 차별이 있기 때문이다."376)라고 하고 또 "모든 현성이 무위의 법을 쓰시되 차별이 있는 까닭이다."377)라고 번역하고 있다. 또 "모든 성현들은 진여 본성의 무분별적인 지혜작용으로 시절인연에 맞게 중생들의 그릇에 맞추어 방편법문을 설하기 때문이다."378)라고 번역하고 있다. 이와 같은 번역은 중생

那含, 是阿羅漢, 是辟支佛, 是菩薩, 是佛. 世尊. 實以無爲法故, 分別有須陀洹乃至佛." ; 여기에서 무위법으로 분별할 수 있는 사람들은 견성하여 진여를 체득한 성자이상이다.
372) 이기영(1978), p.186·367.에 콘즈의 번역(Because an Absolute exalts the Holy Persons, 성자들을 높이기 때문)을 "성자들은 절대무위 그것에 의해서 나타나고 있기 때문입니다."라고 번역하고 있다.
373) 대한불교조계종 교육원(2009), p.30. ; 지안(2010), p.79.
374) 각묵(1991), p.143.
375) 김호귀(2017a), p.105.
376) 백용성 저·김호귀 풀이(2019), p.101.
377) 이기영(1978), pp.186~187.
378) 성본(2012), p.93.

제도의 방편적인 입장에서 어디에서나 그곳에 맞게 설법을 하는 것으로 누구에게나 설하지만 사람에 따라 각각 다르게 설법을 하기 때문에 차별한다고 한 것이라고 생각된다. 유위법으로 차별하는 것이 아니라 무위법으로 설하기에 차별한다고 한 것은 중생제도의 방편으로 이렇게 번역한 것이라고 생각된다. 여기에서 "一切賢聖, 皆以無爲法, 而有差別."에서 모든 현성들은 무위법을 체득한 성자이므로 무주심(無住心)의 진여에서 성자가 차별한다고 하는 것은 수다원·사다함·아나함·아라한·부처가 진여의 지혜로 반야바라밀(般若波羅蜜)을 실천하는 것을 말하는 것이다. 무위법의 차별은 성자들이 진여의 지혜로 자유자재하게 생활하는 것을 말한다고 볼 수 있다. 즉 중생이라는 차별의 생각이 없으므로 중생을 구제하되 중생을 구제한다는 생각을 전혀 하지 않고 한도인(閑道人)으로 살아가는 것을 말한다.

앞에서 '아뇩다라삼먁삼보리'를 설명하였지만 '무상정등정각'이나 "가장 높고 바른 깨달음"이나 "최상의 불법"이라고 번역하는데 논자는 진여의 지혜라고 설명하였다. 왜냐하면 진여는 청정한 체공(體空)의 상태를 말하는 것이고 지혜는 자신이 아는 지식을 지식이라고 불법(佛法)에 맞게 확신하여 아는 것이다. 그러므로 진여의 지혜는 여래의 가치관으로 지식을 다시 견성하여 아는 것이 된다. 이것을 무유정법(無有定法)이라고 하며 대승(大乘)을 설명하고 있다.

8) 依法出生分(의법출생분)[379]

이 단의 제목을 설정한 이유가 불법(佛法)으로 제불(諸佛)이 이 경(經)에 의하여 출생하였기 때문이다. 여기에서 보시를 하되 보시바라밀(報施婆羅蜜)을 실천해야 한다고 하는 것이고 복덕(福德)과 복덕성(福德性)을 구분하고 있다. 이것은 보시를 하는 것은 복덕을 쌓는 것이어서 복덕이 많다고 하는 것이지만 복덕의 성(性)은 공덕이 되는 것을 말하는 것이므로 양무제와 달마의 대화와 같은 것이 된다. 여기에서 부처가 출세하는 것을 '보시바라밀'이라고 설하는 것이고 마지막부분에 불법(佛法)은 불법(佛法)을 초월한 진여의 지혜를 실천하되 몰종적(沒蹤跡)으로 해야 한다고 설하기 때문에 불법(佛法)에 의하여 출세하게 된다고 다음과 같이 설하고 있다.

> 수보리여, 만약에 어느 사람이 삼천대천세계에 가득 찬 칠보를 가지고 (수많은 사람들에게 각자가 가득 넘칠 정도로) 보시를 했다고 하면 이 사람이 복덕을 많이 얻지 않겠는가? 수보리가 대답했다. 아주 많겠습니다. 세존이시여, 왜냐하면 이 (사람이 보시한) 것은 ('보시바라밀'을 실천한) 복덕이고 복덕성이 아니지만 ('보시바라밀'을 실천했다는 마음도 없이 보시하기에) 여래께서 복덕이 많다고 하신 것입니다.[380] 만

---

379) 『金剛經註』卷1(X24, p.543c18~19), "無得無說 怖於沉空 一切諸佛 皆從此經出 故受之以依法出生分."; 『銷釋金剛經科儀會要註解』卷4(X24, p.689a18~22), "依法出生, 法法皆眞. 元從一法生, 四生六道, 情與無情. 此科昭明太子, 判此一段經文爲 依法出生分第八. 盖一切諸佛, 及阿耨菩提, 皆從般若經, 大智理中出生. 故云. 依法出生也."; 『金剛經註解』卷2(X24, p.773b9), "諸佛所依之法, 盡從此經生出."

380) 『金剛經註疏』卷1(X24, p.454a15~21), "是福德, 卽非福德性. 答意明福有二種. 一有流, 二無流. 多有二義. 一聚義, 二進義. 聚謂聚集福體, 進謂進趣菩提. 是福德者, 是有流之福德. 卽非福德, 非無流之福德. 是有流之

214

약에 어느 사람이 이 '경'(의 뜻)을 (정확하게 알고) 수지하여 이 '경'에 나오는 사구게 등으로 사람들에게 (정확하게) 설법한다면 그 복덕은 앞의 복덕보다 수승한 것이다. 왜냐하면 수보리여, (진여의 지혜를 실천하는) 모든 부처와 제불의 '아뇩다라삼먁삼보리법'이 모두 이 '경'에서 (설한 내용을 근거로 하여) 출생하고 있기 때문이다. 수보리여, 이른바 (내가 말하는) 불법이라고 하는 것은 '즉비불법'을 (초월한 진여의 지혜를 몰종적으로 실천하는 것을) 말한다.

須菩提, 於意云何, 若人滿三千大千世界七寶 以用布施, 是人所得福德, 寧爲多不. 須菩提言. 甚多 世尊. 何以故, 是福德卽非福德性, 是故如來說福德多. 若復有人, 於此經中受持, 乃至四句偈等, 爲他人說, 其福勝彼. 何以故, 須菩提, 一切諸佛, 及諸佛阿耨多羅三藐三菩提法, 皆從此經出. 須菩提, 所謂佛法者, 卽非佛法.381)

여기에서 번역의 문제는 즉비불법(卽非佛法)부분이다. '즉비불법'을 부처의 가르침이 불법이 아니라고 하거나 불법이라 할 수 있는 고정된 실체가 있는 것은 아니라고 번역하고 있다.382) 이 책에서 즉비(卽非)는 자각하여 초월한 대승이라고 앞에서 설명하였다. 그리고 깨달은 사람의 이법(理法)이나 불법(佛法)이 아니라고 하며 다시 이법(理法)이나 불법(佛法)이라고 긍정

福故, 有聚義之多也. 非無流之福故, 無進義之多也. 無進義之多者, 豈空無果乎. 得有流報, 故無有無果之理. 報盡卽絶, 故無有進趣之義.";『金剛經采微』卷1(X24, p.612b11~12), "疏云. 是福德者, 事福也. 卽非福德性者, 事福本空也. 是故如來說福德多者, 雖空而假也."
381)『金剛般若波羅蜜經』(T08, p.749b18~25).
382) 이기영(1978), p.193. ; 박희선(1987), p.149. ; 각묵(1991), p.151. ; 대한불교조계종 교육원(2009), p.33. ; 지안(2010), p.89. ; 성본(2012), p.103. ; 김호귀(2017a), p.107. ; 백용성 저·김호귀 풀이(2019), p.115. 출간 연대별로 배치함.

한다면 이것은 최상승(最上乘)의 여래가 하는 불법(佛法)이 된다.

이 경(經)에서 "모든 부처님과 모든 부처님의 아뇩다라삼먁삼보리법(阿耨多羅三藐三菩提法)이 모두 이 경(經)에서 설한 내용을 근거로 출세"하는 것은 '아뇩다라삼먁삼보리'로 견성하고 대승을 실천하기 때문이다. 그리고『금강경주』에서 이 단의 제목에 대하여 앞단의 무득(無得)과 무설(無說)에 의하여 공병(空病)383)에 떨어질 것을 두려워하기 때문에 설한 것이라고 하고 있다.

번역에서 보시를 아무에게나 하는 보시가 아니라고 하면 차별이 될 수 있으므로 보시바라밀(報施婆羅蜜)이라고 하였다. 즉 이 경(經)에서 말하는 보시는 삼승과 보살마하살이 보시하는 것이므로 '보시바라밀'이 되어야 한다. 왜냐하면 복덕과 복덕성의 문제는 대승과 최상승의 문제이기 때문이다. 범본의 "Tathāgatebhyo'(여래) rhadbhyaḥ(아라한) samyaksambuddhebhyo(정변지) dānaṃ dadyāt(보시를 행하다)."384)에서는 성자(여래·아라한·정변지)들에게 보시를 하기에 보시바라밀(報施婆羅蜜)이라고 하였다.

---

383) 『金剛般若疏』卷3(T33, p.106b19~20), "五陰本無名爲非法, 空病亦空故云無非法相."; 『永嘉證道歌』(T48, p.396a28), "棄有著空病亦然."; 『維摩義記』(T85, p.333a4), "計空之心爲空病."; 『維摩經疏』(T85, p.371c12~13), "若人著於空, 諸佛所不化, 故言空病亦空."; 『金剛經疏記科會』卷7(X25, p.450c3~5), "小乘雖有生空之理, 非實眞如, 以是偏眞, 未徹源故. 大乘之內, 具顯三空, 空病亦空, 是究竟眞如法也."

384) 이기영(1978), p.188, "여래·존경받을만한 사람·올바르게 깨달은 사람들에게 보시를 하면"; 각묵(1991), p.152, "여래·아라한·정등각들에게 보시를 행한다면"; 현진(2021), p.145, "공양 올려야 될 분들이자 바르고 동등하게 깨달으신 분들인 그처럼 오신 분들을 위해 보시를 행한다면"이라고 하고 있다.

216

9) 一相無相分(일상무상분)[385]

일상(一相)은 진여의 상(相)을 말하는 것이므로 상(相)이라는 마음도 없는 것을 말하는 것이라고 하고 있다. 사향사과(四向四果)[386]를 설하면서 무상(無相)이 되어야 진정한 사과(四果)를 얻은 것이라고 다음과 같이 설하고 있다.

수보리여, 수다원의 경지를 체득한 사람은 자신이 수다원과를 얻었다는 마음을 가지겠는가? 수보리가 대답했다. 세존이시여, 그렇지 않습니다. 왜냐하면 수다원[387]은 이름을 성자의 경지에 들어갔다는 것이므로 육진경계를 취한다는 생각이 없는 것을 수다원이라고 말합니다.[388] 수보리여, 사다

---

385) 『金剛經註』卷1(X24, p.544b21~23), "果雖有四相本無二 故受之以一相無相分. 新注四斷聲聞得果是取疑 此疑從第三疑中不可取說而來.";『金剛經正解』卷1(X25, p.611c12~13), "一相者, 謂修行四果, 各有一相也. 其實功有次第, 而無爲則一果, 雖深淺不同, 而總不可萌有得之心. 當深造以悟入無相, 蓋須陀洹等, 皆是假名. 究竟本來, 一相亦無.";『金剛經如是經義』卷1(X25, p.686c6~7), "此言四果, 似乎有一相, 然本自無形何有得果之相."

386) 『大智度論』卷57(T25, p.468a7), "僧寶者, 四向四果學, 無學五衆.";『俱舍論記』卷1(T41, p.3a22), "四向四果說之爲僧.";『圓覺經大疏釋義鈔』卷6(X09, p.590a14~16), "斷四諦下迷理煩惱, 證得初果. 進修漸斷迷事煩惱, 乃至證阿羅漢果. 卽四向四果, 皆爲淨也.";四向은 四果를 체득하는 수행과정이고 四果는 수행하여 체득한 결과이다.

387) 『金剛經註解』卷2(X24, pp.775c21~776a1), "李文會曰. 問第一果須陀洹者, 知身是妄, 欲入無爲之理, 斷除人我執著之相, 以無取心, 契無得理. 無理則心空, 無得乃理寂. 雖然能捨麤重煩惱, 而未能離微細煩惱. 此人不入地獄, 不作脩羅餓鬼 異類之身, 此謂學人悟初果也.";수다원과를 얻은 사람이 수다원과를 얻었다는 마음이 있으면 '사상'이 있는 것이라고 범본에 다음과 같이 기록하고 있다. "mayā srotaāpatti-phalaṃ(수다원과) prāptam(증득) iti, sa(그것은) eva(오직) tasya-ātma-grāho(자신의 아집) bhavet(생긴 것) sattva-grāho(중생집) jīva-grāhaḥ(수자집) pudgala-grāho(人執) bhaved iti(생긴 것이 된다)."

388) 의역하면, "공가중을 깨달아 사성제와 팔정도를 실천하는 성문이어서 견혹이 없고 사취생을 벗어났기 때문에 성문과를 얻었다는 생각이 없고 육진경계를 집착하지 않습니다."

함의 경지를 체득한 사람은 자신이 사다함과를 얻었다는 마음을 가지겠는가? 수보리가 대답했다. 세존이시여, 그렇지 않습니다. 왜냐하면 사다함은 한 번 왕래한다는 말인데 (삼계의 '업'을 모두 없앤다는 말이므로) 실제로 왕래하는 것이 없는 것을 이름 하여 사다함이라고 하는 것입니다. 수보리여, 아나함의 경지를 체득한 사람은 자신이 아나함과를 얻었다는 마음을 가지겠는가? 수보리가 대답했다. 세존이시여, 그렇지 않습니다. 왜냐하면 아나함은 (욕계에 다시) 오지 않는다는 말이고 실제로 (아공과 법공을 모두 체득하여 이미 욕계를 벗어났기 때문에) 되돌아오지 않는다고 하여 이름을 아나함이라고 하는 것389)입니다. 수보리여, 아라한의 경지를 체득한 사람은 자신이 아라한과를 얻었다는 마음을 가지겠는가? 수보리가 대답했다. 세존이시여, 그렇지 않습니다. 왜냐하면 아라한은 실제로 (삼계의 업인 번뇌 망념이) 생사하는 법이 없기 때문에 이름을 아라한이라고 하는 것입니다. 세존이시여, 만약에 아라한 자신이 내가 아라한이 되었다는 마음을 가지면 바로 '사상'에 집착하는 것이 되기 때문입니다. 세존이시여, 부처님께서 말씀하실 때에 제가 (번뇌 망념이 없는) 무쟁삼매390)를 체득했고 그런 사람들 중에 '제일이

---

389) 『金剛經註解』卷2(X24, p.776b23~c2), "李文會曰. 第三果阿那含者, 已悟人法俱空, 漸修精進, 念念不退菩提之心. … 故云而實無不來也." ※ ()안은 『금강경주해』의 설명.

390) 『金剛經音釋直解』(X25, p.171c12~14), "無諍者, 隨順無違也. 三昧, 梵語, 此云正受, 心不受一法是也. 阿蘭那者, 梵語, 此云卽無諍也. 須菩提離三界, 欲證四果法得無諍三昧, 體悟眞空.";『金剛經略疏』(X25, p.158a15~19), "佛說得無諍三昧者, 以其解空, 則彼我俱忘, 能不惱眾生, 亦能令眾生不起煩惱故也. 又云人中最爲第一者, 以人中四相未除, 故皆有諍, 今旣無諍, 是人中最爲第一也.";『金剛經采微』卷1(X24, p.614a17~20), "世尊, 佛說我得無諍三昧, 人中最爲第一, 是第一離欲阿羅漢. 所以空生述佛稱歎者. 天親云. 爲明勝功德故, 爲生深信故, 勝功德者, 卽無諍三昧也.";『銷釋金剛經科儀會要註解』卷4(X24, p.692b1~2), "言無諍者, 一念不生, 諸法無諍也. 梵語三昧, 此云正定, 離諸邪定故也.";『金剛經註解』卷2(X24, p.777b13), "僧若訥曰. 無諍者, 涅槃經云. 須菩提住虛空地." ; 범본의 'araṇā-vihāriṇām(다툼이 없는 경지를 즐기는 자)'을 구마라집은 '無諍三昧'라고 하였다.

218

욕아라한'이라고 하신 것은 제가 (삼계의 번뇌를 벗어난) 아라한이 되었다는 생각도 하지 않기 때문입니다. 세존이시여, 제가 만약에 아라한도를 얻었다는 생각을 하였다면 세존께서는 수보리가 무쟁삼매를 제일 잘 실천하는 수행자라고 하시지 않으셨을 것입니다. 수보리가 진실로 (아라한이라는) 마음을 가지지 않고 (아라한도를) 실천하기 때문에 수보리를 무쟁삼매를 제일 잘 실천하는 수행자라고 하신 것입니다.

> 須菩提, 於意云何, 須陀洹能作是念, 我得須陀洹果不. 須
> 菩提言. 不也世尊. 何以故, 須陀洹名爲入流, 而無所入, 不入
> 色聲香味觸法, 是名須陀洹. 須菩提, 於意云何, 斯陀含能作
> 是念, 我得斯陀含果不. 須菩提言. 不也世尊. 何以故, 斯陀含
> 名一往來, 而實無往來, 是名斯陀含. 須菩提, 於意云何, 阿那
> 含能作是念, 我得阿那含果不. 須菩提言. 不也世尊. 何以故,
> 阿那含名爲不來, 而實無(不)來, 是故名阿那含. 須菩提, 於意
> 云何, 阿羅漢能作是念, 我得阿羅漢道不. 須菩提言. 不也世
> 尊. 何以故, 實無有法 名阿羅漢. 世尊, 若阿羅漢作是念, 我
> 得阿羅漢道, 卽爲著我人衆生壽者. 世尊, 佛說 我得無諍三昧
> 人中最爲第一, 是第一離欲阿羅漢. 我不作是念, 我是離欲阿
> 羅漢. 世尊, 我若作是念, 我得阿羅漢道, 世尊則不說 須菩提
> 是樂阿蘭那行者. 以須菩提 實無所行, 而名須菩提, 是樂阿蘭
> 那行.[391](※ () 안은 이 외의 판본에 의하여 첨가.)

여기에서는 '사향사과'의 내용만 자세하게 알면 된다. 수다원이 되는 것을 '입류'라고 하는데 사성제와 팔정도로 수행하여 이것을 체득한 것이 성문이다. 그러나 수다원은 자신에게 망념이 있는 줄을 알고 무위의 이치를 깨닫고자 하는 사람으로 공 가중을 깨달아 성자의 지위에 들어 왔으나 아직까지 미세한 번뇌는 남아 있기에 '초과'라고 하고 '입류'라고 한다.[392] 나머지

---

391) 『金剛般若波羅蜜經』(T08, p.749b26~c15).

는 앞에 설명하였다.

수다원에 대하여만 살펴보면 "수다원은 이름을 성자의 경지
에 들어갔다는 것이므로 '입류'했다는 생각이 없고 육진경계를
집착하지 않고 공(空)이라고 알기 때문에 이름을 수다원이라고
하는 것입니다."라고 하고 있다. '입류'는 예류(預流)라고도 하
며 성자의 지위에 들어갔다는 것이다. 그리고 '而無所入'을 "공
가중을 깨달아 사성제와 팔정도를 실천하는 성문이어서 견혹이
없고 사취생을 벗어났기 때문에 성문과를 얻었다는 생각이 없
다."라는 것이 성문에 대한 설명이다. 수다원이 성자이지만 의
문이 있을 수도 있어 '아만'을 없애는 것이 '離慢障'에 해당한
다.393)라고도 하고 있다. 그리고 '不入色聲香味觸法'은 육진경
계를 집착하지 않는 것은 공(空)을 체득한 것으로 육진에 들어
가지 않는다는 것은 육진에 대한 집착을 하지 않는 것394)이다.
육진에 대한 집착을 하지 않으려면 견성의 첫 번째 관문인 공
(空)을 통과해야 하므로 공(空)을 체득해야 한다. 이 단에서 수
보리가 아라한이고 대승이라는 것은 수보리가 아라한이라는 생
각도하지 않고 '무쟁삼매'를 실천하기 때문에 '제일이욕아라한'
이라고 하는 것이며 3단에서 보살마하살이 대승이라는 것과 같
다.

392) 『佛說能斷金剛般若波羅蜜多經』(T08, p.772c10~11), "諸預流者, 無法
可預, 故名預流.";『金剛般若波羅蜜經註解』(T33, p.230c25~26), "梵語
須陀洹, 華言入流, 此聲聞所證初果也.";『金剛般若經疏論纂要』卷1(T33,
p.160c11~12), "須陀洹, 此云入流, 入聖人流故, 亦云預流.";『俱舍論記』
卷23(T41, p.356c5~6), "故預流者不墮惡趣."
393) 김호귀(2011a), pp.150~151.
394) 『金剛般若波羅蜜經略疏』卷1(T33, p.243c17~19), "由佛所說皆以無爲
法爲名故, 由聖人無爲故, 不取六塵境界以爲我所, 故文言不入色聲香味觸
法也."

10) 莊嚴淨土分(장엄정토분)[395]

이 단에서는 불국토를 장엄한다는 것과 연등불을 연관시킨 것이 절묘하다. 석가모니가 수기(受記)를 받은 것이 무소득의 법을 전해 받은 것이라고 하고 있다. 그래도 법을 받았다고 하면 연등불[本法, 本覺][396]이 존재해야 하는 것이 되어 유위의 장엄이 된다. 그래서 연등불을 석가의 스승이라고 하지만 일미진불(一微塵佛)[397]이라고 하고 또 자신의 본래 법을 견득(見得)하는 것[398]을 말하는 것이라고 하고 있다. 여래의 국토는 공(空)의 국토이므로 의지함이 없는 것에 의하여 만들어지므로 보살이 불국토를 장엄한다고 하는 것은 공(空)으로 장엄하기에 외부의 불국토를 장엄하는 것이 아니고 마음속의 불국토를 장

---

395) 『金剛經註』卷2(X24, pp.545c22~546a1), "淸淨心生 是淨土莊嚴 諸相卽非莊嚴 故受之以莊嚴淨土分. 新注五斷釋迦然燈取說疑, 此疑亦從第三疑不可取不可說而來." ; 『銷釋金剛經科儀會要註解』卷4(X24, p.693c4~8), "莊嚴淨土, 錦上添花, 徒勞任算沙, 然燈昔日, 授記無差. 此科昭明太子, 判此一段經文, 爲莊嚴淨土分第十. 盖菩薩以淸淨心, 不住六塵, 均修萬行, 莊嚴法身淨土, 故名莊嚴淨土也." ; 『金剛經註解』卷2(X24, p.778b4), "成就莊嚴, 淨明心地."

396) 『佛祖統紀』卷1(T49, p.136b12~13), "指然燈佛者, 卽拂因疑." ; 『金剛經音釋直解』(X25, p.171c22~23), "如來者, 佛自稱也. 然燈佛者, 卽是釋迦牟尼佛之師也. 法由心悟, 豈從外得以心印, 心是名爲得也." ; 『四教儀集解』卷2(X57, p.578a19~21), "二次從尸下明 第二僧祇然燈佛者. 大論云. 太子生時 一切身邊 光如燈故. 故云然燈 以至成佛 亦名然燈." ; 『金剛經註釋』(X25, p.530a6~7), "佛生時有光, 於眼耳口鼻百孔中放出, 遍照十方, 如燈之明, 而號然燈也. 是爲釋迦佛之師." ; 범본에는 "Dīpaṅkarasya(연등) Tathāgatasya-arhataḥ(여래 아라한) samyaksambuddhasya(정변지)-antikād(가까이에서) udgṛhītaḥ(얻은 것)."이라고 하고 있다.

397) 『念佛三昧』(X62, p.470b14~15), "然燈佛者, 一微塵佛也. 釋迦佛者, 無量微塵佛也. 釋迦佛者, 名爲病愈. 阿彌陀者, 名本無病."

398) 『楞嚴經正見』卷5(X16, p.692a23~b3), "至然燈佛下 證離依他執. 然燈者, 只是見得自己本法, 修唯心三昧, 故得盡空如來國土. 且如來國土旣空, 便是離依他執也. 又前說日月燈明, 是標本覺. 今說然燈佛, 是標始覺, 燈是人然故也."

엄한다고 다음과 같이 설하고 있다.

　　부처님이 수보리에게 말했다. 여래가 지난날에 연등불이
계신 곳에서 어떤 법을 얻은 것이 있느냐? 세존이시여, 그렇
지 않습니다. 여래께서 실제로 무소득의 법을 체득한 것[399]
이기 때문입니다. 수보리여, 보살이 불국토를 장엄한다고 하
면 할 수 있겠는가? 세존이시여, 그렇지 않습니다. 왜냐하면
불국토를 장엄한다는 것은 곧 (불국토를 외부의 어디에 만들
어) 장엄하는 것이 아니라 (마음속에 불국토를 건설하는 것
이므로) 장엄이라고 말하는 것[400]이기 때문입니다. 그러므로
수보리여, 모든 보살마하살들은 마땅히 여시한 (진여의 지혜
로) 청정한 마음을 내야하며 육진(의 대상경계)에 따라 마음
을 내지 말고 (대상경계를) 집착하는 마음 없이 (청정한 진
여의 지혜로) 생활해야 한다. 수보리여, 어떤 사람을 비유하
여 몸이 수미산과 같다고 하면 그 몸을 크다고 하지 않겠는
가? 수보리가 대답했다. 세존이시여, 매우 큽니다. 왜냐하면
세존께서 (설하신 몸이라고 하는 것은 육신의) 몸이 아닌
(법신[401]을 말씀하시는 것이고 무위법으로 설하시는) 것이기
에 몸이 크다고 하는 것입니다.

---

399) 의역을 하면, "여래가 … (다음에 부처가 될 것이라는 수기를 받았는데
　　그때에 연등불이 전해준) 어떤 … (연등불이 계신 곳에서 수기를 받았는
　　데) … 체득한 것"이라고 할 수 있다.
400) 『金剛般若經贊述』卷1(T33, p.138a6~8), "故言莊嚴佛土者, 謂內莊嚴
　　也. 卽非莊嚴者非外形相莊嚴也. 是名莊嚴者是無相不取眞莊嚴也."
401) 『金剛般若經贊述』卷1(T33, p.138b3~4), "佛說非身者 謂非有分別身.
　　是名大身者 是無分別身也."；『金剛經纂要刊定記』卷5(T33, p.209a16~
　　18), "卽是經中 佛說非身也. 法身旣是無爲, 則離有爲生滅, 有爲旣離."；
　　『金剛般若波羅蜜經略疏』卷1(T33, p.244b13~15), "佛說非身 是名大身.
　　以無分別相故, 彼身非身, 非諸漏身. 是名大身者, 以有淸淨身故."；『金剛
　　經註解鐵鋑錎』卷1(X24, p.855b1~3), "故言甚大世尊. 何以故, 佛說非身,
　　乃是法身, 是名大身. 此是莊嚴心淨是法, 得了法身是力."；『金剛經鎞』卷
　　1(X25, p.83a12~13), "佛說非身者, 非有漏有爲身. 是名大身者, 是無漏
　　無爲身."

222

佛告須菩提. 於意云何, 如來昔在然燈佛所, 於法有所得不.
(不也)世尊. 如來在然燈佛所, 於法實無所得. 須菩提. 於意云
何, 菩薩莊嚴佛土不. 不也世尊. 何以故, 莊嚴佛土者, 則非莊
嚴, 是名莊嚴. 是故須菩提, 諸菩薩摩訶薩 應如是生清淨心,
不應住色生心, 不應住聲香味觸法生心, 應無所住 而生其心.
須菩提, 譬如有人, 身如須彌山王, 於意云何, 是身爲大不. 須
菩提言. 甚大世尊. 何以故, 佛說非身, 是名大身.402)(※ (不
也)는 『금강반야바라밀경론』 등에 의거하여 첨가.)

여래의 몸을 비신(非身)이라고 하는 것은 분별하지 않는 무
위(無爲)의 법신(法身)을 말한다. 그러므로 뱀이 용이 되어도
비늘을 바꾸지 않는다고 하는 것403)처럼 여래의 몸은 어느 누
구나 여래가 될 수 있다는 것을 말한다. 그러므로 형상에 따라
사람을 판단하지 말아야 한다. 무사상(無四相)이므로 외부에 자
신을 나타내는 것이 아니라 '반야바라밀'을 실천하여 자기 내부
의 불국토를 장엄하는 것이므로 장엄한다고 하는 것이다. 그리
고 대신(大身)이 비신(非身)이므로 대신(大身)이라고 하는 것은
모든 사람이 여래와 같다는 것을 강조하기 위한 것이다. 즉 형
상에 따른 차별을 하지 말아야 한다고 하는 것은 무루(無漏)의
무위신(無爲身)이기 때문이다. 이 경(經)의 두 번째 게송인 "그
러므로 수보리여, 모든 보살마하살들은 마땅히 여시한 진여의
지혜로 청정한 마음을 내야하며 육진의 대상경계에 따라 마음
을 내지 말고 대상경계를 집착하는 마음 없이 청정한 진여의
지혜로 생활해야 한다(是故須菩提, 諸菩薩摩訶薩 應如是生清
淨心, 不應住色生心, 不應住聲香味觸法生心, 應無所住, 而生其

402) 『金剛般若波羅蜜經』(T08, p.749c16~25).
403) 『少室六門』(T48, p.372b17~18), "蛇化爲龍, 不改其鱗, 凡變爲聖, 不
改其面."

心.)."로 인하여 혜능이 깨닫게 되었다고 『육조대사법보단경』에 기록되어 있는 것404)은 잘 알려져 있다. 여기에서 육진(六塵)은 '색성향미촉법'이고 이것은 2단에서 제시한 자신의 마음을 어떻게 굴복시켜야 하느냐고 하는 부분의 대답이다. 즉 자신의 마음인 육근(六根)이 청정하게 되었다면 대상경계인 육진이 청정하다는 것을 깨달아야 한다. 이렇게 육근과 육진이 청정하게 되었으면 육식(六識)이 청정한 무소주(無所住)의 마음을 내야 한다고 하는 것을 진여의 지혜로 생활해야 한다고 하는 것이다.

번역에서 "불국토를 장엄한다고 하는데 이것은 곧 (불국토를 외부의 어디에 만들어) 장엄하는 것이 아니라 (마음속에 불국토를 건설하는 것이므로) 장엄이라고 말하는 것이기 때문입니다." 라고 하였는데 지안은 "불국토를 아름답게 꾸미는 것은 아름답게 꾸미는 것이 아니어서 꾸민다고 말하기 때문입니다."405)라고 하고 있고, 이기영은 "불토를 장엄한다는 것은 곧 장엄함이 아니며 그 이름이 장엄이기 때문입니다."406)라고 하고 있으며, 김호귀는 "불토를 장엄한다는 것은 곧 장엄한 것이 아니기 때문에 그것을 바로 장엄한다고 말하는 것입니다."407)라고 하고 있다. 그리고 김진무는 "불국토와 불국토의 장엄함은 환영과

---

404) 『六祖大師法寶壇經』(T48, p.349a16~18), "祖以袈裟遮圍, 不令人見, 爲說『金剛經』, 至應無所住 而生其心, 惠能言下大悟, 一切萬法, 不離自性."
405) 지안(2010), p.111.
406) 이기영(1978), p.209. ; 범본에는 "kṣetra(불국토, 복전, 공덕이 자라는 곳)-vyūhāḥ(장엄) kṣetra-vyūhā(불국토) iti Subhūte, 'vyūhās te(그것은 장엄이 아니다) Tathāgatena bhāṣitāḥ(여래가 설하다) teno-cyante kṣetra-vyūhā iti.(그래서 불국토의 장엄이라고 한다)."이라고 하였다.
407) 김호귀(2007), p.76. ; 김호귀(2017a), p.147.

같아 세속에 따라 장엄한다고 일컬어지는 것에 불과할 뿐이며, 보살이 장엄한 불국토는 존재하지 않기 때문입니다. … 실유의 장엄함이 아니고 명언(名言) 가운데 장엄한다고 다만 세운 것이기 때문이다."408)라고 하고 있다. 성본은 "불국토를 장엄하는 것은 고정된 실체의 불국토를 장엄하는 것이 아니라 임시방편으로 불국토를 장엄한다고 하는 것일 뿐입니다."409)라고 하였으며 각묵은 "불국토의 건설, 불국토의 건설이라 하는 것은 불국토의 건설이 아니라고 여래는 설하였으니 그래서 불국토의 건설이라고 한다."410)라고 하고 있다. 이상에서 살펴보았듯이 이들이 불국토의 장엄을 장엄이 아니라고 번역하고 있다. 그러나 이 경(經)에서 불국토의 장엄은 이름만 장엄이 아닌 것이 아니라 외부의 장엄이 아니고 불법(佛法)에 맞게 내부의 장엄을 대승의 장엄이라고 여래는 말하고 있는 것이다. 왜냐하면 보살과 보살마하살의 차이이고 소승과 대승 그리고 최상승의 차이점을 설하고 있는 부분이다. 소승의 안목으로는 불국토를 장엄할 수 없다고 소승은 불능(不能)이라고 15단에도 설하고 있다.

---

408) 김진무・류화송(2018), pp.189~190.
409) 성본(2012), p.123.
410) 각묵(1991), p.185. ; 이기영(1978), p.208.

11) 無爲福勝分(무위복승분)[411)](#)

보살의 실천덕목인 보시바라밀(報施婆羅蜜)을 다시 강조하고
있는 단으로 유위(有爲)의 보시보다는 무위(無爲)의 보시를 해
야 하는 것이다. 그리고 이런 보시의 근원으로 이 경(經)의 뜻
을 정확하게 알고 실천해야 위대한 복덕이 있다고 다음과 같이
설하고 있다.

　수보리여, 항하의 모래 숫자만큼의 항하가 더 있다고 하고
이 전체항하의 모래숫자들을 모두 합하면 많다고 할 수 있
겠는가? 수보리가 대답했다. 세존이시여, 아주 많습니다. 단
지 모든 항하의 숫자만 하더라도 셀 수 없이 한량이 없는데
어찌 하물며 그 항하들의 모래숫자를 어찌 헤아리겠습니까?
수보리여, 내가 지금 그대에게 진실을 말하겠다. 만약에 선
남자와 선여인이 항하의 모래 숫자만큼의 삼천대천세계에
가득 찬 칠보로 보시를 행한다고 하면 복덕을 많이 얻지 않
겠는가? 수보리가 대답했다. 세존이시여, 매우 많은 (복덕을
얻을) 것입니다. 부처님이 수보리에게 말했다. 만약에 선남
자와 선여인이 이 '경'의 뜻을 (정확하게 깨달아 알고) 수지
하며 사구게 등으로 사람들에게 (정확하게) 설법한다면 이
복덕은 앞의 복덕보다 수승한 것이다.

　須菩提, 如恒河中 所有沙數, 如是沙等恒河, 於意云何, 是
諸恒河沙寧爲多不. 須菩提言. 甚多世尊. 但諸恒河 尚多無

---

411) 『金剛經註』卷2(X24, p.547a3~4), "有爲之福 限量有窮 無爲之福 殊勝
　無比 故受之以 無爲福勝分."; 『金剛經註解』卷2(X24, p.780c3), "現成公
　案, 不假施爲, 此無爲福, 勝他有爲."; 『金剛經正解』卷1(X25, p.613b14~
　15), "無爲法也, 福勝言修, 無爲之法, 其福勝於河沙世界之七寶布施也. 蓋
　持經功德, 人己俱利, 不假施爲. 此無爲之福, 比他有相布施之福, 爲尤勝
　矣."

226

數, 何況其沙. 須菩提, 我今實言告汝. 若有善男子善女人, 以
七寶滿爾所 恒河沙數 三千大千世界, 以用布施, 得福多不.
須菩提言. 甚多世尊. 佛告須菩提. 若善男子善女人, 於此經
中, 乃至受持 四句偈等, 爲他人說, 而此福德 勝前福德.412)

이 경(經)의 뜻을 정확하게 깨달아 수지(受持)하고 사람들을
위하여 설법해야 복덕이 수승하다고 설하고 있다. 여기에서 중
요한 것은 수지한다고 하는 것으로 이 경(經)의 뜻을 불법(佛
法)에 맞게 아난처럼 여시(如是)하게 깨달아 알아야 하는 것이
다. 여기에서는 일반적인 선남자 선여인의 이해를 넘어서 진성
(眞性)을 체득한 사람413)을 말한다. 즉 여기에서는 삼승(三乘,
trīṇi-yānāni, yana-traya, 聲聞·緣覺·菩薩)에서 대승의 보
살로 아라한이 깨달아 아는 것을 말하는 것이므로 무사상(無四
相)의 보살마하살이 이 경(經)의 뜻을 '사구게' 등으로 사람들
에게 설하여야 복덕이 수승하다고 하고 있다.414) 그러므로 자

412)『金剛般若波羅蜜經』(T08, pp.749c25~750a5).
413) 여기에서 선남자 선여인은 부처로 살아가고자 하는 위대한 원력을 세운
    보살이고 진성을 깨달은 사람이 된다. ;『金剛經註解』卷2(X24, p.781a9~
    15), "佛再呼須菩提言. 善男子, 善女人, 於此經中, 受其義理而持守之, 乃
    至以四句偈等爲他人說. 則已不爲惡業所縛, 而可以悟明眞性. 而人亦得聞
    此至理, 而有悟明眞性之漸, 久而善根皆熟. 可以脫離輪迴, 永超生死, 則萬
    劫無有盡期. 故其福德勝於彼恒河沙數世界七寶布施, 無量無數也."
414) 범본의 "dharma-paryāyād(㉠經中 ㉡法門) antaśaś catuṣpādikām
    api gāthām(㉠四句偈等 ㉡乃至四句伽他) udgṛhya(알아내어) parebhyo
    (타인에게) deśayet(보여주고) samprakāśayed(세밀하게 설명해 준다면)
    ㉠於此經中, 乃至受持 四句偈等, 爲他人說 ㉡於此法門 乃至四句伽他 受
    持讀誦 究竟通利 及廣爲他宣說 開示如理作意"에서 수지는 자신이 '究竟
    通利'하여 알고 가르쳐주는 이므로 자신이 대승의 보살마하살이나 아라한
    이 되어야 한다. ;『金剛般若波羅蜜經』(T08, p.750c18~20), "若樂小法者,
    著我見 人見 衆生見 壽者見, 則於此經, 不能聽受讀誦 爲人解說." ※(樂小
    法者 Hīnā-dhimuktika) ;『金剛經解義』卷2(X24, p.527a5~8), "何以故,
    須菩提, 若樂小法者, 著我見人見衆生見壽者見, 則於此經, 不能聽受讀誦,
    爲人解說. 何名樂小法者, 爲二乘聲聞人, 樂小果不發大心. 故卽於如來深

신도 제도(濟度)하지 못하면서 타인을 제도하여 수승한 복덕을 얻으려고 하는 행운을 바라는 범부나 소승의 불법(佛法)은 용납할 수 없는 것이며 오히려 부처를 비방하는 것이 된다.

法, 不能受持讀誦, 爲人解說.”;『金剛經註』卷2(X24, p.553a22~23), “何
名樂小法者 爲二乘聲聞人 樂小果不發大心 故卽於如來深法 不能受持讀誦
爲人解說.”

12) 尊重正教分(존중정교분)415)

반야의 지혜에 의하여 부처가 출세하는 것을 강조하고 있다. 그래서 올바른 가르침[正敎]이라고 하고 이 경(經)의 뜻을 정확하게 깨달아 알고 설하면 여래가 있는 곳이라고 하고 있다. 그리고 다시 이 경(經)의 뜻을 불법(佛法)에 맞게 깨달아 알고 설하는 사람을 부처님의 제자라고 여래와 동등하게 대우하고 있다.

또 다시 수보리여, (수행자가) 이 경전을 (정확하게 알고 진여의 지혜로) 설하거나 사구게 등으로 설하는 곳은 일체세간(의 어디일지라도) 천상의 사람이나 일반 사람과 아수라가 모두가 신성하게 여기고 공양하는 불탑이나 종묘를 모신 곳이 된다는 것을 잘 알아야 한다. (그런데) 하물며 어느 사람이 (이 경전을 자신이 정확하게 알고) 완전히 수지하여 독송하면 어떻겠는가?416) 수보리여, 마땅히 이 사람은 최상의 희유한 불법을 깨달아 성취하게 된다는 사실을 잘 알아야 한다.417) (그러므로) 만약에 이 경전을 (정확하게 알고 수지

---

415) 『金剛經註』卷2(X24, p.547b4), "是經所在, 天龍敬事, 故受之以 尊重正敎分."; 『銷釋金剛經科儀會要註解』卷4(X24, p.698b4~6), "此分經文, 名 尊重正敎分. 以般若是諸佛母, 能出生佛果菩提. 一切諸法, 但能持誦 四句之偈, 乃感天人 尊重供養. 故云. 尊重正敎也."; 『金剛經正解』卷1(X25, p.613c14~15), "正敎卽無爲法, 以此爲敎, 是爲正敎. 佛以菩提法立敎, 皆是盡性 至命之理, 正大無邪之論, 人能尊崇 而敬重之. 明心見性 了悟眞空, 爲受持正敎, 天人皆生敬重."

416) 『金剛仙論』卷5(T25, p.830b4~6), "何況有人 盡能受持讀誦此經者, 隨凡夫聖人但能受持 演說此經. 若與供養者, 當知是人 成就最上 第一希有功德."; 『金剛經解義』卷2(X24, p.524a14~16), "自心誦得此經, 自心解得經義, 自心體得無著 無相之理, 所在之處, 常修佛行. 念念心無有間歇, 卽自心是佛. 故言所在之處, 則爲有佛."

417) 『金剛經註解』卷2(X24, p.782a23~b1), "李文會曰. 成就者, 見性無疑也. 最上第一希有之法者, 佛與衆生 本無差別 若能心常淸淨, 不生不滅. 無諸妄念, 便可立地成佛."; 이 사람은 희유한 불법을 깨달아 부처님과 같

독송하고 사람들에게 바르게) 설하는 곳은 곧바로 부처님이
계신 곳418)이고 (진여의 지혜로 설하는) 뛰어난 제자들이 있
는 곳419)이다.

復次須菩提, 隨說是經, 乃至四句偈等, 當知此處, 一切世
間 天人阿修羅, 皆應供養, 如佛塔廟. 何況有人 盡能受持讀
誦. 須菩提, 當知是人 成就最上 第一希有之法. 若是經典 所
在之處, 則爲有佛, 若尊重弟子.420)

이 경전이나 사구게를 수지(受持) 독송(讀誦)한다고 하는 것
은 이 경전의 뜻을 진여의 지혜로 정확하게 알아야 한다. 그러
므로 삼승(三乘)이 아닌 범부들이 오래 독송만 하는 것은 만뜨
라 요가수행과 같은 것이 되어 많은 세월을 낭비할 수 있고 신
앙심만 늘어나게 된다. 신앙과 종교는 분명하게 다른 것인데도
신앙의 단체를 만드는 번역을 하면 기어(綺語)의 죄를 범하게
된다.

이 단에서 시공간을 초월하는 것은 이 경전을 정확하게 수지하
여 알고 독송하고 진여의 지혜로 설하거나 아니면 사구게 등으로
설하여 사람들을 제도하는 곳이 바로 천인이나 아수라가 신성하
게 여기는 불탑이나 종묘사직과 같은 곳(sa pṛthivī-pradeśaś(설
하는 곳) caityabhūto(탑묘가 있는 곳) bhavet(되다) sa-deva
(데바신)-mānuṣa(인간)-asurasya(아수라) lokasya(세계))이라고
하고 있다. 그러므로 이 경전의 뜻을 정확하게 깨달아 알고 수

은 성불한 경지를 체득한 최상승이다.
418) 범어 "śāstā viharaty(스승이 계신 곳, ㉠則爲有佛 ㉲大師所住)"
419) 범어 "anyatara-anyataro vā vijñaguru-sthānīyaḥ(지혜 있는 구루들
이 있는 곳, ㉠若尊重弟子 ㉲或隨一一尊重處所 若諸有智同梵行者)"
420) 『金剛般若波羅蜜經』(T08, p.750a6~10).

지 독송하여 설할 수 있는 사람은 희유(希有)한 것이고 타인을 위해 설하고 제도(濟度)한다면 부처나 불제자(佛弟子)가 대승(大乘)과 최상승(最上乘)으로 있는 곳이라고 하고 있다. 이 단에서 불제자(佛弟子)는 아라한(阿羅漢)이고 시공(時空)을 초월한 대승(大乘)이며 여래는 최상승(最上乘)이다.

13) 如法受持分(여법수지분)[421]

이 단은 불법(佛法)을 수지(受持, 奉持)하는 것에 대하여 설하면서 이 경(經)의 제목을 설하고 있다. 이 경(經)의 제목인 금강반야바라밀경(金剛般若波羅密經)을 해석하면 금강(金剛)은 앞에서 설명하였듯이 반야(般若)를 수식하는 것으로 진여(眞如)이므로 반야는 공(空)의 지혜를 말하는 것이 된다. 바라밀(波羅蜜)은 번뇌 망념의 고해를 벗어나는 것이고 경(經)은 올바른 법이라는 것이다. 이것을 요약하면 "진여의 지혜로 육도윤회를 벗어나는 올바른 방법"을 설한 경(經)이라는 뜻이다. 그러므로 이 경(經)의 제목이 불법(佛法)을 수지(受持)하는 것이라고 이 단의 제목을 붙인 소명태자도 이런 생각이었을 것이다.

그때에 수보리가 부처님에게 말씀드렸다. 세존이시여, 이 경전의 이름을 무엇이라고 하고 우리들이 어떻게 봉지하여야 하겠습니까? 부처님이 수보리에게 말했다. 이 '경'의 이름은 금강반야바라밀(경) 이라고 하는 것[422]이니 그대들은 마

---

421) 『金剛經註』卷2(X24, p.547c8~9), "至道無名 假之方便 以是名字 行者 受持 故受之以如法受持分."; 『銷釋金剛經科儀會要註解』卷4(X24, p.699 a23~b6), "如法受持, 誰敢謾他. 須菩提, 意如何, 我今爲汝, 一一言破. 此科昭明太子, 判此一段經文, 爲如法受持分第十三. 以須菩提, 雖聞前來 種種深義, 而未知經名何等, 云何受持流布, 故乃請問經名. 佛答. 是經名爲 金剛般若波羅蜜, 汝當奉持. 又恐於般若上, 而生執著. 故云. 卽非般若, 以 顯法性本空, 不可取著, 復於般若, 無有所說, 方爲如法受持."; 『金剛經 註解』卷2(X24, p.782b21), "當如此法, 永受行持."

422) 범본의 "prajñāpāramitā nāma-ayaṃ"를 '반야바라밀'이라고 '이름 한 다'는 것인데 반야로 피안에 도달하는 것이므로 자신이 진여의 지혜로 육 도윤회의 고해를 벗어나는 '경'이다. ; 『金剛般若經依天親菩薩論贊略釋秦 本義記』卷上(T85, pp.117c27~118a6), "佛告須菩提是經名爲金剛般若波 羅蜜以是名字汝當奉持, 第二答也. 金剛者喻也, 卽堅利寶, 般若者法也, 卽 無分別智. 波羅蜜者名到彼岸, 顯此眞智極究竟故, 以是名字汝當奉持者, 以猶用也. 是由此也. 用此能詮之名詮彼所詮之理, 理爲義持名爲文, 持文

땅히 봉지하여 (실천해)야 한다. 왜냐하면 수보리여, 부처님
이 설한 '반야바라밀'은 (곧바로 진여의 지혜로 고해를 벗어
난다는 생각을 하지 않고 실천해야 하는) '즉비반야바라밀'
이기에 '반야바라밀'이라고 말한다.[423] 수보리여, 여래가 (목
적을 가지고 집착하여) 불법을 설한 적이 있느냐? 수보리가
부처님에게 말씀드렸다. 세존이시여, 여래께서 (목적을 가지
고 집착하여) 설한 법이 한 번도 없습니다.[424] 수보리여, 삼
천대천세계에 있는 미진의 먼지와 같은 번뇌를 많다고 생각
할 수 있느냐? 수보리가 대답했다. 세존이시여, 매우 많습니
다. 수보리여, 모든 미진을 여래는 미진이라는 마음을 가지
지 않(고 미진번뇌의 본성이 청정한 '공'이라고 알)기 때문에
미진이라고 하는 것이다. 여래가 설하는 세계는 (중생의 망
념이 다하여 없어진 세계를) '비세계'라고 하는 것이며 이것
을 (세계라고 말씀하시는 것은 번뇌 망념이 없다는 생각도

義恭受總名爲奉持. 經, 所以者何 第三徵也. 徵經名義是何意也.";『金剛經
註解』卷2(X24, p.782c9~14), "言金剛者, 堅利之物, 故借金爲喻. 般若者,
智慧也. 爲敎衆生用智慧力, 照破諸法無不是空, 猶如金剛觸物卽碎, 故名
般若也. 波羅蜜者, 到彼岸也. 心若淸淨, 一切妄念不生, 能度生死苦海. 汝
當奉持者, 只是奉持自心, 行住坐臥, 勿令分別人我是非也."

423) 『金剛能斷般若波羅蜜經』(T08, p.768b26~28), "若如是, 善實, 智慧彼
岸到. 如來說, 彼如是非彼岸到. 彼故, 說名智慧彼岸到者.";『金剛般若經
贊述』卷1(T33, p.139a19~20), "則非般若波羅蜜者 非一佛獨陳也.";『金
剛般若經依天親菩薩論贊略釋秦本義記』卷上(T85, p.118a7~10), "經, 須
菩提 佛說般若波羅蜜 卽非般若波羅蜜 第四釋也. 言佛說般若波羅蜜者, 謂
觀照等眞實慧也. 卽非般若波羅蜜者, 謂非二乘等相似慧也.";『金剛經註』
(X24, p.399b6~7), "此慧所照, 法無不空, 則非般若卽慧空也.";『金剛經
註解』卷2(X24, p.783a19~22), "佛說般若波羅蜜者, 實相般若之堅, 觀照
般若之利, 截煩惱源, 達涅槃岸. 卽非般若波羅蜜者, 旣知法體元空, 本無妄
念. 若無諸罣礙, 湛然淸淨, 自在逍遙, 是名卽非般若波羅蜜也."; '즉비(卽
非)'에 대한 설명은 앞에 하였고 대승으로 번역해야 함.

424) 『金剛經註解』卷2(X24, p.783b9~12), "本心元淨, 諸法元空, 更有何法
可說. 二乘之人執著人法是有, 卽有所說. 菩薩了悟人法皆空, 卽無所說. 是
故經云, 若有人言如來有所說法, 卽爲謗佛.";『銷釋金剛經科儀會要註解』
卷4(X24, p.700a5~8), "佛雖有說, 隨順俗諦, 故有是說. 若約眞諦, 實無
所說, 是名眞說, 故云, 無所說也. 故下經云. 若有人言如來有所說法, 卽爲
謗佛是也."

하지 않는 것을) 세계라고 하는 것[425])이기 때문입니다. 수보
리여, 32상[426])을 구족한 사람을 보면 여래를 친견하였다고
생각할 수 있겠느냐? 세존이시여, 아닙니다. 32상으로는 여
래를 친견할 수 없습니다. 왜냐하면 여래께서 말씀하시는 32
상을 '비상'이라고 하신 것(은 법신상을 말씀하시는 것이므
로 '무상')을 32상이라고 말씀하시는 것[427])이기 때문입니다.
수보리여, 만약에 어느 선남자와 선여인이 있어서 항하사와
같은 마음으로 신명을 다하여 보시를 실천하는 사람[428])이
있다고 하고 만약에 또다시 어느 사람은 이 '경'을 (정확하
게 깨달아 알고) 수지하며 사구게 등으로 사람들에게 (정확
하게) 설법한다면 이런 복덕은 (앞의 복덕보다도) 매우 많다

---

425) 『金剛般若經贊述』卷1(T33, p.139b17~19), "說世界者 謂以世界 喻財
物施. 非世界是貪等因. 財施爲貪因但借世界爲喻故.";『金剛經解義』卷2
(X24, p.524b15~18), "性中無塵勞, 卽是佛世界. 心中有塵勞, 卽是衆生
世界. 了諸妄念空寂, 故云非世界. 證得如來法身, 普見塵刹, 應用無方, 是
名世界.";『金剛經註解』卷2(X24, p.784a20~22), "非世界是名世界者. 若
無妄念, 卽佛世界. 有妄念, 卽衆生世界. 前念淸淨, 卽非世界. 後念不住淸
淨, 是名世界.";『金剛經註解鐵錂銘』卷1(X24, p.857b20~21), "如來又說
世界, 衆生妄念盡, 非世界. 妄念不盡, 是名世界.";『銷釋金剛經科儀會要
註解』卷4(X24, p.700a21~23), "非微塵非世界者, 以非貪等煩惱, 塵界染
因也. 是名微塵是名世界者, 乃是無記微塵世界也."
426) 『金剛般若波羅蜜經註解』(T33, p.232b8~12), "三十二相者, 應身相也.
非相者, 法身相也. 是名三十二相者, 應旣卽法法全是應, 不妨說三十二相
也. 言施寶之福, 縱能成佛身相, 但是應身, 不及持說功德能成法身也.";『金
剛經註解』卷2(X24, p.785a13~17), "李文會曰. 三十二相者, 謂眼耳鼻舌
身五根中, 具脩六波羅蜜, 謂布施持戒忍辱精進禪定智慧, 是也. 於意根中
脩無住無爲, 是三十二相淸淨行也. 如來說三十二相, 卽是非相. 是名三十
二相者, 此謂法身有名無相, 故云非相. 旣悟非相, 卽見如來."; 범본의 "na
(아니다) dvātriṃśan(32가지의) mahāpuruṣa(성스러운)-lakṣaṇais(모습)
Tathāgato(여래) 'rhan(아라한) samyaksambuddho(정등각) draṣṭa
vyaḥ(보다)."에서 32상으로 여래를 친견할 수 없다는 것을 말한다.
427) 『金剛經註解』卷2(X24, p.785a13~17), "三十二相者, 謂眼耳鼻舌身五
根中, 具脩六波羅蜜, 謂布施持戒忍辱精進禪定智慧, 是也. 於意根中脩無
住無爲, 是三十二相淸淨行也. 如來說三十二相, 卽是非相, 是名三十二相
者, 此謂法身有名無相, 故云非相. 旣悟非相, 卽見如來."
428) 『金剛經註解』卷2(X24, p.785a24~b3), "譬如有人捨身命布施, 求無上
菩提, 此謂住相布施也. 禪要經云. 若於外相求之, 雖經萬劫, 終不能得. 又
教中經云. 若見有身可捨, 卽是不了蘊空."

234

고 하겠다.

　爾時, 須菩提白佛言. 世尊, 當何名此經, 我等云何奉持. 佛
告須菩提. 是經名爲, 金剛般若波羅蜜, 以是名字, 汝當奉持.
所以者何, 須菩提, 佛說般若波羅蜜, 則非般若波羅蜜(是名般
若波羅蜜). 須菩提, 於意云何, 如來有所說法不. 須菩提 白佛
言. 世尊, 如來無所說. 須菩提, 於意云何, 三千大千世界 所
有微塵 是爲多不. 須菩提言. 甚多世尊. 須菩提, 諸微塵, 如
來說非微塵, 是名微塵. 如來說世界, 非世界, 是名世界. 須菩
提, 於意云何, 可以三十二相見如來不. 不也世尊. 不可以三
十二相 得見如來. 何以故, 如來說三十二相, 卽是非相, 是名
三十二相. 須菩提, 若有善男子善女人, 以恒河沙等 身命布
施. 若復有人, 於此經中, 乃至受持 四句偈等, 爲他人說, 其
福甚多.429)(※ ()안의 ‘是名般若波羅蜜’은 후대의 X24, X25
본에 의하여 첨가.)

　보시바라밀(報施婆羅蜜)을 행하는 것보다도 더 수승한 것은
이 경(經)의 뜻을 자기의 마음으로 정확하게 깨달아 무상(無相)
의 도리를 체득하여 자기의 마음이 불심(佛心)이 되는 것이다.
이 말은 소승이 아닌 대승으로 보시바라밀을 행하라는 말을 이
렇게 표현한 것일 것이다. 그리고 한발 더 나아가 이 경(經)이
있는 곳이 부처님이 있는 곳이라고 하는 것은 최상승으로 모두
가 여래로 살아가기를 바라는 것일 것이다. 그러므로 ‘금강반야
바라밀’은 진여의 지혜로 고해를 벗어나는 것이므로 진여의 지
혜로 고해를 벗어난다는 생각을 하지도 않고 대승에서 최상승
을 실천해야 한다. 그리고 여래가 삼천대천세계의 미진(微塵)에
대하여 설한 것은 중생을 제도한다는 생각을 하지 않고 ‘금강

---

429) 『金剛般若波羅蜜經』(T08, p.750a11~26).

반야바라밀'을 대승으로 설하기 때문이라고 하고 있다. 그리고 여래를 32상으로 보지 말고 각자 자신의 법신을 친견해야 한다고 설하고 있다. 보살로서 보시바라밀(報施婆羅蜜)을 실천하더라도 몰종적의 반야바라밀(般若波羅蜜)을 행하여 아라한이 대승에서 최상승의 여래로 살아가기를 바라는 설법이다.

이 단에서 번역은 '금강반야바라밀'을 "지혜의 완성"[430]이나 "지혜로 피안에 건너간 상태"[431]라고 범어를 풀이하고 있다. 논자는 현장의 '능단금강반야바라밀경'이라는 입장에서 '능단'은 자신이 해야 하므로 "진여의 지혜로 육도윤회를 벗어나는 올바른 방법"이라고 하였다. 선학들이 피안에 도달한 것이라고 하는 것은 결과를 말하는 것이고 논자가 피안에 도달하는 방법을 설한 경(經)이라고 번역한 것은 이 경(經)을 읽고 피안에 도달하기를 바라는 마음으로 한 것이다.

---

430) 이기영(1978), p.222. ; 각묵(1991), p.207. ; 성본(2012), p.147. ; 박지영 (2019), p.190. ※ 출판연대별로 기록하였고 나머지 책에서는 '금강반야바라밀'을 그대로 사용함.
431) 현진(2021), p.212.

14) 離相寂滅分(이상적멸분)[432]

이 단에서는 진여의 지혜를 실천하는 법으로 일체의 상(相)을 벗어나야 한다고 하고 있다. 공(空)으로 돈오(頓悟)하는 것이 진여의 지혜이고 적멸(寂滅)하게 되는 것이다. 앞의 내용에서 최상승으로 실천하는 방법을 자세하게 상(相)을 벗어나 인욕바라밀(忍辱波羅蜜)을 행하는 것을 제일바라밀(第一波羅蜜)이라고 설하고 있다.

이때에 수보리가 부처님께서 이 '경'에서 설하신 깊은 뜻을 정확하게 깨달아 알고는 너무 기뻐 울면서 부처님에게 말했다. 세존이시여, 희유한 일입니다. 부처님이 (진여의 지혜로 살아가게) 설해주시는 깊고 깊은 이 '경'의 뜻은 제가 지금까지 보고 들어 체득한 혜안으로는 아직까지 들어본 적이 없는 '경'입니다. 세존이시여, 만약에 어느 사람이 이 '경'의 가르침을 받고 마음으로 확신하여 마음이 청정하면 곧바로 (일체상을 벗어난) 실상을 바로 보게 되는 것이므로 마땅히 이 사람은 가장 희유한 공덕을 성취하게 되는 것입니다. 세존이시여, (여래께서 말씀하시는 청정한) 실상이라고 하는 것은 곧바로 (일체 망념을 벗어나 대상경계를 청정하게 진여의 지혜로 보는) '비상[법신상]'을 여래께서 말씀하시는 실상이라고 한 것[433]입니다. 세존이시여, 제가 지금 이 '경'

---

432) 『金剛經註』卷2(X24, p.549a4), "聞經解義 獨悟實相 故受之以 離相寂滅分.";『金剛經註解』卷3(X24, p.785c12), "直下頓空, 離諸形相, 既離形相, 寂滅現前.";『金剛經如是經義』卷1(X25, p.690b24～c1), "脫離一切形相, 則眞心寂靜, 妄念消滅."

433) 『圓覺經夾頌集解講義』卷4(X10, p.290a4～5), "若見非相 卽見如來. 非相者, 非凡夫生死相, 非聲聞涅槃相, 非有非無相, 是名實相.";『銷釋金剛經科儀會要註解』卷4(X24, p.700b7～8), "卽是非相者, 是如來法身也.";『金剛經補註』卷1(X24, p.824a20～b1), "凡所有相, 皆是虛妄, 是色身有相, 故言虛妄. 法身無相故言非相也. 若見諸相非相, 則見如來者, 言身虛

을 듣고 배워 깨달아 확신하고 수지하여 진여의 지혜로 생활하는 것은 어렵지 않습니다. (그러나) 만약에 당연히 미래에 불법을 모르는 시기에 중생들이 이(런 말씀을 하시는) '경'의 뜻을 배워 깨달아 확신하고 수지하는 사람이 있으면 가장 희유한 (깨달음을 체득하게 되는) 것입니다. 왜냐하면 이런 사람은 '사상' 없(이 청정하게 생활하)는 사람이기 때문입니다. 왜냐하면 (이것은 여래께서 말씀하시는) '아상'은 '상'을 벗어난 '비상'이고 인상·중생상·수자상도 모두 '상'을 벗어난 '비상'이기 때문입니다.[434] 왜냐하면 일체의 모든 '상'을 벗어난 이들을 보고 모두 부처라고 하는 것[435]이기 때문입니다. 부처님께서 수보리에게 말했다. 진정으로 (청정하게 진여의 지혜로) 이렇게 하는 것이 맞다[如是如是]. 만약에 어느 사람이 이 '경'에서 설하는 내용을 듣고 깨달아 근심걱정으로 두려워하지 않고 놀라지 않으며 무서워하지 않게 되면 당연히 이 (수행자는 진여의 지혜로 수행하)는 아주 희유한 사람인 것이다. 왜냐하면 수보리여, 여래가 설한 '제일바라밀'은 '비제일바라밀'이라고 한 것을 '제일바라밀'이

妄, 卽是人空. 言非相者, 卽是法空. 若悟人法二空, 卽見自性. 盖如來者, 乃自性, 不屬去來也. 四大色身, 本由妄念而生, 去來不實"

434) 의역하면 "여래께서 말씀하시는 '아상'은 '오온'의 '상'을 '공'으로 보는 '상'을 말씀하시는 것이므로 인상·중생상·수자상도 모두 '공'으로 보는 '상'이기 때문입니다."라고 할 수 있다. 비상(非相)에 대한 번역을 "'상'이 아니다."라고 하면 '공'을 '석공'으로만 이해하는 것이 된다. ;『銷釋金剛經科儀會要註解』卷5(X24, p.704b1~2), "此人無我人四相, 是人空也. 我相卽是非相, 是法空也. 離一切相, 卽名諸佛, 是空空也." ;『金剛經會解了義』(X25, pp.214c23~215a1), "此信心淸淨的人, 四相俱無, 爲他信心淸淨. 實相卽是非相, 五蘊本來空寂, 我相卽是非相."

435) 범본의 "tat kasya hetoḥ(왜냐하면) sarva(일체)-saṃjñā(상)-apagatā (벗어난, 초월하여 진여로 아는 것) hi(이기 때문에) Buddhā Bhagavantaḥ(제불 세존)."에서 번역하면 일체의 상을 벗어난 것이 여래이므로 진여의 지혜로 생활하는 것이 된다. ;『金剛經解義』卷2(X24, p.525a17~18), "無此四相, 是名實相, 卽是佛心. 故曰離一切諸相, 則名諸佛." ;『金剛經註解』卷3(X24, p.786c18~22), "離一切相卽名諸佛者, 此謂悟實相者更無等比, 當知是人不著二邊, 不處中道, 一切無住, 卽名爲佛. 又云離相淸淨解悟三空, 契合實相, 究竟涅槃. 三空之義, 初卽人空, 次卽法空, 後卽空空. 三世如來同證此理, 故名爲佛."

라고 한 것436)이기 때문이다. 수보리여, '인욕바라밀'도 (역시 인욕을 한다는 마음 없이 인욕을 하는 것을) '비인욕바라밀'이라고 (한 것인데) 여래께서 설(하는 것은 인욕을 하게 하는 대상이 '공'이므로 '인욕바라밀'도 초월하여 아니라고 하는 것이므로 '인욕바라밀'을 실천한다는 생각도 없이) 하는 것을 '인욕바라밀'이라고 하는 것이다.(是名忍辱波羅蜜)437) 왜냐하면 수보리여, 비유하여 방편으로 말하면 지난 날에 내가 가리왕에게 육신이 절단되어 죽는 고통을 당할 때438)에 (내가 '인욕바라밀'을 실천하고 있었기에 나는) '사상'이 없어 원한이 생기지 않았던 것이다. 왜냐하면 내가 사지가 마디마디 절단될 그때에 만약에 '사상'이 있었다면 성내고 원망하는 마음이 있었을 것이다. 수보리여, 또 과거의 오래전에도[過去於五百世] 인욕행을 하는 수행자인 선인439)

---

436) 의역하면 "여래가 설한 진여의 지혜로 삼계를 벗어나는 것을 '제일바라밀'법문이라 하지만 곧 벗어난다는 것이 아니라 삼계가 청정하게 '아공·법공·구공'으로 되는 대승이므로 '비제일바라밀'법문이라 한 것이고 삼계를 벗어난다는 마음도 없으므로 진여의 지혜로 삼계를 벗어나는 최고의 법을 요달하였기에 최상승의 '제일바라밀'법문이라고 한다.";『金剛經註解』卷3(X24, p.787b11~15), "如來說第一波羅蜜者, 若悟非相, 卽達彼岸. 實相無二, 故名第一. 非第一波羅蜜者, 了悟人法俱空, 卽無生死可度, 亦無彼岸可到. 何處更有第一, 故云非第一也. 是名第一波羅蜜者, 悟一切法, 卽知諸法皆是假名."

437)『金剛經註解』卷3(X24, p.787c4~5), "是名忍辱波羅蜜"에 의하여 첨가함.

438)『金剛經註解』卷3(X24, p.788a12~21), "肇法師曰. 歌利王, 卽如來因緣中事也. 爾時菩薩得無我解, 故所以能忍. 又曰. 五蘊身非有, 四大本來空. 將頭臨白刃, 一似斬春風. 若以諸大宗師言之. 卽是先說 有爲權敎, 後顯無爲實理. 若表法言之. 歌者, 卽是慧之別名. 利者, 刀也. 非謂世間之刀. 王者, 心也. 是用慧刀割截無明煩惱之身體也. 應生嗔恨者, 謂色身與法身卽不同也. 當知割截之時, 卽不見有身相. 亦不見有我人衆生壽者四相. 何處更有嗔恨也. 華嚴經云. 譬如虛空, 於十方中 求不可得. 然非無虛空. 菩薩之心, 亦復如是."

439)『佛本行集經』卷20(T03, p.745a7~8), "此仙人者, 必釋種子. 因此得名釋迦牟尼.";『菩薩本生鬘論』卷2(T03, p.338b3~4), "昔仙人者, 彌勒是也. 彼兔王者, 卽我身也.";『生經』卷1(T03, p.78a24~26), "佛告諸比丘. 爾時王者, 則吾身是. 四仙人者, 拘留秦佛, 拘那含文尼佛, 迦葉佛, 彌勒佛是也. 其梵志者, 調達是也."

으로 살고 있었는데 그때에도 '사상'이 없었다. 그러므로 수보리여, (불법에 맞게 수행하고자 하는) 보살은 일체의 '상'을 벗어나 '발아뇩다라삼먁삼보리심'의 원력을 세워 육진에 집착하는 마음 없는 청정한 무소주의 마음을 내야 하는 것이다. (그러므로) 만약 마음에 (육진경계를) 집착하는 마음이 있다고 하면 곧 바로 (육진경계를 '공'이라고 자각하여) 집착하는 마음이 없는 마음을 내야하는 것440)이다. 그래서 부처님은 보살이 위대한 원력을 세워 (진여의 지혜로) 육진경계에 집착하는 마음 없이 '보시바라밀'을 실천해야 한다고 설법하는 것이다. 수보리여, 보살은 일체중생이 (진여의 지혜로) 생활하게끔 마땅히 이와 같이 '보시바라밀'을 실천해야 하는 것이다. 여래가 말하는 일체의 '상'은 '상'이라는 생각을 하지 않는 것을 '비상'이라 한 것이고 또 여래가 말하는 일체중생이라고 하는 것도 '즉비중생'이라는 것441)이다. 수

---

440) 『金剛經疏』(T85, p.130b2~10), "經曰. 若心有住則爲非住者, 此示無住障也. 若心有住住前二境則爲非住不住菩提. 若有此心便成障也. 眞諦云. 若心有住者住三執故. 三執者, 一常見, 二斷見, 三有無見. 爲離常見故不令住法, 爲離斷見故不令住非法, 爲離有無見故卽令住中道. 前一破凡夫執分別性爲有. 次一破凡夫執依他性爲無. 後一破二乘執眞實性亦有亦無. 若不離此三執, 卽不與菩提相應故言非住也."

441) 의역하면 "여래가 말하는 일체의 '상'은 청정한 모든 '상'이라고 하는 것으로 곧바로 일체 망념을 벗어나 대상경계를 청정하게 진여의 지혜로 보는 '상'을 말하는 것이다. 또 여래가 말하는 일체중생이라고 하는 것도 곧바로 중생이라는 생각을 하지 않고 모두가 청정하게 진여의 지혜로 살아가는 (즉비중생을 말하는) 것이다.";『金剛般若經挾註』(T85, p.135a6~8), "一切諸相, 卽是非相(如來所說, 福德因果報應等, 一切諸相, 皆由衆生妄心起念爾, 於法性本空, 是故非相)又說. 一切衆生, 卽非衆生(若住相布施, 則見有施者受者, 今不住相, 則無我相人相, 生性空故, 卽非衆生).";『銷釋金剛經科儀會要註解』卷5(X24, p.703c19~21), "一切諸相者, 卽是法境也. 卽是非相者, 顯法空也. 一切衆生者, 卽是人境也. 卽非衆生者, 顯人空也.";『金剛經決疑』(X25, p.65a2~4), "以如來說一切相, 皆是眞如, 說一切衆生卽是眞如. 所以前云. 若見諸相非相, 卽見如來. 故結示云諸相卽是非相, 衆生卽非衆生.";『金剛經音釋直解』(X25, p.174a15~16), "諸相是妄塵, 衆生是妄識, 俱無實體, 故佛說諸相非相, 衆生非生也.";『金剛經註正訛』(X25, p.347a2~5), "卽以如來之說證之. 一切人我諸相, 俱非眞實, 盡是空華, 故不應住. 又說一切衆生, 盡是假名, 不見佛性, 名爲衆生. 若離妄心, 見自性佛, 卽無衆生可得, 故不應住相布施."

보리여, 여래는 진리를 설하는 사람이고, 진실을 설하는 사람이며, 진여를 설하는 사람이며, 거짓말을 하지 않는 사람이며, 다른 말을 하지 않는 사람이다. 수보리여, 여래가 (일체만)법을 (진여의 지혜로) 체득하였다고 하는 이 법은 (언어문자를 벗어난 설법이므로) 무실(無實, 空)이라고 설한 것이며, (지금 진여의 지혜로 생활하는 것을 설하고 있기 때문에) 무허(無虛, 不空)라고 하는 것[442]이다. 수보리여, 만약에 보살이 마음속에 (육진경계에 대한) 집착을 가지고 보시를 하는 것을 비유하면 어느 사람이 어두운 곳에 들어가면 아무 것도 보지 못하는 것과 같다. 만약에 보살이 마음속에 (육진경계에 대한) 집착을 하지 않고 보시를 하는 것을 비유하여 설명하면 안목 있는 사람이 밝은 대낮에 온갖 실상의 색을 볼 수 있는 것과 같다.[443] 수보리여, 앞으로 오는 시절에 만약에 선남자와 선여인이 자신이 이 '경'을 (정확하게 알고) 수지하여 독송하고 (타인에게 설하는 사람이 있으면) 곧 여래가 되어 부처의 지혜로 모든 것을 아는 사람이며 모든 부처를 친견한 사람[444]이니 (자신이 불지견을 체득한 것으로) 무량하고 무변한 공덕을 모두 성취하게 되는 것이다.

爾時, 須菩提 聞說是經, 深解義趣, 涕淚悲泣, 而白佛言. 希有世尊. 佛說如是 甚深經典, 我從昔來 所得慧眼, 未曾得聞 如是之經. 世尊, 若復有人 得聞是經, 信心淸淨, 則生實

---

442) 『金剛般若疏』卷4(T33, p.119a12~14), "如來所得三菩提無實無虛者, 上破有見今破無見也. 明佛得三菩提無所得爲得.";『金剛經疏』(T85, p.123b13~15), "此法無實無虛者, 善分別相自心現, 知外性非性, 於法實無所得, 故名無實.";『金剛經疏』(T85, p.125b11~14), "須菩提. 如來所得, 阿耨多羅三藐三菩提, 於是中無實無虛者, 令住也. 於所得中, 離二障故, 法則無實. 不可得故, 智乃無虛.";『金剛經疏』(T85, p.131c11~12), "所以此法無實, 然言能示道離言不見道. 所以此法無虛言, 能示道故."
443) 『金剛經會解』卷2(X24, p.583c3~6), "日光明照者, 決定了知諸法無性也. 見種種色者, 悟一切法不生不滅也. 菩薩如是行不住施, 速成正覺得大涅槃(斷疑十)."
444) 『金剛經註解』卷3(X24, p.791c20~21), "悉知悉見是人成就功德者, 三世諸佛無不知, 見了悟之人. 故能成就無量無邊功德."

相, 當知是人, 成就第一 希有功德. 世尊, 是實相者, 則是非相, 是故如來 說名實相. 世尊, 我今得聞 如是經典, 信解受持 不足爲難. 若當來世, 後五百歲, 其有衆生, 得聞是經, 信解受持, 是人則爲第一希有. 何以故, 此人無我相 人相 衆生相 壽者相. 所以者何, 我相卽是非相, 人相 衆生相 壽者相卽是非相. 何以故, 離一切諸相, 則名諸佛. 佛告須菩提. 如是如是. 若復有人, 得聞是經, 不驚不怖不畏, 當知是人 甚爲希有. 何以故, 須菩提, 如來說第一波羅蜜, (卽)非第一波羅蜜, 是名第一波羅蜜. 須菩提, 忍辱波羅蜜, 如來說 非忍辱波羅蜜. 何以故, 須菩提, 如我昔爲歌利王 割截身體, 我於爾時, 無我相 無人相 無衆生相 無壽者相. 何以故, 我於往昔 節節支解時,若有我相 人相 衆生相 壽者相, 應生瞋恨. 須菩提, 又念過去於五百世 作忍辱仙人, 於爾所世, 無我相 無人相 無衆生相 無壽者相. 是故須菩提, 菩薩應離一切相, 發阿耨多羅三藐三菩提心, 不應住色生心, 不應住聲香味觸法生心, 應生無所住心. 若心有住, 則爲非住. 是故佛說, 菩薩心不應住色布施. 須菩提, 菩薩爲利益 一切衆生, 應如是布施. 如來說一切諸相, 卽是非相. 又說 一切衆生, 則非衆生. 須菩提, 如來是眞語者 實語者 如語者 不誑語者 不異語者. 須菩提, 如來所得法, 此法無實無虛. 須菩提, 若菩薩心住於法 而行布施, 如人入闇, 則無所見. 若菩薩心不住法 而行布施, 如人有目, 日光明照, 見種種色. 須菩提, 當來之世, 若有善男子 善女人, 能於此經 受持讀誦, 則爲如來 以佛智慧, 悉知是人, 悉見是人, 皆得成就 無量無邊功德.445)(※ ()은 후대의 X24, X25 본에 의하여 첨가.)

이 부분에 대하여 앞에서 무실무허(無實無虛)와 실지실견(悉知悉見)은 설명하였으므로 생략하겠다. 실상(實相)이 비상(非相)이라는 것도 아공(我空)과 법공(法空)이 되어 모두가 공공

---

445) 『金剛般若波羅蜜經』(T08, p.750a27~c6).

(空空)이 되어야 인욕(忍辱)을 한다는 사상(四相)이 없는 인욕바라밀(忍辱波羅蜜)을 행(行)하는 것처럼 이 경(經)을 정확하게 안다는 것은 대상[지식]으로 알지 않아야 대승(大乘)이 되는 것이다. 이 말 때문에 여래를 대상으로 안다고 하는 것이다. 대상으로 알지 않아야 하기 때문에 자신의 망념(妄念)을 모두 요달하여 무량무변의 공덕(功德)을 성취한다고 하는 것이다. 그리고 자신의 본성(本性)을 친견(親見)하게 되므로 모든 것을 다 안다고 번역하는 것인데 대상으로 알기를 바라면 이루어질 수 없는 신앙(信仰)에 떨어지게 된다.

"여래시진어자(如來是眞語者) 실어자(實語者) 여어자(如語者) 불광어자(不誑語者) 불이어자(不異語者)"446)의 번역은 일반적으로 "여래는 진리를 설하는 사람이고, 진실을 설하는 사람이며, 진여를 설하는 사람이며, 거짓말을 하지 않는 사람이며, 다른 말을 하지 않는 사람이다."라고 하고 있다. 그런데 논자는 『금강반야론』에 의하여 "여래는 진실로 일체중생이 불성(佛性)이 있다고 설하는 것이고, 또 여래는 실제로 육진(六塵)경계가

---

446) 『金剛般若論』卷2(T25, p.763a18~23), "於中, 眞語者, 爲顯世諦相故. 實語者, 爲顯世諦修行有煩惱及淸淨相故. 於中, 實者, 此行煩惱, 此行淸淨故. 如語者, 爲第一義諦故. 不異語者, 爲第一義諦修行 有煩惱及淸淨相故. 說此眞語等, 已於此中如言說性起執著, 爲遣此故.";『金剛般若經疏論纂要』卷2(T33, p.163b26~c1), "眞語者, 說佛身大菩提法也, 是眞智故. 實語者, 說小乘四諦, 諦是實義. 如語者, 說大乘法有眞如 小乘無也. 不異語者, 說三世授記等事更無參差. 佛將此四語 不誑衆生, 是故秦譯 加不誑語. 二離執. ;『金剛般若波羅蜜經註解』(T33, p.233b6~8), "眞語者, 說佛菩提也. 實語者, 說小乘法也. 如語者, 說大乘法也. 不異語者, 說授記事也. 不誑語者, 不誑衆生也." ;『金剛般若波羅蜜經略疏』卷1(T33, p.246a17~20), "文云, 如來是眞語者, 不妄說佛菩提故. 實語者, 不妄說小乘苦諦等故. 如語者, 不妄說大乘法無我眞如故. 不異語者, 不妄說三世受記故." ; 범본에는 "Tathāgataḥ(여래는) satyavādī(實語者) tathāvādy(如語者) ananyathāvādī(不誑語者) Tathāgataḥ(여래는) na vitatha-vādī(不異語者) Tathāgataḥ(여래는)"라고 하고 있다.

모두 공(空)이므로 집착이 없어야 한다는 것[小乘苦諦]을 설하는 것이고, 또 여래는 일체만법이 모두 청정한 실상[大乘]이라고 설하는 것이고, 또 여래는 모든 중생이 진여의 지혜로 설하는 법문을 듣고 깨달아 해탈한다고 설하는 것이고, 또 여래는 일체만법이 모두 본래 공적하여 모두가 부처[最上乘]라고 설하는 것이다."라고 진리(眞理)·진실(眞實)·진여(眞如)·불광(不誑)·불이(不異)라고 번역한 것을 풀어서 의역하고 싶다. 왜냐하면 이 단에서 최상승(最上乘)의 부처는 자신이 되어야 한다는 것에 대한 개념을 "이일체제상(離一切諸相) 즉명제불(則名諸佛)"이라고 명확하게 설명하고 있기 때문이다.

15) 持經功德分(지경공덕분)[447]

이 경전의 법문을 듣고 신심(信心)을 일으키면 복덕이 수승하지만 이 경전을 사경(寫經)하여 다른 사람에게 주고 이 경전을 정확하게 깨달아 알고 수지하여 독송하며 타인에게 해설하면 무량한 공덕이 있다고 다음과 같이 설하고 있다.

수보리여, 만약에 선남자와 선여인이 오전에 항하사와 같은 마음으로 신명을 다하여 보시를 하고, 또 낮에 다시 항하사와 같은 마음으로 신명을 다하여 보시를 하고, 저녁에도 역시 항하사와 같은 마음으로 신명을 다하여 보시를 하되 무량 백 천만 억겁 동안 신명을 다하여 보시를 하는 사람이 있다[448]고 하고, 만약에 다시 어느 사람이 이 '경'의 가르침을 듣고 확신하여 불역(不逆)하는 (청정한 마음이 생겨 진여의 지혜로) 수행하면 그 복덕은 앞의 복덕만큼이나 수승한데 하물며 사경하여 다른 사람에게 주고 이 '경'을 (정확하게 깨달아 알고) 수지하여 독송하며 타인에게 해설하면 그 복덕은 무량한 것이다. 수보리여, 이 '경'(을 서사하여 수지 독송하고 사람들을 위해 해설하는 공덕)의 요점을 언어문자로 말하여 보면 이 '경'은 (듣고 진여의 지혜로 생활하면) 불가사

---

447) 『金剛經註』卷2(X24, p.552b4~5), "受持讀誦自利利佗功德無邊不可稱量故受之以持經功德分.";『銷釋金剛經科儀會要註解』卷5(X24, p.704c5~11), "持經功德, 福多難比, 三時喩不齊, 住相布施, 終須有退. 此科昭明太子, 判此一段經文, 爲持經功德分第十五. 以持經功德, 勝過三時布施功德, 故以此爲名也. 福多難比者, 言三時捨恒河沙, 身命布施功德, 福報雖多, 是人天福. 未能見性, 難比持經功德. 以受持此經, 爲人解說, 卽能見性成佛也.";『金剛經正解』卷1(X25, p.616c16~17), "分爲二節, 受持此經者, 卽能成就無量無邊功德. 持兼行持誦持功德, 不離自性, 兼自覺覺他言."

448) 『金剛經音釋直解』(X25, p.174b20~23), "初日分者, 蚤也. 中日分者, 午也. 後日分者, 晩也. 恒沙等身布施者, 言了却相, 續塵沙妄念也. 一日三時立此萬行, 雖加三省之勤, 經塵劫之修, 若未能悟徹般若大義, 其福縱廣, 證道亦難也."

의하고 무량하며 무변한 공덕이 있다는 것을 설한 것이다. (그러므로) 여래는 대승의 수행을 하고자하는 수행자들을 위하여 (이 '경'을) 설한 것이고 또 최상승의 수행을 하고자하는 수행자들을 위하여 (이 '경'을) 설한 것이다. 만약에 어느 사람이 스스로 (이 '경'을 듣고 정확하게 깨달아) 수지하고 (진여의 지혜로 생활하며) 독송하여 널리 사람들에게 해설할 수 있는 사람449)이면 자신이 여래로서 실제로 (자신의 망념을) 모두 아는 사람이고 (여래를) 실제로 친견한 사람이기 때문에 설명할 수 없는 무량하며 무변한 불가사의한 공덕을 얻게 된다. 이와 같이 (이 '경'을 듣고 정확하게 깨달아 수지하고 진여의 지혜로 생활하고 독송하며 널리 사람들에게 해설할 수 있는 대승과 최상승을) 구족한 사람들은 여래가 설한 '아뇩다라삼먁삼보리'를 감당할 수 있(는 능력을 가지)게 되기 때문이다. 왜냐하면 수보리여, 만약에 소승의 법으로 수행하기를 좋아하는 이들은 (무의식의 고정된) 아견·인견·중생견·수자견에 대한 집착이 있으므로 이 '경'을 깨달아 수지하고 독송할 수 없고 사람들에게 해설(하여도 알아듣게) 할 수 없다.450) 수보리여, 어디에서나 만약에 이 '경'을

---

449) 『法華經大成』卷6(X32, p.471b11~12), "故知廣爲人說者, 必是多聞多慧人也."; 『大寶積經論』卷1(T26, p.206c19~20), "經言以淸淨心廣爲人說者, 以離慳妬嫉心故."

450) 『金剛般若波羅蜜經』(T08, p.750c18~20), "若樂小法者, 著我見 人見 衆生見 壽者見, 則於此經, 不能聽受讀誦 爲人解說."; 玄奘奉 詔譯, 『大般若波羅蜜多經』卷577(T07, p.983a27~b4), "何以故, 善現, 如是法門 非諸下劣 信解有情 所能聽聞. 非諸我見, 非諸有情見, 非諸命者見, 非諸士夫見, 非諸補特伽羅見, 非諸意生見, 非諸摩納婆見, 非諸作者見, 非諸受者見 所能聽聞. 此等若能受持讀誦, 究竟通利, 及廣爲他 宣說開示, 如理作意, 無有是處."; 『金剛經疏』(T85, p.124a4~8), "不能聽受讀誦 爲人解說者, 謂二乘人, 則此經不能聽受, 及自讀誦. 三昧樂不樂言說故. 小乘者, 縱聞此經, 亦不得成佛, 得成佛敬一切皆應供養無擧."; 이기영(1978), p.260. ; 각묵(1991), p.270. ; 범본에는 "tat kasya hetoḥ(왜냐하면) na hi śakyaṃ (참으로 해설하여도 알아듣지 못하게 되는 것) Subhūte(수보리여) 'yam dharmaparyāyo(이 법문은) hīna-adhimuktikaiḥ sattvaiḥ(㉠樂小法者 ㉡如是法門 非諸下劣信解, 낮은 확신[소승법이나 소법으로 의역함]으로 수행하는 중생들은, 이기영(1978), p.260.에는 '신해가 뒤떨어진 사

246

(듣고 정확하게 깨달아 수지하고 진여의 지혜로 생활하며 독송하여 널리 사람들에게) 해설하는 그곳은 세간의 모든 천인이나 일반사람이나 아수라들이 공양을 올려도 되는 곳이다. 마땅히 이곳은 탑이 세워진 것이므로 모두가 공경할 수 있는 곳이고 예배를 하고 모든 꽃이나 향으로 그곳을 장식해도 되는 곳이다.

須菩提, 若有善男子善女人, 初日分 以恒河沙 等身布施, 中日分 復以恒河沙 等身布施, 後日分 亦以恒河沙 等身布施, 如是無量 百千萬億劫 以身布施. 若復有人, 聞此經典, 信心不逆, 其福勝彼, 何況書寫 受持讀誦 爲人解說. 須菩提, 以要言之, 是經有不可思議 不可稱量 無邊功德. 如來爲發大乘者說, 爲發最上乘者說. 若有人能 受持讀誦, 廣爲人說, 如來悉知是人, 悉見是人, 皆得成就不可量 不可稱 無有邊 不可思議功德. 如是人等, 則爲荷擔 如來阿耨多羅三藐三菩提. 何以故, 須菩提, 若樂小法者, 著我見 人見 衆生見 壽者見, 則於此經, 不能聽受讀誦 爲人解說. 須菩提, 在在處處, 若有此經, 一切世間天 人 阿修羅 所應供養. 當知此處, 則爲是塔, 皆應恭敬, 作禮圍繞, 以諸華香而散其處.451)

람들은'이라고 번역하고 있다.) śrotuṃ(알아들을) na-ātmadṛṣṭikair (아견이 있는 자) na sattvadṛṣṭikair(중생견이 있는 자) na jīvadṛṣṭikair(수자견이 있는 자) na pudgaladṛṣṭikaiḥ(인견이 있는 자들은) na-abodhisattva-pratijñaiḥ sattvaiḥ śakyam(대승보살의 원력을 세우지 않은 중생들은 할 수 없다) ayaṃ dharmaparyāyaḥ(이 법문을) śrotuṃ vodgrahītuṃ vā(듣고 배워서) dhārayituṃ vā(수지) vācayituṃ vā(독송하고) paryavāptuṃ vā(이해할 수가) : (㉤不能聽受讀誦 爲人解說 ㉥所能聽聞. 此等若能受持讀誦, 究竟通利, 及廣爲他 宣說開示, 如理作意.) nedaṃ sthānaṃ vidyate(㉥無有是處, 이런 일은 있을 수 없다)."라고 하고 있다. 구마라집은 불능(不能)이라고 간결하게 번역하였지만 현장은 무유시처(無有是處)라고 번역하였다. 그리고 여기에서 saṃjñā를 상(相, 지식)이라고 하고 dṛṣṭi를 견(見, 무의식의 견)으로 번역하였다. 왜 무의식의 견이라고 하였는가하면 삼승이 가진 고정관념의 '견'이므로 '사상'에서 섬세하게 '사견'으로 한 것이라고 본다.

451) 『金剛般若波羅蜜經』(T08, p.750c7~23).

이 경전을 누구에게 설한 것이라는 것을 정확하게 하고 있는 부분이다. 즉 여래는 대승의 수행자나 최상승의 수행자를 위하여 이 경전을 설법하고 있다. 그리고 소승의 수행자는 사견(아견·인견·중생견·수자견, 무의식의 고정된 견해)에 대한 집착이 남아 있으므로 이 경(經)의 내용을 알아듣고 독송을 할 수 없다는 것이다. 또 만약에 소승의 수행자가 글자를 알고 설명을 한다고 하여도 이것을 듣고 보는 사람들이 알아듣지 못하게 된다고 경전에 기록하고 있다. 왜 소승의 수행자라고 하였는가하면 이 경(經)을 대승이나 최상승을 위하여 설하였다고 하고 있기 때문이다. 소승의 수행자는 무의식의 고정된 사견(四見)이 있으므로 이 경(經)의 설명을 들어도 수지할 수 없고 성불할 수 없어서 공양할 근거를 모르는 것이다. 이것의 주안점은 사견(四見)에 있는데 무사상(無四相)이 되면 모든 것이 해결되는 것이다. 대승의 수행자는 육바라밀을 초월하여 실천하는 것이므로 사상(四相)이 없는 것이고 최상승은 몰종적의 여래로 살아가는 것을 말하는 것이다. 그래서 '실지실견'의 번역을 대승이나 최상승으로 하면 자신이 여래가 되는 것이므로 여래가 모두를 알고 여래가 본다고 번역하게 된다. 그러나 자신이 여래가 되지 않으면 소승으로 대상의 여래가 다 알고 다 보는 것으로 번역하게 된다. 그리고 세존은 대승이나 최상승의 수행자가 수지 독송하여 설법하는 곳이 불탑이 건립되는 것이고 공양을 하는 것이라고 설법하고 있다. 이것은 그 당시에도 소승의 수행자가 많았다는 것을 반증하는 것이 된다. 그러므로 미세하게라도 남아 있는 견(見)도 버려야 여래가 된다는 것을 설하고 있다.

16) 能淨業障分(능정업장분)[452]

이 단에서는 대승이나 최상승의 수행자가 이 경(經)을 익혀 진여의 지혜로 생활하며 설법을 하면 여래가 되는 것인데 왜 천대와 멸시를 받고 업신여김을 당하는 것이 있는 것에 대하여 설명하고 있다. 여래가 되면 불탑을 건립하는 것이고 모든 이의 공양을 받게 될 것인데 멸시와 천대를 당하는 것은 부당한 일이다. 그러나 그 당시에도 이런 설법을 한 것은 이 경(經)을 대승(大乘)이나 최상승(最上乘)의 수행자가 아니면 받아들이기 어렵다고 간접적으로 설명하고 있는 것이다. 그래서 방편으로 이전의 숙업(宿業) 때문에 멸시를 받는다고 다음과 같이 설하고 있다.

> 또 다시 수보리여, 선남자와 선여인이 이 '경'을 (듣고 정확하게 깨달아) 수지하여 (진여의 지혜로 생활하고) 독송(하며 널리 사람들에게 해설)하는 사람이 만약에 사람들에게 업신여김[輕賤]을 당하는 것은, 이 사람이 (진여의 지혜로 수행하기) 이전에 죄업을 지었기 때문에 응당 삼악도에 떨어져 고통을 받을 것[453]이지만, 지금 사람들에게 업신여김을 당(하여도 '인욕바라밀'을 실천)하기 때문에 이전의 죄업이 바로 소멸되고 마땅히 '아뇩다라삼먁삼보리'를 체득하게 되는

---

452) 『金剛經註』卷2(X24, p.553c2~3), "恒沙罪業 一念消除 果報不空 豈經多劫 故受之以能淨業障分."；『金剛經補註』卷2(X24, p.836a11), "若能心常淸淨, 宿生業障, 永盡消除."；『金剛經正解』卷1(X25, p.617b18~20), "能淨業障, 言此經之功德, 能消滅能世之罪. 業障者, 言罪業之障蔽心光, 如帷幔之障蔽人目, 不目天日也. 經力固能淨障, 須要受持, 能淨其心, 斯眞受持. 若以淸淨心受持讀誦此經, 先世罪業安有不消, 先世且消, 而況現在者乎."

453) 『金剛經注解』(X25, p.744a3~4), "輕賤, 謂疾病貧窮諸衰相, 爲人所憎惡也. 惡道, 地獄餓鬼畜生也."

것이다. 수보리여, 내가 생각하여 보니 과거에 무량아승지
겁454)(과 같이 어두운 세월)을 수행하면서 연등불(이라는 청
정한 진여의 지혜를 깨닫기) 이전에도 (항상 나태하지 않고
불법을 위배하지 않으면서) 팔백사천만억 나유타의 모든 부
처님들에게 모두 공양을 하고 잠시도 헛되이 시간을 보내지
않았다. 만약에 다시 어느 사람이 (내가 입적하고 난 이후에
불법을 모르고) 지식으로 사는 세상이 되었을 때455)에 자신
이 능히 이 '경'을 (듣고 정확하게 깨달아) 수지하여 (진여의
지혜로 생활하고) 독송(하며 널리 사람들에게 해설)하는 사
람이 얻는 공덕은 내가 과거에 제불에게 공양한 공덕보다
백배보다 더 많고 천만 억 배보다 더 많아 어떠한 산수로도
헤아릴 수 없는 것이다. 수보리여, 만약에 선남자와 선여인
이 이후 말세에 (자신이 능히) 이 '경'을 (듣고 정확하게 깨
달아) 수지하여 (진여의 지혜로 생활하고) 독송하며 (널리
사람들에게 해설하는 사람이) 얻는 공덕을 내가 완전하게 모
두 자세히 설명하는 것을 듣게 되면 (근기가 아둔한) 사람은
마음이 경솔(輕率)하거나 혼란스러워하며 의심하고 믿지 않
을 것456)이다. 수보리여, 마땅히 이 '경'의 뜻(을 알고 생활

---

454) 『金剛經采微』卷2(X24, p.622b20~24), "我念過去等者, 此顯示威力故.
卽是福聚威力, 以彼所有福聚. 遠絶高勝故. 應知過阿僧祇者 更過前故. 不空
過者, 常不離供養故, 阿僧祇. 此云無數劫. 具云劫波. 此云分別時節. 那由
他者, 十億爲洛叉, 十洛叉爲俱胝, 十俱胝爲那由他.";『金剛經石注』(X25,
p.598b16~22), "佛言. 我於無量無央數劫, 在然燈佛已前. 得遇八百萬億那
由他諸佛出世, 盡皆供奉, 而不敢怠. 承順而不敢違. 無有空過 一處而不供
承之者, 是我歷事諸佛之多如此. 後有末世持經之人, 見自本性, 永離輪迴.
以是功德, 較量我佛之功德, 雖百分, 百千萬億分, 乃至算數之多. 譬喻之
廣, 皆不及持經功德之一分也."

455) 『金剛經音釋直解』(X25, p.175b2~3), "末世者, 末法之世也. 此經中功
德, 佛不一一具說者, 道大難信, 恐人生疑, 起謗經之罪, 故不盡說也.";『金
剛經宗通』卷4(X25, p.25b9~10), "於後末世, 正法將滅之時." ; '후말세'나
'정법이 쇠퇴할 때'라고 하는 것을 '불법을 모르고 지식으로 사는 세상'으
로 부처라는 말도 사라지는 것을 말한다.

456) 『金剛經如是解』(X25, p.197b16~19), "具盡也. 我若盡說其功德. 人則
狂亂狐疑不信. 以其極大, 不免驚怪. 無上醍醐, 翻成毒藥. 不可思議者, 心
無所住, 豈容思, 無法可說, 豈容議. 思議有盡境, 不可思議, 無盡境也.";

250

하는 것)도 불가사의하지만 이 '경'의 과보[공덕]도 역시 불
가사의하다는 것457)을 잘 알아야 한다.

　　復次, 須菩提, 善男子 善女人, 受持讀誦此經, 若爲人輕賤,
是人先世罪業, 應墮惡道, 以今世人輕賤故, 先世罪業 則爲消
滅, 當得阿耨多羅三藐三菩提. 須菩提, 我念過去 無量阿僧祇
劫, 於然燈佛前, 得値八百四千萬億 那由他諸佛, 悉皆供養承
事, 無空過者. 若復有人, 於後末世, 能受持讀誦此經, 所得功
德, 於我所供養 諸佛功德, 百分不及一, 千萬億分 乃至算數
譬喻 所不能及. 須菩提, 若善男子 善女人, 於後末世, 有受
持讀誦此經, 所得功德, 我若具說者, 或有人聞, 心則狂亂, 狐
疑不信. 須菩提. 當知是經義 不可思議, 果報亦不可思議.458)

　방편으로 이전의 죄업으로 삼악도에 떨어져 고통을 받을 것
이지만 지금 멸시와 수모를 받아도 인욕바라밀(忍辱波羅蜜)을
실천하는 보살이기 때문에 죄업이 청정하게 되고 진여의 지혜
로 살아가게 된다고 설하고 있다. 이것을 전생(前生)이나 다생
(多生)의 숙업(宿業)459)에 의하여 이생[此生]에 고통을 받는다

───────────────

『金剛經註講』卷1(X25, p.721c8~13), "或有人聞, 或有鈍根之人, 聞之起
驚怖畏懼之心. 心卽狂亂, 狂焉而無定持, 乱焉而無定見. 狐疑不信, 展轉如
狐之疑惑不信受, 盖不知此經 之妙故也. 具者盡也. 狐是獸名, 野犴其性多
疑. 果者功有所成. 報者理有所驗. 非今生後世果報之說."

457) 의역하면 "이 '경'의 뜻을 올바르게 알고 깨달아 진여의 지혜로 생활하
　　는 것도 불가사의하지만 이 '경'을 듣고 정확하게 깨달아 수지하고 진여의
　　지혜로 생활하며 독송하여 널리 사람들에게 해설하는 사람이 얻는 공덕도
　　역시 불가사의한 것이다."; 『金剛經註』(X24, p.401b15~18), "須菩提, 當
　　知是經義不可思議. 萬行淵深, 義能難測. 果報亦不可思議. 菩提妙果, 豈有
　　心之所議."; 『金剛經解義』卷2(X24, p.527c3~4), "是經義者, 卽無著無相
　　行也. 云不可思議者, 讚歎無著無相行, 能成就阿耨多羅三藐三菩提."; 『金
　　剛經筆記』(X25, p.127b18~20), "當知是經義不可思議者, 如來爲發大乘
　　人說, 爲發最上佛乘人說故. 果報亦不可思議者, 當得阿耨多羅三藐三菩提
　　故."

458) 『金剛般若波羅蜜經』(T08, pp.750c24~751a7).

459) 범본의 "paurva(이전에) janmikāny(생긴 일) aśubhāni(나쁜) karmā

고 번역하는 것은 반야바라밀(般若波羅蜜)의 뜻을 소승(小乘)으로 번역한 것이다. 즉 '능단금강반야바라밀'을 대승이나 최상승이라고 한 것은 온갖 고해를 모두 벗어날 수 있기 때문이다. 여기에서도 대승이나 최상승으로 사람을 구분한 것은 탐진치를 벗어나서 수행하기 어려워 사상(四相)을 벗어나야 대승보살이 되고 여래가 된다고 한 것이다. 숙업과 형상이나 음성으로 사람을 차별하지 않고 진여의 지혜로 바라밀(波羅蜜)을 실천하면 공덕이 불가사의 하다고 설하고 있다. 즉 지금 바로 무사상(無四相)으로 인욕바라밀(忍辱波羅蜜)을 실천하기에 가리왕이 할절신체(割截身體)하여도 원한의 마음이 없게 되는 것이다. 그런데 전생에 의하여 이생에 고통을 받고 이생에 의하여 다음 생에 고통이나 복을 받는다고 하는 것은 숙채(宿債)[460]사상(思想)을 초래하는 소승(小乘)의 번역이 된다. 소명태자가 이 단의 제목을 능정업장분(能淨業障分)이라고 한 이유도 자신이 업장을 능정(能淨)해야 하기 때문일 것이다. 이 부분의 번역은 반야바라밀(般若波羅蜜)의 이해를 어떻게 하느냐하는 대승(大乘)의 체공(體空)문제이므로 더 거론하지 않겠다.

ṇi(업)"를 한글로 '전생의 악업'이라고 번역하고 있고 한자로는 '先世罪業'이라고 하고 있다.
460) 『祖堂集』卷17(B25, p.626a12~13), "了卽業障本來空, 未了應須償宿債."

17) 究竟無我分(구경무아분)461)

『금강경』에서 설하는 내용이 모두 무아상(無我相)으로 귀결된다고 하는 단이다. 2단에서도 부처로 살아가고자하는 원력을 세운보살이 진여의 지혜로 대승(大乘)으로 살아가면서 생멸(生滅)하는 마음을 어떻게 가져야 하는지를 '운하항복기심(云何降伏其心)'이라고 물으니 진여의 지혜로 살아가야 한다고 하며 구경(究竟)에는 무사상(無四相)이라고 하였듯이 여기에서도 다시 다음과 같이 설하고 있다.

이때에 수보리가 부처님에게 물었다. 세존이시여, 선남자와 선여인이 '발아뇩다라삼먁삼보리심'의 (원력을 세운) 보살로서 어떠한 사상을 가져야 하며 어떻게 그 마음을 굴복시켜야 합니까? 부처님이 수보리에게 말했다. 선남자와 선여인이 '발아뇩다라삼먁삼보리심'의 (원력을 세운 보살이라면 마땅히 진여의 지혜로 살아가려는) 마음을 다음과 같이 가져야한다. (즉) 내가 일체중생을 제도하여 열반적정의 경지에 들게 하였다고 하여도 실제로 내가 제도한 중생이 하나도 없(다고 아)는 (몰종적의) 마음이어야 한다.462) 왜냐하면 수보

---

461) 『金剛經註』卷2(X24, p.554b16~17), "本來無我 安得有人 爲度彼人 故權立我 故受之以 究竟無我分.";『銷釋金剛經科儀會要註解』卷5(X24, p.708b8~16), "究竟無我, 四大全空, 五蘊假立名, 通達萬法, 處處皆空. 此科昭明太子, 判此一段經文, 爲究竟無我分 第十七盖佛說一切法. 無我等相, 言辭雖同其義則別. 以前來但問能住能降之法, 只是破情顯智所破之情, 卽無我人等四相粗執. 所顯之智, 卽般若之智, 自此之下忘智顯理, 破我人等四相細執, 恐菩薩將入證道. 謂我能安住, 我能降伏. 存此分別之心, 便是我也.";『金剛經註解』卷3(X24, p.796b7), "直下究竟, 本無我體."

462) 『金剛般若經贊述』卷2(T33, p.144c21~24), "世親云此釋障不住道義也. 謂以無分別智 內證之時, 我法本空 都無所有. 不作我能 發心之念, 故言無有 有法發心之者也.";『銷釋金剛經科儀會要註解』卷5(X24, p.709a21~24), "而無有一衆生實滅度者, 卽常心也. 既具常心, 自無四相. 卽不顚倒心也. 何以故者佛自徵問, 以何意故 菩薩無有衆生可度者, 以離四相故也.";

리여, 만약에 (원력을 세운) 보살이 '사상'이 있다고 하면 보살이 아니기 때문이다. 어찌하여 그런가 하면 수보리여, (진실로 대승보살은) 무법으로 '아뇩다라삼먁삼보리'의 (원력을 세운)보살이기 때문이다.463) 수보리여, 여래가 연등불이 계신 곳에서 '아뇩다라삼먁삼보리'의 법을 얻은 것이 있는가? 세존이시여, 없습니다. 제가 부처님께서 지금까지 설하신 법문을 (듣고 깨달아) 아는 소견으로는 부처님께서 연등불이 계신 곳에서 '아뇩다라삼먁삼보리'의 법을 얻은 것이 없습니다. 부처님이 말했다. 맞다. 이와 같다. 수보리여, 여래는 진실로 '아뇩다라삼먁삼보리'의 법을 얻은 것이 없다. 수보리여, 만약에 여래가 '아뇩다라삼먁삼보리'의 법을 얻었다(는 생각을 가진 적이 조금이라도 있다)면 연등불이 나에게 그대는 앞으로 석가모니라는 부처가 될 것이라는 수기를 하지 않았을 것이다. 진실로 여래가 '아뇩다라삼먁삼보리'의 법을 얻은 것이 없기 때문에 연등불이 나에게 그대는 앞으로 석가모니라는 부처가 될 것이라고 수기한 것이다. 왜냐하면 여래(가 체득한 법이)라는 것은 제법을 올바르게 (자각하여 진여의 지혜로) 생활하는 것이기 때문이다.464) 만약 어느 사람은 (이것을 가지고) 여래는 '아뇩다라삼먁삼보리'를 얻었다고

『金剛經註』卷2(X24, pp.554c23~555a1), "有法者 我人等四法是也. 不除四法 終得菩提. 若言我發菩提心者亦是人我等法 人我等法是煩惱根本." ; 대승을 설함.

463) 『金剛經略疏』(X25, p.162a11~13), "菩薩所以無四相者何, 以體本空寂, 實無菩提之法. 又安有發菩提心之人哉. 卽此觀之, 亦知此經無四相, 非特是人空, 實兼法空也.";『金剛經闡說』卷2(X25, p.874b20~22), "實無有法發阿耨多羅三藐三菩提心者, 者字, 自明自性, 告人. 亦自明自性, 何法之有. 乃實指菩薩示之, 菩薩應除能所心也.";『金剛經心印疏』卷1(X25, p.828c15~17), "實無有法者, 言阿羅漢, 不過無煩惱不受生, 應受供, 以是義故, 名阿羅漢. 除此之外, 更無一法名阿羅漢也."; 대승의 원력을 세운 보살은 조작된 마음 없는 '구공'의 무법으로 '아뇩다라삼먁삼보리'의 원력을 세운 아라한이나 대승보살이라고 할 수 있다.

464) 『金剛經補註』卷2(X24, p.837c17~20), "如來者, 卽眞如也. 眞如不離諸法, 凡夫心存取捨, 分別諸法, 所以濁亂, 不得自如. 佛心若大虛空, 卽一切諸法, 本來淸淨, 如中天杲日, 歷歷分明, 於諸法上, 都無取捨分別, 卽是諸法如義."

말한다. (하지만) 수보리여, 진실로 부처는 '아뇩다라삼먁삼
보리'의 법을 얻었다는 것이 없다. 수보리여, 여래가 '아뇩다
라삼먁삼보리'를 체득하였다고 말하는 이 법은 (언어문자를
벗어난 설법이므로) '무실'(이라고 설한 것)이며 (지금 진여
의 지혜로 생활하는 것을 설하고 있기 때문에) '무허'라고
하는 것이다. 그러므로 여래가 설하는 일체법이라고 하는 것
이 모두가 불법이다. 수보리여, (여래가 말하는) 일체법이라
고 하는 것은 (모든 법을 청정하게 '공'으로 알기 때문에 일
체법을 벗어났으므로) '즉비일체법'이라고 말한 것이고 이것
을 일체법이라고 하는 것(은 일체법을 자각하여 진여의 지혜
로 생활하기 때문)이다.465) 수보리여, 비유하면 (사람의) '인
신'을 (사람들이) 아주 커서 장대하다고 하는 것과 같다.466)
수보리가 대답했다. 세존이시여, 여래께서 말씀하시는 '인신'
이 아주 커서 장대하다고 말씀하시는 것은 '인신'이 아니라
(법신이 일체처에 두루 하기 때문에) '대신'이라고 하시는 것
입니다. 수보리여, (대승) 보살(이 일체중생을 제도하는 것)
도 역시 이와 같다. 만약에 내가 마땅히 무량한 중생을 제도
(하여 열반적정의 경지를 얻게) 하였다고 한다면 곧바로 (대
승)보살이라고 할 수 없기 때문이다. 왜냐하면 수보리여, (원
력을 세운 대승)보살은 (진실로) '유법(무법)'의 마음(으로 생

---

465) 『宗鏡錄』卷3(T48, p.429c20~21), "一切法者, 卽非一切法, 云何非耶,
無生性故. 若無生卽無性.";『金剛經解義』卷2(X24, p.528b8~12), "能於
諸法, 心無取舍, 亦無能所. 熾然建立一切法, 而心常空寂. 故知一切法皆是
佛法. 恐迷者貪著, 一切法以爲佛法, 爲遣此病, 故言卽非一切法. 心無能
所, 寂而常照, 定慧齊行, 體用一致, 是故名一切法.";『金剛經采微』卷
2(X24, p.624a22~b1), "如來說一切法, 全體是眞如故. 故云. 皆是佛法
也. 所言一切法, 旣同一眞如, 眞如淸淨, 卽非色等一切法. 又法體不成就
故, 爲安立第一義也. 是故名一切法者, 世諦卽萬法炳然, 未甞改轉也."
466) 『金剛般若疏』卷4(T33, p.119b17~20), "次須菩提答云, 如來說人身長
大者. 論云. 佛以眞如爲身. 二義故名大, 一者遍一切處, 二者具一切功德."
;『金剛經註疏』卷3(X24, p.462b2~4), "此更寄喻以示體也. 譬如人身, 指
法身也. 隱則稱如來藏, 顯則名法身. 出二障之表. 故言長. 周萬像之內, 故
稱大.";『金剛經補註』卷2(X24, p.838b9~10), "色身有相, 爲非大身. 法身
無相, 廣大無邊, 是名大身. 黃蘗云. 虛空卽法身, 法身卽虛空, 是名大身
也."

활하는 것)이 없기 때문이다.467) 그러므로 부처님이 말하는
일체법은 (모두가 '공'이므로) '사상'이 전혀 없다는 것을 말
하는 것이다. 수보리여, 만약에 (진여의 지혜로 생활하고자
하는 대승)보살이 생각하기를 내가 마땅히 (일체중생을 제도
하여서) 불국토를 장엄하겠다고 하면 (대승)보살이라고 할
수 없기 때문이다. 왜냐하면 여래가 설하는 불국토를 장엄한
다고 하는 것은 장엄한다는 마음이 전혀 없이 (각자의 모든
중생심을 제도하는 것이므로 진여의 지혜로 초월하여 자각
한) '즉비장엄'을 불국토를 장엄한다고 하는 것이기 때문이
다.468) 수보리여, 만약에 (대승)보살이 이와 같이 무아법을
통달하게 되면469) (자신이 아공과 법공이라는 마음도 전혀
없는 생활을 하게 되는 것이므로) 여래는 이렇게 하는 것을
진정한 (대승)보살이라고 말한다.

爾時, 須菩提白佛言. 世尊, 善男子 善女人, 發阿耨多羅三
藐三菩提心, 云何應住, 云何降伏其心. 佛告須菩提. 善男子
善女人, 發阿耨多羅三藐三菩提者, 當生如是心. 我應滅度一
切衆生. 滅度一切衆生已, 而無有一衆生實滅度者. 何以故,

---

467) 『銷釋金剛經科儀會要註解』卷5(X24, p.710a24~b3), "以菩薩實無有法
可得, 心離四相, 而不見有一衆生可度, 達一切法, 悉皆空寂, 本來不生, 不
見有生死, 不見有涅槃, 故云, 實無有法名爲菩薩也."
468) 장엄(莊嚴): 불국토를 장엄한다고 하는 것은 자신의 마음을 불국토로 장
엄하는 것이다. ; 『金剛般若波羅蜜經破取著不壞假名論』卷2(T25, p.894b
22~24), "卽非莊嚴者, 實義無生故. 是名莊嚴者, 俗諦言說故. 通達無我法
說名菩薩者, 離一切想行淸淨故.";『金剛般若經贊述』卷1(T33, p.138a6~
8), "故言莊嚴佛土者, 謂內莊嚴也. 卽非莊嚴者 非外形相莊嚴也. 是名莊嚴
者 是無相無取 眞莊嚴也.";『金剛般若經贊述』卷2(T33, p.147b5~7), "如
來說莊嚴者 謂無相之莊嚴. 卽非莊嚴者 非有相之莊嚴. 是名莊嚴者 是眞實
莊嚴也.";『金剛經註解』卷2(X24, p.779a9~11), "莊嚴佛土者, 卽非莊嚴,
是名莊嚴者. 爲眞性中, 非有此莊嚴, 故此莊嚴.";『金剛經註解』卷3(X24,
p.800b15~17), "顏丙曰. 心常淸淨, 不染世緣, 是爲莊嚴佛土也. 雖曰莊
嚴, 不可作莊嚴相, 故曰卽非莊嚴. 但強名而已."
469) 『金剛經註解』卷3(X24, p.800c10~12), "李文會曰. 通達無我法者, 於諸
法相, 無所滯礙, 是名通達. 若作有所能解, 是名我相. 若作無所能解, 湛然
淸淨. 是名無我, 故云眞是菩薩."

須菩提, 若菩薩有我相 人相 衆生相 壽者相, 則非菩薩. 所以
者何, 須菩提, 實無有法 發阿耨多羅三藐三菩提者. 須菩提,
於意云何, 如來於然燈佛所, 有法得阿耨多羅三藐三菩提不.
不也世尊. 如我解佛所說義, 佛於然燈佛所, 無有法得阿耨多
羅三藐三菩提. 佛言. 如是如是. 須菩提, 實無有法 如來得阿
耨多羅三藐三菩提. 須菩提, 若有法 如來得阿耨多羅三藐三菩
提者, 然燈佛 則不與我受記. 汝於來世, 當得作佛, 號釋迦牟
尼. 以實無有法 得阿耨多羅三藐三菩提, 是故然燈佛 與我受
記, 作是言. 汝於來世, 當得作佛, 號釋迦牟尼. 何以故, 如來
者, 即諸法如義. 若有人言. 如來得阿耨多羅三藐三菩提. 須
菩提, 實無有法, 佛得阿耨多羅三藐三菩提. 須菩提, 如來所
得阿耨多羅三藐三菩提, 於是中無實無虛. 是故如來說, 一切
法皆是佛法. 須菩提, 所言一切法者, 即非一切法, 是故名一
切法. 須菩提. 譬如人身長大. 須菩提言. 世尊, 如來說 人身
長大, 則爲非大身, 是名大身. 須菩提, 菩薩亦如是. 若作是
言. 我當滅度 無量衆生, 則不名菩薩. 何以故, 須菩提, 實無
有法 名爲菩薩. 是故佛說, 一切法無我 無人 無衆生 無壽者.
須菩提, 若菩薩作是言, 我當莊嚴佛土, 是不名菩薩. 何以故,
如來說莊嚴佛土者, 即非莊嚴, 是名莊嚴. 須菩提, 若菩薩通
達 無我法者, 如來說名眞是菩薩.470)

『금강경』에서 공(空)이라는 말을 사용하지는 않았지만 즉비
(卽非)를 체공(體空)으로 설명하여 구공(俱空)을 설하고 있다.
무실무허(無實無虛)에서도 '체공'으로 설명하면 쉽게 여래가 얻
은 '아뇩다라삼먁삼보리'에 대하여 다음과 같이 "언어문자를 벗
어난 설법이므로 무실(無實, 空)이라고 설한 것이며 지금 진여
의 지혜로 생활하는 것을 설하고 있기 때문에 무허(無虛, 不
空)라고 하는 것"이라는 설명이 된다. 그러나 앞에서 설명했듯

---

470) 『金剛般若波羅蜜經』(T08, p.751a8~b12).

이 무실(無實)을 "진실도 없다."라고 하고 무허(無虛)를 "거짓
도 없다."라고 실허(實虛)로 번역하기도 한다.

장엄에 대하여 각주에 설명하였지만 불국토를 장엄한다고 하
는 것은 자신의 마음이 무상(無相)이고 무취(無取)가 되는 것을
장엄이라고 하고 있다. 그리고 진성이 되어야 장엄이 되므로
마음이 청정하여 세속에 오염되지 않는 법신이 되어야 장엄한
다고 설명하고 있다. 이 단의 제목을 구경무아(究竟無我)라고
하였듯이 보살은 무아(無我)가 되어야 여래가 된다고 하며 사
상(四相)의 중심은 무아(無我)이고 '무아'가 되면 사상(四相)은
저절로 무사상(無四相)이 된다고 설하고 있는 부분이다. 앞에서
무사상(無四相)에 대하여 설명하였듯이 무아상(無我相)이 되면
나머지 상(相)들은 모두 없어지는 것이다. 그러므로 소명태자가
이 단의 제목을 구경무아분(究竟無我分)이라고 만든 것이라고
생각된다.

『금강경』에서 다시 반복하여 설하는 것은 대승과 최상승의
실천 법을 자세하게 설명하려고 하는 것일 것이다. 연등불이나
'아뇩다라삼먁삼보리'를 다시 설명하여 중생을 제도하는 법에
대하여 설명하고 있다. 이 모두가 견성하여 자신의 중생을 제
도하는 것이 수기를 받는 것이고 법신(法身)으로 불국토를 장
엄하는 것이다. 그리하여 자신이라는 것도 사라지므로 대승의
무아(無我)가 된다고 설명하고 있다. "人身・大身・非大身"은
법신(法身)을 말하는 것으로 바로 앞에 일체법을 설명하고 있
다. 일체법이란 제법(諸法)이므로 대신(大身)이고 법신(法身)이
므로 장대하여 일체처에 두루 하는 것이 된다.

18) 一體同觀分(일체동관분)471)

불법(佛法)에 맞게 살아가는 만법귀일(萬法歸一)의 안목을 구
족하면 범부와 성인이 차별이 없는 오안(五眼)을 구족하게 된
다고 다음과 같이 설하고 있다.

　　수보리여, 여래가 육안이 있다고 생각하느냐? 세존이시여,
　　여래는 육안이 있습니다. 수보리여, 여래가 천안이 있다고
　　생각하느냐? 세존이시여, 여래는 천안이 있습니다. 수보리여,
　　여래가 혜안이 있다고 생각하느냐? 세존이시여, 여래는 혜안
　　이 있습니다. 수보리여, 여래가 법안이 있다고 생각하느냐?
　　세존이시여, 여래는 법안이 있습니다. 수보리여, 여래가 불
　　안이 있다고 생각하느냐? 세존이시여, 여래는 불안이 있습니
　　다.472) 수보리여, 부처님이 항하에 있는 모래에 대하여 설한

---

471) 『金剛經註』卷2(X24, p.557a2~3), "一眼攝五眼 一沙攝恒河沙 一世界
攝多世界 一心攝若干心 故受之以 一體同觀分也.";『銷釋金剛經科儀會要
註解』卷6(X24, p.712a5~13), "一體同觀. 萬法無差, 凡聖共一家. 如來五
眼, 照耀塵沙. 此科昭明太子, 判此一段經文, 爲一體同觀分第十八. 以恒河
沙世界國土中, 所有衆生若干種心, 如來以智眼悉見. 又云. 如來說諸心皆
爲非心者, 以如來智入衆生心, 旣□□心差別, 卽十法界, 同一眞心也. 故立
一體同觀之名也. 萬法無差者, 此言萬法, 總該十界, 依正之法. 如來以法
眼, 觀一切諸法, 無非虛空實相, 故無差別也.";『金剛經註解』卷3(X24, p.
801a1), "萬法歸一, 更無異觀."

472) 『金剛經解義』卷2(X24, p.529a1~9), "一切人盡有五眼, 爲迷所覆, 不能
自見, 故佛教除却迷心. 卽五眼開明, 念念修行 般若波羅蜜法. 初除迷心,
名爲第一肉眼. 見一切衆生, 皆有佛性, 起憐愍心, 是名爲第二天眼. 癡心不
生, 名爲第三慧眼. 著法心除, 名爲第四法眼. 細惑永盡, 圓明徧照, 名爲第
五佛眼. 又云見色身中有法身, 名爲天眼. 見一切衆生, 各具般若性, 名爲慧
眼. 見性明徹, 能所永除, 一切佛法, 本來自備, 名爲法眼. 見般若波羅蜜,
能生三世一切法, 名爲佛眼.";『金剛經會解了義』(X25, p.219b8~15), "欲
言如來照見世人之心. 先以云何使其思. 化身觀見爲肉眼. 普照大千爲天眼.
智燭常明爲慧眼. 了諸法空爲法眼. 自性常覺, 憐念衆生, 爲佛眼. 佛教除却
迷心, 卽五眼開. 慧眼以根本智, 照眞理故. 法眼 以後得智. 說法度人, 在
佛總名佛眼. 古德云. 天眼通非礙, 肉眼礙非通, 法眼難(唯)觀俗, 慧眼了知
(直緣)空, 佛眼如千日, 照異體還同." ※ () 안은 번역상 첨가.

적이 있는가? 세존이시여, 여래께서 항하의 모래에 대하여
설한 적이 있습니다. 수보리여, 하나의 항하에 있는 모래 숫
자만큼의 항하가 더 있어서 이 모든 강들의 모래숫자들 만
큼의 불세계가 있으면 많다고 할 수 있지 않겠는가? 세존이
시여, 아주 많(은 불세계가 있)겠습니다. 부처님이 수보리에
게 말했다. 이와 같이 많은 불국토중에 있는 중생들에게 생
기는 모든 마음을 (각자가) 여래가 (되면 모두가 자신의) 모
든 마음을 알게 되는 것이다. 왜냐하면 여래가 설하는 모든
마음이라고 하는 것은 모두 (번뇌 망념을 벗어난 '공'으로
된 마음인) '비심'으로 (진여의 지혜로 자신이 아는) 마음을
말하는 것이기 때문이다.473) 왜냐하면 수보리여, 지나간 과
거의 마음은 (지나갔으므로 어디에 있는 것이 아니기 때문
에) 얻을 수 없고, 현재의 마음도 (계속하여 변천하기 때문
에) 얻을 수가 없고, 미래의 마음은 (아직 오지 않았으므로)
얻을 수 없기474) 때문이다.

須菩提, 於意云何, 如來有肉眼不. 如是世尊, 如來有肉眼.
須菩提, 於意云何, 如來有天眼不. 如是世尊, 如來有天眼. 須
菩提, 於意云何, 如來有慧眼不. 如是世尊, 如來有慧眼. 須菩
提, 於意云何, 如來有法眼不. 如是世尊, 如來有法眼. 須菩

---

473) 『金剛般若經贊述』卷2(T33, p.148b20~23), "如來說諸心住者謂虛妄心.
皆爲非心者謂非眞住心. 住四念處名眞住故, 住眞如理名眞住故, 是名爲心
者謂是虛妄顚倒心也."; 『金剛經補註』卷2(X24, p.839b11~15), "何以故
如來說諸心 皆爲非心 是名爲心. 覺妄之心, 卽是非心, 本無妄念, 不起妄
心, 卽是自性本心, 故云, 是名爲心. 卽是菩薩心. 亦名涅槃心. 亦名大道
心. 亦名佛心. 故臨濟云. 若一念心能解縛, 此是觀音三昧法."; 『金剛經筆
記』(X25, p.129a23~24), "何故悉知, 如來說諸心, 妄想性空, 故云非心.
眞如不滅, 故是名爲心."
474) 『金剛般若波羅蜜經論』卷3(T25, p.792c1~3), "以過去未來故不可得,
現在心虛妄分別故不可得. 如是示彼心住顚倒, 諸識虛妄, 以無三世觀故.";
『金剛經疏』(T85, p.126b22~23), "過去心已過, 未來心未到, 現在心不
住."; 『金剛經註』卷2(X24, p.557c3~6), "過去心不可得者, 前念妄心 瞥
然已過, 追尋無有處所. 現在心不可得者, 眞心無相 憑何得見. 未來心不可
得者, 本無可得, 習氣已盡, 更不復生. 了此三心 皆不可得, 是名爲佛."

260

提, 於意云何, 如來有佛眼不. 如是世尊, 如來有佛眼. 須菩
提, 於意云何, (如)恒河中所有沙, 佛說是沙不. 如是世尊, 如
來說是沙. 須菩提, 於意云何, 如一恒河中所有沙, 有如是等
恒河, 是諸恒河所有沙數佛世界, 如是寧爲多不. 甚多世尊.
佛告須菩提. 爾所國土中, 所有衆生, 若干種心, 如來悉知. 何
以故, 如來說諸心, 皆爲非心, 是名爲心. 所以者何, 須菩提,
過去心不可得, 現在心不可得, 未來心不可得.[475](※ ()은 菩
提流支 譯, 『金剛般若波羅蜜經』에 의하여 첨가.)

『금강경해의』권2에 오안(五眼)의 설명에 의하면, 오안(五眼)
은 자신이 미혹(迷惑)하면 육신(肉身)의 육안(肉眼)으로 보는
것이므로 미혹을 제거해야 여래의 육안(肉眼)을 갖게 되는 것
이고, 천안(天眼)은 천인(天人)의 눈으로 보는 것인데 일체중생
을 자비심으로 불쌍하게 보아 모두에게 불성이 있다고 보아야
여래의 천안을 갖게 되는 것이고, 혜안(慧眼)은 자신이 진여의
지혜로 보는 안목을 가져야 여래의 혜안(慧眼)을 갖게 되는 것
이고, 법안(法眼)은 불법(佛法)으로 견성하여 능소(能所)에 대
한 집착을 하지 않고 공(空)으로 보는 안목을 가져야 여래의
법안을 갖게 되는 것이고, 불안(佛眼)은 진여의 지혜로 일체법
을 초월하여 보는 안목을 구족하여야 여래의 불안(佛眼)을 갖
게 되는 것이라고 설하고 있다. 이것을 설하고 있는 이유는 각
자가 여래가 되면 자신의 오안(五眼)을 구족하게 되는 것이므
로 선남자와 선여인이 대승보살이 되는 것이기 때문에 타인을
제도한다는 마음이 남아 있다면 대승보살이 되지 않고 사상(四
相)에 집착을 하게 되는 것이다. 그래서 마음에 대하여 과거·
현재·미래의 삼세로 설하여 집착할 수 있는 마음은 없다는 것

---

475) 『金剛般若波羅蜜經』(T08, p.751b13~28).

을 설하고 있다. 이것은 불교의 장점인 화쟁(和諍)도 이것으로 가능한 것이기에 용서도 가능한 것이고 앙굴라마도 부처님의 제자가 될 수 있었던 것이다.

진여의 지혜로 살아가는 법은 자신이 능소(能所)를 청정하게 보는 오안(五眼)의 안목을 구족해야 하는 것이다. 각자가 여래가 되는 것을 강조하는 것이므로 자신이 설하지만 자신이 집착을 갖지 말아야 하는데 내가 누구를 구제하여 준다는 사상(四相)이 있으면 대승보살이 되지 못하는 것이다.

"여래설제심(如來說諸心), 개위비심(皆爲非心), 시명위심(是名爲心)."의 범본과 번역476)을 보면 "여래가 설하는 모든 마음이라고 하는 것은 모두 번뇌 망념을 벗어난 공(空)으로 된 마음인 비심(非心)이고 진여의 지혜로 자신이 아는 마음을 말하는 것"이라고 하였는데 '비심(非心)'을 "마음이 아니다."라고 하는 것은 중생심의 마음이 없는 공(空)으로 전환된 불심(佛心)의 마음을 말한다. 그러므로 중생심은 항하사와 같이 많다고 하더라도 모두가 탐진치의 마음이므로 허망하여 불심(佛心)이 아니다. 여래는 자신의 중생심과 불심을 모두 알고 삼세에 집착하지 않는 마음으로 초월하여 대승의 생활을 해야 한다고 설하고 있는 것이다.

---

476) 범본에 의하면 "citta-dhārā(마음의 흐름) citta-dhāreti(마음이라는 것을) Subhūte a-dhāraiṣā(마음의 흐름이 아니라고 한 것을) Tathāgatena bhāṣitās(여래가 설하신 것은) tenocyate(그렇기 때문에) citta-dhāreti (마음의 흐름이라고 한 것이다).(㉠如來說諸心, 皆爲非心, 是名爲心. ㉡善現 心流注心流注者 如來說非流注 是故如來 說名心流注心流注)" ; 『金剛經註解』卷3(X24, p.802b11~13), "覺妄之心, 卽是非心, 本無妄念. 不起妄心卽是自性本心, 故云是名爲心, 卽是菩薩心, 亦名涅槃心, 亦名大道心, 亦名佛心." ; 대한불교조계종 교육원(2009), p.68.에 의하면 "모두 다 마음이 아니라 설하였으므로…"라고 하고 있다.

19) 法界通化分(법계통화분)477)

보시바라밀(報施婆羅蜜)에 대하여 다시 강조하고 있는 단으로 철저하게 보시바라밀(報施婆羅蜜)을 실천한다는 마음도 가지지 않아야 한다고 다음과 같이 대승으로 설하고 있다.

수보리여, 어떻게 생각하느냐? 만약에 어느 사람478)이 삼천대천세계에 가득 찬 칠보로 보시를 행하면479) 이 사람이 이렇게 보시한 인연으로 복덕을 많이 얻지 않겠는가? 세존이시여, 맞습니다. 이 사람은 이와 같이 보시한 인연으로 많은 복덕을 얻을 것입니다. 수보리여, 만약에 이 사람의 복덕이 (보시를 실천했다는 마음이 조금이라도 실제로 남아) 있다고 하면 여래가 많은 복덕을 얻을 것이라고 설하지 않았을 것이다. 이 복덕은 (보시를 한다는 마음도) 없(이 보시를 하)기 때문에 여래는 (이 사람이) 많은 복덕을 얻는 것480)이라고 설하는 것이다.

---

477) 『金剛經註』卷3(X24, p.558a7~8), "遍周法界一化 普通七寶福田 寧如四句 故受之以法界通化分." ;『金剛經註解』卷4(X24, p.803c4), "佛身充法界, 通達化無邊." ;『金剛經如是經義』卷2(X25, p.698a15~16), "佛法充滿世界, 無不通達感化."

478) 범본에는 "yaḥ kaścit(만약, 어떤) kulaputro vā(선남자) kuladuhitā vemaṃ(선여인)㉠若有人 ㉡若善男子或善女人"이라고 하고 있다.

479) 범본의 "Tathāgatebhyo 'rhadbhyaḥ samyaksambuddhebhyo dānaṃ dadyāt.(㉠以用布施 ㉡奉施如來應正等覺)"에서 현장은 보시를 하는 대상을 명확하게 여래·응공·정등각에게 하라고 하고 있다. 그러므로 '보시바라밀'이라고 해야 된다.

480) 『金剛經易解』卷2(X25, p.924a24~b3), "以福德無故, 如來說得福德多. 緣以寶施福德於心地工夫, 毫無寔濟, 是以如來僅謂之得福多也. 然福報雖多, 終有窮竭, 則區區享受. 又何足云. 佛蓋勉以勤修出世功德, 毋徒種世間福德也." ;『金剛經註解』卷4(X24, p.804a8~10), "若能施之人, 以佛智爲本, 脩布施行, 悉皆離相. 不見福爲實有, 卽非顚倒, 如來說此人福德甚多" ;『金剛經註解』卷4(X24, p.804a11~13), "李文會曰. 凡夫住相, 布施七寶, 希求福利, 此是妄心, 所得福德, 不足爲多. 不如淨妙 無住之福 無得之德, 同於虛空, 無有邊際."

須菩提, 於意云何. 若有人滿三千大千世界七寶 以用布施,
是人以是因緣, 得福多不. 如是世尊. 此人以是因緣, 得福甚
多. 須菩提, 若福德有實, 如來不說 得福德多. 以福德無故,
如來說得福德多.481)

수행하는 보살에게 이와 같이 다시 강조하여 설하는 이유는
무사상(無四相)으로 무주상(無住相)의 보시바라밀(報施婆羅蜜)
을 해야 한다고 하는 것이다. 그리고 미세한 번뇌도 없어야 여
래로 살아갈 수 있다고 하고 있다. 이 부분은 최상승법을 설하
는 것으로 무상(無相)으로 무주(無住)를 실천482)하는 공덕(功
德)을 설하고 있는데 대승(大乘)에서 최상승(最上乘)이 되어야
한다는 것을 설하고 있다. 그래서 경문에는 보시(布施)라고 하
였는데 보시바라밀(報施婆羅蜜)이라고 해야 보살이 대승보살로
더 나아가는 것이기 때문이다.

보시바라밀(報施婆羅蜜)이란 보시(布施)를 한다는 마음도 없
이 보시(布施)를 행(行)하는 것을 말하는 것으로『금강경』14
단에 의하면 "보살이 '반야바라밀다'를 행하는데 집착 없이 무
상(無相)의 보시를 하면 눈이 있는 사람이 대낮에 무엇을 보는
것과 같은데 어찌 보지 못하겠는가?"483)라고 하고 있다. 바라
밀(波羅蜜)을 행(行)한다는 마음 없이 행하는 대승보살이 보시

---

481)『金剛般若波羅蜜經』(T08, p.751b29~c4).
482)『金剛經註解』卷3(X24, p.791a22~23), "僧若訥曰. 無相布施, 心不住
法, 則見眞如, 如人有目, 日光明照, 了一切境."
483)『金剛般若波羅蜜經』(T08, p.750b29~c3), "須菩提, 若菩薩心住於法而
行布施, 如人入闇, 則無所見. 若菩薩心不住法而行布施, 如人有目, 日光明
照, 見種種色.";『金剛經解義』卷2(X24, p.526b3~4), "若菩薩常行 般若
波羅蜜多 無著無相行, 如人有目, 處於皎日之中 何所不見也.";『金剛經解
義』卷2(X24, p.526a22~24), "施一切法, 心有住著, 則不了三輪體空, 如
盲者處暗, 無所曉了. 華嚴經云. 聲聞在如來會中聞法, 如盲如聾, 爲住諸法
相故也."

264

바라밀(報施婆羅蜜)을 실천한다는 생각도 없이 실천하는 대승 (大乘)에서 최상승(最上乘)인 몰종적(沒蹤跡)의 여래가 되어야 하기 때문이다.

'이복덕무고(以福德無故)'의 번역에서 "보시를 한다는 마음도 없이 보시를 하기 때문"을 대승(大乘)이라고 하였는데 역자(譯者)들은 "복덕이 없기 때문"484)이나 "복덕이 본래 실체가 없기 때문"485)이나 "공덕의 무더기가 아니다."486)라고 번역하고 있다. 이 부분은 8단의 복덕성(福德性)과 같은 부분인데도 이렇게 번역하면 바로 다음에 나오는 구절인 '여래설득복덕다(如來說得福德多)'라는 말과 모순이 되는 것이어서 성문[삼승]은 맹롱(盲聾)이 되어서 연결하기 어렵다고 하는 것이 이것이다.

---

484) 이기영(1978), p.305. ; 무비(1994), p.219. ; 대한불교조계종 교육원 (2009), p.69. ; 지안(2010), p.209. ; 김호귀(2011a), p.248. ; 김진무(2018), p.283. ; 백성욱 강설(2021), p.292. ; 현진(2021), p.350.
485) 박지영(2019), p.309.
486) 각묵(1991), p.348.

20) 離色離相分(이색이상분)[487]

여래(如來)를 친견(親見)하는 것은 형상으로 보는 것이 아니고 견성(見性)해야 하는 것이다. 견성은 여래의 불성이 자신의 자성과 동등하다고 확신하는 것을 말한다. 구경(究竟)에 여래의 불성이라는 것은 공(空)을 말하는 것인데 여래의 상호를 보고 여래를 친견하는 것에 대하여 다음과 같이 설하고 있다.

수보리여, (32상[488]의 모습을 완벽하게) 색신으로 구족한 사람을 보면 부처를 친견한다고 할 수 있느냐? 세존이시여, 아닙니다. (완벽하게) 색신을 구족한 사람을 보았다고 하여 여래를 친견하였다고 할 수는 없습니다. 왜냐하면 여래께서 색신을 구족하였다고 설하신 것은 '즉비구족색신'을 구족한 색신으로 설하는 것[489]이기 때문입니다. 수보리여, 여래를

---

487) 『金剛經註』卷3(X24, p.558b3~4), "三身具足 諸相圓成 人法俱忘 卽非具足 故受之以 於離色離相分."; 『銷釋金剛經科儀會要註解』卷6(X24, p.716c5~9), "離色離相, 無住無依, 法界普光輝, 無得無說, 無是無非, 無來無去, 無相無爲. 此科昭明太子, 判此一段經文, 爲離色離相分第二十. 盖如果不應以具足色身見, 又不應以具足諸相見法身也."; 『金剛經正解』卷2 (X25,p.620c8~9), "色者顏色, 相者形體, 離者不著. 言求見如來者, 離諸色相也."

488) 범본의 "lakṣaṇa(특징)-sampadā(32인상) Tathāgato(여래) draṣṭavyaḥ(보다)"에서 32상의 특징을 가진 사람을 여래라고 볼 수 있겠느냐고 세존이 묻고 있는 것이다.

489) 의역하면, "여래께서 설하시는 색신을 구족한 사람이라고 하는 것은 속제로 중생들을 위하여 방편으로 설하신 것이고, 여래의 색신은 중생심이 없는 진제의 모습을 구족하였기에 색신을 초월해야하는 것이므로 '즉비구족색신'이라고 한 것이며 여래가 색신을 벗어나지 않고 지금도 불법을 설하기 때문에 '구족색신'이라 하신 것입니다."; 『金剛經解義』卷2(X24, p.529b19~24), "佛可以具足色身相見不, 三十二相卽非具足色身, 內具三十二淨行, 是名具足色身. 淨行者, 卽六波羅蜜是也. 於五根中修六波羅蜜, 於意根中定慧雙修, 是名具足色身. 徒愛如來三十二相, 內不行三十二淨行, 卽非具足色身. 不愛如來色相, 能自持清淨行, 亦得名 具足色身也."; 『銷釋金剛經科儀會要註解』卷6(X24, p.717b2~7), "如來說具足色身者, 乃爲衆生現身說法. 故云. 具足色身, 卽俗諦也. 卽非具足色身者, 以如來法身, 故

완벽하게 색신을 구족한 사람을 본다고 하여 여래를 친견한 다고 할 수 있겠느냐? 세존이시여, 아닙니다. 여래를 친견한 다고 하는 것은 (완벽하게 색신을 구족한 사람을 본다고 하여도) 구족한 모습으로는 여래를 친견할 수 없습니다. 왜냐 하면 여래께서 (지금) 모든 '상'을 구족한 모습이 (모든 '상' 을 구족한 여래의 모습을 초월한) '즉비구족'이라 한 것을 (여래는) 모든 '상'을 구족한 여래라고 한다[490]라고 하신 것 이기 때문입니다.

須菩提, 於意云何, 佛可以具足色身見不. 不也世尊. 如來
不應以具足色身見. 何以故, 如來說具足色身, 卽非具足色身,
是名具足色身. 須菩提, 於意云何, 如來可以具足諸相見不.
不也世尊. 如來不應以具足諸相見. 何以故, 如來說諸相具足,
卽非具足, 是名諸相具足.[491]

여래(如來)[492]를 색신(色身)으로는 친견할 수 없고 삼신(三

非色身可見. 故云. 卽非具足色身, 卽眞諦也. 是名具足色身者, 以法身未嘗
離色身, 卽俗也. 以色身未曾離法身, 卽眞也. 以眞俗倂顯, 卽爲中道. 故
云. 是名具足色身也."; 『金剛經註講』卷2(X25, pp.725c23~726a2), "如來
說具足色身. 盖如來說具足色身, 乃血肉之軀非法身. 則縱橫無礙, 自在自
由, 念念無非般若. 卽非具足色身是名具足色身. 豈八十種好所能圍耶, 色
身中有妙色身存焉. 方名具足色身."

490) 범본에는 "lakṣaṇa-sampat(32상80종호를 구족한 것) Tathāgatena
bhāṣitā(여래라고 설한 것), alakṣaṇa-sampad(32상80종호를 구족한 것
이 아니라고) eṣā Tathāgatena bhāṣitā(이렇게 여래가 설하였다) tenoc
yate(그래서) lakṣaṇa-sampad iti(32상80종호를 구족한 것이라고 한 것
이다). ㉠如來說諸相具足, 卽非具足, 是名諸相具足. ㉡諸相具足諸相具足
者 如來說爲非相具足 是故如來說名諸相具足諸相具足"이라고 하고 있다.
; 여래께서 지금 모든 '상'을 구족한 모습으로 중생들을 위하여 방편설법
을 하시고 있기 때문에 모든 '상'을 구족한 여래라고 하신 것이고, 모든
'상'을 구족한 색신의 모습만으로는 여래의 법신을 친견할 수 없기 때문에
여래를 모든 '상'을 구족한 모습을 가진 사람[전륜성왕]이 아니라고 한 것
이고, 또 다시 지금 모든 상을 구족하였다고 하는 것은 여래가 색신의 모
습으로 불법을 설하고 있기 때문이다. 즉 이것은 32상의 구족한 형상이
있어야 여래가 된다는 것이 아니라는 것을 설하고 있다. 대승의 '즉비'.
491) 『金剛般若波羅蜜經』(T08, p.751c5~11).

身)을 체득하여 실천해야 하는 것이고 진여의 지혜로 살아가는 모든 사람이 부처라는 것을 강조하고 있는 부분이다. 전륜성왕의 모습을 한 사람만이 여래가 아니라고 설하고 있다. 자신의 모습으로 당당하게 설명하면서도 누구나 지금의 색신(色身)으로 진여의 지혜로 살아가면 여래가 된다고 하고 있는 부분이다.

  이런 이유는 즉비(卽非)의 문제이며 형상에 대하여는 사람마다 각자의 특성이 있기 때문에 석가모니라는 한 사람에 비교하면 안 되기 때문이다. 선천적인 모습을 가지고 비교하면 평등하지 않아서 석가모니가 설한 진정한 불법(佛法)의 의미가 없게 된다. 그래서 이 단에서 이렇게 설명하였는데 즉 소승(小乘)들이 석가모니라는 모습으로 진실한 여래를 친견하려고 하니 그것은 불가능한 것이다. 가령 석가모니가 지금 다시 와서 이곳에 있다고 하여도 여래(如來)를 볼 수 없을 것이다. 부처와 여래는 삼신으로 친견할 수 있으므로 진여의 지혜가 여래의 본성이고 진여의 지혜로 살아가는 사람이 최상승의 여래라고 여래의 십호(十號)에서 말하고 있다. 여래를 형상이나 음성으로 구하지 말라고 이 경(經)에서도 계속 강조하고 있는 것은 누구나 평등하다는 것을 설하는 것이다. 그런데 여래가 되려고 32상을 구족해야 한다고 알고 수행하면 여래는 멀리 있게 된다.

---

492) 『金剛經解義』卷2(X24, p.529c4~9), "如來者, 卽無相法身是也. 非肉眼所見, 慧眼乃能見之, 慧眼未明具足, 生我人等相. 以觀三十二相爲如來者, 卽不名爲具足也. 慧眼明徹, 我人等相不生, 正智光明常照, 是名諸相具足. 三毒未泯, 言見如來眞身者, 固無此理. 縱能見者, 祇是化身, 非眞實無相之法身也."; 『金剛經註解』卷4(X24, p.804b24~c3), "佛, 覺也. 覺性如虛空, 不應以具足色身見, 唯見性人, 方知卽非色身, 如夫子毋我, 顔子坐忘是也. 自性如來, 不應以具足諸相見, 性尚不可得. 又何有諸相, 故以卽非之說爲掃除之."

그래서 각자가 견성(見性)한 소승(小乘)에서 점수(漸修)하여 대승(大乘)으로 진여의 지혜로 살아가면 최상승(最上乘)의 여래(如來)가 된다고 설하고 있다.

21) 非說所說分(비설소설분)[493]

여래가 설한 법(法)은 무아(無我)의 설법(說法)이므로 목적의
식을 가지고 설법하는 것이 아니다. 그런데도 설법을 하지 않
는 것처럼 소승(小乘)들은 번역하여 "설할 만한 법이 없는 것
이므로 설법"[494]이라고 하거나 "법 설할 것이 가히 없는
것"[495]이라고 하고 있다. 그러나 무아(無我)의 설법(說法)을 하
는 것이므로 진여의 지혜로 법(法)을 설하여야 한다고 다음과
같이 설하고 있는 것이다.

수보리여, 그대는 여래가 마땅히 (중생을 제도한다는) 조
작된 (생각을 가지고) 설법을 한다고 생각을 하여서는 안 된
다.[496] 왜냐하면 만약에 어느 사람이 여래가 (중생을 제도하
기 위하여) 설법을 한다고 말을 한다면 이것은 곧바로 부처
님을 비방하는 (말을 하는) 것이고 내가 설한 뜻을 깨닫지

---

493) 『金剛經註』卷3(X24, p.558c14~17), "終日談空 不談一字 若云有說 謗
如來故 受之以非說所說分. 新注十八斷無身何以說法疑 此疑從第一疑中卽
非身相而來.";『金剛經解義』卷2(X24, p.529c14~15), "凡夫說法, 心有所
得. 故告須菩提, 如來說法, 心無所得. 凡夫作能解心說, 如來語嘿皆如.";
『金剛經會解了義』(X25, p.220b14), "此章是說法無我, 能信法之衆生亦無
我."
494) 김월운(1994), p.193. ; 대한불교조계종 교육원(2009), p.72. ; 지안(20
10), p.227.
495) 무비(1994), p.228. ; 백성욱 강설(2021), p.301.
496) 『金剛經解義』卷2(X24, p.529c14~17), "凡夫說法, 心有所得. 故告須菩
提, 如來說法, 心無所得. 凡夫作能解心說, 如來語嘿皆如. 所發言辭, 如響
應聲, 任用無心. 不同凡夫作生滅心說. 若言如來說法, 心有生滅者, 卽爲謗
佛.";『金剛經正解』卷2(X25, p.621a11~15), "如來有心作此念頭, 我當有
所說法, 以開示於人, 汝切莫作是念. 此何以故, 設若有人, 言如來有所說
法, 則是淺見寡識, 滯在言辭之末, 違背眞空妙諦, 卽爲謗佛. 不能解會, 我
所說之義故也." ; 범본에 의하면 "api nu(진실로) Tathāgatasyaivaṃ
bhavati:(여래가 이런 생각을 하겠는가) mayā(자신이 스스로) dharmo
(법을) deśita iti(가르쳤다고 하다)."라고 하고 있다.

못했기 때문이다. 수보리여, 설법이라고 하는 것은 ('아상') 없이 (청정하게) 불법을 설하는 것이므로 (진여의 지혜로 설하는 것을) 설법을 한다고 하는 것497)이다. 이때에 혜명 수보리498)가 부처님에게 말했다. 세존이시여, 앞으로 어느 중생이 여래께서 설하신 이 말씀을 듣고 (깨달아) 신심을 내겠습니까? 부처님이 말했다. 수보리여, 그들이 (불법을 듣고 깨달으면) 중생을 벗어난 것이고 (깨닫지 못하면) 중생인 것이다. 왜냐하면 수보리여, (범부는) 중생을 중생이라고 말하지만 여래가 말하는 (중생은 깨달아 중생이라는 생각을) 초월한 '비중생'을 중생이라고 말한 것499)이다.

須菩提, 汝勿謂如來作是念. 我當有所說法, 莫作是念. 何

---

497) 범본에 의하면 "na-asti(없기 때문이다) sa kaścid dharmo(그 어떤 법) yo dharma-deśanā(법의 가르침이라는) nāmopala-bhyate(인정할 만한 명칭도).; ㉠無法可說, 是名說法 ㉺無法可得 故名說法"이라고 하고 있다.; 『金剛般若經贊述』卷2(T33, p.149c21~22), "無法可說者, 謂眞理中無有少法可說也.";『銷釋金剛經科儀會要註解』卷6(X24, p.719b12~13), "無法可說者, 以稱理而言, 卽眞諦œ.";『金剛經音釋直解』(X25, p.177a18~21), "維摩經云. 法無衆生, 離衆生垢, 故法無有我, 離我垢, 故法無壽命. 離生死, 故法無人前後際斷, 故離此諸緣. 何法可說, 故此眞空法體, 無法可說, 是名爲說也."

498) 『法華經義記』卷5(T33, p.632a15~21), "第一所以 言慧命須菩提者, 凡有二種解. 一者言昔日未解 開三顯一 同歸之理, 愚癡之人心相續爲命. 今日既得解權實之宗, 慧心相續爲命. 若爾亦應言 慧命迦旃延 乃至慧命目犍連. 所以單道須菩提者, 此則互擧爲論. 二者須菩提解空第一, 空慧爲命."

499) 『金剛經纂要刊定記』卷6(T33, p.220c17~19), "此上經文 魏譯則有, 秦本則無, 既二論皆釋此文, 後人添入亦無所失, 況有冥報之緣, 宜亦可信.";『金剛經註解』卷4(X24, p.805c14~15), "佛言彼非衆生者, 皆具眞一之性, 與佛同源, 故曰非衆生.";『金剛經註解』卷4(X24, p.806a24~b3), "若不信佛法, 卽著凡夫見, 非不衆生. 若起此二見者, 是不了中道也. 須是令教凡聖皆盡, 不住兩頭, 方是眞正見解, 故云衆生衆生者, 如來說非衆生, 是名衆生也.";『金剛經略疏』(X25, p.163c17~19), "此六十二言, 原出魏本, 秦本所無. 今考二論, 皆有釋文, 故亦添入, 此疑如來說法, 是無所說, 無說之法, 衆生豈能信乎.; 범본에는 "sattvāḥ sattvā iti Subhūte sarve te Subhūte a-sattvās(非衆生) Tathāgatena bhāṣitāḥ(如來說) tenocyante (그래서 말하기를) sattvā iti(是名衆生). ㉠衆生 衆生者, 如來說非衆生, 是名衆生. ㉺善現 一切有情者 如來說非有情故 名一切有情."

以故, 若人言, 如來有所說法, 卽爲謗佛, 不能解我所說故. 須
菩提, 說法者, 無法可說, 是名說法. <u>爾時, 慧命須菩提 白佛
言. 世尊, 頗有衆生, 於未來世, 聞說是法, 生信心不. 佛言.
須菩提, 彼非衆生, 非不衆生. 何以故, 須菩提, 衆生 衆生者,
如來說非衆生, 是名衆生</u>.500)

여래(如來)가 되어 대상경계를 보면 모두가 부처의 경계이지
만 범부가 진여의 지혜로 살아가지 못하면서 대상경계를 보면
모두가 범부의 경계가 된다. 그러나 중생이 이것을 자각하면
바로 부처로 살아갈 수 있다는 것을 강조하고 있는 부분이다.
즉 아상(我相)없이 청정하게 올바르게 불법(佛法)을 진여의 지
혜로 설한다는 것을 깨달으면 중생을 벗어나게 된다. 그래서
여래와 범부도 중생을 중생이라고 말하지만 여래가 말하는 중
생은 아상(我相)없이 청정하게 올바르게 불법(佛法)을 진여의
지혜로 설한다는 것을 깨달아 중생이라는 생각을 초월한 비중
생(非衆生)을 말하는 것이다. 이처럼 중생도 자각하면 바로 부
처가 된다고 하는 것을 아는 입장에서 여래는 중생을 중생이
아니라고 하는 것이므로 부처가 된다. 중요한 사실은 지금 바
로 이곳에서 중생이 자신의 마음을 자각하여 불법(佛法)으로
바로 알면 부처가 된다는 것501)이다. 그러므로 중생이지만 자
각(自覺)만 하면 되는 것이므로 중생이라는 생각을 하지 않고
진여의 지혜로 생활하면 부처가 되므로 이름을 중생이라고 여
래는 설하고 있다. 예측하여 설한 것이라고 하지만 여기에서

500) 『金剛般若波羅蜜經』(T08, p.751c11~19). ; 앞의 본문참조. 밑줄 그은
    62자에 대하여는 대한불교조계종 교육원(2009), p.72 참조요. ; 성본
    (2012), pp.293~293 참조요.
501) 『金剛經音釋直解』(X25, p.177b6~8), "衆生雖妄, 亦依眞有, 乃生佛同
    原 惟隔迷悟. 但去執情, 衆生卽佛矣. 故華嚴論云. 一切衆生, 本來成佛."

미래세라는 말을 사용한 것처럼 중생이 자각만 하면 부처가 되기 때문에 중생은 중생이 아니고[비중생] 이름만 중생이라는 언어문자에 불과하다고 하는 것은 최상승(最上乘)의 번역인데 논자만 모르는 것인가 하는 의심이 생긴다. 이 내용을 "중생이 아니고 중생 아닌 것도 아니다."502)라고 번역하였는데 그러면 결국은 중생도 아니고 중생이 아닌 것을 이름만 임시방편으로 붙였다.503)라고 번역한 성본의 번역이 된다. 결국 중생이라는 명칭에 떨어진 것이지만 중생의 본질을 자각하면 중생이 부처가 되는 것이라는 '중생즉불(衆生卽佛)'이나 '번뇌즉보리(煩惱卽菩提)'라는 대승(大乘)을 말하고 있다. 그러므로 조금만 생각하면 이들의 번역에 대한 이해를 할 수도 있지만 잘못하면 "중생이 아니면 부처"라고 할 수도 있고 "중생이 아닌 것도 아니라고"하면 부정의 부정이니 중생이 되는 것이 아니겠는가? 이렇게 번역하면 대승(大乘)이나 최상승(最上乘)의 사람들이 아니면 오해할 여지가 많다.

---

502) 각묵(1991), p.360. ; 대한불교조계종 교육원(2009), p.72. ; 지안(2010), p.227.
503) 성본(2012), p.285.

22) 無法可得分(무법가득분)[504]

유법(有法)이나 무법(無法)을 얻었다고 하는 것은 아뇩다라삼
먁삼보리(阿耨多羅三藐三菩提, 無上正等正覺)를 바르게 깨달았
다고 하는 것이다. 그러나 이것을 얻었다고 하거나 깨달았다고
하는 생각이 전혀 없이 생활하는 것을 말하므로 진여의 지혜로
생활하는 것이라고 대승으로 다음과 같이 설하고 있다.

> 수보리가 부처님에게 말했다. 세존이시여, 부처님이 '아뇩
> 다라삼먁삼보리'를 체득하신 것을 무소득이라고 하신 것[505]
> 이 맞습니까? (부처님이 대답했다.) 여시하고 여시하다. 수보
> 리여, 내가 '아뇩다라삼먁삼보리'를 체득하였지만 (무상의)
> 깨달음을 얻었다는 생각이 조금도 없는 것을 '아뇩다라삼먁
> 삼보리'(를 체득한 것[506])이)라고 말한다.

---

504) 『金剛經註』卷3(X24, p.559b17~18), "無上正智 實無少法 法無所得 正
偏歷然 故受之以無法可得分.";『金剛經註解』卷4(X24, p.806b5), "悟性空
故, 無法可得.";『金剛經正解』卷2(X25, p.621b10~11), "無上菩提, 本是
眞空. 我尚非有, 何況於法. 故曰無法可得."

505) 의역을 하면 "자성과 경계가 '공'이라는 사실을 자각하여 진여의 지혜로
생활하는 것이 무소득이라는 것입니까?";『金剛經解義』卷2(X24, p.530a
10~12), "須菩提言, 所得心盡, 卽是菩提. 佛言如是如是. 我於菩提實無希
求心, 亦無所得心, 以如是故, 得阿耨多羅三藐三菩提.";『金剛經彙纂』卷
2(X25, p.798b21~22), "須菩提 因佛說身相空 法相空 衆生相空, 因悟如
來之得菩提, 爲得而無得, 故擧以問."

506) 『金剛經註解』卷4(X24, p.806b12~15), "阿耨多羅三藐三菩提. 無有少法
可得者, 謂性中無有少法可得, 無有所得. 則蕩然空空, 是不可以形相求, 不
可以言說求也. 但說名爲無上正等正覺而已.";『金剛經宗通』卷6(X25, pp.
33c23~34a2), "無有少法可得者, 卽菩提處也. 無有少法可證菩提, 卽無有
少法能過之者, 故名無上. 此以無法爲正覺也.";『金剛般若疏』卷1(X25,
p.164a15~17), "此承上文言 無有少法可得者, 以是法平等. 在凡不減, 在
聖不增. 無有高下, 故無得與不得. 但證此平等之法, 是名爲無上菩提也.";
범본에는 "aṇur api(미진만큼도) tatra(거기) dharmo(법도) na saṃvidy
ate(존재하지 않으며) nopalabhyate(체득했다는 것이 없는 것). ㉮我於阿
耨多羅三藐三菩提 乃至無有少法可得 ㉯於中少法無有無得"

274

須菩提 白佛言. 世尊, 佛得阿耨多羅三藐三菩提, 爲無所得
耶. (佛言) 如是如是. 須菩提, 我於阿耨多羅三藐三菩提 乃
至無有少法可得, 是名阿耨多羅三藐三菩提.507)(※ ()안은『금
강반야경찬술』과『금강반야바라밀경주해』에 의거하여 첨가.)

  여기에서 중요한 것은 '무소득(無所得)'과 '무유소법가득(無
有少法可得)'으로 무소득(無所得)은 무소유(無所有)와 같은 뜻
으로 소유한다는 마음 없이 진여의 지혜를 실천하는 것을 말한
다. 그리고 '무유소법가득(無有少法可得)'에서 유소법(有少法)
도 없는 무법(無法)을 체득(體得)했다는 것으로 아뇩다라삼먁삼
보리(阿耨多羅三藐三菩提)를 얻었다고 한 것이다. 그러므로 무
소득(無所得)은 능득(能得)으로 자신이 체득해야 하는 것이 된
다. 즉 '아뇩다라삼먁삼보리'는 '능득'해야 하는 것이므로 무소
득(無所得)이 되어야 한다. 이와 같은 진여의 지혜를 체득하므
로 정변지(正遍知)라고 하고 이렇게 생활하므로 여래라고 하는
것이다. 즉 대승(大乘)은 깨달았다는 생각을 하지 않고 진여의
지혜를 체득한 것을 '아뇩다라삼먁삼보리'를 얻었다고 하는 것
이다.

---

507)『金剛般若波羅蜜經』(T08, p.751c20~23).

23) 淨心行善分(정심행선분)508)

아뇩다라삼먁삼보리(阿耨多羅三藐三菩提, 無上正等正覺)를 최고의 깨달음이라고 하는데 일반적으로 깨달음은 견성(見性)을 말한다. 견성(見性)은 자신의 본성(本性)을 공(空)이라고 체득한 것이다. 그러므로 자신의 본성(本性)을 불성(佛性)이라고 체득한 것을 견성(見性)이라 하므로 다른 관점에서 보면 진여의 지혜를 말하는 것이 아뇩다라삼먁삼보리(阿耨多羅三藐三菩提)이며 무상정등정각(無上正等正覺)으로 견성을 말한다. 그 다음은 견성(見性)이후에 점수(漸修)하여 성불(成佛)한 것을 진여의 지혜로 무루(無漏)의 생활을 한다고 다음과 같이 설하고 있다.

또다시 수보리여, 이 불법인 '아뇩다라삼먁삼보리'는 (성자나 범부나 지위)고하에 상관없이 평등하여 (누구나) 실천하면 되는 것이다. '사상'(에 집착) 없이 일체의 선법을 (청정하게 알고) 수행하는 수행자를 '아뇩다라삼먁삼보리'를 체득했다고 하는 것이다. 수보리여, (여래가 설하는) 선법이라고 하는 것은 (선법을 초월해야 하는 것이므로) '즉비선법'이라고 한 것을 (다시) 선법509)이라고 한다.

---

508) 『金剛經註』卷3(X24, p.559c11~12), "一法存心情生高下 淨心修善法何窮 故受之以淨心行善分."; 『銷釋金剛經科儀會要註解』卷7(X24, p.723b11~15), "淨心行善, 休敎點汚. 此法離凡愚, 是法平等, 萬法皆如. 此科昭明太子, 判此一段經文, 爲淨心行善分第二十三. 盖以無我人等四相, 修一切善法, 卽得菩提, 故以爲名也."

509) 이 부분을 번역하면 "수보리여, 선법이라고 하는 것은 만법을 '공'으로 실천하는 것을 선법이라 하는 것이고, 여래가 '즉비선법'이라 한 것은 진여의 지혜로 생활한다는 것을 초월해야 하는 것이며(대승), 다시 선법이라고 하는 것은 진여의 지혜로 생활한다는 마음도 없이 무루의 실천을 하기 때문에 선법(최상승)이라고 한다."; 『金剛般若波羅蜜經略疏』卷2(T33, p.249a14~16), "初善法者, 是有漏善法, 非無漏淨善法. 後善法者 是無漏善法. 非有漏善法, 故名善法也."; 『金剛經解義』卷2(X24, p.530a21~b1),

復次, 須菩提, 是法平等, 無有高下, 是名阿耨多羅三藐三
菩提. 以無我, 無人, 無衆生, 無壽者, 修一切善法, 則得阿耨
多羅三藐三菩提. 須菩提, 所言善法者, 如來說(即)非善法, 是
名善法.510)(※ ()안은『금강반야경찬술』과『금강반야바라밀경
주해』에 의거하여 첨가.)

진여의 지혜로 무루(無漏)의 생활을 하려면 반드시 무사상(無
四相)이 되어야 한다고 하는 것이다. 여기에서 선법(善法)은 만
법(萬法)이 공(空)이라는 사실을 체득하여 점수(漸修)하는 것을
'만연구절(萬緣俱絶)'이라고 하며 이것을 '해탈(解脫)'이라고 한
다. 그러므로 선법(善法)을 즉비선법(即非善法)이라고 공(空)이
란 말 대신에 대승(大乘)의 즉비(即非)라고 하였으며 공(空)이
되었으므로 다시 최상승(最上乘)의 선법(善法)이 된다고 여래
(如來)는 설하고 있다. 이것을 진여의 지혜로 최상승(最上乘)의
생활을 한다고 하는 것이다. 그러므로 이렇게 하는 것을 아뇩
다라삼먁삼보리(阿耨多羅三藐三菩提)라고 하는 것이다.

선법(善法, kuśalā dharma)을 "능숙한 법, 착한 법, 좋은 법,
선근 공덕이 되는 선법, 선(善)의 법, 무심히 행할 때에 선법, 훌
륭한 깨달음, 해탈로 나아가기에 적절하고도 좋은 법"511)등으로

"修一切善法者, 於一切法, 無有染著, 對一切境, 不動不搖, 於出世法. 不
貪不著不愛, 於一切處常行方便, 隨順衆生, 使之歡喜信服, 爲說正法. 令悟
菩提, 如是始名修行, 故言修一切善法."; 『銷釋金剛經科儀會要註解』卷7
(X24, p.724a11~14), "所言善法者, 牒上修一切善法, 即俗諦也. 如來說
即非善法者, 佛欲遣去執著善法之跡, 即眞諦也. 是名善法者, 以眞俗無礙
即菩提無漏之法, 乃中道也."; 『金剛經注解』(X25, p.747b21~23), "是法,
指眞性而言, 平等, 佛與衆生無高下也. 修一切善法, 謂常行方便, 隨順衆生
而爲說法, 令悟眞性也."

510) 『金剛般若波羅蜜經』(T08, p.751c24~28).
511) 각묵(1991), p.366.(능숙한 법) ; 김진무·류화송(2018), p.286.(착한 법)
; 무비(1994), 『금강경 강의』, p.242.(무심히 행할 때에 선법) ; 백성욱 강
설(2021), p.310.(좋은 법) ; 백용성 저·김호귀 풀이(2019), p.289.(착한

번역하고 있다. 그런데 왜 선법(善法)을 만법(萬法)이라고 하였
는가하면 자각(自覺)하여야 자신의 법이고 본성의 법이 되어야
공덕(功德)을 실천할 수 있고 무사상(無四相)이 되기 때문이다.
그래서 자신의 법(法)은 만법(萬法)이고 선법(善法)은 공(空)의
만법(萬法)이 되어야 하는 것이다.

법) ; 성본(2012), p.303.(선근 공덕이 되는 법) ; 이기영(1978), p.316.(선
(善)의 법) ; 전광진(2020), p.130.(훌륭한 깨달음) ; 지안(2010), p.248.(착
한 법) ; 현진(2021), p.376.(해탈로 나아가기에 적절하고도 좋은 법)

24) 福智無比分(복지무비분)[512]

복덕(福德)과 공덕(功德)을 정확하게 알아야 하는 것이며 보시바라밀(報施婆羅蜜)을 실천하더라도 무루(無漏)의 실천을 해야 하기에 이 경(經)의 뜻을 수지(受持)하여야 한다고 다음과 같이 설하고 있다.

수보리여, 만약에 삼천대천세계에 있는 모든 수미산에 가득 찬 칠보를 가지고 어느 사람이 '보시(바라밀'을 행)한다고 하고, 또 만약에 어느 사람은 이 반야바라밀경이나 사구게 등을 (정확하게 깨달아) 수지하고 독송하며 다른 사람에게 (정확하게) 해설(하여 깨닫게) 한다면 이것은 앞의 복덕보다 백배나 백 천만 억 배 보다도 더 많아 숫자로 셀 수 없을 정도로 수승[513]한 것이다.

須菩提, 若三千大千世界中 所有諸須彌山王, 如是等七寶聚, 有人持用布施. 若人以此般若波羅蜜經, 乃至四句偈等, 受持讀誦, 爲他人說, 於前福德 百分不及一, 百千萬億分, 乃至算數譬喻 所不能及.[514]

복과 지혜를 양으로 비교하는 것은 불가능한데 이와 같이 설

---

512) 『金剛經註』卷3(X24, p.560a20~21), "施寶如山 山非無盡 大身妙智 斯卽寶山 故受之以 福智無比分.";『銷釋金剛經科儀會要註解』卷7(X24, p.725c12~17), "福智無比, 二法周圓, 塵沙結良緣, 功行累刦, 果滿因圓. 此科昭明太子, 判此一段經文, 名爲福智無比分第二十四. 盖以三千世界七寶布施爲福, 不及持經四句之福. 此福無比, 以持經顯般若之智成就佛果, 斯智無比故立名也.";『金剛經註解』卷4(X24, p.808a6), "福智等虛空, 無物可比喻."

513) 『金剛經註』(X24, p.403c12), "聚寶有盡, 妙解無窮也.";『金剛經筆記』(X25, p.130b19~21), "此校量持經福德之文. 若大千界須彌七寶持用布施, 是有漏因. 其福尚寡. 持說此經, 一四句偈, 是無漏因, 功德無量."

514) 『金剛般若波羅蜜經』(T08, pp.751c29~752a4).

하면 만약에 어느 사람이 경전으로 몇 마디 설법하는 지혜는 크고 보시는 적은 것으로 오인(誤認)하기 쉬운데 여기에서 비유하는 것은 보시바라밀(報施婆羅蜜)과 지혜바라밀(智慧波羅蜜)을 설하는 것이므로 서로 비교하는 것은 불가능한 것이다.

보시(布施)를 하되 무사상(無四相)으로 보시바라밀(報施婆羅蜜)을 실천해야 하는 것을 설하고 있다.515) 그리고 경전이나 사구게를 수지하고 독송하거나 사람들에게 설하는 것516)도 자신이 수미산만큼 많은 지혜를 구족하여야 하는 것이라고 하면 쉽게 할 수 있는 것이 아니다. 그래서 보시바라밀(報施婆羅蜜)과 지혜바라밀(智慧波羅蜜)을 정확하게 알고 소승(小乘)에서 대승(大乘)으로 전환하여 실천하면 불자(佛者)로서 부처님의 은혜를 갚게 되는 것이다.

여기에서 중요한 것은 대승과 최상승의 근본적인 사상인 무루(無漏)의 실천을 해야 공덕이 된다는 것은 8단의 복덕성을 말한다. '사구게'를 수지했다고 하는 것은 『금강경』에서 말하는 대승의 보살이 되었다는 것이며 여래의 입장에서 설해야 한다는 것을 설하고 있다. 『금강경』을 설하려고 하면 최소한 대승 보살의 지위가 되어야 바라밀(波羅蜜)을 실천하는 것이 되고 그래서 공덕(功德)이 되려면 여래나 아라한, 보살마하살, 대비구가 되어야 한다.

---

515) 범본에는 "Tathāgatebhyo 'rhadbhyaḥ samyaksambuddhebhyo dānaṃ dadyāt."라고 여래와 아라한, 정등정각에게 보시하는 것이기에 '보시바라밀'이라고 하였다.

516) 범본에는 "catuṣpādikām api gāthām udgṛhya(사구게를 가지고) parebhyo(남을 위해) desáyed(가르친다면)."이라고 하고 있다.

25) 化無所化分(화무소화분)517)

여래가 제도(濟度)한다고 하는 것은 『금강경』을 수지(受持)하게 하는 것이고 수지하는 것은 자신들이 반야의 지혜를 수지하는 것이다. 그러므로 설법이나 보시를 하여도 무사상(無四相)으로 해야 하고 최소한 '사구게'라도 정확하게 수지해야 한다고 하고 있다. 그러므로 제도한다고 하여도 구경에는 자신이 자신을 제도해야 한다[衆生自度]고 하는 것이다. 즉 생멸(生滅)이 있으면 범부라고 하고 생멸이 없으면 범부가 아닌 것이다. 이말은 제도한다는 생각이 조금이라도 남아 있으면 범부가 된다고 다음과 같이 대승과 최상승으로 설하고 있다.

수보리여, 어떻게 생각하느냐? 그대들은 여래가 (중생을 제도한다는 조작된 마음을 가지고) 중생을 제도 한다518)라는 생각을 해서는 안 된다. 수보리여, 왜 그런 생각을 하면 안 되는가 하면 여래는 실제로 (마음속에) 중생이(라는 생각이 조금도) 없이 (제도하는 것을 여래가 중생을) 제도한다고 하는 것이다. 만약에 여래가 (중생이라는 생각을 가지고) 중생을 제도한다면 여래가 '사상'을 가지고 있는 것이 된다. 수

---

517) 『金剛經註』卷3(X24, p.560c2~3), "化門建立 未脫筌蹄 以要言之 實無所化 故受之以化無所化分";『金剛經補註』卷2(X24, p.842a8~10), "衆生性空, 雖化度衆生, 而實無所化. 頌曰. 自性衆生自性度, 癡人覓佛外邊求, 可憐拈翠拈紅客, 空在閻浮數日頭.";『金剛經正解』卷2(X25, p.622a15~16), "化者度衆生也. 無所化者, 實無衆生得滅度也. 蓋佛雖設法以化衆, 然法非強設. 衆生本有佛性, 原非凡夫. 不過, 隨其本性而導之. 故有化, 而歸於無所化也."

518) 범본에 "mayā(내가, 여래가) sattvāḥ(중생들을) parimocitā(해탈시켰다.) iti(라는)"이라고 하는 "api nu(진실로) Tathāgatasyaivaṃ(여래에게 이러한) bhavati(생각이)." 생기겠는가라고 하고 있다. ;『金剛經決疑』(X25, pp.68c23~69a1), "所云生佛平等, 平等則無佛無衆生. 何言我當度衆生耶, 衆生人也. 我度衆生則有我矣."; 여래는 중생과 부처라는 조작된 마음이 전혀 없이 최상승의 제도를 하는 것이다.

보리여, 여래가 설하는 '아(상'이 있다고 하)는 (것은 중생심을 가진) 내가 있다는 것을 초월한 '즉비유아'이고 (자성이 청정한 불성을 가진 '아상'이 있다는 것519)이지만) 범부들은 (모두 자신의 중생심인) '아상'이 실제로 있다고 (생각)한다. 수보리여, (여래가 말하는) 범부는 (자신이 진여의 지혜를 체득하고 자각하여 살아가면 곧바로 범성을 벗어나게 되므로) 여래는 '즉비범부'(를 범부)라고 설하는 것이다.

須菩提, 於意云何. 汝等勿謂如來作是念, 我當度衆生. 須菩提, 莫作是念, 何以故, 實無有衆生 如來度者. 若有衆生 如來度者, 如來則有我, 人, 衆生, 壽者. 須菩提, 如來說. 有我者, 則非有我, 而凡夫之人 以爲有我. 須菩提, 凡夫者, 如來說則非凡夫.520)

범부라고 하는 것은 반야바라밀(般若波羅蜜)을 깨닫지 못한 것이라서 지혜가 없는 것을 말한다. '반야바라밀'을 깨달으면 '번뇌즉보리'가 되어 범부가 깨닫게 되어 성자가 되는 것이다. 그리고 『금강경』을 『능단금강반야바라밀경』이라고 한 것은 대승으로 자신의 아상(我相)을 자신이 초월하여[則非] 능소(能所)가 없어야 하는 것이다. 즉 끊어야 할 것이 있거나 끊는다는 생각이 있으면 아상(我相)이 있다는 것을 말하는 것이다. 그렇지만 『금강경』에서 아상(我相)을 초월한 자성이 청정한 최상승의 여래가 있는 것을 말한다.

범부들은 실제로 오온(五蘊)의 아상(我相)이 영원히 존재한다

---

519) 『金剛經解義』卷2(X24, p.530c6~11), "如來說有我者 是自性淸淨, 常樂我淨之我. 不同凡夫貪嗔無明虛妄不實之我. 故言凡夫之人, 以爲有我. 有我人者, 卽是凡夫. 我人不生, 卽非凡夫. 心有生滅, 卽是凡夫. 心無生滅, 卽非凡夫. 不悟般若波羅蜜多, 卽是凡夫. 若悟般若波羅蜜多, 卽非凡夫. 心有能所, 卽是凡夫. 心無能所, 卽非凡夫."
520) 『金剛般若波羅蜜經』(T08, p.752a5~10).

고 알지만 반야바라밀(般若波羅蜜)을 깨달으면 범부가 여래가 된다고 말하는 것이다. 그러므로 여래는 범부가 바로 진여의 지혜를 체득하여 초월하여 살아가면 범부가 아니고[즉비범부] 아상(我相)이 없는 여래이므로 범부라고 한다고 설하고 있다. 이 말은 범부의 입장에서 보면 모두가 범부가 되겠지만 여래의 입장에서 보면 범부가 이 자리에서 반야바라밀(般若波羅蜜)을 자각(自覺)만하면 범부가 여래가 된다고 설하는 것이므로 범부를 여래라고 하는 것[521]이다.

다른 번역을 보면 범본의 "na-asti(없기 때문이다) Subhūte(수보리여) kaścit(어떤) sattvo(중생도) yas(즉) Tathāgatena(여래에 의하여) parimo-ocitaḥ(제도되었다).(㉠何以故, 實無有衆生 如來度者 ㉡善現 無少有情 如來度者)"를 "여래가 제도한 중생이 실제로 없기 때문이다."[522]라고 번역하고 있다. 이렇게 번역하면 여래가 제도하지 않았다라고 오해할 수도 있다. 진실로 여래는 몰종적의 '반야바라밀'을 실천하는 최상승의 사람이므로 제도한다는 생각을 하지 않고 많은 중생을 제도하는 것이다. 그래서 바로 다음구절에 무사상(無四相)으로 제도한다고 반복하여 설하고 있다. 그리고 여래는 부처나 범부중생이라는 생각도 하지 않고 제도한다고 하는 것은 모든 사람들을 평등하게 아는 최상승의 자비심(慈悲心)때문이다.

---

521) 『金剛經疏』(T85, p.127b23~24), "凡夫者, 如來說則非凡夫者, 是佛眞智也." ; 『梁朝傅大士頌金剛經』(T85, p.7c11~12), "凡夫者 如來說 則非凡夫, 是名凡夫." ; 『金剛經註疏』卷3(X24, p.464c4~6), "須菩提, 凡夫者, 如來說 則非凡夫, 不得聖法 名曰凡夫. 凡夫者, 執我之物耳. 凡夫無者, 我亦無也." ; 『紫柏尊者全集』卷19(X73, p.310b1~2), "一朝知本具, 衆生卽如來." ; '則非'로 대승과 최상승의 여래를 설하고 있다.
522) 대한불교조계종 교육원(2009), p.76.

26) 法身非相分(법신비상분)[523]

여래(如來)는 비상(非相)의 법신(法身)이므로 형상이나 음성으로 구하려고 하면 사도(邪道)라고 하고 있다. 여기에서 대승의 수행자에게 '사도'를 말하는 것은 소승의 수행자가 생기는 것을 방지하기 위한 것이다. 왜냐하면 소승의 수행을 초월한 대승의 수행자도 자만하거나 나태하지 않기를 바라는 마음으로 32상(相)만으로는 여래가 아니라고 설하고 있다.

수보리여, 32상을 원만하게 갖춘 사람을 보았다고 여래를 친견하였다고 할 수 있겠느냐? 수보리가 대답했다. 예, 맞습니다. 32상의 모습으로도 여래를 친견할 수 있습니다. 부처님께서 수보리에게 말했다. 만약에 32상을 구족한 것을 여래라고 한다면 전륜성왕도 여래가 되겠구나? 수보리가 부처님에게 말했다. 세존이시여, 제가 부처님께서 말씀하신 것을 듣고 보니 32상만으로는 여래를 친견할 수 없겠습니다. 이때에 세존께서 게송으로 말씀하셨다. 만약에 여래를 형상으로 찾으려고 하거나, 묘한 음성으로 여래를 찾으려고 하면, 이 사람은 잘못된 수행을 하는 것이고, 여래를 친견할 수 없는 것[524]이다.

---

523) 『金剛經註』卷3(X24, p.561a20~21), "色見聲求 是行邪道 於慈妙契 獨露眞常 故受之以法身非相分";『銷釋金剛經科儀會要註解』卷7(X24, p.730a9~14), "法身非相, 不在心懷, 絶中間 與內外, 聲色見我, 未出輪胎. 昭明太子, 判此一段經文, 爲法身非相分第二十六. 以佛說. 若以色見我, 以音聲求我, 是人行邪道, 不能見如來. 卽不能見法身如來, 故立此名法身非相也.";『金剛經正解』卷2(X25, p.622b19~20), "如來淸淨法身, 乃從本性表出. 卽是眞空, 非屬相貌. 無相可求者也. 須心悟始得, 不可以色相見, 蓋色相總屬幻有所見. 亦非眞實故. 曰法身非相."

524) 菩提流支 譯, 『金剛般若波羅蜜經』(T08, p.756b20~23), "若以色見我, 以音聲求我, 是人行邪道, 不能見如來. 彼如來妙體, 卽法身諸佛, 法體不可見, 彼識不能知";留支 詔譯, 『金剛般若波羅蜜經』(T08, p.761b4~7), "若以色見我, 以音聲求我, 是人行邪道, 不應得見我. 由法應見佛, 調御法

須菩提, 於意云何, 可以三十二相 觀如來不. 須菩提言. 如
是如是. 以三十二相觀如來. 佛言 須菩提. 若以三十二相 觀
如來者, 轉輪聖王 則是如來. 須菩提 白佛言. 世尊, 如我解
佛所說義, 不應以三十二相 觀如來. 爾時, 世尊而說偈言. 若
以色見我, 以音聲求我, 是人行邪道, 不能見如來.525)

여기에서 수보리가 32상(相)을 구족(具足)한 것을 여래라고
처음에는 대답하고 그 다음에는 아니라고 하고 있다. 이것을
'draṣṭavyaḥ(보여지다)'를 관(觀)이나 견(見)으로 번역한 것에
서 찾으려고 하는 것과 수보리의 오답을 유도하기 위한 것이라
고 소승(小乘)의 입장에서 추측하고 있다. 그러나 구마라집의
입장에서 볼 때 수보리의 앞의 대답은 대승(大乘)에서 범부를
여래라고 볼 때에 한 대답이고 두 번째 대답은 여래가 32상
(相)의 모습만 구족[전륜성왕]하여도 여래라고 하겠느냐고 묻는
대답에서 모습만으로는 여래가 아니라고 한 것이다. 구마라집
은 석가여래를 32상(相)을 구족한 여래로 알고 긍정한 것이다.
현장은 범본을 있는 그대로 번역하였다고 할 수 있다. 그러므
로 여래가 수보리의 대답을 유도한 것이라고 보기 보다는 대승
(大乘)의 입장에서 대답하고 교화의 방편이라고 보는 것526)이

爲身, 此法非識境, 法如深難見.";三藏眞諦 譯,『金剛般若波羅蜜經』(T08,
p.766a4~7), "若以色見我, 以音聲求我, 是人行邪道, 不應得見我. 由法應
見佛, 調御法爲身, 此法非識境, 法如深難見.";『大般若波羅蜜多經』卷
577(T07, p.985a23~26), "諸以色觀我, 以音聲尋我, 彼生履邪斷, 不能當
見我. 應觀佛法性, 即導師法身, 法性非所識, 故彼不能了";『能斷金剛般若
波羅蜜多經』(K05, p.1008c14~16), "諸以色觀我 以音聲尋我 彼生履邪斷
不能當見我 應觀佛法性 即導師法身 法性非所識 故彼不能了"
525)『金剛般若波羅蜜經』(T08, p.752a11~18).
526) 범본에는 "subhūte āha: no hīdaṃ Bhagavān, yathā-ahaṃ
Bhagavato bhāṣitasya-artham ājānāmi na lakṣaṇa-sampadā Tathā
gato draṣṭavyaḥ. ㊀須菩提言. 如是如是. 以三十二相觀如來. ㊁善現答言
如我解佛所說義者 不應以諸相具足 觀於如來"라고 하고 있다. 수보리의

합당할 것이라고 생각한다.

부처가 32상(相)을 구족하였다고 하여도 불법(佛法)에 맞게 살아가지 못하면 부처가 아닌 것이고 또 아무리 언변이 좋아도 언행이 일치하지 못하고 마음이 삼매(三昧)가 되지 않으면 범부인 것이다. 자신이 진여의 지혜로 살아가지 못하면서 언변과 형상으로 부처와 비슷하든지 같게 한다고 하여도 부처와는 거리가 멀게 된다고 하고 있다. 그러므로 본성은 평등하여 앞에 설명하였듯이 범부가 여래가 되어도 얼굴을 바꾸지 않는다고 하는 것527)은 누구나 여래가 될 수 있다는 것을 말하고 있다.

여기의 세 번째 게송에서 현장이 말하는 게송의 후구인 여래는 법신(法身)이라고 하는 것에 대하여 알아보면 『대반야바라밀다경』과 『능단금강반야바라밀다경』에 "색으로 여래를 관하려고 하고 소리로 여래를 찾는다면 그는 삿된 단견에 빠진 것이니 여래를 친견하지 못하네. 마땅히 부처의 법성을 관하여 자각하면 도사가 법신이니 법성이 의식의 대상이라는 것을 깨달아 초월하면 요달하지 못하는 것이 아니네(※ 법성을 대상으로 알려고 하면 그는 요달하지 못하네)."528)라고 하고 있다.

상반된 대답을 기록하고 있다.

527) 『少室六門』(T48, p.372b17~18), "蛇化爲龍, 不改其鱗, 凡變爲聖, 不改其面.";『景德傳燈錄』卷28(T51, p.441a15~17), "如蛇化爲龍不改其鱗, 衆生迴心作佛不改其面, 性本淸淨不待修成."

528) 『大般若波羅蜜多經』卷577(T07, p.985a23~26), "<u>諸以色觀我, 以音聲尋我, 彼生履邪斷, 不能當見我</u>. 應觀佛法性, 卽導師法身, 法性非所識, 故彼不能了";『能斷金剛般若波羅蜜多經』(K05, p.1008c14~16), 재인용. ; 범본에는 "ye māṃ(나를) rūpeṇa(색으로) ca-adrākṣur(④若以色見我) ye māṃ ghoṣeṇa(음성) ca-anvayuḥ(④以音聲求我) mithyāprahāṇa prasṛtā(④是人行邪道) na māṃ(나를) drakṣyanti(보지 못하다) te janāḥ(④不能見如來). dharmato Buddhā(佛法性) draṣṭavyā(⑨應觀佛法性) dharmakāyā(法身) hi nāyakāḥ(導師)(⑨卽導師法身) dharmatā(法性) ca na vijñeyā(⑨法性非所識) na sā śakyā vijānituṃ(能了)(⑨故彼不能

다른 본에 의하면 "만약에 여래를 형상으로 찾으려고 하거나, 묘한 음성으로 여래를 찾으려고 하면, 이 사람은 잘못된 수행을 하는 것이고 여래를 친견할 수 없게 된다."라고 하며 뒤의 구절은 "여래의 미묘한 본체를 친견하려고 하면 법신이 제불이라는 것을 자각하여야 하고 법체를 눈으로 보려고 하면 친견할 수 없으며 지식으로는 깨달아 알 수 있는 것이 아니네(彼如來妙體, 卽法身諸佛, 法體不可見, 彼識不能知.)."라고 하고 또 "법으로 부처를 친견하려고 하면 조어법을 법신으로 하여야 하고 이 법은 지식의 대상경계를 초월하여야 하니 일반법으로는 친견하기 어렵네(由法應見佛, 調御法爲身, 此法非識境, 法如深難見.)."라는 부분이 구마라집의 본에는 없다. 이것은 성상(性相)이나 체용(體用)의 입장에서 성(性)이나 체(體)를 빼고 번역한 것이다.

현장의 본에 의하면 상(相)과 비상(非相)에 대하여 "제상(諸相)을 구족하여도 모두 허망한 것이고 '비상'을 구족하면 모두가 허망하지 않은 것이므로 '상'과 '비상'을 여시하게 깨달아 알면 여래를 지금 관조하여 직접 친견하게 되는 것"529)이라고 하고 있다. 그러면 '상'을 '비상'으로 보아야 하는 것이므로 상(相)을 공(空)으로 보아야 한다고 하는 내용이다. 공(空)을 사용하지 않았지만 비상(非相)을 사용하여 설명하고 있다.

了)." 라고 하고 있다. 한문본은 이 게송부분 참조. ; ※ 二頌闕一
529) 『大般若波羅蜜多經』卷577(T07, p.980c1~2), "乃至諸相具足皆是虛妄, 乃至非相具足皆非虛妄, 如是以相非相 應觀如來."

27) 無斷無滅分(무단무멸분)530)

앞단에서 상(相)을 비상(非相)이라고 해야 한다고 하였기에 이제는 보살이 단멸상(斷滅相)에 떨어지는 것을 방지하기 위하여 불공(不空)의 실천법을 설하고 있다. 범어의 "lakṣaṇa-sampadā"를 "32상이나 어떤 특징을 갖춘 자, 32가지 대인상을 구족한 것, 성스러운 상, 어떤 특징을 갖춘 자, 32가지 감지새갖춰짐"531) 등으로 번역하는데 이런 모습만 구족하였다고 여래(如來)의 아뇩다라삼먁삼보리(阿耨多羅三藐三菩提)를 얻는 것이 아니라고 하고 있다.

수보리여, 그대는 여래가 32상을 (완벽하게) 갖추었기 때문에 '아뇩다라삼먁삼보리'를 체득한 것이 아닐까라고 생각하지 않는가?532) 수보리여, 여래가 32상을 (완벽하게) 갖추었다고 '아뇩다라삼먁삼보리'를 체득한 것이 아닐까라는 생각은 하지 말아야 한다. 수보리여, 그대가 만약에 이와 같이 생각한다면 '아뇩다라삼먁삼보리'을 발심한 (보살이) 제법을 단멸상이라고 알고 설한다고 할 수 있는 것533)이 되므로 그

---

530) 『金剛經註』卷3(X24, p.561c19~20), "相而無相 空而且不空 亘古亘今 孰云斷滅 故受之以無斷無滅分.";『金剛經註解』卷4(X24, p.811a11), "依空又落空, 無生斷滅見.";『金剛經補註』卷2(X24, p.843a19~21), "依空卽落空, 無生斷滅之見. 頌曰. 這點靈光亘古今, 幾回高顯幾回沉, 驀然摸著衣中寶, 呀地一聲更不尋."

531) 이기영(1978), p.322. ; 각묵(1991), p.378. ; 전재성(2003), p.231. ; 박지명(2019), p.340. ; 현진(2021), p.392.

532) 이 부분의 번역은 범본과 현장본에 의함. "lakṣaṇa-sampadā(32상) Tathāgatena(여래에 의하여) anuttarā(무상) samyaksambodhir(정등정각을) abhisambuddhā(완벽하게 깨달은 것이 아닌가)?"; ㉠汝若作是念, 如來不以具足相故, 得阿耨多羅三藐三菩提. ㉲於汝意云何 如來應正等覺 以諸相具足 現證無上正等覺耶

533) 『金剛經補註』卷2(X24, p.843a23~b2), "如來不以具足相故者, 佛恐須菩提落斷滅見, 是故令離兩邊. 然性含萬法, 本自具足. 應用徧知, 一卽一

렇게 생각하지 말아야 한다. 왜냐하면 '발아뇩다라삼먁삼보리심'의 발심(을 한 대승의 보살마하살)은 제법을 단멸상이라고 알고 설하고 생활하지 않기 때문534)이다.

須菩提, 汝若作是念, 如來不以具足相故, 得阿耨多羅三藐三菩提. 須菩提, 莫作是念, 如來不以具足相故, 得阿耨多羅三藐三菩提. 須菩提, (汝)若作是念. 發阿耨多羅三藐三菩提者, 說諸法斷滅相, 莫作是念. 何以故, 發阿耨多羅三藐三菩提心者, 於法不說斷滅相.535)(※ ()안은 『금강반야경찬술』과 『금강반야바라밀경주해』에 의거하여 첨가.)

단멸상(斷滅相)은 제법(諸法)이 단멸(斷滅)한다고 생각하는 편견(偏見)인데 제법(諸法)을 상견(常見)이나 단견(斷見)으로 아는 소승(小乘)의 견해(見解)를 모두 초월하여야 진여의 지혜로 알게 된다고 하고 있다. 상견과 단견을 사람의 죽음과 연결시켜 죽어도 영원하다는 상견과 죽으면 아무 것도 없다는 단견으로 결합시켜서 미래와 지금의 생활을 충실하게 하지 못하게 하는 공병(空病, 心病)이 생기게 하면 오히려 잘못이다. 불교를 공부하거나 불법(佛法)으로 수행하는 이들은 제법이라는 말의 뜻을 잘

切, 一切卽一, 去來自由, 無所罣礙. 此法上至諸佛, 下至含識, 本無欠少, 是名具足相也.";『金剛經註解』卷4(X24, p.811c19~21), "於法不說斷滅相者, 見性之人, 自當窮究此理. 若人空心靜坐, 百無所思, 以爲究竟, 卽著空相, 斷滅諸法.";『金剛經法眼註疏』卷2(X25, p.673b15~19), "疏. 由上誠尊者切切辭云. 汝莫作小乘斷滅見念. 汝若作是念發阿耨多羅三藐三菩提心者, 豈非說諸法斷滅相, 則墮外道見也. 蓋大乘所修福德之因福德之果, 但離取著之相. 故又誠云莫起小乘斷滅見之念耳."; 소승의 견해를 타파하기 위하여 설함.

534) 범본에는 "tat kasya hetoḥ(왜냐하면), na bodhisattva-yāna-samprasthitaiḥ(⊕發阿耨多羅三藐三菩提心者 ⊛諸有發趣菩薩乘者, 보살승에 굳건히 나아가는 자) kasyacid(무슨) dharmasya(법의) vināśaḥ(소멸) prajñapto(선언하다) nocchedaḥ(단멸도 없기 때문이다). ⊕於法不說斷滅相 ⊛終不施設少法 若壞若斷"이라고 하고 있다.

535) 『金剛般若波羅蜜經』(T08, p.752a19~25).

알겠지만 만법을 외부에 있는 육진경계라고만 아는 경우가 있는데 육진(六塵)이 있으려고 하면 육근(六根)이 없이 육진(六塵)만 있을 수 없다. 그러므로 육근으로 육진을 인식하여 아는 육식(六識)이 일체가 되어야만 인연에 의한 법이 만들어지기 때문이다. 인연법에 의한 제법은 만법에 의한 것이므로 이 제법을 범부나 소승이 단견이나 상견으로 보며 허무주의에 떨어지지 말라는 것이다. 그런데도 『금강경』에서 말하는 의미와는 다르게 외도와 범부나 소승들이 생명이 죽고 나서 영원불멸하는 'ātman'의 영혼이 있어서 언젠가는 다시 부활한다는 마음을 가지고 제법을 이해하려고 하면 해결하기 어려울 것이다.

다시 불공(不空)을 설하는 것은 여래의 말을 이해하지 못하는 이들이 아직도 형상만 구족해야한다는 견해를 타파하기 위하여 이와 같이 설하는 것이다. 그러므로 진여의 지혜로 생활하는 보살(菩薩)을 『금강경주해』에 "어법불설단멸상자(於法不說斷滅相者), 견성지인(見性之人), 자당궁구차리(自當窮究此理)."536)라고 하며 견성(見性)한 사람이라 하는 것은 보살이 무멸(無滅)하는 불법(佛法)의 도리를 깨달아 단멸상(斷滅相)에 떨어지지 않고 대승(大乘)으로 불공(不空)을 실천하는 것을 말한다. 이 부분은 사람의 형상으로 사람을 차별하지 말아야 한다는 천상천하유아독존(天上天下唯我獨尊)을 설하고 있다.

---

536) 『金剛經註解』卷4(X24, p.811c19~21), "於法不說斷滅相者, 見性之人, 自當窮究此理. 若人空心靜坐, 百無所思, 以爲究竟, 卽著空相, 斷滅諸法."

28) 不受不貪分(불수불탐분)537)

불수불탐(不受不貪)이라고 한 것은 대승보살은 항상 지족(知足)하여 만족하므로 더 탐하지 않고 받아들일 필요가 없다고 하는 것이다. 보시(布施)를 하여도 번뇌 망념으로 오염되지 않아 집착이 없으므로 마음이 허공과 같아서 무아(無我)의 보시바라밀(報施婆羅蜜)을 하므로 탐욕이 전혀 없다고 설하고 있다.

수보리여, 만약에 어느 보살이 항하사만큼 많은 세계에 가득 찬 칠보로 보시(바라밀을 행)했다고 하고, (또) 만약에 다시 어느 보살은 일체법에서 '무아'를 깨달아 무생법인538)을 체득(하여 '보시바라밀'을 실천한다고) 하면 이 보살이 앞의

---

537) 『金剛經註』卷3(X24, p.562a20~21), "大心成忍本自無貪, 世福甚多, 云何有受, 故受之以不受不貪分."; 『銷釋金剛經科儀會要註解』卷8(X24, p.734a24~b6), "不受不貪, 知足常足, 無罪亦無福, 隨緣過日, 切忌分訴. 昭明太子判此一段經文, 爲不受不貪分第二十八. 盖佛說以菩薩不受福德, 乃三界有漏果報, 則不應受, 故云不受. 又以所作福德, 不應貪著, 乃是出世無漏果報, 雖受而不貪著, 故云不貪. 故立此名, 爲不受不貪也."; 『金剛經註解』卷4(X24, p.812a8~9), "不受者, 一塵不染, 縱有向甚處著. 不貪者, 心等虛空, 欲愛從何處生."

538) 『金剛般若經贊述』卷2(T33, p.152c14~20), "此第二以福校量也. 謂因了達二我空故而得於忍. 其福過彼所施功德也. 得成忍者, 忍有三種. 一者本性無生忍, 謂觀遍計所執人法二相 本無體故. 二者自然無生忍, 觀依他假因緣非自然生故. 三者惑苦無生忍, 觀於眞如惑苦本不生故."; 『金剛般若波羅蜜經註解』(T33, p.237a28~b6), "故云若有人知一切法無我得成於忍. 無我者, 無人法二執也. 忍卽無生法忍, 初住菩薩所證也. 既得無生法忍, 則與彼住相行施者不同. 故云勝前菩薩所得福德. 言不受福德者, 不受有漏福報也. 善現又疑. 既不受福報, 云何能獲無生法忍. 須知有漏果報則不應受. 無漏果報則受而不取, 取謂取著. 故云菩薩所作福德不應貪著也."; 『金剛經註解』卷4(X24, p.812a15~19), "知一切法無我者, 一切萬法本來不生. 本來無我相, 所得功德, 卽非七寶布施等福所能比也. 得成於忍者, 既知人法無我, 則二執不生, 成無生忍. 此乃勝前七寶布施菩薩, 夫萬法本來無性."; 범본의 "kṣāntim(인가결정, 인내) pratilabhate(성취하다)."를 인욕이라고 번역하고 있는데 일체법에서 무아를 체득하는 것이므로 인욕보다는 '무아'의 불법을 체득한 인가이므로 무생법인이 바른 뜻이다.

보살이 실천한 공덕보다 수승하다. 수보리여, 모든 보살들은 복덕을 받(기위하여 하)는 것이 아니기 때문이다.539) 수보리가 부처님에게 말했다. 세존이시여, 어찌하여 보살은 복덕을 받(기위하여 하)는 것이 아닙니까? 수보리여, 보살은 복덕을 짓지만 탐착이 없으므로 복덕을 받(기위하여 하)는 것이 아니라는 것이다.

須菩提, 若菩薩 以滿恒河沙等世界 七寶(持用)布施. 若復有人 知一切法無我, 得成於忍, 此菩薩 勝前菩薩 所得功德. 須菩提, 以諸菩薩 不受福德故. 須菩提 白佛言. 世尊, 云何菩薩不受福德. 須菩提, 菩薩所作福德, 不應貪著, 是故說不受福德.540)(※ ()안은 『금강반야경찬술』과 『금강반야바라밀경주해』에 의거하여 첨가.)

보시(布施)를 하되 무아(無我)의 보시바라밀(報施婆羅蜜)을 해야 한다고 한 것은 대승보살이 무생법인(無生法忍)을 이룬 것이기에 보시바라밀(報施婆羅蜜)을 실천한다는 생각도 하지 않고 행하는 것이다. 그러므로 일체법에서 무아(無我)를 깨닫는다고 하는 것이다. 즉 무아법을 깨닫는 것은 보살이 조작된 마음 없이 구공(俱空)의 마음으로 생활하는 대승보살이기 때문이다. 이것은 17단에서 나오는 내용으로 일체법에서 보살은 모두가 공(空)이므로 사상(四相)이 전혀 없어야 진정한 대승보살이 되는 것이라고 설하고 있다. 대승보살이 무아법을 통달하면 진여의 지혜로 청정하게 생활하게 되는 것이므로 구경(究竟)에는 아공·법공·구공이라는 마음이 전혀 없는 몰종적인 최상승(最上

---

539) 의역을 하면, "왜냐하면 수보리여, 이와 같이 모든 보살들은 '보시바라밀'을 실천하므로 유루나 무루의 복덕을 받기위하여 '보시바라밀'을 실천하는 것이 아니기 때문"이라고 할 수 있다.
540) 『金剛般若波羅蜜經』(T08, p.752a25~b2).

乘)의 여래(如來)로 생활을 하게 되는 것이다. 그래서 무아법을 통달한 사람을 진정한 대승보살이라고 말한다고 하는 것처럼 무생법인(無生法忍)을 이루고 아공·법공이므로 무아(無我)가 되는 것이라고 『금강경주해』에 "득성어인자(得成於忍者), 기지인법무아(旣知人法無我), 즉이집불생(則二執不生), 성무생인(成無生忍)."이라고 설명하고 있다. 대승보살이 보시바라밀(報施婆羅蜜)을 실천하는 것은 진정한 보살의 만법(萬法)에는 본래부터 무성(無性)이기 때문이다. 그러므로 아무리 많은 칠보로 보시를 하더라도 대승보살이 되어 보살도를 행해야 한다고 여래가 설하는 것은 지극히 청정한 세계인 불국토를 건설하고자 하는 여래의 자비심이다. 누구나 대승보살에서 여래가 되어야 하는 이유를 이와 같이 설하고 있다. 중생이 보살이고 여래인 것을 이 자리에서 자각하면 누구나 동일하다고 최상승(最上乘)으로 세존이 설하고 있다. 그런데 지식이나 기술만 있으면 항상 위에서 군림하고자 하는 범부가 탐진치를 제거하지 않고 이 경(經)을 아무리 독송한들 무슨 이익이 있겠는가? 그러므로 이 경(經)은 진정한 보살을 위한 경전으로 대승이나 최상승의 보살을 위한 경(經)이라고 하는 것이다. 그래서 이것은 대승보살이 이 경(經)을 수지하고 독송하면 칠보(七寶)로 보시(布施)한 복덕(福德)보다도 수승(殊勝)하다고 하는 것이다.

그런데도 범부와 소승이 이 경(經)을 수지하고 독송하여 사람들에게 설명해준다고 하면서 "여래는 이 사람을 다 알고 다 보아 이 사람이 무한한 공덕이 있다."고 번역하고 있다. 이것은 여래를 전지전능한 사람으로 만드는 것이다. 이렇게 생각하면서 수지하고 독송하며 사람들에게 설법한다고 하면 대승보살이 아니다. 왜냐하면 자신을 나타내기 위한 아상(我相)이 가득한 범부가 된다고 이 경(經)에서 여래는 항상 설하고 있기 때문이다. 아상(我相)을 가지고 수지 독송하고 사람들에게 설법을 한다고 하면 이 경(經)의 내용과 위배되는 것이다. 여기의 번역에서도 '득성어인(得成於忍)'을 "인욕을 성취한다."라고 번역하고 있는데[541] 그러면 보시를 한다고 하는 것에서 무아(無我)라는 것을 알아 인욕(忍辱)을 해야 한다고 하는 것은 억지로 하는 것이 된다. 소승이 인욕바라밀(忍辱波羅蜜)을 해야 한다고 번역을 하여도 사견(四見)이 있어 조작하는 것이 된다. 그러므로 무생법인(無生法忍)[542]을 성취하여 견성(見性)하고 대승(大乘)의 무성(無性)이 되어야 무사상(無四相)의 진정한 여래(如來)로 태어난다.

---

541) 각묵(1991), p.391. ; 백용성 저·김호귀 풀이(2019), p.311. ; 지안(2010), p.287.
542) 김호귀(2007), p.171. ; 김호귀(2017a), p.411. ; 성본(2012), p.345.

29) 威儀寂靜分(위의적정분)543)

여래(如來)라는 언어(言語)를 설명하면서 여래의 종적(蹤迹)을 사위의(四威儀)에 맞게 생활하는 것이라고 하면서도 여래라는 말도 못하게 한다. 이 말은 누구나 여래이지만 무사상(無四相)의 여래가 되어야 한다는 것이고 이름이라는 한 글자도 용납하지 않는 철저한 무소유(無所有)로 최상승(最上乘)의 여래를 탄생하게 하는 것이다.

수보리여, 만약에 어느 사람이 여래가 행주좌와544) 한다고 말하면 이 사람은 내가 말한 (진여의 지혜로 생활하는) 여래의 의미를 알지 못한다. 왜냐하면 여래는 어디에서 온 것이 아니고 어디로 가는 것이 아니므로 (자신이 진여의 지혜로 생활하면 누구나) 여래가 되는 것이다.

須菩提, 若有人言, 如來若來若去, 若坐若臥, 是人不解我所說義. 何以故, 如來者, 無所從來, 亦無所去, 故名如來.545)

여래가 오고 간다든지 앉고 눕는다고 하면 여래를 형상으로 보는 것이 된다. 석가모니가 여래로서 설법을 하지만 철저한

---

543) 『金剛經註』卷3(X24, p.562b24), "去來坐臥 無不如如 故受之以 威儀寂靜分."; 『銷釋金剛經科儀會要註解』卷8(X24, pp.736c21~737a2), "威儀寂靜, 塔丈心路, 不用巧分訴, 行住坐臥, 無盡無餘. 此科昭明太子, 判此一段經文, 爲威儀寂靜分. 言威儀者, 卽行住坐臥, 四威儀中, 是佛應身也. 寂靜者, 卽佛法身也. 以如來法身, 無所從來, 亦無所去, 故立此名也."; 『金剛經註解』卷4(X24, p.812c9~10), "四威儀中, 性靜無染. 雲菴曰. 威儀者, 行住坐臥也. 寂靜者, 去來不動也."
544) 범본에는 "Tathāgato(여래) gacchati vā(가거나) āgacchati vā(오거나), tiṣṭhati vā(서거나, 행하거나) niṣīdati vā(앉거나) śayyāṃ vā(머물거나) kalpayati(눕거나)."라고 하고 있다. ⓗ如來若去若來若住若坐若臥
545) 『金剛般若波羅蜜經』(T08, p.752b3~5).

최상승(最上乘)의 무소유(無所有)를 실천하고 있다. 자신이 여래이지만 자신의 존재를 나타내려는 마음이 전혀 없다는 것을 강조하기 때문에 지금까지 모든 사람의 존경을 받는 최상승(最上乘)의 성자(聖者)이다. 여기에서 진성(眞性)을 말하는 것은 공(空)이나 색상(色相)에 떨어지지 말기를 바라는 것이다. 그러므로 사위의(四威儀)를 갖춘 사람을 여래(如來)라고 하는 것546)이고 어디에나 걸림 없이 진여의 지혜로 생활하면 누구나 여래라는 것을 설하고 있는 부분이다. 여래를 법신·보신·화신으로 설명하는 것은 이 삼신(三身)이 한 사람의 여래가 되어 생활하면 진정으로 청빈한 최상승(最上乘)의 여래(如來)가 탄생하게 된다고 설하고 있다.

---

546) 『金剛經正解』卷2(X25, pp.623c7~624a6), "須菩提 若有人言(至) 亦無所去 故名如來. 註. 此分三言如來, 皆謂眞性也. 眞性無相, 若以四威儀形容之, 是人不解 佛所說 如來之義理也. 故名如來者, 言無去無來, 乃是如來之實義, 名曰如來者, 以是故也. 講. 如來法身, 遍虛空法界, 無相無所, 凡其應現, 是隨衆生業緣而來, 其實眞性自如, 未嘗有去來之迹. 人見如來應化威儀, 得母謂旣非斷滅落空. 又非色相落有, 卽是可以觀如來乎. 是仍在應身上落想, 而不能於法身上洞徹也. 故呼須菩提告之曰. 若有人言如來者, 若來而應感, 若去而入寂, 若坐而跏趺, 若臥而偃息, 以此四威儀, 遂指名爲如來. 則是著於有相, 徒覩其形容, 而未窺其眞性, 此人不能解我所如來之義矣. 其解者, 何以故, 所謂如來者, 不以應化爲體, 以法性爲體, 盡法界一如不動, 本無來去止因 與衆生同體, 發起悲願度生, 無量劫來, 遍修諸行, 熏成淨業, 隨衆生心, 應現救濟, 謂其來也. 衆生心淨, 緣至卽現, 來無所從, 謂其去也. 衆生心垢, 感畢卽隱, 去亦無所, 是知法身眞體, 絶無來去, 故名如來耳. 若顯現而成四威儀, 不過爲化度衆生現出之迹偈, 迹雖有動靜, 而性實無動靜, 豈可執是而言如來哉. 夫無所從來, 則非有, 亦無所去, 則非無. 有無之見破盡, 至是而色見聲求, 諸法滅之疑, 徹底消釋矣."

30) 一合理相分(일합이상분)547)

미진(微塵)을 설명하면서 일합상(一合相)을 말하고 있다.『금 강경보주』에 "미진(微塵)은 망념(妄念)을 말하고 세계는 자신을 말한다."548)라고 하고 있다. 여기에 자신의 진성(眞性)은 이런 미진(微塵)을 초월한 것이다. 그러므로 진성(眞性)은 허공에 편 만해 있고 오고 가는 것이 없는 것을 진리라고 하고 여래가 색 신을 구족한 것을 상(相)이라고 하는 것이다. 이것은 자성이 진 공(眞空)이라는 것을 말하는 것이고 외부로는 진공(眞空)을 구 비하여 합한 것이 하나가 되어야 한다고 일합상(一合相)이라고 하는 것이다.

수보리여, 만약에 선남자와 선여인이 삼천대천세계를 파쇄 하여 미진으로 만들면 이 '미진'들은 아주 많지 않겠는가?

---

547) 『金剛經註』卷3(X24, p.562c18~19), "信心不斷 斯卽微塵 信寶徧充 是 名世界 界塵一合 法爾如然 故受之以一合相理分.";『金剛經註解』卷4(X2 4, p.813b16~17), "眞性遍虛空, 強名爲一合, 凡夫執成相, 菩薩契妙理."; 『金剛經補註』卷2(X24, p.844a12~14), "世界微塵, 離合無性, 爲顯此理. 頌曰. 一念未興相已成, 如臨寶鏡兩分明, 翻身踏碎潭心月,相理元空擺手 行."

548) 『金剛經補註』卷2(X24, p.844a16~b2), "微塵者, 妄念也. 世界者, 身之 別名也. 微塵是因, 世界是果. 微塵世界者, 謂因果也. 然自己眞性, 非因非 果. 能與六道衆生爲因果也. 謂自性是因, 六道是果. 故知微塵能起世界, 輪 迴由於一念. 雖見小善, 不可執著. 雖逢小惡, 必須除去. 且衆生於妄念中, 起貪瞋癡業, 妄受三界夢幻之果. 如彼微塵, 積成世界, 不知因果. 元是妄 心, 自作自受. 一念悟來, 卽無微塵, 世界何有. 故云. 卽非微塵, 是名微塵. 卽非世界, 是名世界. 若欲建立世界, 一任微塵熾然. 若欲除滅世界, 覺悟人 法俱空. 了無一法可得. 湛然淸淨, 不被諸境所轉, 皆由於自己也.";『金剛 經疏記科會』卷10(X25, p.475a12), "釋意云. 佛所說者, 非實微塵, 是空微 塵也.";『金剛經解義』卷2(X24, p.531b19~23), "佛說三千大千世界, 以喻 一切衆生性上微塵之數, 如三千大千世界中所有微塵. 一切衆生性上妄念微 塵, 卽非微塵. 聞經悟道, 覺慧常照, 趣向菩提, 念念不住, 常在淸淨. 如是 淸淨微塵, 是名微塵衆."

(수보리가 대답했다.) 세존이시여, 아주 많겠습니다. 왜냐하
면 만약에 이 '미진'들이 실제로 존재하(여 아주 많다)면 부
처님은 미진들이라고 말씀하시지 않았을 것입니다. 왜 그런
가 하면 부처님이 미진들이라고 말씀하신 것은 곧 ('미진'들
을 초월하여 벗어난 것이므로) '즉비미진'이라고 하신 것을
'미진'들이라고 말씀하신 것549)이기 때문입니다. 세존이시여,
여래께서 설하신 삼천대천세계는 (세계를 초월한) '즉비세계'
이므로 (다시) 세계라고 하신 것입니다.550) 왜냐하면 만약에
세계가 실제로 있다고 하는 것은 일합상551)으로 존재하는

---

549) 범본에는 "paramāṇu(微塵)-saṃcayas(衆) Tathāgatena bhāṣitaḥ(佛
說), a-saṃcayaḥ(非微塵衆) sa Tathāgatena bhāṣitaḥ(如來說). tenocy
ate(是名) paramāṇu-saṃcaya(微塵衆) iti. ㉠佛說微塵衆, 則非微塵衆,
是名微塵衆. ㉡如來說極微聚 卽爲非聚 故名極微聚"라고 하고 있다. ; 의역
하면 "부처님이 미진들이라고 말씀하신 것은 곧 중생들의 망념이 많은 것
을 비유한 것이며, 부처님은 망념을 모두 자각하여 정념이 되기 때문에
미진들을 초월하여 벗어난 것이므로 대승의 '즉비미진'이라고 말한 것이
고, 또 항상 청정한 진여의 지혜로 자각하여 법신을 증득해서 진망이 없
이 생활하므로 최상승의 미진들이라 말씀하신 것입니다.";『金剛經解義』
卷1(X25, p.889b5~11), "微塵者, 八萬四千塵勞也. 世界者, 衆生世界也.
三千大千世界所有微塵, 所謂衆生無邊, 煩惱無盡也. 能修般若無相無著之
行, 了妄念塵勞, 卽淸淨法性, 故云卽非微塵. 了妄卽眞, 眞妄俱泯, 故云是
名微塵. 性無塵勞, 卽佛世界, 性有塵勞, 卽衆生世界. 了諸妄念, 湛然空
寂, 故云卽非世界, 證得法身, 普見塵刹, 應用無方, 故云是名世界."

550) 의역하면 "여래께서 설하는 삼천대천세계는 미진으로 만들어진 세계를
망념을 초월하여 공적한 대승의 '즉비세계'라고 한 것이며 청정한 진여의
지혜를 체득하여 실천하면 최상승의 세계가 존재하는 것입니다.";『金剛經
解義』卷1(X25, p.889b5~11), 앞의 각주 재인용. ;『金剛經石注』(X25,
p.605b5~10), "如來所說三千大千世界, 皆由妄塵積聚而成, 劫數盡時亦有
變壞, 此所以虛幻不實, 卽非世界, 是名世界也. 何以謂之非世界, 若以世界
爲實有者, 必是本來眞性, 自無始以來, 常住不滅, 以此眞實之性, 在於世界
中, 打成一片, 有而不滯於迹, 無而不淪於虛."

551)『金剛經纂要刊定記』卷7(T33, p.224b4~6), "經是名一合相者, 約俗諦說
有. 明在次文, 妄執有. 經意云. 此一合相無體可說, 但爲凡夫妄生貪著.";
『銷釋金剛經科儀會要註解』卷8(X24, p.739b24~c4), "如來說一合相者, 以
界塵法應, 皆具足名相, 卽俗諦也. 則非一合相者, 以界塵法應, 雖具名相,
其性本空, 卽眞諦也. 是名一合相者, 以法身, 能一能異, 非一非異, 圓融無
礙, 卽中諦也.";『金剛經筆記』(X25, p.131c15~19), "下明合塵爲界界元
無, 以世界性空, 元無一相. 則法身無一相. 下破和合相. 若世界實有, 則是
微塵聚爲一和合相. 旣說三千, 則非一合. 以第一義中無實體故, 是名一合相

298

것을 말씀하시는 것입니다. 여래께서 말씀하시는 일합상은
(일합상을 초월했기 때문에) '즉비일합상'이라고 한 것(이고
청정한 진여의 지혜로 생활하는 것)을 일합상이라고 말씀하
시는 것입니다.552) 수보리여, 일합상이라고 하는 것은 (언어
문자로) 설명하기는 어려운 것인데 단지 범부들이 이와 같이
(모든 '상'에) 집착을 하는 것일 뿐이다.

　　須菩提, 若善男子, 善女人, 以三千大千世界 碎爲微塵, 於
意云何, 是微塵衆 寧爲多不. (須菩提言.) 甚多世尊. 何以故,
若是微塵衆實有者, 佛則不說 是微塵衆. 所以者何, 佛說微塵
衆, 則非微塵衆, 是名微塵衆. 世尊, 如來所說 三千大千世界,
則非世界, 是名世界. 何以故, 若世界實有者, 則是一合相. 如
來說一合相, 則非一合相, 是名一合相. 須菩提, 一合相者, 則
是不可說, 但凡夫之人 貪著其事.553)(※ ()안은 『금강반야바
라밀경주해』에 의거하여 첨가.)

망념(妄念)의 세계는 범부의 세계이고 망념(妄念)을 자신이
돈오(頓悟)하면 여래의 세계가 펼쳐진다. 그러므로 망념은 마음
에서 나오는 것이고 이 마음은 자신에게서 나오는 것이므로 미
진(微塵)세계를 인과에 비유하여 설하는 것이다. 그러나 간혹
이것을 실제로 분석하는 경우에 미진(微塵)이나 세계라는 말을

者, 世俗諦故."; 범본의 "piṇḍa-grāha"를 ㉠는 一合相 ㉣은 一合執 진제
　　는 聚一執 의정은 聚執으로 하였다. 이기영(1978), p.342.(전일체(全一
　　體)), 각묵(1991), p.407.(한 덩어리로 뭉쳐진 것), 전재성(2003), p.241,
　　358.(대상적 실체에 대한 집착)이라고 하고 있다.
552) 범본에는 "piṇḍa-grāhaś(一合相) Tathāgatena bhāṣitaḥ(如來說),
　　agrāhaḥ(非一合相) sa Tathāhatena bhāṣitaḥ(如來說) tenocyate(是名)
　　piṇḍa-grāha iti. ㉠如來說一合相, 則非一合相, 是名一合相. ㉣如來說一
　　合執 卽爲非執 故名一合執"라고 하고 있다. ; 의역하면 "여래께서 말씀하
　　시는 일합상은 망념 없이 진여의 지혜로 생활하면 망념의 '상'은 존재하지
　　않는 대승의 '즉비일합상'이고, 또 항상 청정한 진여의 지혜로 생활하기
　　때문에 최상승의 일합상이라고 말씀하시는 것 입니다."
553) 『金剛般若波羅蜜經』(T08, p.752b6~14).

일합상이라고 집착하여 모든 미진(微塵)을 찾아서 원자나 전자 아니면 미립자 등으로 모든 것을 규명하여 다시 합쳐서 부활하고자 하는 사람들을 질책하고 있다. 쉽게 말하면 물을 분해하여 산소와 수소가 되면 물의 본질은 사라진 것처럼 석공(析空)으로 깨달아 알려고 하면 결국은 자신의 자성도 잃게 되는 것이다.

그러므로 『중아함경』60과 『전유경(箭喩經)』에 독화살을 비유한 것[554]처럼 먼저 자신의 자성을 알고 진여의 지혜로 생활하면서 청정한 세계를 건립하는 것이 가장 중요한 것이다. 이것을 하고 나서 천상천하유아독존(天上天下唯我獨尊)으로 생활하면 탐욕을 벗어난 극락세계가 되는 것이다. 사족(蛇足)을 달면 망념이 일어나면 삼천대천세계의 모든 것을 다 알고자 하지만 망념이 공(空)이라는 사실을 자각하여 구공(俱空)이 되면 무소주(無所住)라는 것을 깨닫게 된다.

번역에 대하여 설명하면 "불설미진중(佛說微塵衆), 즉비미진중(則非微塵衆), 시명미진중(是名微塵衆)."의 번역에서도 즉비(卽非)의 문제이며 미진(微塵)을 "티끌·먼지·원자덩이·지극히 미세한 것·먼지·가루"[555]등으로 번역하고 있다. 이런 미

---

554) 『中阿含經』卷60(T01, pp.804c24~805a16), "猶如有人身被毒箭, 因毒箭故, 受極重苦. 彼見親族憐念愍傷, 爲求利義饒益安隱, 便求箭醫. 然彼人者方作是念. 未可拔箭, 我應先知彼人如是姓, 如是名, 如是生, 爲長短麤細 爲黑白不黑不白, 爲刹利族, 梵志, 居士, 工師族, 爲東方南方西方比方耶. 未可拔箭, 我應先知彼弓爲柘, 爲桑, 爲槻, 爲角耶. 未可拔箭, 我應先知弓扎, 彼爲是牛筋, 爲麞鹿筋, 爲是絲耶. … 未可拔箭, 我應先知箭鏑爲錍, 爲矛, 爲鈹刀耶. 未可拔箭, 我應先知作箭鏑師如是姓, 如是名, 如是生, 爲長短麤細, 爲黑白, 不黑不白, 爲東方西方南方北方耶. 彼人竟不得知, 於其中間而命終也."; 『箭喩經』(T01, pp.917c21~918a21).

555) 이기영(1978), p.328.(원자의 집합체와 같이 가루) ; 각묵(1991), p.401. (원자덩이와 같은 그러한 형태의 가루) ; 무비(1994), p.270.(작은 먼지) ; 전재성(2003), p.239.(아주 미세한 원자크기의 집합이라고 불리는 티끌) ;

진(微塵)이 중생의 망념(妄念)이라는 사실을 비유하여 설명한 것이기에 망념이라는 사실을 자각하면 망념은 사라질 것이므로 정념이 존재하게 된다. 그러므로 비유하여 미진(微塵)이라고 설명하고 있다는 사실을 알고 대승(大乘)으로 번역하여 수지 독송하면 될 것이다. 또 사족(蛇足)을 달면 원자에서 전자나 미립자 등으로 더 파고 나가면 결국은 이것이 소승(小乘)의 석공(析空)이라는 사실을 알아야 한다. 그래서 사의법556)의 요의경에 의지해야 대승(大乘)의 체공(體空)으로 실천하게 된다고 하는 것이다.

대한불교조계종 교육원(2009), p.84.(티끌) ; 지안(2010), p.303.(티끌) ; 김호귀(2011a), p.270.(작은 먼지) ; 김진무·류화송(2018), p.329.(티끌) ; 성본(2012), p.357.(미세한 티끌) ; 백용성 저·김호귀 풀이(2019), p.319.(미진) ; 박지명(2019), p.358.(원자처럼 가는 먼지) ; 전광진(2020), p. 154.(먼지) ; 현진(2021), p.426.(미세한 티끌) ; 백성욱 강설(2021), p.310.(가루)

556) 『大般涅槃經』卷6(T12, p.401b27~c4), "是諸比丘當依四法, 何等爲四. 依法不依人, 依義不依語, 依智不依識, 依了義經不依不了義經. 佛言. 善男子, 依法者, 卽是如來大般涅槃, 一切佛法卽是法性, 是法性者卽是如來, 是故如來常住不變." ; 『四分律行事鈔資持記』卷2(T40, p.300a5~10), "經云. 是諸比丘當依四法, 何等爲四, 一依法不依人(法卽法性, 人卽聲聞(聞), 法性卽如來, 聲聞卽有爲). 二依義不依語(義卽常性(住), 語謂綺飾文詞). 三依智不依識(智卽如來, 識謂聲聞, 不能善知如來功德). 四了義經不依不了義經(了義卽菩薩乘, 不了義卽聲聞乘). 謂前開四緣, 乃是大乘了敎勸令依止." ; 『四分律行事鈔資持記』卷1(T40, p.161a29~b6), "言四依者凡有三種. 一人四依(內凡爲初依, 初果爲二依, 二三兩果爲三依, 四果爲四依). 涅槃云. 有四種人 能護正法 爲世所依. 此並大權 示聲聞像 傳法化人. 衆生所賴四 並名依. 二行四依(糞掃衣 長乞食 樹下坐 腐爛藥. 此四種行 入道之緣. 上根利器 所依止故). 三法四依(謂依法不依人, 依義不依語, 依智不依識, 依了義經不依不了義經. 此之四法簡辨邪正, 末世所憑故得名也)." ; 『律宗新學名句』卷1(X59, p.676a10~14) "法四依 一依法不依人二依了義經不依不了義經三依義不依語四依智不依識. 人四依 內凡爲初依初果爲二依二三兩果爲三依四果爲四依. 行四依 一糞掃衣二長乞食三樹下坐四腐爛藥."

31) 知見不生分(지견불생분)[557]

지견(知見)이 생기지 않는 것은 정견(正見)으로 살아가는 것이다. 그러므로 사견(四見)에 대하여 『금강경회해요의』에 의하면 "여래가 설한 아견(我見)은 일체중생이 모두 불성(佛性)이 있다는 것을 깨달은 것을 아견(我見)이라고 하는 것으로 정견(正見)으로 살아간다고 하는 것을 말한다. 그리고 여래는 일체중생이 모두 무루(無漏)의 지성(智性)을 본래 구족하고 있다는 것을 자각한 것을 인견(人見)이라고 하고 있는데 이 마음을 부처[558]라고 하기도 한다. 그리고 여래가 설한 중생견(衆生見)은 일체중생이 본래부터 번뇌가 없다는 것을 자각한 것을 중생견(衆生見)이라고 하고 있다. 여래는 일체중생이 자신의 본성도 근본적으로 불생불멸(不生不滅)이라는 것을 자각(自覺)한 것을 수자견(壽者見)이라고 하고 있다."[559] 이것은 앞에 논한 사상(四相)과도 연관된다.

　　수보리여, 만약에 어느 사람이 말하기를 부처가 '사견'이
　　있다고 설했다고 한다면 수보리여, 이 사람은 내가 설한 불

---

557) 『金剛經註』卷3(X24, p.563b24), "四見俱非 是名四見 故受之以知見不生分.";『銷釋金剛經科儀會要註解』卷8(X24, p.741b15~20), "知見不生, 返照還源. 本性離言詮, 見聞覺知, 無正無偏, 無垢無淨, 無缺無圓. 此科昭明太子, 判此一段經文, 爲知見不生分. 盖須菩提下以四相見佛乃許之. 於一切法, 如是知, 如是見, 如是信解, 不生法相, 故立斯名, 爲知見不生也.";『金剛經註解』卷4(X24, p.815a3), "直下打成一片, 知見自然不生."

558) 『禪源諸詮集都序』卷1(T48, p.399b16~20), "若頓悟自心本來淸淨, 元無煩惱. 無漏智性本自具足, 此心卽佛. 畢竟無異, 依此而修者, 是最上乘禪, 亦名如來淸淨禪, 亦名一行三昧, 亦名眞如三昧, 此是一切三昧根本."

559) 『金剛經會解了義』(X25, p.224a9~12) "如來說一切衆生, 皆有佛性, 是眞我見. 說一切衆生, 無漏智性, 本自具足, 是人見. 說一切衆生, 本無煩惱, 是名衆生見. 說一切衆生, 性本不生不滅, 是名壽者見."

법의 뜻을 (깨달아) 안 사람이라고 할 수 있겠는가? 세존이
시여, (아닙니다.) 이 사람은 여래께서 설한 불법에 대하여
(깨달아) 알지 못한 것입니다. 왜냐하면 세존이 설하신 '사
견'은 ('견'을 초월하여) '즉비사견'이므로 이것을 '사견'이라
고 설하신 것560)입니다. 수보리여, '발아뇩다라삼먁삼보리심'
의 (원력을 세운 보살이나) 수행자는 일체법을 (항상 진여의
지혜로 보고 알며) 확신하여 생활해야 법상이 생기지 않게
되는 것이다. 수보리여, 소위 말하는 법상이라는 것을 여래
가 설하는 것은 '즉비법상'이라고 한 것561)이므로 법상이라

---

560) 의역하면 "세존이 설하신 소승의 '사견'은 탐진치를 벗어난 본성이 '공'
이므로 대승의 '즉비사견'은 망견이 없는 진견이고 다시 최상승의 '사견'이
라고 설하신 것은 법성이 청정한 진여의 지혜로 생활하는 것입니다.";『金
剛經略疏』(X25, p.165b18~22), "凡夫之人貪著其事者, 皆由於我, 法起妄
執也. 今除我執, 謂若人言如來說我人等見者, 是人不解佛所說義. 何者, 以
我人等見, 本自空寂, 當體如如, 故云非我人等見. 但隨俗假稱是名我人等
見也.";『金剛經註講』卷2(X25, p.731c13~14), "執有執無, 皆是妄見. 卽
非我見人見衆生見壽者見之眞見也.";『金剛經如是解』(X25, p.204b16~
19), "若於自心無求無得, 湛然常住, 是淸淨我見. 若見自性本自具足, 是淸
淨人見, 於自心中無煩惱可斷, 是淸淨衆生見, 自性無變無異, 不生不滅, 是
淸淨壽者見.";『金剛經破空論』(X25, p.147a18), "智者應知四見離, 說有
非有解實義.";『金剛經註講』卷2(X25, p.731c15~19), "是名我見人見衆者
見壽者見, 惟不執於有, 不執於無, 有而非有, 無而非無, 不墮常見, 不墮斷
見, 自得法性圓融, 湛然常淨, 是名我見人見衆生見壽者見也. 是我所說, 未
能覺悟深解之, 是人不解如來所說義耳."; 범본에는 "ātma-dṛṣṭis(我見)
Tathāgatena bhāṣitā(世尊說), a-dṛṣṭiḥ(非我見) sā Tathāgaten a
bhāṣitā(如來所說) tenocyata(是名) ātma-dṛṣṭir(我見) iti. ㉧世尊說我
見, 人見, 衆生見, 壽者見, 卽非我見, 人見, 衆生見, 壽者見, 是名我見,
人見, 衆生見, 壽者見. ㉢如來所說我見有情見命者見士夫見補特伽羅見意
生見摩納婆見作者見受者見 卽爲非見 故名我見乃至受者見"라고 하고 있
다.
561) 법상(法相): 법상이 아닌 것이 아니고 진제의 대승을 '즉비법상'이라 한
다. ; a-saṃjñā(비법상)의 번역을 보면, 이기영(1978), p.346.(생각이 아니
다) ; 각묵(1991), p.416.(산냐가 아니다) ; 무비(1994),『금강경 강의』,
p.275.(법상이 아니다) ; 전재성(2003), p.244.(지각이 아닌 것) ; 대한불교
조계종 교육원(2009), p.86.(법이라는 관념이 아니다) ; 김호귀(2011a),
p.296.(법상이 아니다) ; 김진무·류화송(2018), p.331.(법상이 아니다) ; 성
본(2012), p.364.(분별심이라는 고정된 것이 있는 것이 아니다) ; 백용성
저·김호귀 풀이(2019), p.324.(법상은 아니다) ; 박지명(2019), p.370.(법
상이 아니고) ; 전광진(2020), p. 162.(실체라 여기는 망상이 아니라) ; 현진

고 한 것이다.

　須菩提, 若人言, 佛說我見, 人見, 衆生見, 壽者見, 須菩
提, 於意云何, 是人解我所說義不. (不也)世尊. 是人不解 如
來所說義. 何以故, 世尊說我見, 人見, 衆生見, 壽者見, 即非
我見, 人見, 衆生見, 壽者見, 是名我見, 人見, 衆生見, 壽者
見. 須菩提, 發阿耨多羅三藐三菩提心者, 於一切法, 應如是
知, 如是見, 如是信解, 不生法相. 須菩提, 所言法相者, 如來
說即非法相, 是名法相.562)(※ ()안은 『금강반야경찬술』등의
본에 의거하여 첨가한 것이나 없어도 의미상 무방함.)

　대승보살은 사견(四見)이나 사상(四相)이 없어야 하는 것이므
로 다시 법상(法相)에 대하여 설하고 있다. 법(法)은 일체법이
나 제법(諸法)을 말하는 것이므로 자신의 의식으로 알고 있는
것을 불법(佛法)에 맞게 깨달아 공(空)이라고 아는 진제이므로
대승을 즉비법상(即非法相)이라고 하고 있다. 그리고 다시 여
래가 법상(法相)이라고 한 것은 진여의 지혜로 최상승법을 실
천하기 때문이다.

　인견(人見)을 『선원제전집도서』에는 "자신의 마음이 본래청

(2021), p.440.(법상이 아니라) ; 백성욱 강설(2021), p.342.(법상이 아닐
새)등으로 번역하고 있다. ; 범본에는 "dharma-saṃjñā(㉠法相) dharma-
saṃjñeti(㉭法想者) Subhūte(㉠須菩提 ㉭善現) a-saṃjñaisā (非法相)
Tathāgatena bhāṣitā(如來說) tenocyate(그래서) dharma-sa ṃjñeti
(㉭法想). ㉠須菩提. 所言法相者, 如來說即非法相, 是名法相. ㉭善現 法
想法想者 如來說爲非想 是故如來說名法想法想"라고 하고 있다. ; 『金剛經
朵微』卷2(X24, p.630c16~17), "如來說即非法相者, 第一義諦, 指事即理,
無所分別, 此顯示不共義也."; 『銷釋金剛經科儀會要註解』卷8(X24, p.742
b8~13), "謂所言法相者, 知見信解, 皆是法相, 既有法相數量之名, 即屬俗
諦也. 如來說即非法相者, 以三方便中, 無分別之心. 故云. 即非法相, 即眞
諦也. 是名法相者, 以三方便中, 分別心空, 入無分別之理, 非俗非眞, 離性
離相. 故云. 是名法相, 即中道諦也."
562) 『金剛般若波羅蜜經』(T08, p.752b15~23).

정하다는 사실을 돈오(頓悟)하면 번뇌 망념은 본래 없기 때문에 무루(無漏)의 지성(智性)을 본래 구족(具足)하고 있다는 것을 자각(自覺)하면 이 마음을 부처라고 하고 있다. 그리고 이 마음으로 수행하는 것을 최상승선563)으로 수행한다고 하고 일행삼매"564)라고 하고 있다. 즉 인상(人相)을 무인상(無人相)이라고 자각(自覺)하면 부처가 되는 것은 생명의 소중함을 다시 일깨우는 것으로 천상천하유아독존(天上天下唯我獨尊)의 평등성을 강조하고 있는 것이다. 여래가 이렇게 설하는 것은 이 경(經)의 마지막에 까지도 자비심(慈悲心)을 놓지 않고 있다는 사실이 모든 인류가 지금까지도 존경하고 있는 이유일 것이다.

---

563) 정유진(2004b), pp.97~104.
564) 『禪源諸詮集都序』卷1(T48, p.399b16~20), "若頓悟自心本來淸淨, 元無煩惱. 無漏智性本自具足, 此心卽佛. 畢竟無異, 依此而修者, 是最上乘禪, 亦名如來淸淨禪, 亦名一行三昧, 亦名眞如三昧, 此是一切三昧根本."

32) 應化非眞分(응화비진분)565)

『금강경』에서 처음으로 설법하는 화신불(化身佛)은 진상(眞相)이라는 자신의 모습을 초월한 석가모니의 진신(眞身)을 말한다고 볼 수 있다. 그렇지만 여기에서 화신불은 보살이 '발아뇩다라삼먁삼보리심'을 실천하여 화신불이 된 것이다. 『금강반야바라밀경론』에 의하면 화신불은 오고 가는 것이고 여래는 항상 부동(不動)이라고 하는 것566)처럼 보시바라밀(報施婆羅蜜)을 무위법(無爲法)으로 실천해야 하는 것이다.

수보리여, 만약에 어느 사람이 무량 아승지의 세계에 가득 찬 칠보를 가지고 '보시바라밀'을 행한다고 하고, 또 만약에 어느 선남자와 선여인이 보살심을 내어 이 '경'을 수지하고 사구게 등을 (정확하게 깨달아) 수지하고 독송하며 다른 사람에게 (정확하게) 해설(하여 깨닫게) 한다면 이것은 이전의 복덕보다 수승하다. 어떻게 (정확하게 깨달아 알고) 사람들에게 연설해야 하는가 하면 (일체법에 대한 '법'상'이 없어야 하고 '여여'한 (진여의 지혜로) 부동(의 경지)에서 (청정하게) 설해야 한다.567) 왜냐하면 일체의 유위법은 모두가 꿈이나

---

565) 『金剛經註』卷3(X24, p.564a21~24), "一念發心獲福 亦爾應身化物 豈得已哉 眞佛流通 於事畢矣 故受之以 應化非身分. 新注二十六 斷化身說法無福疑 此疑從二十五 疑中而來."; 『金剛經註解』卷4(X24, p.815c7), "應現設化, 亦非眞實."; 『金剛經補註』卷2(X24, p.845a4~6), "應現設化, 一切有爲, 俱非眞實. 頌曰. 世界僧祇轉法輪, 微塵剎土微塵身, 誰家底事婆心切, 鑪鞴門開煆夢人."

566) 『金剛般若波羅蜜經論』卷3(T25, p.795c13~18), "去來化佛, 如來常不動, 於是法界處, 非一亦不異. 此明不去不來義故, 如經. 何以故, 如來者, 無所至去無所從來故. 此義云何, 若如來有去來差別, 卽不得言常如是住. 常如是住者, 不變不異故."

567) 범본에는 "kathaṃ ca saṃprakāśayet(㊦云何爲人演說 ㊐云何爲他宣說開示) yathā na prakāśayet tenocyate saṃprakāśayed iti.(㊦不取於相如如不動 ㊐如不爲他宣說開示 故名爲他宣說開示): ㊦云何爲人演說.

306

환상과 같고 물거품이나 영상과 같고 (그리고 풀잎의) 이슬
이나 번갯불과 같다고 (알고 육진경계를 진여의 지혜로 항상
청정하게) 관조해야 한다. 부처님이 이 '경'을 설하여 마치니
장로 수보리와 모든 비구와 비구니 그리고 우바새와 우바이
(그리고) 일체의 세간에 있는 천상의 사람(이나 일반사람)과
아수라들이 부처의 설법을 듣고 모두가 환희하여 수지(하고
진여의 지혜로 생활)하게 되었다.

須菩提, 若有人 以滿無量 阿僧祇世界 七寶持用布施. 若有
善男子, 善女人, 發菩薩(提)心者, 持於此經, 乃至四句偈等,
受持讀誦, 爲人演說, 其福勝彼. 云何 爲人演說. 不取於相,
如如不動. 何以故, 一切有爲法, 如夢幻泡影, 如露亦如電, 應
作如是觀. 佛說是經已, 長老須菩提 及諸比丘, 比丘尼, 優婆
塞, 優婆夷, 一切世間天, 人, 阿修羅, 聞佛所說, 皆大歡喜,
信受奉行.568)

『금강경』의 네 번째 게송으로 "일체의 유위법은 모두가 꿈이
나 환상과 같고 물거품이나 그림자와 같고 그리고 풀잎의 이슬
이나 번갯불과 같다고 알고 육진 경계를 진여의 지혜로 항상
청정하게 관조해야 한다."라고 유위법은 허망하다 는 것을 알아
야 한다고 하고 있다. 이 부분은 현장과 의정이나 보리유지가
번역하고 있는 것과 약간의 차이가 있는데 현장만 일체유위법
(一切有爲法)을 제화합소위(諸和合所爲)569)라고 하고 있다. 즉

不取於相, 如如不動. ㉧云何爲他宣說開示 如不爲他宣說開示 故名爲他宣
說開示"라고 하고 있다.
568) 『金剛般若波羅蜜經』(T08, p.752b23~c2).
569) 玄奘, 『大般若波羅蜜多經』卷577(T07, p.985c19~20), "諸和合所爲, 如
星翳燈幻, 露泡夢電雲, 應作如是觀."; 義淨, 『佛說能斷金剛般若波羅蜜多
經』(T08, p.775b22~23), "一切有爲法, 如星翳燈幻, 露泡夢電雲, 應作如
是觀."; 菩提流支, 『金剛般若波羅蜜經』(T08, p.757a7~8), "一切有爲法,
如星翳燈幻, 露泡夢電雲, 應作如是觀."

유위법(有爲法)은 지식의 화합으로 이루어진 것들을 말한다. 그
다음의 구절에서 구마라집은 '여몽환포영(如夢幻泡影)'과 '여로
역여전(如露亦如電)'으로 번역하고 다른 이들은 '여성예등환(如
星翳燈幻)'과 '노포몽전운(露泡夢電雲)'으로 번역하였는데 구마
라집은 '성예등운(星翳燈雲)'을 '영(影)'으로 번역하여 현장의
'구유궐삼(九喩闕三)'이라는 비판을 받고 있는 것이다. 이것은
한역에서 별빛과 어둠(아지랑이)은 별이 멀리 가물거리며 보이
는 것이나 등불과 구름으로 범어인 "Tārakā(星), timiraṃ(翳),
dīpo(燈), abhraṃ ca(雲)"를 번역한 것이다. 범어를 번역하는
과정에 약간의 차이는 있지만 의미는 비슷하다.[570]

보시바라밀(報施婆羅蜜)을 실천하는 대승보살보다 무위법(無
爲法)을 실천하여 '아뇩다라삼먁삼보리심'을 발(發)한 진정한
최상승의 보살이 여래로 살아가야 하는 것이다.

마지막으로『능단금강반야바라밀경』을 설하여 마쳤다라고 하
는 것은 능히 자신이 번뇌 망념을 끊어 반야의 지혜[진여의 지
혜]로 육도윤회를 뛰어넘어 살아가는 바른 방법을 설해 마쳤다
라고 하는 것이다.

간략하게 정리하면『금강경』에서 선남자와 선여인이 '발아뇩
다라삼먁삼보리심'을 발하면 정각(正覺)을 이룬 보살이 되는 것
이다. 그리고 보살이 보살마하살이 되는 것을 자신이 했다는
마음 없이 행하는 것을 3단의 대승정종분(大乘正宗分)에서 구
분하고 있다. 여기에서 소승과 대승의 차이는 자신이 보살도를

---

570) 『金剛般若波羅蜜經』(T08, p.752b28~29), "一切有爲法, 如夢幻泡影,
如露亦如電, 應作如是觀.": 一切有爲法如夢幻泡影如露亦如電應作如是觀
(Tārakā(星), timiraṃ(翳), dīpo(燈), māyā(幻), avaśyāya(露), budbud
aṃ(泡), svapnaṃ ca(夢), vidyud(電), abhraṃ ca(雲), evaṃ draṣṭavy
aṃ(應作如是觀) saṃskṛtaṃ.) ※ 각주29)・101)참조요. '九喩闕三'

행해야 하는 것과 보살도를 행한다는 마음 없이 행하는 것의 차이이다. 17단의 대승보살에 대하여 무아법(無我法)을 통달해야 진정한 보살이라고 하는 것도 보살마하살의 마음이 무성(無性)이기 때문이라고 하고 있다. 그리고 9단에서 아라한이 아라한이라는 마음을 가지지 않고 아라한도를 실천하는 사람이라고 한 것이 바로 보살마하살과 같은 대승의 마음을 말하고 있다. 그러므로 소승(小乘)과 대승(大乘)의 구별은 이와 같은 것이다. 여래에 대하여 이 경(經)의 14단에 "이일체제상(離一切諸相), 즉명제불(則名諸佛)."라고 하며 여래의 설법은 "여래시진어자(如來是眞語者) 실어자(實語者) 여어자(如語者) 불광어자(不誑語者) 불이어자(不異語者)"라고하고 있다. 그리고 『금강반야바라밀경주해』와 『금강반야바라밀경약소』에 의하면 '실어자(實語者)'를 "설소승사제(說小乘四諦), 제시실의(諦是實義)."라고 하고 또 '여어자(如語者)'를 '설대승법유진여(說大乘法有眞如)'라고 하고 '불이어자(不異語者)'를 '불망설삼세수기(不妄說三世受記)'라고 하고 있다. 이것은 29단의 여래는 몰종적을 실천하는 사람이지만 최상승에 대하여 알아듣지 못하므로 이와 같이 자세하게 설명하고 있다. 『금강경』에서 선남자 선여인이 '아뇩다라삼먁삼보리(阿耨多羅三藐三菩提)'에 의하여 보살이 되고 보살이 자성(自性)을 수지하여 실천하는 보살마하살이 되는 것을 아라한이라고 하고 있다. 그러므로 소승을 수다원·사다함·아나함이라고 한 것이고 대승을 보살마하살과 아라한이라고 한 것이다. 그리고 사상(思想)에서 무아상(無我相)이 되어야 보살마하살이라고 3단에서 설하고 있고 일체의 상(相)을 모두 벗어나 몰종적의 생활을 하는 것을 현신의 여래(如來)라고 하고 있다.

번역의 문제점은 앞에서 지적하였듯이 아뜨만(ātman)을 인정하여 번역을 하면 이 경(經)이 소승(小乘)의 경(經)으로 전락되고 지혜와 지식을 구분하지 못하면 깨닫지 못하여 보살이 되지 못한다. 그러면 대비구가 아니므로 이 경(經)의 설법이 대승(大乘)과 최상승(最上乘)을 위하여 하는 것이기에 바로 모순이 된다. 그러므로 몇 가지의 사상(思想)만 정리하여도 모두가 정각(正覺)을 이루는 선경(禪經)이 된다.

3. 『금강경』과 선수행

1) 만뜨라와 독송

『금강경』을 독송하며 밤새워 기도(祈禱)하는 경우를 보는데 이 경(經)의 내용을 알지도 못하면서 독송만 하는 것이다. 이런 독송을 수행이라는 미명하에 하는 이유가 영험이나 기복을 바라기 때문이라고 하고 있다. 그러나 불교에서 수행은 마음의 근원인 본성(本性)으로 돌아가는 것으로 공(空)으로 돌아가는 것을 말한다. 그래서 비우다[空]를 '빈다', '빌다'라고 하는 언어의 의미를 기도(祈禱)하는 것이라고 이해하며 마음 비우는 것을 (대상이나 절대자에게)빌어서 성취하려고 하기도 하는데 이것은 잘못된 것이다.

만뜨라를 여기에 비유한 것은 지금 『금강경』의 독송수행이 만뜨라 요가수행과 비슷하여 알아본 것이다. 만뜨라 요가571)수행에서 만뜨라의 수행572)은 소리의 진동과 의미를 이용하여 마

---

571) 강병익(2004), p.1. 에 의하면 "요가(yoga)라는 용어는 수단과 결과 두 가지 의미를 가지는데 수단으로서의 요가는 인격의 완성을 이루기 위한 구체적인 방법이고 결과로서의 요가는 인격의 완성 그 자체"이다. ; 류시현 (2004), p.1. 에 의하면 "빠딴잘리 요가수뜨라Pātañjali Yoga sūtra에 따르면 요가는 정신의 활동을 멈추는 것이며 요가의 궁극적 목적은 정신의 활동을 멈춤으로써 해탈에 이르는 것"이다. ; 요가의 목적은 탐욕을 제거하여 해탈에 도달하기 위한 것으로 요가에는 40여 가지가 있는데 만뜨라 요가는 그중의 하나이다.

572) 김태희(2012), p.24. 에 의하면 "만뜨라는 4가지로 구성되어 있는데 첫째는 만뜨라를 발생함으로써 들리는 소리이며 둘째는 만뜨라에 담겨있는 뜻이고 셋째는 만뜨라 암송시의 태도이며 넷째는 만뜨라 암송에 의한 느낌으로 이것이 만뜨라의 구성 요소이다. … 그리고 소리는 순수 의식 (Turiya)또는 비이원(非二元)의 합일(合一)의식으로 깨달음의 의식이다."라고 하고 있다. ; 최진태(2006), p.44. 에 의하면 "리그베다는 A음에 야주르베다는 U음에 싸마베다는 M음에 해당한다. 또 가르하빠뜨야 땅과 브라흐

음과 몸을 조절하고자 하는 기법이 만뜨라 요가수행법573)이다. 그리고 만뜨라는 신성한 발성이나 신비한 소리이며 마음에 신령한 힘을 충전하는 소리이다. 그러므로 만뜨라를 하면 마음에 힘을 주고 힘을 받는 소리라고 하고 있다. 만뜨라에 마술적 능력이 있고 인간을 구원하는 생각의 도구라고 하면서 스와미 사트야난다(Swami Satyananda)는 만뜨라를 "마음의 속박에서 자유롭게 될 수 있는 힘"이라고 정의 한 것과 만뜨라가 영적인 해탈을 돕는 힘으로 가득 찬 생각이라고 하는 것574)은 궁극에 자신의 본성(本性)을 찾아 해탈(解脫)하는 방편이다. 그러므로 만뜨라 수행을 한다는 것은 자신이 자신을 제도하는 것이므로 궁극적으로는 인간의 해탈을 위한 수행방편이다. 즉 자신의 중생심이 향하는 방향을 외부로 향하지 않게 하는 수단이다. 자신이 최면에 들어 자신의 본성을 찾아 해탈하여 자유인이 되는 첩경이 되는 것이다.

이러한 수행법에서 반복해서 같은 소리를 내는 것이 만뜨라

마는 A음이며 허공과 불, 닥시나·비쉬누는 U음이고 하늘과 불, 아하와니야·자재신(이쉬와라)는 최상의 신은 M음에 해당된다. 그리고 태양은 A음에 달은 U음에 연기 없는 번개 불은 M음이다."; 『如意輪菩薩觀門義注祕訣』(T20, p.216b3~9), "唵(oṃ) 其字成於三身義也. 唵(oṃ) 之一字. 所謂 唵阿摩(oṃ) (a) (ma) 等三字共成. 唵(oṃ) 字者一切法生不可得義. 阿(a) 字者一切本不生義. 摩(ma) 字者一切法我無所得義. 又釋云. 唵(oṃ) 字 化身義, 阿(a) 字者報身義, 摩(ma) 字者法身義. 由此三字契實相理, 則成 稽首禮一切如來, 亦如來無觀頂義."; 이것을 비교하면 A는 깨어있는 자각 (jāgrat)이기에 얻을 수 있는 것은 아니라고 한 것이고, U는 몽상상태 (Svapna)라고 번역하므로 잠재의식 속에 있는 것이므로 보신이라고 한 것이고 M은 수면상태(suṣupti)이므로 무소득이라고 하며 법신이다. 이것은 심리의 의식구조를 나타내는 것이므로 삼신(법신, 보신, 화신)이 된다.

573) 최진태(2006), pp.2~5. 에 의하면 "만뜨라 요가는 만뜨라(mantra)를 반복적으로 암송함으로써, 순수하고도 초월적인 의식인 사마디(samādhi)에 도달하려는 체계적인 수행법"이라고 하고 있듯이 삼매에 들어가 해탈하는 수행방법으로 만뜨라 요가를 제시하고 있다.

574) 최진태(2006), p.6.

수행인데 계속 수행하면 "뇌의 좌우반구가 주관하는 해당기관과 세포와 신경계에 까지 영향력을 미치게 된다."575)라고 하고 있다. 즉 이렇게 훈습하여 자신이 이와 같이 생활하도록 하는 것은 자신이 세뇌되고 훈습되어 동일하게 되는 것이다. 그리고 반복하는 소리에 의하여 신통이 나타나고 만뜨라의 미묘한 에너지가 미묘한 작용을 일으켜 치료를 하게 된다576)라고 하는 것은 자신의 망념을 벗어나면 편안하게 되는 것을 치료한다고 한다. 그러나 아상(我相)이라는 굴레를 벗어나 해탈을 하는 것은 아니다. 그렇지만 힌두교의 만뜨라를 불교, 시크교, 이슬람교, 유대교, 기독교 등의 종교에서 지금도 다양하게 활용하고 있다. 그렇다고 모두가 힌두교의 부속 종교는 아닌 것이다. 힌두교의 철학과 같은 맥락을 취하면서 추구하는 것이 같다면 궁극에는 같은 종교이면서 종파만 다른 단체가 된다.

만뜨라 수행을 하면서도 자신이 무엇을 하고 있는지를 모르고 독송하는 것은 우려가 된다. 즉 "요가 수행자가 150만 번 독송하면 싣다(Siddha), 위디야다라(Vidhyadhara), 간다르와(Gandharvva), 압사라스(Apsaras) 등의 종족이 모두 그의 지배에 들어가게 된다고 하는 사상에 빠질 수도 있다. 그리고 모든 소리를 이해하는 영청의 지혜와 일체지의 힘이 생기게 된다."577)라고 하며 독송을 하면 초능력이나 영청의 지혜와 일체

---

575) 최진태(2006), p.13.
576) 김태희(2012), p.61. 에 의하면 "만뜨라는 특정한 음성으로 파동과 힘을 가진 하나의 단어 또는 여러 단어를 나타내는 산스크리트어 이다. … 그 만뜨라의 힘이 미묘한 작용을 하여 놀라운 치료 효과를 가져와 몸과 마음과 의식이 균형을 이루도록 해준다."라고 하는 것처럼 만뜨라를 독송하므로 인하여 삼매에 들어 마음이 적정해져 심신(心身)의 치료효과가 있는 것을 만뜨라의 힘이라고 이 논문에서 주장하고 있다.
577) 최진태(2006), p.5.

지가 생긴다고 하고 있다. 그러나 이런 것을 바라면서 독송을 하면 해탈과는 거리가 멀어지게 된다고도 하고 있는 것은 결국 만뜨라 수행으로 자신의 본성을 자각하여 해탈하여야 하는 것을 근본으로 하는 것을 말한다. 그러므로 영청의 지혜와 일체지는 본성을 자각하고 해탈하여야 되는 것이지만 외부의 신(神)을 인정하고 소리를 듣는 것은 오히려 자신이 그에게 속박되는 소승(小乘)의 수행법이다.

만뜨라를 수행하는 방법578)으로 만뜨라를 스승(ṛṣi, rishi, 선각자)에게 전수받아서 음률(rāga)에 따라 염송하고 또 주재신(主宰神, devatā)의 이름을 염송하여 만뜨라의 근원을 찾아내는 것이다. 그리고 그 속에 있는 신명에게 인도되어 영적 체험을 하여 그 신(神)과 하나 되어 수행하게 된다고 하고 있다. 이와 같은 만뜨라의 수행을 하여 주재신과 하나 되어 주재신의 사상(思想)과 철학을 전수받고 다시 주재신이 되어 전수하는 것이 궁극의 목표인 해탈이라고 하고 있다. 이것은 넓은 의미로 보면 도리어 주재신에게 속박되는 소승 수행자인 것이다. 그러므로 주재신에게 속박되는 것을 비판하는 것은 인간이 태어난 것도 주재신이 창조한 것이라고 하며 영원히 노예로 살다가는 것은 불행한 것이기 때문이다. 속박되기를 원하는 사람들은 자신이 불완전하고 나약한 존재라고 생각하므로 외부에서

---

578) 스와미시바난다라다, 서민수역(2001), pp.28~32 참조요약. "만뜨라의 수행법으로 만뜨라는 스승(ṛṣi, 선각자)에게 전수 받아서 신에게로 나아가 은총이나 지식과 힘의 흐름과 소통될 수 있는 통로이므로 선각자에 의해 전수받아 한다. … 마지막으로 만뜨라의 힘(sakti)은 여신이고 성모라고 하는 것은 창조를 나타내는 힘을 말한다."; 이상에서 나타난 것으로 보면 반드시 선각자인 스승에게 전수받아 염송을 하게 되면 천신과 같은 경지가 되어 천신으로 살아갈 수 있고 그 다음에 자신이 선각자로서 다음의 제자에게 계승하는 밀교의 수행이다.

완벽하다고 생각하는 주재신에게 의지하여 완벽을 추구한다. 그러나 이것은 궁극의 해탈을 추구하는 것과는 상반된다. 즉 의지하는 것은 속박되기를 원하는 것이고 해탈은 속박에서 벗어난 것을 말한다. 그래서 궁극의 해탈을 하고자하면 속박에서 벗어나 대승(大乘)의 자유를 얻어야 한다.

　만뜨라요가의 수행으로 도달하는 곳이 '무소유처정'이나 '비상비비상처정'이라고 하고 있다. 그래서 이것 때문에 석가모니가 출가하여서도 그곳에 만족하지 않고 대승의 수행을 하여 성도하게된 것이다. 그러므로 『금강경』에서 깨달음은 지금 여기에서 바로 능단(能斷)금강(金剛)으로 '반야바라밀'만 행하면 해탈할 수 있는 것이다. 해탈하는 방법을 '능단금강'이라는 무기를 사용하는 것이다. '능단금강'이라는 말에서 '능단금강'이 반야를 수식하므로 반야가 모든 것을 단절하게 하는 것이 된다. 그리고 금강은 모든 것을 절단하는 것으로 모든 번뇌 망념을 금강으로 절단하는 것이다. 금강을 보는 관점에 따라 강한 것도 되지만 진여도 된다. 그렇지만 이것은 자신이 자신의 마음을 바로 알아 진여의 지혜로 돈오하면 된다. 반야의 지혜를 체득하면 모든 번뇌 망념은 사라지는 것이고 모든 번뇌 망념을 사라지게 하는 것도 자신이 지혜를 체득해야 하는 것이 된다. 그래서 대승으로 '반야바라밀'을 행하면 여래가 되어 속박에서 벗어나 해탈한 최상승의 자유인이 된다고 하는 것이다. 그런데도 『금강경』만 독송하면 깨닫게 되어 해탈하게 된다고 하며 내용을 알지도 못하면서 『금강경』만 독송하는 것은 어리석은 일이 된다.

2) 선(禪)과 『금강경』

선(禪)은 교(敎)를 바탕으로 하여 건립되어야 하므로 선교
일치(禪敎一致)를 주장하는 것이다. 선(禪)이나 교(敎)만 있으
면 편협(偏狹)된 것이므로 수행은 원만하여야 성취된다. 『금
강경』을 조사선(祖師禪)과 연결한 것은 육조(六祖)이후에 당
대에는 많은 조사들이 탄생하였기 때문이다. 오조(五祖)가 육
조에게 『금강경』을 설하여 불법(佛法)을 전수하면서부터 『능
가경』에서 『금강경』으로 사상(思想)이 여래선(如來禪)에서 조
사선(祖師禪)으로 전환된 것이다.

『금강경』을 조사선의 입장에서 이해하려고 하면 누구나 조
사(祖師)가 되어야 한다. 『금강경』에서 대승(大乘)이나 최상승
(最上乘)을 위해 설법한다고 하는 것은 소승(小乘)으로서는 할
수 없다는 뜻이므로 『금강경』에서는 대승선(大乘禪)이나 최상
승선(最上乘禪)을 설하고 있다고 볼 수 있다. 『금강경』에서 선
(禪)579)이란 언어를 사용하지는 않았지만 선(禪)은 진여의 지
혜로 생활하는 것을 말한다. 그래서 『금강경』을 선(禪)과 연결
시켜보면 부처가 되어야 하므로 소승(小乘)이 아닌 대승(大乘)
과 최상승(最上乘)에게 설한다고 15단에도 설하고 있다.580) 즉
대승의 마음을 낸 수행자나 최상승의 마음을 낸 수행자에게 설
한다고 하는 것은 소승(小乘)의 마음으로는 사견(四見)이 있어

---

579) 『禪家龜鑑』(X63, p.737c17~18), “世尊三處傳心者爲禪旨, 一代所說者
爲敎門. 故曰禪是佛心, 敎是佛語.”

580) 『金剛般若波羅蜜經』(T08, p.750c13~20), “如來爲發大乘者說, 爲發最
上乘者說 若有人能 受持讀誦, 廣爲人說, 如來悉知是人, 悉見是人, 皆得
成就不可量 不可稱 無有邊 不可思議功德. 如是人等, 則爲荷擔 如來阿耨
多羅三藐三菩提. 何以故, 須菩提, 若樂小法者, 著我見人見衆生見壽者見,
則於此經, 不能聽受讀誦爲人解說.”

소승(小乘)은 선(禪)의 실천이 어렵기 때문이라고 하는 것이 된다. 앞에서도 설명하였지만 여래가 실제로 "다 알고 다 본다."라고 하는 것 때문에 자신이 실천하는 것에서 문제가 생긴 것이다. 즉 경(經)에서 "소승의 수행자는 듣지도 못하고 수지하여 남을 위해 해설하는 것이 불가능하다."라고 하고 있다. 사소한 문제이지만 "여래가 알고 보는 것"이 아닌 자신이 여래로서 자신의 마음을 다 알고 본다고 하면 되는 것을 왜 굳이 여래가 다 알고 본다고 하였는지 의심이 간다. 이것은 부처를 전지전능한 절대신의 위치에 올려놓고 부처를 이용한 것이라고 생각된다.

위와 같은 사상(思想)의 번역들 때문에 『금강경』이 소승의 전유물로 타락하여 앵무새와 같이 경전(經典)을 외우고 사경(寫經)하려고 하는 것은 현대와 같이 과학이 발달된 사회에서는 불필요한 것이다. 그러므로 『금강경』을 다시 대승(大乘)의 선경(禪經)으로 활용하여야 선불교(禪佛敎)에서 많은 최상승의 여래가 탄생하게 될 것이다.

3) 일상생활과 『금강경』

　『금강경』을 일상생활에 활용하려면 이 경(經)의 내용을 정확하게 아는 것이 중요하다. 잘 이해하려고 하면 자신이 여래가되어야 하는 것으로 소승(小乘)이 아닌 대승(大乘)과 최상승(最上乘)의 마음을 내야한다. 수행법은 『선종영가집』부분에서 간략하게 설명하였듯이 순서대로 수행하면 삼승(三乘)에서 수행하여 여래(如來)로 살아갈 수 있다. 『금강경』에서는 여래로 살아가려고 하면 사상(四相)을 버리고 무사상(無四相)이 되어야복덕(福德)이 수승(殊勝)하다고 비유하여 설하고 있다.

　『금강경』에서 여래를 모습이나 음성으로 구하지 말라고 하고있는 내용은 누구나 여래가 될 수 있다는 것이므로 지금까지여래나 부처를 32상(相)을 구족한 대상으로 보았던 것에서 자신이 여래가 되어야 한다. 그러므로 이 경(經)의 제목에 능단금강(能斷金剛)이라는 말이 빠졌다고 현장이 구마라집 번역을 비판한 것이라고 말하고 있듯이 능단(能斷)이 되어야 한다. 지금까지 번역이 소단(所斷)으로 번역하였기에 기도(祈禱)를 많이하면 여래가 "다 알고 본다."라고 소승(小乘)으로 번역하게 된것이다. 능단(能斷)이 되면 자신이 여래가 되어 보살도를 실천하기 때문에 『금강경』이 선불교(禪佛教)의 기본이 되고 바로최상승(最上乘)의 선경(禪經)이 된다. 그러므로 사상(四相)을버리고 육바라밀(六波羅蜜)을 실천하면 어느 누구나 여래로 살아갈 수 있어 이 세상 어디나 좌도량(坐道場)이 되는 것이다.지금까지는 자신의 마음으로 마음을 찾으려고 고생하였지만 지금부터는 자신이 여래가 되어 자신의 진심으로 살아갈 수 있는 것이다. 그래서 찾으려고 하는 마음만 내려놓으면 된다고 향외치구(向外馳求)하지 말라고 임제는 수처작주 입처개진(隨處作主 立處皆眞)을 설하였던 것이다. 『금강경』을 일상생활에서 활용하려면 자신이 불법(佛法)에 맞게 자각(自覺)하여야 하는 것이므로 능단금강(能斷金剛)이 되어야 중생심(衆生心)을 불심(佛心)으로 전환할 수 있다. 그러면 자신의 지혜가 진여의 지혜로 된다. 진여의 지혜로 번뇌 망념의 고해(苦海)를 뛰어넘는 것을 반야바라밀(般若波羅蜜)이라고 한다. 그리고 삼승(三乘)으로 돈오점수(頓悟漸修)의 수행을 하여 육바라밀(六波羅蜜)을 실천한 후에 대승(大乘)과 최상승(最上乘)으로 살아가면 행복하게 된다. 그러므로 이 자리인 소승(小乘)의 열반성(涅槃城)에 머물지 말고 더 나아가 여래로 해탈지견향(解脫知見香)이 되어 살아가야 한다.

4. 선어록과 수행

선어록(禪語錄)이라고 하면 선(禪)과 어록(語錄)이라는 말을 합성한 단어이다. 그러므로 먼저 선(禪)이 무엇인가를 알아야 한다. 선(禪)581)은 『선원제전집도서』에 의하면 "경(經)은 부처님의 말씀(語)이고 선(禪)은 부처님이 말씀한 바른 뜻으로 제불(諸佛)의 마음에 맞는 말씀(意)이라는 뜻"이므로 선교(禪敎)는 서로 같아야 하는 것이다. 그리고 『치문경훈』에는 "경(經)은 부처님의 말씀(言)이고 선(禪)은 부처님의 마음(心)"이라고 하고 있다. 또 『여산연종보감』에는 "교(敎)는 부처님의 안목이고 선(禪)은 부처님의 마음"이라고 하며 선교가 융화되어 안목과 마음이 화합해야 한다고 하고 있다. 『원각경류해』과 『선가구감』에도 "선(禪)은 부처님의 마음(心)이고 교(敎)는 부처님의 말씀(語)"이라고 하고 있다. 이처럼 부처님의 가르침을 교(敎)나 경(經)이라고 하고 부처님의 마음을 선(禪)이나 안목(眼目)과 뜻(意)이라고 하는 것은 마음 없는 말씀은 맞지 않는 것이라고 강조하는 것으로 선교일치의 생활화를 주장하는 것이다. 여기에 어(語)나 언(言)으로 표현한 것은 그 시대의 표현일 것이다. 석가모니 한사람의 주장이라고 철학적으로 생각하는 이들도 있었을 것이고 종교라는 관점에서 받아들이는 사람들도 있었을

---

581) 『禪源諸詮集都序』卷1(T48, p.400b10~13), "初言師有本末者, 謂諸宗始祖卽是釋迦. 經是佛語, 禪是佛意, 諸佛心口, 必不相違. 諸祖相承, 根本是佛. 親付菩薩, 造論始末, 唯弘佛經." ; 『緇門警訓』卷7(T48, p.1080b8), "經是佛言, 禪是佛心." ; 『廬山蓮宗寶鑑』卷2(T47, p.315c1~3), "教是佛眼, 禪是佛心. 心若無眼, 心無所依. 眼若無心, 眼無所見. 心眼和合, 方辨東西. 禪教和融, 善知通塞. 當知機有利鈍, 法有開遮." ; 『圓覺經類解』卷3(X10, p.205c15), "禪是佛心, 教是佛語." ; 『禪家龜鑑』(X63, p.737c18), "禪是佛心, 教是佛語."

것이기 때문이다.

그러므로 교(敎)를 경(經)이라고 하는 것은 석가모니의 말씀을 아난의 입으로 구술된 것을 결집하여 만든 것을 말하는 것이고 선(禪)은 이 경전의 내용들이 부처님의 마음에서 나온 설법으로 실천하라는 것을 표현한 것이다. 즉 가섭에게 이심전심한 내용이 경전의 내용인 것이다. 그러나 성급한 사람들이 그 마음만 알면 다른 것은 무시해도 되는 것처럼 알고 있지만 이것은 소승(성문·연각·보살)들이 불퇴전(不退轉)의 경지에 이르렀을 때에나 생활이 가능한 것이다.

그래서 『선종영가집』에도 말하고 있듯이 처음부터 도(道)를 흠모하는 마음을 내어 출가하고 견성해서 돈오점수의 수행을 해야 하는 것이다. 그런 이후에 돈오돈수의 대승을 거쳐 최상승으로 나아가야 여래가 된다. 이렇게 하여 여러 조사나 무위도인 한도인 등이 말씀한 것을 기록한 것을 선어록이라고 한 것이다. 그러므로 선(禪)은 대승의 아라한이나 대비구 보살마하살이 할 수 있다고 하는 것이다. 결국 선어록이란 부처님의 마음을 조사들이 설한 것을 기록한 책들을 선어록(禪語錄)이라고 한 것이다.

선불교(禪佛敎)라고 하는 것도 부처님의 가르침을 부처님의 마음으로 알고 실천하는 대승을 선불교라고 하는 것이 된다. 그러므로 여기에서 수행이라는 실천이 빠지면 선불교가 세발의 솥에서 다리가 하나 없어진 것이 되므로 선불교는 계정혜 삼학에 맞게 실천해야 하는 것이다. 여기에서 실천을 하려고 하면 자각의 수행이라는 불교의 수행법을 알아야 수행을 할 수 있다. 수행이라는 말은 근원으로 돌아가는 것이다. 이 말은 『반야심경』의 내용인 '조견오온개공'이라는 것을 깨닫고 나서 부딪히는 육진경계에서 적용해야하는 것이 소승의 수행이다. 즉 만나는 경계를 공(空)으로 되돌리는 것을 말한다. 여기에서 대승의 체공(體空)이 되어야 이것의 실천이 가능한 것이다. 그래서 언어로 선불교라고 하는 것이고 선어록이라고 하는 것도 소승의 석공(析空)으로는 이룰 수 없는 것이 된다.

　궁극적으로 선어록(禪語錄)으로 수행한다고 하는 것은 대승(大乘, 대비구.보살마하살.아라한)의 수행자가 되었을 때에 실천이 가능하다고 볼 수 있다. 그런데도 소승(小乘)도 되지 못하여 견성(見性)하지도 못한 이들이 말하는 저잣거리의 언어를 가지고 논하는 것은 시간만 낭비하게 된다. 그러므로 먼저 견성한 이후에 돈오점수의 수행을 하여야 한다. 이 말은 항상 성문이나 연각이나 보살로서 자신을 살피는 것을 조금도 놓치지 말아야 하는 것이다. 이렇게 하여 이것이 익어지면 대승(大乘)으로 나아갈 수 있는 역량이 갖춰지는 것이다. 그러므로 예를 들면 자신이 성문이 되면 성문으로서 사성제582)나 팔정도583)에 맞게 생각하고 행하는 지를 항상 관조하고 점검하여 수행해야 하는 것이다. 또 연각이 되면 12인연법에 맞는지 항상 점검하여 자신을 놓치는 일이 없어야 한다. 보살도 역시 보살도를 실천하면서 이렇게 이런 생활이 조금이라도 어긋나면 소승의 수행자가 계율에 의하여 참회(懺悔)를 하고 큰 잘못이라면 참괴(慙愧)를 해야 바른 수행자로 다시 태어나야 하는 것이다. 이것 때문에 교단이나 종단을 만들어 집단생활을 하면서 대승(大乘)

---

582) 사성제: 고집멸도(苦集滅道)
583) 팔정도: 정견(正見)·정사유(正思惟, 正思)·정어(正語)·정업(正業)·정명(正命)·정정진(正精進, 正勤)·정념(正念)·정정(正定)

의 선지식(善知識)이 서로 서로 바른 수행자로 이끌어 주는 것이다. 현대의 우리 불교는 어떤 수행을 하는지 한번쯤 뒤돌아봐야할 때가 된 것이라고 생각한다.

여기에서 화두(話頭)나 공안(公案)에 대하여 말하면 남종선, 북종선, 조사선, 묵조선, 묵조사선, 간화선에 대하여 집고 넘어가야 한다. 옴(Om, 唵)이나 무(無)가 무엇을 의미하는지 어떻게 수행해야 하는지 요가와 불교의 수행이 명상(瞑想・冥想)이나 묵상(默想), 묵념(默念)으로 가는 것이 올바른가를 생각해야 한다. 이렇게 벌려놓으면 중구난방(衆口難防)인 것처럼 보이겠지만 이것이 모두 대소승으로 구분하면 간단하다.

왜냐하면 공가중이나 정혜쌍수의 수행을 하여야 견성하게 되는 것이기 때문이다. 옴(唵)이나 무(無)는 삼매에 들어가는 요가 수행법이다. 이 말은 공가중(空假中)으로 가는 방편의 문을 말하는 것으로 주장자의 봉(棒)이나 할(喝)이 같은 뜻이다. 남종선은 본성의 체가 본래부터 청정하다는 것을 체득하기만 하면 다른 수행이 필요 없다고 하는 것이다. 북종선은 맑은 명경에도 번뇌 망념의 때가 앉게 되므로 계속하여 성문이나 연각, 보살처럼 계속하여 제거하지 않으면 번뇌 망념에 물들게 되므로 항상 제거해야 한다고 하는 것이다. 조사선은 본성이 청정하다는 것을 체득하여 남종선에서 한걸음 더 나아가 생활하는 실천을 해야 하는 것을 말한다. 간화선에서 화두와 공안을 타파하여 견성하고 나서도 묵조선법으로 묵묵히 앉아 참선하는 그것이 수행으로 자성이 청정하다는 것을 자각하는 소승의 수행법이다. 이런 수행에서 서로 간에 문제점들을 지적하게 되어 묵조사선이 등장하게 되고 언어문자의 논쟁들이 있게 된 것이다. 이 문제가 지금까지 간화선이라는 문제에서 화두를 참구하는 것이 공안의 첫머리[화두]나 '이뭣고'를 참구하여 견성하고자 한다고 하면 쉽지는 않을 것이다. 이제까지 설명을 하였지만 견성(見性)이라는 것은 자신의 오온(五蘊)이 공(空)이라는 것을 자각하는 소승의 수행법이고 공안(公案)이나 경전(經典)과 어록(語錄)을 보는 것은 이것을 알고 대승으로 실천하게 하는 방편인 것이다. 그러므로 소승의 수행자가 대승으로 나아가려고 하면 먼저 불법(佛法)을 완벽하게 체득하고 나서야 대승으로 나아가는 것인데 바로 최상승으로 나아가려고 하면 갓난아이가 마라톤을 완주하려고 하는 것과 같다. 또 밤송이를 까지도 않고 그냥 입안에 넣고는 뱉지도 삼키지도 못하는 모습으로 살아가는 모습들이 가련할 따름이다.

사마타와 위빠사나로 수행하다가 명상이나 묵상으로 수행하는 수행자들은 결국 묵념하는 수행자의 모습과 너무나 흡사하다. 이것은 우필차로 가야한다고 경전에도 기록되어 있는데 정혜쌍수(定慧雙修)의 수행을 하지 못하는 소승수행자들의 모습이다. 즉 천태의 공가중(空假中)이나 지관쌍수(止觀雙手)의 의미를 잘 모르는 수행자들일 것이다.

소승과 대승, 최상승은 『금강경』에 기록 되어 있는 내용들이다. 소승은 성문·연각·보살을 말하는 것으로 소승에 대하여 다음과 같이 설하고 있다. "若樂小法者, 著我見 人見 衆生見 壽者見, 則於此經, 不能聽受讀誦 爲人解說.(번역은 15단 참조)" 소승(小乘)은 사견(四見)이 있어 이 경(經)을 들을 수도, 수지할 수도, 독송할 수도 없고 사람들에게 해설하는 것도 불가능 하다고 『금강경』에 기록하고 있다. 이 말을 되새겨보면 누구나 귀가 있으면 들리는 것은 당연하다고 누구나 알 것이지만 앞에 설명하였던 경(經)이나 교(敎)를 설하는 소리는 들을지라도 선(禪)이 되지 않으면 아무리 설하여도 부처님의 마음이 사라진 소리를 듣는 것이 된다. 그러므로 무슨 의미가 있는지를 파악하지 못하면 아무리 오래도록 들어도 시간만 낭비하는 것이지 무슨 소용이 있겠는가?

그래서 여래는 대승과 최상승의 발심을 한 이들에게 설한 것이라고 한 것은 이들은 '아뇩다라삼먁삼보리'를 감당할 수 있기 때문(如來爲發大乘者說, 爲發最上乘者說. … 皆得成就不可量 不可稱 無有邊 不可思議功德. 如是人等, 則爲荷擔 如來阿耨多羅三藐三菩提. 번역은 15단 참조)이라고 하고 있다. 이것은 견성하여 불퇴전(不退轉)의 지위에서 물러나지 않는 아라한이기 때문이다. 『금강경』에서 대승은 대비구, 보살마하살, 아라한을 말한다. 그리고 최상승은 여래를 말한다. 이것의 설명은 『금강경』의 역주내용을 보기 바란다.

요가도 이 책에 간략하게 설명이 되어 있고 명상이나 묵상과 묵념은 너무나 잘 아는 단어이지만 명상(瞑想, 冥想)은 한자(漢字)로 고요하게 생각하는 것을 말하는데 영어로는 Meditation584)이나 Contemplation585)을 묵상과 명상으로 표현하고 있는데 사유(思惟)하는 것을 말하고 있다. 묵념(黙念)586)은 사자(死者)를 위

---

584) 1. the act or process of spending time in quiet thought, the act or process of meditating ; 2. an expression of a person's thoughts on something
585) 1. the act of thinking deeply about something ; 2. the act of looking carefully at something
586) [네이버 국어사전] 『표준국어대사전』, 묵념(黙念): 1. 묵묵히 생각에 잠김. 이나 2. 명사 말없이 마음속으로 빎. 주로, 죽은 이가 평안히 잠들기를 기원하는 뜻으로 한다. https://ko.dict.naver.com/#/entry/koko/2ed

해 기원하는 정도로 이해할 수 있다. 그러면 명상이나 묵상을 불교의 중도(中道)로 설명하면 먼저 사마타와 위빠사나를 정확하게 알고 있어야 하는 것이다. 기독교의 바이블587)을 명상하는 도구로 삼는 것은 바이블에 모든 것이 다 있다는 신앙(信仰)에 의한 것이다. 이것은 누구나 할 수 있는 것은 아니다. 그러므로 누구나 여래가 될 수 있는 종교라고 할 수 없고 자기들의 신앙에 따른 철학이라고 할 수 있을 것이다. 여기에서 말하고자하는 것은 명상이나 묵상이 아닌 우필차로 수행해야 공가중이 되고 정혜쌍수나 지관쌍수를 하여 견성(見性)하게 된다는 것을 말하고자 한다. 이렇게 견성(見性)하여야 돈오점수(頓悟漸修)의 수행을 할 수 있는 소승(小乘)의 성문이나 연각과 보살이 탄생하게 되는 것이다.

남방불교라는 미명하에 사마타와 위빠사나에만 빠져있다면 성문이나 연각과 보살의 탄생을 어떻게 바랄 것이며 대승의 대비구나 보살마하살과 아라한의 탄생을 바란다는 것은 항하사겁을 지나도 만나기 어려울 것이다. 그러므로 여래의 출현이라는 것은 꿈도 꿀 수 없을 것이다. 이런데도 명상이라는 허망한 것을 추구하려고 하는 이들은 자신들이 어디에까지 명상수행을 하였기에 모든 사람들에게 강요하는지 알 수가 없다. 정말로 바른 경전과 바른 법이 무수하게 기록되어 있는데도 다른 길로만 가고 있으니 안타깝고 안타깝도다.

8a8f130ed459db9ad adbcbba25ff2 [검색일자: 2024.9.8.]
587) [네이버 영어사전]『M-W Learner's』, Bi·ble: 1. 성서, 성경 2.[종종 b] ((일반적으로)) 성전(聖典) 으로 1. [the ~] (그리스도교의) 성서, 성경 ((the Old Testament 및 the New Testament; 유대교에서는 구약만을 가리킴; cf. SCRIPTURE 1)) 2. [종종 b~] ((일반적으로)) 성전(聖典) 3.[a ~] 성경 한 권[한 판(版)] https://en.dict.naver.com/#/entry/enko /c6c2bfdbee48437791388ab728f27927[검색일자: 2024.9.8.]

VI. 결론

1. 요약

본 연구는 구마라집의 『금강경』을 저본으로 하고 『육조단경』, 『선종영가집』, 『돈오입도요문론』, 『임제어록』에서 깨달음을 고찰해왔다. 이런 대승(大乘)경전(經典)이나 선어록(禪語錄)에서 그 전모를 모두 밝히는 것이 쉬운 일은 아니다. 그러나 『금강경』은 많은 논소초(論疏鈔)의 주석(註釋)들이 있는데 너무 많고 방대하고 한자(漢字)를 거의 사용하지 않는 지금은 이해하기 어려운 것이 사실이다. 선어록(禪語錄)을 보려고 하면 대승(大乘)으로 언어문자를 초월해야 이해할 수 있기 때문에 더더욱 핵심을 찾아내기란 어렵다. 『금강경』은 많은 종단(宗團)들의 소의경전(所依經典)이지만 여기에서 깨달아 여래로 살아간 옛 조사(祖師)들은 많지만 현재에는 이에 대해서 잘 들어보지 못했다. 그래서 『금강경』, 『육조단경』, 『선종영가집』, 『돈오입도요문론』, 『임제어록』에서 깨달음에 대하여 살펴보기 위하여 여러 가지 자료들을 검토해왔다.

『금강경』과 『육조단경』, 『선종영가집』, 『돈오입도요문론』, 『임제어록』의 자료들은 많지만 필요한 부분만 발췌하여 사용하였다. 왜냐하면 『금강경』에서 시작하여 육조(六祖)가 탄생하였고 그 이후에 임제까지 많은 조사들이 배출되었기에 어떻게 조사(祖師)들이 탄생할 수 있는지 검토한 것이다.

II장에서는 『금강경』에서 '발아뇩다라삼먁삼보라심'하면 보살이고 보살이 대승(大乘)의 보살마하살이 되는 것이 아라한[응공]이라는 것을 알아보았다. 그리고 대승(大乘)에서 아라한(阿羅漢)이 몰종적으로 수행하면 여래가 되는 것을 살펴보았다. 그리고 보살이 되려면 사상(四相)이 없어야 한다고 "약보살유아상(若菩薩有我相) 인상(人相) 중생상(衆生相) 수자상(壽者相) 즉비보살(卽非菩薩)."이라고 하고 있다. 소명태자(昭明太子)가 분단한 3단을 대승정종분(大乘正宗分)이라한 것에서 구류중생(九類衆生)을 모두 열반에 들게 제도한 것보다 "실무중생(實無衆生), 득멸도자(得滅度者)."의 의역에서 보살을 대승의 보살마하살이라고 하였다. 그리고 여래는 "약견제상비상(若見諸相非相) 즉견여래(則見如來)."라고 하고 있듯이 제상을 비상(非相)이라고 친견하면 여래라고 하고 있다. 이 경 29단에서 설하고 있듯이 여래는 오고가는 것이 아니므로 자신을 바로 알고 살아가는 사람을 여래라고 간략하게 기술하였다. 그리고 무사상(無四相)이라고 하여 아상(我相)이 무아상(無我相)이 되는 것을 조견오온개공(照見五蘊皆空)의 논리로 설명을 하였다. 사상(四相)에서 아상(我相)을 계속 반복하여 주장하는 것을 중생상(衆生相)이고, 인상(人相)은 명상(命相)으로 사대(四大)가 없어지지 않을 것이라는 생각이며, 수자상(壽者相)은 죽고 나서도 영혼이 있다는 것을 무수자상(無壽者相)으로 없다고 설명하였다. 그리고 이것의 근원은 아상(我相)으로 인한 것이므로 아상(我相)이 없으면 구공(俱空)이 되어 대승보살이고 반야바라밀(般若波羅蜜)을 실천한다는 생각 없이 실천하여 무주(無住)의 실천을 하면 여래(如來)라고 기술하였다.

그리고 『육조단경』, 『선종영가집』, 『돈오입도요문론』, 『임제어록』에서 말하는 깨달음이 무엇인지 간략하게 기술하였다. 『육조단경』에서는 식심견성(識心見性)이 깨달음이고 반야삼매가 되어야 마하반야바라밀에 의하여 조사(祖師)가 탄생한다는 것을 알아보았다.

『선종영가집』에서 깨달음은 출가(出家)하여 공가중(空假中)으로 수행해서 삼승(三乘)이 되는 것을 일반적인 깨달음이라고 한다. 삼승(三乘)이 되고 돈오점수(頓悟漸修)하여야 바른 수행자인 것이다. 그리고 삼승(三乘)에서 훈습하여 보살마하살로 돈오돈수(頓悟頓修)하는 대승의 수행자가 되어야 한다.

『돈오입도요문론』과 『임제어록』에서는 중도(中道)를 실천하는 사람이 활매(活埋)하는 것이 현신(現身)성불(成佛)하는 무의도인(無依道人)이라고 기술하였다.

Ⅲ장에서는 『금강경』의 역주에서 문제점을 능단(能斷)으로 해야 된다고 하였다. 즉 소단(所斷)으로 번역하면 부처가 되지 않는다고 『아비달마발지론』에 "견소단자(見所斷者), 명마화(名魔花). 수소단자(修所斷者), 명소화(名小花)."라고 한 것처럼 능단(能斷)으로 번역해야 한다고 하였다. 즉 석공(析空)으로 『금강경』을 번역하면 깨달을 수 없다는 것을 설명하였다. '즉비(即非)'를 대승으로 하여 "소위불법자(所謂佛法者), 즉비불법(即非佛法)"을 "불법(佛法)이라고 하는 것은 불법(佛法)을 초월한 진여의 지혜를 실천하는 것"이라고 하였다. 그리고 여래가 설한 법은 "얻을 수도 설할 수도 없고 법도 법아님도 아니다."라고 한 것을 무위법(無爲法)을 실천하는 의미에서 설법한다는 집착 없이 하는 것이라고 하였다. 또 무실무허(無實無虛)에 대하여 번역을 "여래소득법(如來所得法), 차법무실무허(此法無實無虛)."에서 "여래가 얻은 법은 진실도 없고 거짓도 없다."라는 번역을

"여래가 아뇩다라삼먁삼보리의 법을 체득하였다고 하는 이 법은 언어문자를 벗어난 법이므로 무실(無實)이라고 설한 것이며 지금 진여의 지혜로 생활하는 것을 설하고 있기 때문에 무허(無虛)라고 한다."라고 하였다. 즉 언어문자를 벗어나 지금 진여의 지혜로 생활하면 여래가 된다는 것이라고 기술하였다. 그리고 '실지실견(悉知悉見)'의 번역도 자신이 여래가 되어 알고 보는 것으로 번역하였다.

『금강경』을 독송하더라도 『금강경』의 뜻을 알고 어떻게 실천해야 하는지 알고 해야 하는데 모르고 하기에 '만뜨라'와 비교하였고, 기도하면 이루어진다는 신념으로 앵무새와 같이 독송만 하는 것을 선(禪)의 입장에서 자신이 수처작주입처개진(隨處作主立處皆眞)하여 향외치구(向外馳求)하지 않고 반야바라밀(般若波羅蜜)을 행하면 여래(如來)가 된다고 하였다.

2. 깨달음의 내용과 실천

『금강경』에서 깨달음이라고 하는 것은 범어(梵語)로는 아뇩다라삼먁삼보리(阿耨多羅三藐三菩提)이고 한자(漢字)로는 무상정등정각(無上正等正覺)으로 바른 깨달음을 얻는 것을 말한다. 『대방광불화엄경』의 초발심시변성정각(初發心時便成正覺)에서 정각(正覺)하여 위없는 깨달음을 얻는 것으로 견성(見性)하여 구경(究竟)에는 공(空)을 체득하는 것이다. 일심(一心)으로 만법(萬法)을 관조(觀照)하여 자성(自性)으로 아는 것을 지혜라고 하는데 불교에서는 자신이 견성(見性)했다는 사실까지도 아는 것이므로 진여의 지혜가 된다. 깨달음을 성취하는 방법을 『금강경』에서는 여시한 마음으로 자신에게 일어나는 중생심의 마음을 굴복시켜야 한다고 하고 있다. 이것을 설명하면 공가중(空假中)이라고 하고 정혜쌍수(定慧雙修)라고 한다. 『금강경』에서 수다원·사다함·아나함이 성자의 지위에 속한다. 이런 삼승의 성자들이 깨달음을 이루고 나서 대승[아라한·대비구]에서 몰종적의 생활을 하면 최상승의 여래가 된다.

이것을 『금강경』의 5단에서 "일반적으로 자신들이 알고 있는 육진경계는 모두가 의식의 대상으로 아는 것이기에 허망한 것이라고 알고 모든 육진경계의 대상들을 청정하게 볼 줄 알면 여래를 지금 곧바로 직접 친견하게 된다(凡所有相 皆是虛妄 若見諸相非相 則見如來.)."라고 하고 있듯이 제상(諸相)만 비상(非相)이라고 친견(親見)하면 여래라고 하고 있다. 이것은 아상(我相)만 비상(非相)이라고 알면 법신상(法身相)이 된다고 『금강반야바라밀경주해』에서 말하고 있고 『금강경주해』권2에서도 법신(法身)은 무상(無相)이므로 비상(非相)이라는 사실을 깨달으면 여래를 친견하는 것이라고 하고 있다.

이 『금강경』에서 소승(小乘)과 대승(大乘)을 구분하는 것은 소승(小乘)은 수행해야한다는 집착이 남아 있는 것[아견·인견·중생견·수자견]이다. 이것을 없애야 소승에서 대승으로 나아가 바른 수행을 할 수 있기에 소승은 『금강경』 15단에 "만약에 소승의 법으로 수행하기를 좋아하는 이들은 무의식의 고정된 아견·인견·중생견·수자견에 대한 집착이 있으므로 이 경(經)을 깨달아 수지하고 독송할 수 없고 사람들에게 해설하여도 알아듣게 할 수 없다(若樂小法者, 著我見·人見·衆生見·壽者見, 則於此經, 不能聽受讀誦 爲人解說.)."라고 설하고 있는 것이다. 소승(小乘)의 마음이 없어야 대승(大乘)이 되어 수행한다는 마음도 없이 수행하게 된다. 그리고 29단에 최상승의 여래는 "여래는 어디에서 온 것이 아니고 어디로 가는 것이 아니므로 자신이 진여의 지혜로 생활하면 누구나 여래가 되는 것이다(如來者, 無所從來, 亦無所去, 故名如來.)."라고 하고 있듯이 여래는 진여에서 오고 진여로 돌아가 실천하는 것을 이렇게 설하고 있다. 또 17단에도 "여래가 체득한 법(法)이라고 하는 것은 제법을 올바르게 자각하여 진여의 지혜로 생활하는 것이기 때문이다(如來者, 卽諸法如義)."라고 하고 있듯이 여기에서 진여는 제법(諸法)을 벗어난 것이 아니라고 『금강경보주』권2에 기록하고 있다. 이것을 범부들은 마음속에 제법을 취사(取捨)해야 하는 마음이 존재하는 것이지만 부처는 마음이 허공과 같아서 제법(諸法)이 본래 청정하여 취사(取捨)가 없는 것을 제법여의(諸法如義)588)라고 하고 있다. 이처럼 여래는 대허공(大

332

虛空)과 같은 마음으로 수행이라는 마음조차도 없이 제법여의(諸法如義)한 몰종적(沒蹤跡)으로 생활하는 것을 여래(如來)라고 한다.

육조혜능의 깨달음인 식심견성(識心見性)하여 무념(無念)으로 무상(無相)을 실천하여 무주(無住)의 생활을 하는 것이다. 즉 이렇게 하여 어디에서나 반야바라밀(般若波羅蜜)을 실천하여 조사(祖師)로서 생활하는 것이다. 혜능이 생활하는 법은『금강경』에서 설하고 있는 "응무소주(應無所住) 이생기심(而生其心)"이 되어 경혹[경계의 미혹]이 일어나지 않는다는 것을 알고 실천하는 것이다. 혜능이 깨달아 실천하는 내용을 무념·무상·무주라고 하는 것은 성자의 경지에 들어가는 첫 번째 문으로 무념이 되어야 하고 그 다음은 무상을 실천하되 무주가 되어야 하는 것이다. 이것이 '응무소주'의 무념이고 '이생기심'이라는 무상이 되어 무주의 반야바라밀(般若波羅蜜)을 실천하여 최상승(最上乘)의 조사(祖師)가 되는 것을 말한다.

『선종영가집』에서 깨달음은 출가(出家)하여 공가중(空假中)으로 수행해서 삼승(三乘)이 되는 것을 일반적인 깨달음이라고 한다. 삼승이 되고 돈오점수(頓悟漸修)하여야 바른 수행자인 것이다. 그리고 삼승(三乘)에서 훈습(薰習)하여 보살마하살로 돈오돈수(頓悟頓修)하는 대승의 수행자가 되어야 한다.

혜해의 깨달음은 일체처가 무념이라는 것으로 지금 이생에서 세속의 탐진치를 버리지 않고 열반에 드는 것이다. 마음은 대

---

588) 『金剛經補註』卷2(X24, p.837c17~20), "如來者, 即眞如也. 眞如不離諸法, 凡夫心存取捨, 分別諸法, 所以濁亂, 不得自如. 佛心若大虛空, 即一切諸法, 本來清淨, 如中天杲日, 歷歷分明, 於諸法上, 都無取捨分別, 即是諸法如義."

승이지만 수행이 익어져 마음이라는 생각도 하지 말고 만법이 불법(佛法)이 되어 삼세에서 무주심(無住心)으로 살아가야 하는 것이다. 여기에서 오종법신을 자각해야 한다고 하고 있다. 법신은 불법(佛法)의 본체를 말하는 것으로 삼신이 하나가 되어야 바른 깨달음을 체득한 사람이 된다. 이것은 오종법신을 각자가 체득해야 바른 깨달음을 얻고 중도를 실천해야 하며 생멸(生滅)이 불생불멸(不生不滅)하는 것을 중도라고 하고 여래라고 하고 있다. 이것은 최상승의 입장에서 보면 중도가 여래이고 깨달음이 되는 것이다.

『임제어록』에서 깨달음은 수처작주입처개진(隨處作主立處皆眞)하여 일인(一人)으로 생활하는 수행자는 누구나 자신이 여래(如來)이기에 무의(無依)로서 수행하는 것이다. 그리고 임제는 살아있는 사람인 지금의 자신이 여래이므로 여래가 여래를 찾지 말아야 한다고 하고 있다. 그래서 임제는 시절인연을 기다리지 말고 지금 여래로 생활하는 일인(一人)이나 대장부(大丈夫)는 정토・예토와 범부・성자라는 망념이 없는 사람이라고 하고 있다. 이런 사람은 번뇌 망념을 그대로 돈오(頓悟)하여 대장부(大丈夫)로서 조사와 부처나 여래라는 명구(名句)를 초월한 무의도인(無依道人)으로 살아간다. 그러므로『임제어록』에서 말하는 깨달음은 지금 자신이 번뇌 망념을 가진 그대로가 여래라는 것이다. 이것은 수행이나 조작이 전혀 없는 '도불용수(道不用修)'를 실천하는 것으로 화장(火葬)이 아닌 활매(活埋)가 된다.

결과적으로 『금강경』에서 깨달음을 논한 이유는 깨달음의 시작은 제목인 '능단금강반야바라밀경'과 무사상(無四相)의 '아뇩다라삼먁삼보리[무상정등정각(無上正等正覺)]'에 있는 것이다. 그러므로 이 경(經)의 제목인 능단금강(能斷金剛)의 반야(般若, prajñā)에서 깨달음은 시작된 것이다. 무상정등정각인 깨달음을 견성(見性)이라고 하며 견성했다는 사실을 아는 것을 진여의 지혜라고 하는 것이 된다. 그러나 소승(小乘)인 소법자(小法者)는 사견(四見)때문에 불능(不能)이라는 것은 아난이 부처가 될 수 없다고 하는 것과 같다. 그러므로 대승에서 금강이 진여이고 반야는 지혜이기 때문에 금강을 "깨어질 수 없는 것"이나 "모든 것을 파괴할 수 있는 것"이라고 하는 것이다. 금강의 '반야'를 번역하지 않았기에 결국은 현장이 능단(能斷)을 주장하여 구마라집을 비판한 것이다. 여기에서 깨달음을 능단(能斷)으로 이해하면 여래나 보살이 깨달음이 되고 이들이 가진 법을 바로 알고 무사상(無四相)으로 보살도를 실천하면 어느 누구나 여래가 되는 것이다. 즉 일반적인 소승의 지혜와 진여의 지혜를 대승과 구분하여 말한 것이고 진여의 지혜로 몰종적의 생활을 하는 것이 최상승의 여래가 된다.

번역의 문제는 오종불번, 오실본삼불역과 한자를 이해하지 않으려고 하는 것과 사상(四相)을 아견(我見)의 영혼이 존재하여 사후(死後)의 윤회(輪廻)까지도 주장하기 때문이라고 할 수 있다. 또 중생을 모든 생명으로 확장하여 설명하는 것과 깨달음을 아뇩다라삼먁삼보리(阿耨多羅三藐三菩提)라고 하여 누구나 할 수 있는 것이 아닌 특별한 사람만 할 수 있게 하는 문제의 아상(我相, 我想)은 오온(五蘊)이 공(空)인 것이다. 그리고 아뇩다라삼먁삼보리(阿耨多羅三藐三菩提)와 즉비(卽非)에서 '아뇩다라삼먁삼보리'는 '무상정등정각'이고 진여의 지혜라는 것을 깨달은 결과이고 즉비(卽非)는 깨달음이라는 것도 초월한 대승(大乘)을 말한다. 그러므로 깨달음이라는 것도 초월한 여래는 진여의 지혜로 실천을 하면서도 진여의 지혜라는 생각도 하지 않고 실천을 해야 하기 때문에 '즉비불법(卽非佛法)'을 불법(佛法)이라고 하고 있다. 그러나 이 부분에서 번역에 문제가 "불법이 아닌 것이 불법이다."라고 소승적인 번역을 하여 이해하기가 어려운 것이었다. 이것은 무상정등정각(無上正等正覺)인 불법(佛法)이 구경에는 '반야바라밀'에 의하여 탄생하기 때문에 불법(佛法)이라는 생각도 하지 않고 실천해야 하는 대승(大乘)이기에 최상승(最上乘)의 여래는 진여의 지혜로 몰종적의 생활을 하는 것이다.

그리고 내용으로 보살이 불국토를 장엄하는 문제에서도 외부의 장엄이 아니라 마음속에 불국토를 건설하는 것을 장엄이라고 한다. 그런데도 불국토와 장엄을 외부에서 하려고 번역하고 실천하는 것은 문제가 있다. 즉 건물이나 신도의 숫자나 재물에 의하여 장엄하려고 하는 것은 외부의 장엄이고 여기에서 말하는 불국토나 장엄은 자신의 마음속에서 이루어지는 것을 말한다. 그러므로 불법(佛法)은 자신의 마음에서 이루어져야 불생불멸(不生不滅)이 되는 것처럼 장엄이라는 것도 자신의 마음속에서 이루어져야 불국토의 장엄이 된다. 보시하고 공양하며 사경하는 것도 궁극적으로는 각자의 마음을 깨닫게 하기위한 것이다. 진여의 지혜라는 불법(佛法)이 있는데 종교가 신앙이 되어 여러 문제가 있게 된 것이다. 즉 최고의 깨달음이 진여의 지혜이나 이것을 아는 고정된 법은 없다. 그리고 무위법(無爲法)으로 차별한다는 것은 깨달은 성자가 실천하는 것이므로 세속적인 차별처럼 보일지라도 성자나 여래의 입장에서는 생활하는 것을 말한다. 또 무실무허(無實無虛)를 "진실도 없고 거짓도 없다."라고 하든지 아니면 "실도 없고 허도 없다."라고 번역하는데 무실(無實)은 공(空)이고 무허(無虛)는 불공(不空)이다. 즉 이것은 진실이 없는 것이 아니라 여래가 체득한 법(法)이 공(空)으로 다시 살아나는 것을 무허(無虛)라고 하는 것이 된다. 그래서 거짓도 없는 것은 여래가 얻은 법이 진실로 존재하게 되는 것이 된다. 중도(中道)나 공(空)을 실천하는 것이 불법(佛法)이지만 여래가 이것을 얻은 '아뇩다라삼먁삼보리'는 고정된 법이 아닐 뿐이지 없는 것은 아니다. 즉 공(空)을 잘못 알면 공병(空病)에 빠지듯이 비워야 한다는 마음만 있으면 영원히 돈오(頓悟)하지 못하게 된다. 그러므로 이런 오해로 많은 것을 잃게 된다는 것을 알지 못하면 오히려 선병(禪病)이 된다. 실지실견(悉知悉見)도 "여래는 다 알고 다 본다."라고 하고 또 "여래는 부처의 지혜나 부처의 눈으로 알고 본다."라고 소승(小乘)의 번역을 하면 자신이 여래가 되기는 어려울 것이다. 그래서 이것은 『금강경』에서 여래나 부처가 자신이 되어야 하는 능단(能斷)을 말하고 있다. 그러므로 범부나 소승이 『금강경』의 뜻을 알지도 못하면서 아는 것처럼 밤새워 기도하며 독송하는 것보다 자신의 마음을 비우는 것이 속박되지 않고 해탈하여 속박에서 벗어나 대승(大乘)의 자유를 얻게 된다. 그리고 만뜨라요가의 수행으로 '비상비비상처정'에 도달하려고만 수행하는 것때문에 더 수행하여 성도하게 된 것이므로 『금강경』에서 깨달음은 지금 여기에서 바로 '능단금강'으로 '반야바라밀'만 행하면 해탈하고 최상승의 여래가 된다고 하는 것이다.

선(禪)이 교(敎)를 근본으로 하지 않으면 불법(佛法)이라 할 수 없으므로 선교일치(禪敎一致)가 되어야 한다. 그리고 『금강경』은 소승의 수행이 아니라 대승선과 최상승선을 설하고 있다. 또 『금강경』에서 선(禪)이란 언어를 사용하지는 않았지만 진여의 지혜로 생활하는 것이 선(禪)이다. 그래서 『금강경』은 선경(禪經)으로 대승과 최상승을 실천하는 아라한과 보살마하살이 여래가 되는 것이다. 그러나 소승의 수행자는 사견(四見)이 있으므로 청수독송(聽受讀誦)하여도 자신도 알아듣지 못하고 남을 위해 설하는 것도 불가능하다고 하는 것은 깨달음과 사상(四相)에서 오온(五蘊)이 공(空)인데도 소승(小乘)의 아견(我見)에 집착하고 있기 때문이다. 즉 자신이 여래가 되어 다 알고 보아야 할 것을 자신의 지식으로 타인보다 우월한 여래가 되었다는 알음알이에 의하여 자신의 여래를 잃어버리는 것이다. 이렇게 하여 『금강경』이 소승(小乘)의 경전이 되어 독송하고 사경(寫經)하는 것은 현대사회에서는 불필요한 것이며 대승(大乘)과 최상승(最上乘)인 선불교(禪佛敎)의 선경(禪經)으로 활용하여야 한다.

결국 선불교(禪佛敎)에서는 『금강경』이나 선어록(禪語錄)에서 깨달음은 견성(見性)으로 귀결되어 견성(見性)하고 성불(成佛)해야 하는 것이지만 소승[삼승]은 자신이 부처가 될 수 없고 대승은 보살마하살이나 아라한으로 최상승은 몰종적의 여래가 되는 것을 말하고 있다. 그래서 『금강경』을 일상생활에 활용하려면 이 경(經)의 내용을 정확하게 알아야 하고 자신이 여래로 탄생하려면 소승이 아닌 대승의 마음을 내어야한다. 그리고 여래로 살아가려고 하면 정각(正覺)을 하여 소승이 사상(四相)을 버리고 무사상(無四相)이 되면 부처가 된다고 이 경(經)의 14단에 "이일체제상(離一切諸相), 즉명제불(則名諸佛)."이라고 한 것을 『소석금강과의회요주해』에서도 "이일체제상(離一切諸相), 즉명제불(則名諸佛), 시공공야(是空空也)."라고 하고 있다. 그래서 지금까지 소승으로 여래나 부처를 대상으로 보았던 것에서 대승과 최상승으로 자신이 여래가 되어야 한다.

이 경(經)의 제목에 능단금강(能斷金剛)이라는 말이 빠졌다고 현장이 구마라집 번역을 비판한 것에서 말하고 있듯이 대승의 능단(能斷)이 되어야 금강의 지혜가 살아나는 것이다. 지금까지 번역이 아견(我見)을 가진 소승(小乘)으로 번역하였기에 기도를 많이 하면 여래가 "다 알고 본다."라고 번역하게 된 것이다. 그러므로 무사상(無四相)의 대승(大乘)으로 번역하면 자신이 여래가 되어 보살도를 실천하기 때문에 『금강경』이 바로 선경(禪經)이 된다. 그러므로 사상(四相)을 버리고 육바라밀(六波羅蜜)을 실천하면 어느 누구나 여래로 살아갈 수 있어 진여의 지혜로 피안(彼岸)에 태어나 여래로 살아가게 되는 것이다. 사족을 달면 이 자리인 열반성(涅槃城)인 견성(見性)에 머물지 말고 더나아가 해탈지견향(解脫知見香)으로 성불(成佛)하여 여래로서 최상승(最上乘)을 실천해야 한다.

그리고 『금강경』에서 '금강반야바라밀'을 실천하는 방법으로 '보시바라밀'과 '인욕바라밀'에 대하여 설하고 있다. 또 실천내용으로 무사상(無四相)과 복덕, 장엄에 대하여 방편으로 설명하고 있다. 즉 '지혜바라밀'을 실천하는 법으로 자신의 망심(妄心)을 항복시켜 진여의 지혜로 먼저 자신의 중생을 제도하고 모든 중생을 제도하지만 무사상(無四相)으로 몰종적의 제도를 해야 한다고 하고 있다. '지혜바라밀'만 하면 되지만 '보시바라밀'과 '인욕바라밀'을 실천법으로 설한 것은 여래를 친견하고 포교와 전법을 하게 하려한 것이었을 것이다. 또 보시의 공덕과 불법(佛法)의 장엄으로 모든 사람이 여래이고 불탑을 모신 곳이라고 평등을 강조하고 있다. 그리고 경(經)의 제목에서 '금강반야바라밀'이라고 말하고 있듯이 소승이 아닌 대승과 최상승에게 설한 것이라고 하는 것이 이것이다. 결국은 이 경(經)에서 강조하고 있는 소승은 할 수 없다는 것을 증명한 것이고 누구나 대승이나 최상승으로 살아가기를 서원하는 경(經)과 선어록(禪語錄)이라고 할 수 있다.

이 연구는 선불교(禪佛敎)의 선(禪)사상(思想)으로 고찰하였기에 교학(敎學)을 하는 이들은 많은 반발을 할 것이라고 생각된다. 그러나 현재 우리의 불교계를 위해서는 누군가는 짊어져야할 짐이라고 생각한다. 번역의 문제를 가지고 책을 작성하였지만 계율이나 실천법 등의 문제에 불교계가 나아가야할 방향에 적지 않은 의의를 제공할 것이라고 생각된다. 이 책을 대승이 보면 같은 내용을 계속 반복한 것은 논문이기에 이렇게 한 것이고 농부인 내가 할 수 있는 일은 여기까지라고 생각하고 많은 젊은 후학들이 나와서 많은 발전이 있기를 기원하겠다.

※ 참고문헌

※ 高麗大藏經(K), 韓國佛教全書(H), 大正新脩大藏經(T), 卍新纂續藏經(X)
大藏經補編(B) 印順法師佛學著作集(Y)

※ 원전류(原典類)

失譯, 『箭喻經』(T01).
[東晉] 瞿曇僧伽提婆 譯, 『中阿含經』卷60(T01).
[隋] 闍那崛多 譯, 『佛本行集經』卷20, (T03).
[唐] 般若 譯, 『大乘本生心地觀經』卷2, (T03).
[宋] 紹德慧詢等奉 詔譯, 『菩薩本生鬘論』卷2, (T03).
[北涼] 曇無讖 譯, 『悲華經』卷10, (T03).
[西晉] 竺法護 譯, 『生經』卷1, (T03).
[唐] 玄奘 奉, 『大般若波羅蜜多經』卷4・7・37・47・170, (T05).
[唐] 玄奘 奉, 『大般若波羅蜜多經』卷486・577・593, (T07).
[西晉], 竺法護 譯 『光讚經』卷3, (T08).
[元魏] 菩提流支 譯, 『金剛般若波羅蜜經』, (T08).
[陳] 眞諦 譯, 『金剛般若波羅蜜經』, (T08).
[隋] 笈多 譯, 『金剛能斷般若波羅蜜經』, (T08).
[姚秦] 鳩摩羅什 譯, 『金剛般若波羅蜜經』, (T08).
[前秦] 曇摩蜱共竺佛念 譯, 『摩訶般若鈔經』卷4, (T08).
[後秦] 鳩摩羅什 譯, 『摩訶般若波羅蜜經』卷21, (T08).
[唐] 義淨 譯, 『佛說能斷金剛般若波羅蜜多經』, (T08).
[宋] 施護奉, 『佛說佛母出生三法藏般若波羅蜜多經』卷7・24, (T08).
[梁] 曼陀羅仙 譯, 『文殊師利所說摩訶般若波羅蜜經』卷2, (T08).
[後秦] 鳩摩羅什 譯, 『小品般若波羅蜜經』卷7, (T08).
[北涼] 失譯人名, 『金剛三昧經』, (T09).
[晉天竺] 佛馱跋陀羅 譯, 『大方廣佛華嚴經』卷8, (T9).
[西晉] 竺法護 譯, 正法華經』卷5, (T09).
[宋] 法護 詔譯, 『佛說如來不思議祕密大乘經』卷13, (T11).
[北涼] 三藏曇無讖 譯, 『大般涅槃經』卷5・6・12・18・25・27・30, (T12).
[元魏] 曇摩流支 譯, 『如來莊嚴智慧光明入一切佛境界經』卷1, (T12).
『大方廣十輪經』卷7, (T13).
[北涼] 曇無讖 譯 『大方等大集經』卷9・29, (T13).
[宋] 惟淨等奉 詔譯, 『佛說除蓋障菩薩所問經』卷12, (T14).
[姚秦] 鳩摩羅什 譯, 『維摩詰所說經』卷1「佛國品」1, (T14).
[唐] 義淨 譯, 『金光明最勝王經』卷4, (T16).
[姚秦] 竺佛念 譯, 『菩薩瓔珞經』卷10, (T16).
『如意輪菩薩觀門義注祕訣』, (T20).

342

[隋] 闍那崛多 譯,『金剛場陀羅尼經』, (T21).

[宋] 佛陀什共竺道生等 譯,『彌沙塞部和醯五分律』卷17, (T22).

[元魏] 菩提流支 譯,『金剛般若波羅蜜經論』卷1・2・3, (T25).

[隋] 達摩笈多 譯『金剛般若波羅蜜經論』卷1, (T25).

[唐] 地婆訶羅 詔譯,『金剛般若波羅蜜經破取著不壞假名論』卷1・2, (T25).

[魏] 世親 造・菩提流支 譯,『金剛仙論』卷2・3・5, (T25).

[隋] 無著菩薩 造・達磨笈多 譯,『金剛般若論』卷1・2, (T25).

[後秦] 龍樹 造・鳩摩羅什 譯,『大智度論』卷37・57, (T25).

[宋] 施護等奉 詔譯,『佛母般若波羅蜜多圓集要義釋論』卷1, (T25).

[東晉] 僧伽提婆 譯,『三法度論』卷2・3, (T25).

[後魏] 菩提流支 譯,『大寶積經論』卷1, (T26).

[後魏] 菩提留支共沙門曇林等 譯,『妙法蓮華經憂波提舍』卷2, (T26).

[後魏] 菩提流支 譯,『十地經論』卷1, (T26).

[唐] 玄奘奉 詔譯,『阿毘達磨集異門足論』卷14, (T26).

[唐] 玄奘奉 詔譯,『阿毘達磨發智論』卷20, (T26).

[姚秦] 鳩摩羅什 譯,『中論』卷1, (T30).

[梁] 馬鳴菩薩 造・眞諦 譯,『大乘起信論』, (T32).

[大隋] 達磨笈多 譯,『菩提資糧論』卷4, (T32).

[北涼] 道泰等 譯,『入大乘論』卷2, (T32).

[唐] 宗密 述,『金剛般若經疏論纂要』卷1・2, (T33).

[姚秦] 鳩摩羅什奉 詔譯,『金剛般若波羅蜜經註解』, (T33).

[宋] 子璿 錄,『金剛經纂要刊定記』卷2・4・5・6・7, (T33).

[唐] 智儼 述,『金剛般若波羅蜜經略疏』卷1・2, (T33).

[唐] 窺基 撰,『金剛般若經贊述』卷1・2, (T33).

[隋] 吉藏法師 撰,『金剛般若疏』卷1・3・4, (T33).

[唐] 窺基 撰,『大般若波羅蜜多經般若理趣分述讚』卷2, (T33).

[明] 宗泐・如玘 同註,『般若波羅蜜多心經註解』, (T33).

[梁] 法雲 撰,『法華經義記(妙法蓮華經義記)』卷5, (T33).

[隋] 天台智者 說,『妙法蓮華經玄義』卷2・5, (T33).

[唐] 圓測 撰,『仁王經疏』卷1, (T33).

[隋] 智者說・灌頂 記,『仁王護國般若經疏』卷4, (T33).

[唐] 良賁奉 詔述,『仁王護國般若波羅蜜多經疏』卷2, (T33).

[新羅] 元曉 述,『金剛三昧經論』卷2, (T34).

[唐] 窺基 撰,『妙法蓮華經玄贊』卷1・4(T34).

[唐] 澄觀 撰,『大方廣佛華嚴經疏』卷3・19, (T35).

[唐] 澄觀 述,『大方廣佛華嚴經隨疏演義鈔』卷3・16・19・68・82, (T36).

[唐] 靜居,『皇帝降誕日於麟德殿講大方廣佛華嚴玄義一部』, (T36).

[隋] 慧遠 述,『大般涅槃經義記』卷1, (T37).

[宋] 知禮 述,『觀無量壽佛經疏妙宗鈔』卷3, (T37).

[梁] 寶亮等 集,『大般涅槃經集解』卷27, (T37).

[隋] 吉藏 撰,『勝鬘寶窟』卷3, (T37).

[隋] 灌頂 撰,『大般涅槃經疏』卷27, (T38).

[隋] 智顗 撰, 『維摩經玄疏』卷2(T38).

[宋] 求那跋多羅詔譯・宗泐奉詔 同註, 『楞伽阿跋多羅寶經註解』卷4, (T39).

[宋] 知禮 述, 『金光明經玄義拾遺記』卷1, (T39).

[唐] 窺基 撰, 『金剛般若論會釋』卷1, (T40).

[宋] 元照 撰, 『四分律行事鈔資持記』卷1・2, (T40).

[唐] 義淨 述, 『略明般若末後一頌讚述』, (T40).

[青丘] 太賢 集, 『梵網經古迹記』卷2, (T40).

[唐] 普光 述, 『俱舍論記』卷1・23, (T41).

[唐] 窺基 撰, 『成唯識論述記』卷10, (T43).

[新羅] 元曉 撰, 『起信論疏』卷2, (T44).

[宋] 子璿 錄, 『起信論疏筆削記』卷5・6・8・13, (T44).

[隋] 慧遠 撰, 『大乘義章』卷14, (T44).

[明] 智旭 述, 『大乘起信論裂網疏』卷4・5・6, (T44).

[唐] 窺基 撰, 『大乘法苑義林章』卷7, (T45).

[青丘] 見登 集, 『華嚴一乘成佛妙義』, (T45).

[隋] 天台智者說・灌頂 記, 『摩訶止觀』卷4, (T46).

[元] 天如則 著, 『淨土或問』(T47).

[唐] 慧然 集, 『鎮州臨濟慧照禪師語錄』, (T47).

[高麗] 知訥 撰, 『高麗國普照禪師修心訣』, (T48).

[唐] 宗密 述, 『禪源諸詮集都序』卷1, (T48).

[唐] 玄覺 撰, 『禪宗永嘉集』, (T48).

[宋] 延壽 集, 『永嘉證道歌』, (T48)

『少室六門』, (T48).

[唐] 法海 集記, 『六祖壇經』, (T48).

[元] 宗寶 編, 『六祖大師法寶壇經』, (T48).

[宋] 延壽 集, 『宗鏡錄』卷1・3・10・11・23・25・34・36・37・46・84・99, (T48).

[宋] 志磐 撰, 『佛祖統紀』卷1・7・43・50, (T49).

[唐] 慧立本 彦悰 箋, 『大唐大慈恩寺三藏法師傳』卷7, (T50)

[宋] 道原 纂, 『景德傳燈錄』卷1・5・6・9・11・28, (T51).

[唐] 道宣 撰, 『廣弘明集』卷28, (T52).

[唐] 神清 撰・慧寶 注『北山錄』卷6, (T52).

[宋] 法雲 編, 『翻譯名義集』卷1, (T54).

[宋] 道誠 集, 『釋氏要覽』卷2, (T54).

[唐] 慧琳 撰, 『一切經音義』卷25, (T54).

[唐] 道世 集, 『諸經要集』卷10, (T54).

[梁] 僧祐 撰, 『出三藏記集』卷8, (T55).

『金剛經疏』, (T85).

[唐] 知恩 集, 『金剛般若經依天親菩薩論贊略釋秦本義記』卷上, (T85).

[唐] 曇曠 撰, 『金剛般若經旨贊』卷1・2, (T85).

『金剛般若經挾註』, (T85).

『起信論註』, (T85).

『究竟大悲經卷第二・三・四』卷3, (T85)

344

[唐] 曇曠 撰, 『大乘起信論廣釋』卷4, (T85).

『大通方廣懺悔滅罪莊嚴成佛經』卷2, (T85).

『維摩義記』, (T85).

『維摩經疏』, (T85).

[唐] 道液 撰, 『淨名經關中釋抄』卷1, (T85).

[唐] 宗密 撰, 『圓覺經大疏釋義鈔』卷6・10, (X09).

[宋] 周琪 述, 『圓覺經夾頌集解講義』卷1・4, (X10).

[宋] 懷遠 錄, 『楞嚴經義疏釋要鈔』卷4, (X11).

[明] 眞鑑 述, 『楞嚴經正脉疏』卷1, (X12).

[明] 謙益 鈔, 『楞嚴經疏解蒙鈔』卷10, (X13).

[淸] 濟時 述, 『楞嚴經正見』卷5, (X16).

[明] 德淸 筆記, 『觀楞伽經記』卷4, (X17).

[淸] 來舟 述, 『大乘本生心地觀經淺註』卷1, (X20).

[淸] 王耕心衷 論, 『摩訶阿彌陀經衷論』, (X22).

[明] 古德法師 演義, 『阿彌陀經疏鈔演義』卷2, (X22).

[淸] 達默 造鈔, 『阿彌陀經要解便蒙鈔』卷1, (X22).

[明] 韓巖 集解, 『金剛經補註』卷1・2, (X24).

[宋] 冶父道川 著語, 『金剛經註(金剛般若波羅蜜經註)』卷1・2・3, (X24).

[姚秦] 僧肇 注, 『金剛經註(金剛般若波羅蜜經注)』, (X24).

[唐] 慧淨 註, 『金剛經註疏(金剛般若波羅蜜經註)』卷1・3, (X24).

[明] 屠根 註, 『金剛經註解鐵鋑錎(註解鐵鋑錎)』卷1, (X24).

[明] 洪蓮 編, 『金剛經註解』卷1・2・3・4, (X24).

[宋] 曇應 述, 『金剛經朶微(金剛般若波羅蜜經朶微)』卷1・2, (X24).

[宋] 曇應 述, 『金剛經朶微餘釋』, (X24).

[唐] 慧能 解義, 『金剛經解義』卷1・2, (X24).

[宋] 善月 述, 『金剛經會解(金剛般若波羅蜜經會解)』卷1・2, (X24).

[淸] 葛䶆 謹述, 『大般若經綱要』卷1, (X24).

[宋] 宗鏡 述, 『銷釋金剛經科儀會要註解』卷2・3・4・5・6・7・8・9, (X24).

[明] 曾鳳儀 釋, 『金剛經偈釋』卷2, (X25).

[明] 德淸 撰, 『金剛經決疑』, (X25).

[明] 智旭 述, 『金剛經觀心釋』, (X25).

[明] 元賢 述, 『金剛經略疏』, (X25).

[淸] 性起 述, 『金剛經法眼註疏』卷1・2, (X25).

[淸] 靈耀 撰, 『金剛經部旨』卷1, (X25).

[明] 廣伸 述, 『金剛經鎞』卷1, (X25).

[淸] 石成金 撰集, 『金剛經石注』, (X25).

[唐] 宗密 疏, 『金剛經疏記科會』卷2・5・7・8・10, (X25).

[淸] 溥畹 述, 『金剛經心印疏』卷1, (X25).

[淸] 行敏 述, 『金剛經如是經義』卷1・2, (X25).

[淸] 無是道人 註解, 『金剛經如是解』, (X25).

[淸] 謝承謨 註釋, 『金剛經易解』卷2, (X25).

[淸] 寂燄 述, 『金剛經演古』, (X25).

[明] 圓杲 解註,『金剛經音釋直解』, (X25).

[清] 龔穊綵 註,『金剛經正解』卷1・2, (X25).

[明] 曾鳳儀 宗通,『金剛經宗通』卷1・4・6・7, (X25).

[清] 行敏 述,『金剛經註講』卷1・2, (X25).

[清] 溥仁乩 書・子眞乩 訂『金剛經註釋』, (X25).

[清] 甫彙 纂,『金剛經註正訛』, (X25).

[清] 孚佑帝君 註解,『金剛經注解』, (X25).

[清] 迹刪鷟 著,『金剛經直說』, (X25).

[清] 存吾 闡說『金剛經闡說』卷1・2, (X25).

[清] 王錫琯 解釋,『金剛經淺解』, (X25).

[明] 智旭 造論,『金剛經破空論』, (X25).

[明] 如觀 譔,『金剛經筆記』, (X25).

[清] 孫念劬 纂,『金剛經彙纂』卷1・2, (X25).

[清] 徐槐廷敬 述,『金剛經解義』卷1, (X25)

[清] 徐昌治 纂,『金剛經會解了義』, (X25).

[清] 通理謹 述,『金剛新眼疏經偈合釋』卷1, (X25).

[中天竺國] 釋提婆 註,『般若心經註』, (X26).

[清] 續法 述,『般若心經事觀解』, (X26).

[明] 錢謙益 集,『般若心經略疏小鈔』卷1, (X26).

[明] 宗景濂 文句,『般若心經解義節要』卷1, (X26).

[明] 如愚 譔『法華經知音』卷1, (X31).

[清] 大義 集,『法華經大成』卷6, (X32).

[清] 徐昌治 著,『法華經卓解』卷1(X32).

[唐] 栖復 錄,『法華經玄贊要集』卷10・35, (X34).

[清] 魏學渠 撰,『金剛三昧經通宗記』卷1・2, (X35).

[清] 書玉 述『梵網經菩薩戒初津』卷4, (X39).

[清] 德基 輯,『毗尼關要事義』, (X40).

[清] 讀體 續釋,『毗尼作持續釋』卷4, (X41).

[後唐] 景霄 纂,『四分律行事鈔簡正記』卷15, (X43).

[清] 續法 會編,『起信論疏記會閱』卷3, (X45).

[隋] 曇延法師 撰,『起信論義疏』, (X45)

[南北朝] 慧影 抄撰,『大智度論疏』卷17, (X46).

[唐] 湛然 述,『止觀輔行搜要記』卷10, (X55).

[宋] 智圓 集,『金剛錍顯性錄』卷4, (X56).

[宋] 從義 撰,『四教儀集解』卷2, (X57).

[宋] 惟顯 編,『律宗新學名句』卷1, (X59).

[清] 金人瑞 聖歎 著,『念佛三昧』, (X62).

[唐] 慧海 撰,『頓悟入道要門論』, (X63).

[朝鮮] 退隱 述,『禪家龜鑑』, (X63).

[明] 傳燈 重編并註『永嘉禪宗集註』卷2, (X63).

[宋] 彥琪 註,『證道歌註』, (X63).

[明] 德清 閱,『紫柏尊者全集』卷19, (X73)

346

[清] 超永 編輯, 『五燈全書』卷93, (X82).
[朝鮮] 涵虛堂得通 鈺, 『禪宗永嘉集科註說誼』, (H7).
[唐] 玄覺 撰, 『禪宗永嘉集』, (H7).
[明] 一如等 集・丁福 保重校, 『三藏法數』卷11, (B22).
[唐] 靜・筠 二禪德 編著, 『祖堂集』卷14・17, (B25).
[民國] 胡適校定, 『神會和尚語錄的第三個敦煌寫本』, (B25).
[清] 喻謙 著, 『新續高僧傳』卷44, (B27).
[唐] 玄奘 譯, 『能斷金剛般若波羅蜜多經』, (K05).
[民國] 印順 著, 『中觀論頌講記』卷2, (Y05).
[民國] 印順 著, 『佛在人間』卷1, (Y14).

※ 단행본(單行本)

각묵(1991), 『금강경역해』, 서울: 불광출판사.
김강유외2명(2021), 『백성욱 박사의 금강경 강화』, 김영사.
김월운(1994), 『금강경강화』, 서울: 동국대부설 역경원.
김진무・류화송(2018), 『도해 금강경』, 서울: 불광출판사.
김탄허(2001), 『영가집』, 서울: 교림.
김호귀(2007), 『금강경주해』, 서울: 석란.
_____(2011a), 『금강경과해』, 경기: 한국학술정보(주)
_____(2017a), 『선어록으로 읽는 금강경』, 서울: 중도.
대한불교조계종 교육원(2009), 『금강반야바라밀경』, 조계종출판사.
무비(1992), 『금강경오가해』, 서울: 불광출판사.
___(1994), 『금강경 강의』, 서울: 불광출판사.
박지명(2019), 『범어 금강경 원전 주해』, 서울: 하남출판사.
박희선(1987), 『금강경』, 서울: 서음출판사.
백용성 저・김호귀 풀이(2019), 『백용성의 금강경강의』, 어의운하.
성본(2012), 『깨지지 않는 법 금강경』, 민족사.
스와미 시바난다 라다, 서민수역(2001), 『신성한 소리의 힘』, 대원출판.
양지(2015), 『진여의 지혜로 살아가는 법을 설한 돈황본육조단경』, 맑은소리맑은나라.
___(2020), 『선종영가집해설』, 경남: 남청.
인순 저・정유진 역(2012), 『중국선종사』, 운주사.
이기영(1978), 『반야심경・금강경』, 한국불교연구원.
이지관(1998), 『가산불교대사림』권1・2, 가산불교문화원출판.
장영길(2007), 『선종영가집언해상・하』, 세종대왕기념사업회.
전재성(2003), 『금강경』, 서울: 한국빠알리성전협회.
전광진(2020), 『우리말 속뜻 금강경』, 속뜻사전교육출판사.
정유진(2007a), 『돈황본 육조단경 연구』, 서울: 경서원.
정유진(2007b), 『돈오입도요문론』, 서울: 경서원.
지안(2010), 『조계종표준 금강경바로읽기』, 조계종출판사.
최동호・전경욱・이창희(1996), 『선종영가집』, 경기, 세계사.

한자경(2016), 『선종영가집강해』, 서울: 불광출판사.
현진(2021), 『산스끄리뜨 금강경역해』, 서울: 불광출판사.
혜업(1997), 『선종영가집』, 서울: 대각회출판부.
Oxford(1899), 『Sanskrit English DIC.』(1988), New York:
                Oxford University Press.

※ 논문류(論文類)

강경구(2010), 「『금강경』 한글 번역 및 해석의 현황과 특징」, 『동아시아 불교문화』6,
            동아시아불교문화학회.
강병익(2004), 「요가 따뜨와 우빠니샤드 원전번역 연구」, 원광대, 석사학위논문.
권양혁(2011), 「『금강경』에 나타난 선사상 연구」, 위덕대, 석사학위논문.
김준호(2018), 「초기불교의 해오(解悟)」 『불교학연구』54, 불교학연구회.
김경중(2021), 「『금강경』한글 번역의 비교연구」, 동명대, 석사학위논문.
김도공(2016), 「『금강경』의 사상(四相)에 대한 해석방향 연구」, 『원불교
            사상과 종교문화』제69호, 원불교사상연구원.
김영일(2002), 「『금강경』구조에 관한 연구: 3주7절의 문답 구조」, 동국대, 석사학위논문
김정옥(2012), 「『금강경주해』의 선사상 연구」, 동국대, 석사학위논문.
김태관(2005), 「현장(玄奘)스님의 번역이론(五種不飜)의 연구」, 『중국어문학논집』33,
            중국어문학연구회.
김태희(2012), 「요가수행에서 만뜨라의 효용성」, 원광대, 석사학위논문.
김택단(2020), 「『선종영가집』에 나타난 천태지관 연구」, 동국대, 박사학위논문.
김혜련(2001), 「『금강경』에 나타난 空사상 연구」, 원광대, 석사학위논문.
김호귀(2021), 「『금강경』분과와 명칭 해석의 고찰」, 『대각사상』35, 대각사상연구원.
      (2018), 「조사선에서 깨침의 속성과 그 기능」, 『불교학연구』56, 불교학연구회
      (2017b), 「백용성의 『금강경』이해와 공관」, 『대각사상』27, 대각사상연구원.
      (2016), 「용성과 봉암의 『금강경』번역에 대한 비교고찰」, 『대각사상』26,
            대각사상연구원.
      (2015), 「『금강경』과 선종에 나타난 부처의 개념 및 불신관」, 『韓國佛敎學』76,
            한국불교학회.
      (2015), 「근현대 역경의 단면-백용성의 "금강경" 번역을 중심으로」,
            『불교문화연구』15, 불교사회문화 연구원.
      (2011b), 「禪錄을 통한 本來成佛 사상의 전승」, 『禪學』30, 한국선학회.
      (2008), 「나집본 『金剛經』의 번역 및 三無에 대한 고찰」, 『禪學』19, 한국선학회.
김희종(2022), 「무호(無號) 백성욱(白性郁) 연구」, 동국대, 박사학위논문.
류시현(2004), 「요가쮸다마니 우빠니샤드 원전 번역 연구」, 원광대 석사학위논문.
민병희(1997), 「초기 선불교의 『능가경』과 『금강경』의 위상」, 동국대, 석사학위논문.
박윤철(2014), 「『금강반야바라밀경』번역에 나타난 함축 고찰」, 『통번역교육연구』12,
            한국통번역교육학회.
문을식(2009), 「不然李箕永선생의 불교학방법론에 대하여」, 『불교연구』31,
            한국불교연구원.

서인성(2022), 「『선종영가집』에서 수행법 연구」, 『보조사상』64, 보조사상연구원.
이경화(2005), 「『금강경삼가해』언해 연구: 국어 표기법과 어휘를 중심으로」,
　　　　　　동국대학교 석사학위논문.
이동혁(2017), 「『선종영가집』설의의 해석 유형과 사상적 특징」, 동국대, 석사논문.
이미령(2008), 「『선종영가집언해』연구 국어표기법과 어휘를 중심으로」, 동국대, 석사논문.
이언의(2015), 「『금강반야바라밀경』의 경명(經名)에 대한 소고(小考)」, 『유학연구』32,
　　　　　　유학연구소.
이인혜(1990), 「기화의 선종영가집과주설의 연구」, 동국대, 석사논문.
정승석(2011), 「한역대장경의 음역어로 파생된 문제 사례」, 『보조사상』36,
　　　　　　보조사상연구원.
정유진(2004a), 「신회와 혜능의 三無觀에 대하여」, 『한국불교학』39, 한국불교학회.
　　(2004b), 「『유마경』의 반야사상을 의용한 신회의 선사상」, 『한국불교학』38,
　　　　　　한국불교학회.
정경숙(2010), 「대한불교조계종 표준본『금강경』연구」, 동국대, 박사학위논문.
정호영(1996), 「선관의 대승적 연원 연구」, 동국대 박사학위논문.
　　(1981), 「『금강반야경』의 四想에 관한 연구」, 동국대, 석사학위논문.
진철문(2009), 「불교의 조형관 연구」, 동국대 박사학위논문.
차차석(1987), 「반야실천의 사회적 성격 고찰: 『금강경』을 중심으로」,
　　　　　　동국대 석사학위논문.
최종남(2009), 「梵·藏·돈황본『금강경』대조연구」, 『인도철학』27, 인도철학회.
최진태(2006), 「만뜨라 요가 수행체계에 관한 연구」, 원광대, 석사학위논문.
한승주(2011), 「『금강경삼가해』의 국어학적 연구」, 공주대, 박사학위논문.
황종국(2004), 「『금강경』의 虛辭 연구」, 동국대 석사학위논문.

※ 인터넷

『불광미디어』, 전순환: http://www.bulkwang.co.kr
　　　　　　[검색일자: 22.3.4.]
[네이버 국어사전]『표준국어대사전』, 묵념(黙念):
https://ko.dict.naver.com/#/entry/koko/2ed8a8f130ed459db9adad
　　　　bcbba25ff2 [검색일자: 2024.9.8.]
[네이버 영어사전]『M-W Learner's』Bible:
https://en.dict.naver.com/#/entry/enko/c6c2bfdbee48437791388ab
　　　　728f27927 [검색일자: 2024.9.8.]
[네이버 지식백과]『종교학대사전』, 고행:
https://terms.naver.com/entry.naver?docId=628602&cid=50766&
　　　　categoryId=50794 [검색일자: 2023.12.1.]

선불교의 깨달음 연구

초판발행 | 2024年 11月 27日

著　者 | 良志

發行處 | 남청

경남 김해시 김해대로1017번길 54

ISBN 979-11-965143-7-2 (93220)

농협 351-1037-4373-13 (남청)

전화 010-3856-9852

값 30,000원